Zulässigkeit der Förderverträge der Nachwuchsleistungszentren der Fußball-Bundesligavereine nach dem Berufsbildungsgesetz

Europäische Hochschulschriften
Publications Universitaires Européennes
European University Studies

Reihe II
Rechtswissenschaft

Série II Series II
Droit
Law

Bd./Vol. 4381

PETER LANG
Frankfurt am Main · Berlin · Bern · Bruxelles · New York · Oxford · Wien

Holger Theurich

Zulässigkeit der Förderverträge der Nachwuchsleistungszentren der Fußball-Bundesligavereine nach dem Berufsbildungsgesetz

PETER LANG
Europäischer Verlag der Wissenschaften

Bibliografische Information Der Deutschen Bibliothek
Die Deutsche Bibliothek verzeichnet diese Publikation in der Deutschen Nationalbibliografie; detaillierte bibliografische Daten sind im Internet über <http://dnb.ddb.de> abrufbar.

Zugl.: Mainz, Univ., Diss., 2004

D 77
ISSN 0531-7312
ISBN 3-631-53818-9

www.peterlang.de

Für die Unterstützung bei der Erstellung der vorliegenden Arbeit bedanke ich mich bei der Deutschen-Fußball-Liga (DFL) und bei Bayer 04 Leverkusen.

Für
meine Eltern
und
meine Ehefrau

Soest, 2006

Holger Theurich

Vorwort

Die nachfolgende Arbeit wurde als Dissertation im Dezember 2004 von der Johannes-Gutenberg-Universität in Mainz angenommen.

Die Arbeit beruht daher auf der bis zum 31.03.2005 gültigen Fassung des Berufsbildungsgesetzes. Durch das Berufsbildungsreformgesetz[1] wurde das Berufsbildungsgesetz grundlegend überarbeitet. Die Neuregelungen traten am 01.04.2005 in Kraft. Die erfolgten Änderungen in Bezug auf die in der vorliegenden Arbeit behandelten Vorschriften werden im Nachwort besprochen. Dort ist auch eine Synopse mit denen in der vorliegenden Arbeit behandelten Vorschriften dargestellt.

Die in der nachfolgenden Arbeit verwendeten Paragraphenziffern in Bezug auf das Berufsbildungsgesetz beziehen sich auf das Berufsbildungsgesetz in seiner bis zum 31.03.2005 gültigen Fassung.

---

[1] Amtl. Begr. RegE. BT-Dr. 15/3980; BT-Dr. 15/4752 und BR-Dr. 49/05.

Inhaltsübersicht

Inhaltsverzeichnis

Literaturliste

Alexander, Peter
Das weite Verständnis der betrieblichen Berufsbildung, NZA 1992, 1057 ff.

Ambs, Friedrich u.a.
Gemeinschaftskommentar zum SGB III (Arbeitsförderungs-Recht), Band 1-4, Neuwied, Stand Juli 2004

Arens, Wolfgang/**Scheffer**, Andreas
AR-Blattei SD, Fußballsport 1480.2, Stand März 2004

Ascheid, Reiner/**Preis**, Ulrich/**Schmidt**, Ingrid (Hrsg.)
Kündigungsrechtlicher Großkommentar zum gesamten Recht der Beendigung von Arbeitsverhältnissen, 2. Auflage München 2004 (zitiert: APS)

Auer, Arnd
Der Berufsbegriff des Art. 12 Absatz 1 Grundgesetz, Frankfurt am Main 1991

Axt, Gisela
Dauer von Ausbildungsberufen – Konstante oder Variable, Wirtschaft und Berufserziehung 1985, 235 ff.

Badura, Peter
Staatsrecht, 3. Auflage, München 2003

Bär, Fred G.
Die Schranken der inneren Vereinsautonomie – historisch-dogmatische Überlegung zu einem Vereinsgesetz, Berlin 1996

Bäune, Stefan
Kapitalgesellschaften im bundesdeutschen Lizenzfußball, Aachen 2001

Bauer, Gerhard
Lehrbuch Fußball, 6. Auflage, München 2001

Baumbach, Adolf/**Hopt**, Klaus J. (Hrsg.)
Handelsgesetzbuch – Kommentar, 31. Auflage, München 2003

Becker, Walter
Jugendschutz in der Arbeitswelt, Wirtschaft und Erziehung 1970, 152 ff.

Beckers, Hans-Joachim
Zeitvorteil für betriebliche Ausbildung, Wirtschaft und Berufserziehung 1997, 304 ff.

Bednartz-Braun, Iris
Arbeiterinnen in der Elektroindustrie – Zu den Bedingungen von Anlernung und Arbeit an gewerblich-technischen Arbeitsplätzen für Frauen, München 1983

Benner, Hermann
Der Ausbildungsberuf als berufspädagogisches und bildungsökonomisches Problem, Schriften zur Berufsbildungsforschung, Band 44, Berlin 1977

Benner, Hermann
Qualifikation und Berufsausbildung, Wirtschaft und Berufserziehung 1983, 202 ff.

Benner, Hermann
Zur Problematik zweijähriger Ausbildungsberufe, Wirtschaft und Berufserziehung 1985, 358 ff.

Bergermann, Michael
Doping und Zivilrecht, Frankfurt am Main 2002

Berufslexikon (ohne Verfasser)
Band 5: Berufe mit und ohne Kurzausbildungen, Arbeitsmarktservice Österreich, Wien 1999

Beuthin, Volker
Das fehlerhafte Arbeitsverhältnis als bürgerlich-rechtliches Abwicklungsproblem, RdA 1969, 161 ff.

Bickel, Dietrich
Sind Lehrlinge Arbeitnehmer?, Recht und Rechtserkenntnis, Festschrift für Ernst Wolf, München 1995

Bildung und Wissen-Verlag (ohne Verfasser)
Berufe im Sport, Nürnberg 1999

Birk, Rolf
Berufsbildung und Arbeitsrecht – Zu einigen arbeitsrechtlichen Fragen der beruflichen Ausbildung, Fortbildung und Umschulung, Festschrift für Albert Gnade, Köln 1992, S. 311 ff.

Bisanz, Gero/**Gerisch**, Gunnar
Fußball – Training, Technik, Taktik, 3. Auflage, Reinbek bei Hamburg 2001

Bleckmann, Albert
Staatsrecht II, Die Grundrechte, 4. Auflage, Köln 1997

Bolt, Richard
Planmäßiges Anlernen industrieller Arbeiter – berufliche Betreuung, München 1957

Bonner Kommentar zum Grundgesetz
Dolzer, Rudolf u.a. (Hrsg.), Band 6, Art. 50 – 74, Loseblatt, Heidelberg, Stand Mai 2004 (zitiert: BK)

Breitmeier, Wolfgang/**Frädrich**, Martin
Änderung des Berufsbildungsgesetzes durch die Hintertür?, BB 1982, 1736 ff.

Bühler, Michael
Ist der Urlaubsentgeltanspruch von Profifußballern noch zeitgemäß?, SpuRt 1998, 143 ff.

Bundesinstitut für Berufsbildung (Hrsg.)
Berufsbildung für expansive Beschäftigungsfelder – Gesundheits- und Sozialwesen, Sport und Tourismus, Berlin 1996

Bundesinstitut für Berufsbildung (Hrsg.)
Grundlagen für die berufliche Qualifizierung im Sport – Abschlußbericht, Berlin 1998

Campenhausen, Axel Frhr. v./**Lerche**, Peter
Deutsches Schulrecht, Loseblatt, Starnberg, Stand Juli 2000

Conzelmann, Achim/**Gabler**, Hartmut/**Nagel**, Siegfried
Hochleistungssport: persönlicher Gewinn oder Verlust, Tübinger Schriften zur Sportwissenschaft, Band 1, Tübingen 2001

Creifelds, Carl
Rechtswörterbuch, 17. Auflage, München 2002

Das neue Berufsbildungsgesetz der Schweiz (ohne Verfasser)
Wirtschaft und Berufserziehung 1979, 8 ff.

Däubler, Wolfgang/**Kittner**, Michael/**Klebe**, Thomas (Hrsg.)
BetrVG – Kommentar für die Praxis, 9. Auflage, Frankfurt am Main 2004 (zitiert: DKK)

Denninger, Erhard, u.a. (Hrsg.)
Kommentar zum Grundgesetz für die Bundesrepublik Deutschland, 3. Auflage, Neuwied 2001

Deutscher Bundestag – Ausschuß für Arbeit
Drucksache V/4260 (Schriftlicher Bericht des Ausschusses für Arbeit zum BBiG über die Gesetzentwürfe V/887 und V/1009), Bonn 1969

Deutscher Bundestag – Ausschuß für Arbeit
5. Wahlperiode 1965 – 1969, Berichte und Dokumente zum Berufsbildungsgesetz Band I – IV, Bonn 1969

Dickmann, Albrecht
Zur Zuständigkeit der ordentlichen Gerichte bei Streitigkeiten zwischen Amateur-Fußballspielern und Verein, Württembergischer Fußballverband e.V. (Hrsg.), Recht des Fußballspielers, Schriftenreihe Nr. 12, Stuttgart 1980, S. 24 ff.

Doberenz, Michael
Betriebswirtschaftliche Grundlagen zur Rechtsformgestaltung professioneller Fußballklubs in der Bundesrepublik Deutschland, Frankfurt am Main 1980

Dreier, Horst (Hrsg.)
Grundgesetz-Kommentar, Band I: Art. 1-19, 2. Auflage, Tübingen 2004

Dreier, Horst (Hrsg.)
Grundgesetz-Kommentar, Band II; Art. 20-82, Tübingen 1998

Dudenredaktion (Hrsg.)
Duden – Fremdwörterbuch, Band 5, 7. Auflage, Mannheim 2001

Eckert, Hans-Werner
AR-Blattei SD, Ungerechtfertigte Bereicherung im Arbeitsrecht 1620, Stand März 2004

Eich, Rolf-Achim
Die Beteiligungsrechte des Betriebsrates im Ausbildungswesen, DB 1974, 2154 ff.

Eilers, Goetz
Status des Fußballspielers ohne Lizenz, Fußballspieler als Arbeitnehmer, Württembergischer Fußballverband e.V. (Hrsg.) Schriftenreihe Nr. 32, Stuttgart 1994, S. 35 ff.

Emmerich, Volker/**Sonnenschein**, Jürgen/**Habersack**, Mathias
Konzernrecht, 7. Auflage, München 2001

Erfurter Kommentar zum Arbeitsrecht
Dieterich, Thomas/Preis, Ulrich/Müller-Glöde, Rudi/Schaub, Günter (Hrsg.), 4. Auflage, München 2004 (zitiert: ErfK)

Erlenkämper, Arnold/**Fichte**, Wolfgang
Sozialrecht, 5. Auflage, Köln 2003 (zitiert: Erlenkämper u.a.)

Erler, Adalbert u.a. (Hrsg.)
Handwörterbuch zur deutschen Rechtsgeschichte, Band 5, Berlin 1998

Erman, Walter (Hrsg.)
BGB Handkommentar in zwei Bänden, 11. Auflage, Köln 2004

Esser, Friedrich Hubert
Beruf als didaktische Kategorie – Tradition und Innovation, Köln 1997

Fabricius, Fritz u.a.
Gemeinschaftskommentar zum BetrVG, 7. Auflage, Neuwied 2002

Fangmann, Helmut D.
Die Rechtsstellung des Praktikanten, ibv (Information für die Beratungs- und Vermittlungsdienste der Bundesanstalt für Arbeit (Zeitschrift)), Nr. 39 vom 28. September 1977, 983 ff.

Fetzer, Helmut
Die Zulässigkeit der Schulpflicht nach Art. 7 Abs. 1 Grundgesetz, Recht der Jugend und des Bildungswesens (RdJB) 1993, 91 ff.

Fischer, Ulrich
Die Spitzensportler des Mannschaftssports – Arbeitnehmer?, SpuRt 1997, 181 ff.

Fitting, Karl (Begr.)
Kommentar zum BetrVG, 22. Auflage, München 2004

Frädrich, Martin
Das echte Berufsausbildungsverhältnis – Merkmale, Wesen, Konsequenzen, Erlangen 1988

Frank, Franz W.
Berufliche Fortbildung, BArbBl 1969, 79 ff.

Fratzky, Dietrich-Eckart
Die Gesetzgebungskompetenz des Bundes auf dem Gebiet des Arbeitsrechts, Würzburg 1972

Fredebeul, Franz-Heinz
Das neue Berufsbildungsgesetz, BB 1969, 1145 ff.

Fredebeul, Franz-Heinz
Ausbildungsverträge mit überbetrieblichen Ausbildungsstätten als betriebliche Berufsausbildung, BB 1982, 1493 ff.

Fredebeul, Franz-Heinz
Zur Vertragsfrage bei überbetrieblicher Berufsausbildung, BB 1983, 968 ff.

Friauf, Karl-Heinrich
Verfassungsrechtliche Probleme einer Reform des Systems zur Finanzierung der beruflichen Bildung, Bonn 1974

Friauf, Karl-Heinrich
Die Abgrenzung der Gesetzgebungskompetenz im Bereich der beruflichen Bildung, Hamburg 1975

Friauf, Karl-Heinrich
Kommentar zur Gewerbeordnung – GewO, Loseblatt-Sammlung, Neuwied, Stand Juli 2004

Fritzweiler, Jochen/**Pfister**, Bernhard/**Summerer**, Thomas
Praxishandbuch Sportrecht, München 1998
(zitiert: PHBSportR)

Fröhler, Ludwig/**Mörtel**, Georg
Die „Berufsbildlehre" des Bundesverfassungsgerichts, GewArch 1978, 245 ff. (zitiert: Fröhler/Mörtel II)

Fröhler, Ludwig/**Mörtel**, Georg
Der Berufsbegriff des Art. 12 Abs. 1 Grundgesetz in der Rechtsprechung des Bundesverfassungsgerichts, Teil I GewArch 1979, 105 ff., Teil II GewArch 1979, 145 ff. (zitiert: Fröhler/Mörtel I)

Fröhler, Ludwig/**Mörtel**, Georg
Die Berufsbildfixierung im Handwerksrecht und die Frage ihrer verfassungsrechtlichen Problematik, München 1979 (zitiert: Fröhler/Mörtel III)

Fuhrmann, Claus
Idealverein oder Kapitalgesellschaft im bezahlten Fußball?, SpuRt 1995, 12 ff.

Fuhrmann, Claus/**Pröpper**, Martin
Vorschläge zur Satzungsgestaltung einer Berufskapitalgesellschaft, SpuRt 1999, 55 ff.

Gabler-Verlag (ohne Verfasser)
Wirtschaftslexikon, Band A-D, Band K-R, Band S-Z, 15. Auflage, Wiesbaden 2001

Gagel, Alexander
Arbeitsförderungsgesetz (SGB III), Loseblatt, München, Stand November 2003

Galli, Albert
Rechtsformgestaltung und Lizenzierungspraxis im Berufsfußball: die Situation in England, Italien und Spanien vor dem Hintergrund der Regelungen in Deutschland, SpuRt 1998, 18 ff.

Galli, Albert
Lizenzvergabe durch den Deutschen Fußball Bund – Anforderungen an das externe Rechnungswesen der Vereine, SpuRt 1996, 79 ff.

Gedon, Walter/**Spiertz**, Hans
Berufsbildungsrecht – Kommentar, Loseblatt, Frankfurt/Main, Stand April 2004

Germelmann, Claas-Heinrich/**Matthes**, Hans-Christoph/**Prütting**, Hans/ **Müller-Glöge**, Rudi
Arbeitsgerichtsgesetz – Kommentar, 4. Auflage, München 2002

Giese, Fritz
Handwörterbuch der Arbeitswissenschaft, Band 1 und 2, Halle 1930

Gitter, Wolfgang
Die Festsetzung von Gefahrtarifen in der gesetzlichen Unfallversicherung im Hinblick auf den Fußballsport, SpuRt 1996, 148 ff. (Teil 1)/1997, 12 ff. (Teil 2)

Götz, Hilmar
Berufsbildungsrecht, München 1992

Greinert, Wolf-Dietrich
Das duale System der Berufsausbildung in der Bundesrepublik Deutschland, 3. Auflage, Stuttgart 1997

Gros, Paul
Handwörterbuch des Arbeitsrechts, 2. Auflage, Stuttgart 1960 (zitiert: HwBAR)

Grüner, Gustav
Die Änderungen im Berufsausbildungssystem und die Aufgaben der Betriebspädagogik, Wirtschaft und Erziehung 1973, 230 ff.

Grunsky, Wolfgang
Arbeitsgerichtsgesetz, Kommentar, 7. Auflage, München 1995

Güllemann, Dirk
Berufs- und Ausbildungswahl zwischen Elternrecht und Kindeswohl, MDR 1975, 793 ff.

Haar von der, Elke/**Haar von der**, Heinrich
Ausbildungskrise – Eine Bilanz von zehn Jahren Berufsbildung, Berlin 1986

Haase, Horst/**Richard**, Heinz/**Wagner**, Horst
Berufsbildungsgesetz (BBiG), Schriftlicher Bericht des Bundestagsausschusses für Arbeit mit Erläuterungen, Köln 1970

Hadding, Walter
Die Verweisung auf die Vorschriften über die Herausgabe einer ungerechtfertigten Bereicherung in BGB, Festschrift für Otto Mühl, Stuttgart 1981, S. 229 ff.

Hager, Johannes
Kindersport und Elternverantwortung, Recht und Sport, Walker, Wolf-Dietrich (Hrsg.), Band 30: Kinder- und Jugendschutz im Sport, Stuttgart 2001, S. 27 ff.

Hammer, Ulrich
Der betriebsverfassungsrechtliche Begriff der Berufsausbildung in Rechtsprechung und Literatur, ZTR 1996, 245 ff.

Hardenacke, Alfred
Die Bedeutung des BBiG für die Weiterentwicklung der beruflichen Bildung, Wirtschaft und Erziehung 1969, 144 ff.

Hasemann, Klaus
Der Berufsbegriff, Wirtschaft und Erziehung 1970, 5 ff.

Hauck, Karl (Begründer)
Sozialgesetzbuch Gesamtkommentar, Loseblatt, Berlin, Stand SGB I: Oktober 2003, SGB III: Juni 2004, SGB IV: April 2004 SGB V: Juni 2004, SGB VI: Juni 2004, SGB VII: April 2004, SGB X: März 2004 (zitiert: Hauck/Bearbeiter)

Hauck, Friedrich/**Helml**, Ewald
Arbeitsgerichtsgesetz Kommentar, 2. Auflage, München 2003
Heckel, Hans
Einführung in das Erziehungs- und Schulrecht, 2. Auflage, Darmstadt 1986

Heckel, Hans/**Avenarius**, Hermann
Schulrechtskunde, 7. Auflage, Neuwied 2000

Heckelmann, Dieter
Der Idealverein als Unternehmer?, AcP 179 (1979), 1 ff.

Hedderich, Gunter
5000 Jahre Berufsbildung, Wirtschaft und Erziehung 1970, S. 33 ff.

Hege, Hans
Das Grundrecht der Berufsfreiheit im Sozialstaat, Berlin 1977

Hegelheimer, Armin
Berufsanalyse und Ausbildungsordnung, unter Mitarbeit von Lothar Schaeffer, Schriften zur Berufsbildungsforschung, Band 49, Hannover 1977

Hegelheimer, Armin
Ausbildung und Beruf in der Bundesrepublik, Wirtschaft und Berufserziehung 1984, 40 ff.

Hemmrich, Hannelore
Die Ausgliederung bei Idealvereinen, BB 1983, 26 ff.

Hennig, Werner (Hrsg.)
Handbuch zum Sozialrecht, Band 1-8, Neuwied, Stand Juli 2004

Herkert, Josef
Berufsbildungsgsetz – Kommentar mit Nebenbestimmungen, Loseblatt, München, Stand Juni 2004

Hess, Harald/**Schlochauer**, Ursula/**Glaubitz**, Werner
Kommentar zum BetrVG, 5. Auflage, Neuwied 1997
(zitiert: HSG)

Hesse, Albrecht
Der Einzelne und sein Beruf: Die Auslegung des Art. 12 Abs. 1 GG durch das Bundesverfassungsgericht aus soziologischer Sicht, AöR Band 95, 449 ff.

Hilf, Meinhard/**Pache**, Eckehard
Das Bosman-Urteil des EuGH, NJW 1996, 1169 ff.

Hölterhoff, Herbert/**Becker**, Manfred
Personalentwicklung bei der Adam Opel AG, Strategien der Personalentwicklung, 5. Auflage, Rüsselsheim 2002

Hoffmann, Ernst
Zur Geschichte der Berufsausbildung in Deutschland, Bielefeld 1962

Hoffmann, Matthias
Sportgesellschaften – Patentrezept für alle Ligen? Zur Neuorganisation der Deutschen Eishockey-Liga, SpuRt 1994, 24 ff.

Holfelder, Wilhelm/**Bosse**, Wolfgang
Schulgesetz für Baden-Württemberg, Handkommentar, 12. Auflage, Boorberg 1998

Honig, Gerhart
Handwerksordnung, 2. Auflage, Nördlingen 1998

Hueck, Alfred/**Nipperdey**, Hans Carl
Lehrbuch des Arbeitsrechts, Band 1, 7. Auflage, Berlin/ Frankfurt am Main 1963

Hüffer, Uwe
Aktiengesetz, 6. Auflage, München 2004

Hufen, Friedhelm
Berufsfreiheit – Erinnerung an ein Grundrecht, NJW 1994, 2913 ff.

Imping, Andreas
Die arbeitsrechtliche Stellung des Fußballspielers zwischen Verein und Verbänden, Dissertation, Köln 1995

Ipsen, Hans-Peter
Berufsausbildungsrecht für Handel, Gewerbe, Industrie, Tübingen 1967

Ipsen, Jörn
„Stufentheorie" und Übermaßverbot – Zur Dogmatik des Art. 12 GG, JuS 1990, 634 ff.

Isensee, Josef/**Kirchhof**, Paul (Hrsg.)
Handbuch des Staatsrechts, Band IV, Freiheitsrechte, 2. Auflage, Heidelberg 2001 (zitiert: HStR)

Jagenlauf, Arnulf
Fragen bei der Anwendung des Berufsbildungsgesetzes in der Praxis, BB 1970, 1356 ff.

Jarass, Hans D./**Pieroth**, Bode
Grundgesetzkommentar für die Bundesrepublik Deutschland, 7. Auflage, München 2004

Jauerning, Othmar (Hrsg.)
Bürgerliches Gesetzbuch – Kommentar, 11. Auflage, München 2004

Joussen, Jacob
Die Kündigung eines Arbeitsverhältnisses vor Arbeitsantritt, NZA 2002, 1177 ff.

Kania, Thomas
Kollektives Arbeitsrecht im Berufsfußball, Fußballspieler als Arbeitnehmer, Württembergischer Fußballverband e.V. (Hrsg.), Schriftenreihe Nr. 32, Stuttgart 1992

Kania, Thomas
Betriebsräte in Lizenzfußballvereinen, SpuRt 1994, 121 ff.

Kempen, Otto Ernst/**Zachert**, Ulrich
Tarifvertragsgesetz, Kommentar für die Praxis, 3. Auflage, Köln 1997

Kissel, Otto Rudolf
Gerichtsverfassungsgesetz Kommentar, 3. Auflage, München 2001

Kittner, Michael
Arbeitsmarkt und Recht, Kittner (Hrsg.), Arbeitsmarkt – ökonimische, soziale und rechtliche Grundlagen, Heidelberg 1982, S. 11 ff.

Klinkhammer, Heiner
Qualifizierung der Arbeitnehmer – Die zentrale Zukunftsaufgabe der Unternehmensführung, Festschrift für Albert Gnade, Köln 1992, S. 291 ff.

Klose, Alexander
Sportvereine und Gemeinnützigkeit – die neugeschaffene Investitionsumlage, SpuRt 1997, 82 ff.

Knigge, Arnold
AR-Blattei-SD, Berufsausbildung 400, Stand März 2004

Knigge, Arnold
AR-Blattei SD, Volontär und Praktikant 1740, Stand März 2004

Knopp, Anton/**Kraegeloh**, Wolfgang
Berufsausbildungsgesetz, 4. Auflage, München 1998

Köbler, Gerhard/**Pohl**, Heidrun
Deutsch-Deutsches Rechtswörterbuch, München 1991

Körzel, Randolf
Berufsbildung zwischen Gesellschafts- und Wirtschaftspolitik, Frankfurt am Main 1996

Köst, Ewald
Die Rechtsstellung des Volontärs, DB 1954, 413 ff.

Konzen, Horst/**Kraft**, Alfons
Die Arbeiterselbstverwaltung im Spannungsverhältnis

Konzen, Horst
Arbeitnehmerschutz im Konzern, RdA 1984, 65 ff. (zitiert: Konzen II)

Konzen, Horst
Arbeitsverhältnisse im Konzern, ZHR 151 (1987), 566 ff. (zitiert: Konzen III)

Konzen, Horst
Der Regierungsentwurf des Betriebsverfassungsgesetzes, RdA 2001, 76 ff. (zitiert: Konzen IV)

Kormann, Joachim
Überbetriebliche Unterweisung und außerbetriebliche Ausbildung, GewArch 1986, 105 ff.

Kornblum, Udo
Die gemeinsame Berufsausübung eines Anwaltnotars mit einem Steuerberater, NJW 1981, 2735 ff.

Kraft, Alfons
Mitbestimmungsrechte des Betriebsrates bei betrieblichen Berufsbildungs- und sonstigen Bildungsmaßnahmen nach § 98 BetrVG, NZA 1990, 457 ff.

Kramer, Helmut
Elterliches Sorgerecht und Berufsausbildung von Minderjährigen, JZ 74, 90 ff.

Krogmann, Mario
Grundrechte im Sport, Berlin 1998

Kuhn, Werner
Zur Leistungserfassung im Sportspiel – Entwicklung einer fußballspezifischen Testbatterie, Schorndorf 1978

Kunkel, Peter-Christian (Hrsg.)
Kinder-, Jugendhilfe – Lehr- und Praxiskommentar SGB VIII, 2. Auflage, Baden Baden 2003 (zitiert: LPK-SGB VIII)

Kurtenbach, Hermann/**Golombek**, Günter/**Siebers**, Heidi
Krankenpflegegesetz, Kommentar, 4. Auflage, Köln 1994

Landmann, Robert v./**Rohmer**, Gustav (Begr.)
Gewerbeordnung und ergänzende Vorschriften, Band 1 – Gewerbeordnung – Kommentar, Loseblatt, München, Stand Februar 2004

Larenz, Karl
Lehrbuch des Schuldrechts, Band 1, Allgemeiner Teil, 14. Auflage, München 1987

Leibholz, Gerhard/**Rinck**, Hans-Justus/**Hesselberger**, Dieter
Grundgesetz für die Bundesrepublik Deutschland – Kommentar an Hand der Rechtsprechung des Bundesverfassungsgerichts, Band 1, Loseblatt, Köln, Stand August 2003 (zitiert: LRH)

Leinemann, Wolfgang/**Taubert**, Thomas
Berufsbildungsgesetz – Kommentar, München 2002

Liedtke, Max (Hrsg.)
Berufliche Bildung: Geschichte, Gegenwart, Zukunft, Bad Heilbronn (Obb.) 1997

Löwisch, Manfred/**Kaiser**, Dagmar
BetrVG – Kommentar, 5. Auflage, Heidelberg 2002

Lüderitz, Alexander
Elterliche Sorge als privates Recht, AcP 178 (1978), 263 ff.

Mahler, Till
Ist ein neuer Veranstalterbegriff für den professionellen Ligasport notwendig?, SpuRt 2001, 8 ff.

Mangoldt, Hermann v./**Klein**, Friedrich/**Starck**, Christian (Hrsg.)
Das Bonner Grundgesetz, Band 1, Art. 1-19, 4. Auflage, München 1999 (zitiert: MKS)

Mangoldt, Hermann v./**Klein**, Friedrich/**Starck**, Christian (Hrsg.)
Das Bonner Grundgesetz, Band 2, Art. 20-78, 4. Auflage, München 2000 (zitiert: MKS)

Maschmann, Frank
Arbeitsverträge und Verträge mit Selbständigen, Sonderbeilage zu NZA Heft 24/2001, S. 21 ff.

Maunz, Theodor/**Dürig**, Günter (Hrsg.)
Grundgesetz Kommentar, Loseblatt, München, Stand Februar 2004 (zitiert: M/D)

Mehlich, Tobias
Betriebsübergang in der Ausbildungswerkstatt, NZA 2002, 823 ff.

Michel, Eduard
Bundeszuständigkeit für die Berufsschulen?, BB 1977, 1455 ff.

Michelsen, Uwe
Das Berufsbildungsgesetz vom 14. August 1969 und seine Vorläufer, Kaiserslautern 1972

Mihm, Katja
Sozialversicherungsrechtliche Aspekte in Freizeit- und Profisport – Ansprüche und verschuldens- sowie risikoabhängige Grenzen, SpuRt 1995, 18 ff.

Molitor, Erich/**Vollmer**, Bernhard/**Germelmann**, Claas-Hinrich
Jugendarbeitsschutzgesetz-Kommentar, 3.Auflage, München 1986

Molle, Fritz
Handbuch der Berufskunde, Köln 1968

Monjau, Herbert
Das neue Berufsbildungsgesetz, DB 1969, 1841 ff.

Müller, Dagmar
Die Gesetzgebungskompetenz im Berufsbildungsrecht, RdJB 1994, 467 ff.

Müller, Friedrich
Juristische Methodik, 7. Auflage, Berlin 1997

Müller, Michael
Der deutsche Berufsfußball – vom Idealverein zur Kapitalgesellschaft, Berlin 2000

Münch, Ingo v./**Kunig**, Philip (Hrsg.)
Grundgesetz – Kommentar, Band 1: Präambel – Art. 19, 5. Auflage, München 2000

Münch, Ingo v./**Kunig**, Philip (Hrsg.)
Grundgesetz – Kommentar, Band 3, Art. 70-146, 5. Auflage, München 2003

Münchener Kommentar zum Bürgerlichen Gesetzbuch
Rebmann, Kurt/Säcker, Franz Jürgen/Rixecker, Roland (Hrsg.), Band 8 §§ 1589 – 1921, 4. Auflage, München 2002/ 3. Auflage, München 1992

Musa, Willi
Die Gesetzgebungskompetenz des Bundes zur Regelung und Förderung der Berufsausbildung, Berufliche Bildung, Teil I, 5/1966, 3 ff./Teil II, 7/1966, 2 ff.

Musielak, Hans Joachim/**Detterbeck**, Steffen
Das Recht des Handwerks, Kommentar zur HwO, 3. Auflage, München 1995

Naendrup, Peter Hubert
Außerbetriebliche und berufliche Rehabilitation (Grundprobleme eines Rechtsstellungsgesetzes für Behinderte), Paderborn 1984

Natzel, Benno
Ausbildungspflichten – Erziehungspflichten des Ausbildenden, RdA 1981, 158 ff.

Natzel, Benno
Berufsbildungsrecht: Ausbildung, Fortbildung und Umschulung, Stuttgart 1982

Natzel, Ivo
Das Berufsausbildungsvorbereitungsverhältnis, DB 2003, 719 ff.

Natzel, Ivo
Das neue Berufsbildungsgesetz, DB 2005, 610 ff.

Niehues, Norbert
Schul- und Prüfungsrecht, Band 1, Schulrecht, 3. Auflage, München 2000

Niese, Holger
Verwaltungs-Berufsgenossenschaft und Sportvereine – eine (noch) zeitgemäße Verbindung?, SpuRt 1996, 153 ff.

Niesel, Klaus (Hrsg.)
SGB III (Arbeitsförderungsgesetz), 2. Auflage, München 2002

Niesel, Klaus
Kasseler Kommentar zum Sozialversicherungsrecht, Loseblatt, München, Stand März 2004

Nipperdey, Hans Carl
Die Regelung des Anlernverhältnisses der Jugendlichen, Festschrift für Justus Wilhelm Hedemann, Berlin 1958

Nolte, Herbert/**Röhrs**, Hans-Joachim
Das Berufsbildungsgesetz – Text und Diskussion 1969 – 1976, Bad Heilbronn/Obb. 1979

Oetker, Hartmut
Betriebsverfassungsrechtliche Aspekte des Ausbildungsverbundes, DB 1985, 1739 ff.

Oetker, Hartmut
Die Mitbestimmung der Betriebs- und Personalräte bei der Durchführung von Berufsbildungsmaßnahmen, Neuwied 1986

Opolony, Bernhard
Die angemessene Ausbildungsvergütung gemäß § 10 Abs. 1 BBiG, BB 2000, 510 ff.

Opolony, Bernhard
Das Recht der Berufsausbildung nach dem Berufsbildungsreformgesetz, BB 2005, 1050 ff.

Pätzold, Günter
Quellen und Dokumente zur Geschichte des Berufsbildungsgesetzes 1875 – 1981, Köln 1982

Pätzold, Günter
Die betriebliche Berufsbildung 1945 – 1990, Band 1 und 2, Köln 1991

Palandt, Otto
BGB, Kommentar, 63. Auflage, München 2004

Pawlowski, Hans-Martin
Methodenlehre für Juristen – Theorie der Norm und des Gesetzes, 3. Auflage, Heidelberg 1999

Pieroth, Bodo/**Schlink**, Bernhard
Grundrechte – Staatsrecht II, 19. Auflage, Heidelberg 2003

Pitschas, Rainer
Berufsfreiheit und Berufslenkung, Berlin 1983

Preis, Ulrich
Legitimation und Grenzen des Betriebsbegriffs im Arbeitsrecht, RdA 2000, 257 ff.

Preis, Ulrich
Arbeitsrecht, 2. Auflage, Köln 2003

Pudell, Heinz
Betriebsaufspaltung bei Sportvereinen durch Werbung, SpuRt 1999, 143 ff.

Raddatz, Rolf
Vom Verein für Sozialpolitik zum Deutschen Bundestag – der Weg zum Berufsbildungsgesetz, Wirtschaft und Berufserziehung 1994, 265 ff.

Raisch, Peter
Juristische Methoden – Vom antiken Rom bis zur Gegenwart – Heidelberg 1995

Ramm, Thilo
Jugendrecht (ein Lehrbuch), München 1990

Rathschlag, Axel
Zur Problematik von „Anlernberufen“ im Handwerk, Institut für Berufserziehung im Handwerk an der Universität Köln, Reihe A, Heft 30, Köln 1970

Rathschlag, Axel
Der Anlernberuf als Ausbildungsberuf für Jugendliche, Institut für Berufserziehung im Handwerk an der Universität Köln, Reihe A, Heft 32, Köln 1972

Raupach, Arndt
„Structure follows Strategy“ Grundfragen der Organisation des Zivil- und Steuerrechts im Sport – dargestellt am Thema „Profigesellschaften“, SpuRt 1995, 241 ff (Teil 1) / SpuRt 1996, 2 ff (Teil 2)

Redeker, Konrad/**Karpenstein**, Ulrich
Über Nutzen und Notwendigkeiten, Gesetze zu begründen, NJW 2001, 2825 ff.

Reichel, Hans
Zum Begriff des Volontärs, BB 1955, 224 ff.

Reichert, Bernhard
Handbuch des Vereins- und Verbandsrechts, 9. Auflage, Neuwied 2002

Reinhardt, Rotraud
Berufliche Grundbildung, BArbBl 1969, 73 ff.

Reschke, Eike
Zur Entwicklung des Amateursports – Amateursportler als Vertragsportler?, Sport als Arbeit, Eike Reschke (Hrsg.), Heidelberg 1985, S. 1 ff.

Richardi, Reinhard
BetrVG-Kommentar, 9. Auflage, München 2004

Richardi, Reinhard/**Wlotzke**, Otfried (Hrsg.)
Münchener Handbuch des Arbeitsrechts, Band I, 2. Auflage, München 2000 (zitiert: MünchArbR)

Richter, Ingo
Öffentliche Verantwortung für berufliche Bildung, Stuttgart 1970

Richter, Ingo
Ausbildung und Arbeit, JZ 1981, 176 ff.

Riedl, Ute (Redaktion)/**Rump**, Hans-Uwe (Redaktion)
Berufliche Bildung – Geschichte, Gegenwart, Zukunft, Bad Heilbronn/Obb. 1997

Rüth, Herbert
Die handwerklichen Berufsbilder auf dem Prüfstand, GewArch 1992, 129 ff.

Rützel, Josef/**Schapfel**, Franz
Die Rolle und Funktion beruflicher Standards in der Bundesrepublik Deutschland bezogen auf Berufsbildung und Arbeitsmarkt, Bundesinstitut für Berufsbildung, Berlin 1996

Sachs, Michael
Grundgesetz – Kommentar, 3. Auflage, München 2003

Sahrhage, Wilhelm
BBiG und Betrieb, Wirtschaft und Erziehung 1969, 229 ff.

Schaub, Günter u.a.
Arbeitsrechts-Handbuch, 10. Auflage, München 2002

Schieckel, Horst
Berufsbildungsgesetz – Kommentar und Rechtssammlung, Band 1-4, Starnberg, Stand August 2003

Schennen, Detlef
Die Verfassungsmäßigkeit von Ablösesummen im Berufsfußball, Münster 1984

Scherer, Werner
Verträge mit Praktikanten, NZA 1986, 280 ff.

Schlaich, Klaus/**Korioth**, Stefan
Das Bundesverfassungsgericht, 6. Auflage, München, 2004

Schmidt-Bleibtreu, Bruno/**Klein**, Franz
Kommentar zum Grundgesetz, 10. Auflage, Neuwied 2004 (zitiert: SBK)

Schmidt, Ernst
Ausbildungsvereinbarungen in Arbeitsverhältnissen in Entwicklung und Gegenwart, Dissertation, Würzburg 1969

Schmidt, Ernst
Das Praktikantenverhältnis nach dem neuen Berufsbildungsgesetz, BB 1971, 313 ff.

Schmidt, Ernst
Der Volontär nach dem Berufsbildungsgesetz, BB 1971, 622 ff.

Schmidt, Karsten
Wirtschaftstätigkeiten von „Idealvereinen" durch Auslagerung auf Handelsgesellschaften, NJW 1983, 543 ff.

Schmidt, Karsten
Gesellschaftsrecht, 4. Auflage, Köln 2002

Schnorr von Carolsfeld
Die rechtlichen Grundsätze des Lehrlingsproblems, RdA 1959, 206 ff.

Scholz, Rupert
Die Berufsfreiheit als Grundlage und Grenze arbeitsrechtlicher Regelungssysteme, Zeitschrift für Arbeitsrecht 1981, 265 ff.

Schröder, Edwin
Leistungsstörungen im Berufsausbildungsverhältnis, Dissertation, Trier 1997

Schulz, Helmut
Jugendarbeitslosigkeit – Problemgruppe jugendliche Ungelernte, Wirtschaft und Berufserziehung 1976, 364 ff.

Seipp, Paul/**Bach**, Hans
Schulrecht Hessen, Loseblatt, Neuwied, Stand Juli 2004

Seiter, Hugo
Die Entwicklung der Rechtsprechung des BAG im Jahre 1969, Zeitschrift für Arbeitsrecht 1970, 355 ff.

Siebold, Michael
Die KGaA als Rechtsform für die Profitabteilungen der Vereine der Fußball-Bundesliga, SpuRt 1998, 138 ff.

Siebold, Michael
Das Widerspruchsrecht der Fußballspieler gemäß § 613 a BGB bei der Ausgliederung der Profi-Abteilungen auf Kapitalgesellschaften, SpuRt 1999, 93 ff.

Siebold, Michael
Die Einflußsicherung des Vereins in einer Fußball-KGaA, SpuRt 2000, 177 ff.

Soergel, Hans Theodor (Hrsg.)
Bürgerliches Gesetzbuch nebst Einführungsgesetz, Band 8 Familienrecht 2 §§ 1589-1921, 12. Auflage, Stuttgart 1987

Spellbrink, Wolfgang/**Eicher**, Wolfgang
Kasseler Handbuch desArbeitsförderungsrechts, München 2003

Stahlhacke, Eugen
Die Ablehnung der Eintragung in die Lehrlingsrolle, DB 1996, 940 ff.

Staudinger, Julius v.
Kommentar zum Bürgerlichen Gesetzbuch mit Einführungsgesetz und Nebengesetzen, Zweites Buch, Recht der Schuldverhältnisse, §§ 611-615 BGB, 13. Bearbeitung von Richardi, Reinhard, Berlin 1999

Stein, Ekkehart/**Götz**, Frank
Staatsrecht, 18. Auflage, Tübingen 2002

Steinbeck, Anja Verena/**Menke**, Thomas
Die Aktiengesellschaft im Profifußball, SpuRt 1998, 226 ff.

Steiner, Udo
Amateurfußball und Grundrechte, „Das Recht des Fußballspielers“, Württembergischer Fußballverband e.V., Schriftenreihe Nr. 12, Stuttgart 1980, S. 7 ff.

Steiner, Udo
Verfassungsfragen des Sports, NJW 1991, 2729 ff.

Steinhöfer, Dieter
Zur Leistungserfassung im Basketball, Ahrensburg 1983

Steinmann, Susanne
Bildung, Ausbildung und Arbeitsmarktchancen in Deutschland – Eine Studie zum Wandel der Übergänge von der Schule in das Erwerbsleben, Opladen 2000

Stern, Klaus/**Sachs**, Michael
Das Staatsrecht der Bundesrepublik Deutschland, München 1977

Stöber, Kurt
Handbuch zu Vereinsrecht, 9.Auflage, Köln 2004

Stopper, Martin
Wer ist Veranstalter und Rechtsträger im Profi-Fußball?, SpuRt 1999, 188 ff.

Strätz, Hans-Wolfgang
Elterliche Personensorge und Kindeswohl, vornehmlich in der zerbrochenen Familie, FamRZ 1975, 541 ff.

Taubert, Thomas
Neuregelungen im Berufsbildungsrecht, NZA 2005, 503 ff.

Theuersbacher, Paul
Die Entwicklung des Schulrechts in den Jahren 1997 und 1998, NVwZ 1999, 838 ff.

Turner, George
Rechtsprobleme beim Doping im Sport, MDR1991, 569 ff.

Uthmann, Karl Josef/**Hülsmann**, Saskia
Sind für „Lernbehinderte" neue Ausbildungsberufe notwendig?, Wirtschaft und Berufserziehung 1976, 233 ff.

Vogel, Johann Peter
Das Recht der Schulen und Heime in freier Trägerschaft, 3. Auflage, Darmstadt 1997

Vögele, Thomas
Hochleistungssport bietet prima berufliche Perspektiven, Frankfurter Rundschau, 11.04.2001

Walker, Wolf-Dietrich
Arbeits- und verbandsrechtliche Aspekte des Kindersports, Recht und Sport, Walker, Wolf-Dietrich (Hrsg.), Band 30: Kinder- und Jugendschutz im Sport, Stuttgart 2001, S. 45 ff.

Walter, Jürgen
Brauchen wir ein neues BBiG?, Wirtschaft und Berufserziehung 1990, 9 ff.

Wank, Rolf
Die neue Selbständigkeit, DB 1992, 90 ff.

Wassermann, Rudolf (Hrsg.)
Alternativkommentar, Kommentar zum Grundgesetz für die Bundesrepublik Deutschland, Band 1, Art. 1-37, 3. Auflage, Neuwied 2001

Weber, Rolf
Berufsbildungsgesetz – BBiG – Text und Kommentar, Band 1-3, Loseblatt, Köln, Stand September 2000

Wenger, Ludwig
Arbeitsmarkt und Qualifikation – Qualifizierung im Spannungsfeld wirtschaftlicher Rationalität und pädagogischer Verantwortung, Frankfurt am Main 1993

Wentzel, Matthias
Autonomes Berufsausbildungsrecht und Grundgesetz, Stuttgart 1970

Westermann, Hamm Peter
Der Sportler als Arbeitnehmer besonderer Art – Zur Durchführung von arbeitsrechtlichen Regelungen durch vereins- und verbandsautonomen Bestimmungen, Reihe Recht und Sport, Sport und Arbeit, Reschke, Eike (Hrsg.), Heidelberg 1985, S. 35 ff.

Windbichler, Christine
Arbeitsrecht im Konzern, München 1989

Wöhe, Günter
Einführung in die Allgemeine Betriebswirtschaftslehre, 21. Auflage, München 2002

Wohlgemuth, Hans Hermann
BBiG – Berufsbildungsgesetz, 2. Auflage, Köln 1995

Wohlgemuth, Hans Hermann
Reform des Berufsbildungsrechts, AuR 2005, 241 ff.

Wünsch, Horst
Die betriebliche Berufsausbildung nach Verabschiedung des BBiG, Wirtschaft und Erziehung 1971, 38 ff.

Zedler, Reinhard
Bildung und Ausbildung, Wirtschaft und Berufserziehung 1982, 6 ff.

Zedler, Reinhard
Bundesarbeitsblatt, 2005, Heft 7, 17 ff.

Zekorn, Klaus
Zur beruflichen Umschulung, BArbBl 1969, 75 ff.

Zmarzlik, Johannes,/**Anzinger**, Rudolf
Jugendarbeitsschutzgesetz, 5. Auflage, München 1998

Zöllner, Wolfgang/**Loritz**, Karl-Georg
Arbeitsrecht, 5. Auflage, München 1998

Abkürzungsverzeichnis

a.A.	anderer Ansicht
a.a.O.	am angegebenen Ort
Abb.	Abbildung
Abs.	Absatz
AcP	Archiv für civilistische Praxis
a. F.	alte Fassung
AFG	Arbeitsförderungsgesetz
AG	Amtsgericht
AK	Alternativkommentar
AktG	Aktiengesetz
amtl. Begr. RegE.	amtliche Begründung Regierungsentwurf
Anm.	Anmerkung
AöR	Archiv des öffentlichen Rechts
AP	Arbeitsrechtliche Praxis (Entscheidungssammlung)
APS	Ascheid/Preis/Schmidt/Steffan: Großkommentar zum Kündigungsrecht
AR- Blattei SD	Arbeitsrecht- Blattei Systematische Darstellung
ArbG	Arbeitsgericht
ArbGG	Arbeitsgerichtsgesetz
ArbZG	Arbeitszeitgesetz
ARSt	Arbeitsrecht in Stichworten (Zeitschrift)
Art.	Artikel
AZ	Aktenzeichen
BAG	Bundesarbeitsgericht
BAGE	Sammlung der Entscheidungen des Bundesarbeitsgerichts
BArbBl.	Bundesarbeitsblatt
BB	Betriebs-Berater (Zeitschrift)
BBiG	Berufsbildungsgesetz
BeschFG	Beschäftigungsförderungsgesetz
BetrVG	Betriebsverfassungsgesetz
BGB	Bürgerliches Gesetzbuch
BGBl.	Bundesgesetzblatt
BGH	Bundesgerichtshof
BGHZ	Entscheidungen des Bundesgerichtshofs in Zivilsachen
BK	Bonner Kommentar zum Grundgesetz

BR-Dr.	Bundesratsdrucksache
BSG	Bundessozialgericht
BSGE	Sammlung der Entscheidungen des Bundessozialgerichts
BT-Drucksache	Bundestagsdrucksache
BVerfG	Bundesverfassungsgericht
BVerfGE	Sammlung der Entscheidungen des Bundesverfassungsgerichts
BVerwG	Bundesverwaltungsgericht
BVerwGE	Sammlung der Entscheidungen des Bundesverwaltungsgerichts
bzw.	beziehungsweise
DB	Der Betrieb (Zeitschrift)
DFB	Deutscher Fußball Bund
DFL	Deutsche Fußball Liga GmbH
d.h.	daß heißt
DKK	Däubler/Kittner/Klebe (Hrsg.): BetrVG- Kommentar für die Praxis
DM	Deutsche Mark
DÖV	Die öffentliche Verwaltung (Zeitschrift)
DVBl.	Deutsches Verwaltungsblatt (Zeitschrift)
EGV	Europäischer Gemeinschaftsvertrag
EGHGB	Einführungsgesetz Handelsgesetzbuch
Einf.	Einführung
EntFZG	Entgeltfortzahlungsgesetz
ErfK	Erfurter Kommentar zum Arbeitsrecht
Erlenkämper u.a.	Erlenkämper/Fichte/Fock: Sozialrecht
EU	Europäische Union
EuGH	Gerichtshof der Europäischen Gemeinschaften
e.V.	eingetragener Verein
EzA	Entscheidungssammlung zum Arbeitsrecht
EzB	Entscheidungssammlung zum Berufsbildungsrecht
f.	folgende
FamRZ	Zeitschrift für das gesamte Familienrecht
FAZ	Frankfurter Allgemeine Zeitung
ff.	fortfolgende
FIFA	Fédération Internationale de Football Accociation
FLL	Fußball-Lehrer-Lizenz
gem.	gemäß
Gew.Arch	Gewerbearchiv (Zeitschrift)

GewO	Gewerbeordnung
GG	Grundgesetz
ggf.	gegebenenfalls
GK	Gemeinschaftskommentar zum SGB
GmbH	Gesellschaft mit beschränkter Haftung
GmbHG	GmbH-Gesetz
GmSOB	gemeinsamer Senat der obersten Gerichte des Bundes
GS	Großer Senat
HGB	Handelsgesetzbuch
h.M.	herrschende Meinung
HRG	Handbuch der Rechtsgeschichte
Hrsg.	Herausgeber
HSG	Hess/Schlochauer/Glaubitz: Kommentar zum BetrVG
HStR	Handbuch des Staatsrechts, Isensee, Josef/Kirchhof, Paul (Hrsg.)
HwO	Handwerksordnung
i.V.m.	in Verbindung mit
JA	Juristische Ausbildung
JArbSchG	Jugendarbeitsschutzgesetz
JuS	Juristische Schulung (Zeitschrift)
JZ	Juristenzeitung (Zeitschrift)
K	Kammerbeschluß
KGaA	Kommanditgesellschaft auf Aktien
KH	Kasseler Handbuch zum Arbeitsrecht
KK	Kasseler Kommentar Sozialversicherungsrecht/ Loseblatt
LAG	Landesarbeitsgericht
LAGE	Sammlung der Entscheidungen des Landesarbeitsgerichts
LArbG	Landesarbeitsgericht
LG	Landgericht
LohnFG	Lohnfortzahlungsgesetz
LOS	Lizenzordnung Spieler
LPK	Lehr- und Praxiskommentar SGB VIII Kinder-, Jugendhilfe, Kunkel, Peter-Christian (Hrsg.)
LRH	Leibholz/Rinck/Hesselberger: Grundgesetz für die Bundesrepublik Deutschland – Kommentar

LZ	Nachwuchsleistungszentrum der Lizenzvereine der Fußball-Bundesliga
MitbestG	Mitbestimmungsgesetz
M/D	Maunz/Dürig (Hrsg.): Grundgesetz Kommentar
MDR	Monatszeitschrift für Deutsches Recht (Zeitschrift)
MKS	Mangoldt, v./Klein/Starck: Das Bonner Grundgesetz
MünchArbR	Münchner Handbuch zum Arbeitsrecht
MuSchG	Mutterschutzgesetz
m.w.N.	mit weiteren Nachweisen
NJW	Neue Juristische Wochenzeitschrift (Zeitschrift)
NJW-RR	NJW Rechtsprechungs-Report Zivilrecht
NLZ	Nachwuchsleistungszentrum der Lizenzvereine der Fußball-Bundesliga
Nr.	Nummer
n.V.	nicht veröffentlicht
NVwZ	Neue Zeitschrift für Verwaltungsrecht (Zeitschrift)
NVwZ-RR	NVwZ-Rechtsprechungsreport (Zeitschrift)
NZA	Neue Zeitschrift für Arbeitsrecht
NZS	Neue Zeitschrift für Sozialrecht
OLG	Oberlandesgericht
PHBSportR	Fritzweiler/Praxishandbuch Sportrecht
PrivSchulG	Privatschulgesetz
PrivSchulGDVO	Durchführungsverordnung zum Privatschulgesetz
RAGE	Sammlung der Entscheidungen des Reichsarbeitsgerichts
Rd.	Randnummer
RdA	Recht der Arbeit (Zeitschrift)
Rh.-Pf.	Rheinland-Pfalz
S.	Seite
SBK	Schmidt-Bleibtreu/Klein: Kommentar zum Grundgesetz
SchwbG	Schwerbehindertengesetz
SD	Systematische Darstellung
SG	Sozialgericht
SGB	Sozialgesetzbuch
SGB I	Sozialgesetzbuch – Erstes Buch – Allgemeiner Teil
SGB III	Sozialgesetzbuch – Drittes Buch – Arbeitsförderung
SGB IV	Sozialgesetzbuch – Viertes Buch – Gemeinsame Vorschrift für die Sozialversicherung

SGB V	Sozialgesetzbuch – Fünftes Buch – Gesetzliche Krankenversicherung
SGB VI	Sozialgesetzbuch – Sechstes Buch – Gesetzliche Rentenversicherung
SGB VII	Sozialgesetzbuch – Siebtes Buch – Gesetzliche Unfallversicherung
SGB VIII	Sozialgesetzbuch – Achtes Buch – Kinder- und Jugendhilfe
SchulG	Schulgesetz
SozR	Sozialrecht
SpAuG	Sprecherausschussgesetz
SPE	Sammlung schul- und prüfungsrechtlicher Entscheidungen
SpOL	Spielordnung DFL
SpuRt	Sport und Recht (Zeitschrift)
TVG	Tarifvertragsgesetz
u.a.	und andere
VG	Verwaltungsgericht
z.B.	zum Beispiel
ZHR	Zeitschrift für das gesamte Handelsrecht und Wirtschaftsrecht
ZIP	Zeitschrift für Wirtschaftsrecht
ZPO	Zivilprozessordnung
ZTR	Zeitschrift für Tarif-, Arbeits- und Sozialrecht des öffentlichen Dienstes

Einführung

Gem. § 1 Nr. 1 des von der DFL (Deutsche Fußball Liga GmbH) herausgegebenen Muster-Fördervertrages[1] verpflichtet sich der Spieler, für den Club den Fußballsport als Nicht-Amateur ohne Lizenz[2] auszuüben. Gem. § 3 Nr. 1 des Muster-Fördervertrages ist vereinbart, dass der Club ein Leistungszentrum unterhält und sich verpflichtet, die in Anhang V zur Lizenzordnung (LO) der DFL - „Richtlinien für die Errichtung und Unterhaltung von Leistungszentren der Teilnehmer der Lizenzligen" - genannten Voraussetzungen und Bedingungen zu erfüllen[3]. Dort heißt es unter Nr. 1 (Zielstellung), dass die Leistungszentren die Qualität der Juniorenausbildung im Lizenzbereich und oberen Amateurbereich optimieren und eine qualitativ hohe Ausbildung talentierter Nachwuchsspieler in den verschiedenen Altersklassen gewährleisten sollen[4].

In einem solchen Fördervertrag verpflichtet sich der Spieler, den Fußballsport als Nicht-Amateur gegen Bezahlung[5] auszuüben. Der Arbeitnehmerstatus von professionellen Fußballern und die Einordnung unter den Schutzbereich der Berufsfreiheit von Art. 12 I GG sind zurzeit überwiegende Meinung in Rechtsprechung und Literatur[6]. Wenn man also davon ausgeht, dass Lizenzspieler einen Beruf ausüben und die Juniorenspieler auf dem Weg zum Lizenzspieler ausgebildet werden sollen, stellt sich die Frage, welche Bedeutung diesem Vorgang im Bereich des Berufsbildungsrechts zukommt. In seiner Entscheidung im Jahre 1985 sagte der Europäische Gerichtshof, zur Berufsausbildung gehöre jede Form der Ausbildung, die auf eine Qualifikation für einen bestimmten Beruf oder eine

---

1 Vgl. Anhang V Lizenzordnung DFL Nr. 4 (www.bundesliga.de/intern/ligastatu/), wonach mit B- und A-Junioren im Leistungsbereich der Leistungszentren der Lizenzligen Förderverträge abgeschlossen werden können. Diese orientieren sich an einem Muster-Fördervertrag der DFL (Deutschen Fußball Liga GmbH) (vgl. Anlage 1).

2 Gem. I (Präambel) der Lizenzordnung Spieler (LOS) der DFL ist Nicht-Amateur ohne Lizenz, wer über sein Mitgliedschaftsverhältnis hinaus einen schriftlichen Vertrag mit seinem Verein abgeschlossen hat und über seine nachgewiesenen Auslagen hinaus Vergütungen oder andere geldwerte Vorteile von mindestens 150,- Euro erhält (www.bundesliga.de/intern/ligastatu/).

3 Anlage 1

4 Anhang V Lizenzordnung DFL Nr. 1 (www.bundesliga.de/intern/ligastatu/).

5 In § 5 des Muster-Fördervertrages (Anlage 1) werden das Grundgehalt und sonstige Leistungen vereinbart.

6 Siehe Überblick zur Entwicklung des Profifußballers als Arbeitnehmer bei Bühler, S. 143 f.; Eilers, S. 36; Zum Thema Profifußballer als Teil des Schutzbereichs der Berufsfreiheit des Art. 12 I GG: PHB SportR/Fritzweiler1/6; Turner MDR 1991, 570; Krogmann, S. 36 f.; siehe auch ausführlich zum Berufsbegriff des BBiG unter 1.

bestimmte Beschäftigung vorbereitet[7]. Auch in der Literatur wird darauf hingewiesen, dass unter den Schutzbereich des Art. 12 I GG auch die Ausbildung als Vorstufe zur Berufsaufnahme fallen könne und daher die Teilnahme am Training und die Spielpraxis in einer Amateurspielgruppe Ausbildung zum späteren Beruf des lizenzierten Fußballers ist[8]. Dabei wird kein förmlicher Ausbildungsgang gefordert, sondern lediglich eine bestimmte Tätigkeit, die nach der gesellschaftlichen Anschauung als Ausbildungs- und Lernvorgang für einen bestimmten späteren Beruf angesehen wird[9]. Dazu sollen zum Beispiel talentierte, in Repräsentativspielen schon eingesetzte Jugendspieler gehören, die sich an einen Lizenzverein vertraglich binden[10]. Aufgrund der Einführung der NLZ (Nachwuchsleistungszentren) erfolgt nunmehr eine zielgerichtete Ausbildung von Nachwuchsspielern, um Spieler für den Lizenzbereich zu gewinnen[11]. Daher ist zu untersuchen, auf welche Weise dies nun innerhalb des deutschen Berufsbildungsrechts einzuordnen ist[12]. Im Rahmen des deutschen Berufsbildungsrechts kommt insbesondere dem Berufsbildungsgesetz (BBiG) vom 14. August 1969 eine zentrale Bedeutung zu[13]. Die folgende Untersuchung soll nun darstellen, inwieweit die Förderverträge unter den sachlichen und persönlichen Geltungsbereich des BBiG einzuordnen sind.

Als 1969 das BBiG eingeführt wurde, war eine systematische und zielgerichtete Ausbildung jugendlicher Fußballer im Hinblick auf eine spätere Karriere als Berufssportler noch nicht bekannt[14]. Die Nachwuchsspieler spielten als Vereins-

---

7 Siehe Weber, § 1 S. 12 b.

8 PHB SportR/Fritzweiler 1/6; Steiner WFV 12, 20 f.

9 PHB SportR/Fritzweiler 1/6; Steiner WFV 12, 20 f.

10 PHB SportR/Fritzweiler 1/6; siehe auch Krogmann, S. 43; ausführlich wird auf die Frage der Einordnung unter den grundgesetzlichen Ausbildungsbegriff unter 7.3. eingegangen.

11 Siehe so Nr. 1 der Präambel und Ziele der Juniorenabteilung von Bayer Leverkusen in „Informationen zum Juniorenkonzept von Bayer 04 Leverkusen", Stand: 2000 (Anlage 2).

12 Abgesehen von den schon angesprochenen Ausführungen von Krogmann und Fritzweiler gibt es bisher nur vereinzelte Äußerungen zu der Frage, wann in diesem Zusammenhang von einer Ausbildung im Sinne des BBiG auszugehen ist. Dieckmann, S. 37, hat 1980 ausgeführt, dass er im Fußballbereich in Sonderfällen einen Ausbildungsvertrag gem. § 3 BBiG auch in einem nicht anerkannten Berufsausbildungsgang für möglich hält. Walker, S. 63, spricht bei Kindern davon, dass bei bloßer Vereinsmitgliedschaft kein Ausbildungsvertrag im Sinne des § 1 I Nr. 4 JArbSchG in Verbindung mit § 19 BBiG vorläge, ebenso bei einer zusätzlichen vertraglichen Verpflichtung zur Vereinstreue.

13 Ramm, § 58 II 4, S. 411.

14 Ein weiteres Beispiel für eine Anpassung neu entstandener Lebensverhältnisse an gesetzliche Regelungen bezüglich des Fußballs bietet die Regelung der gesetzlichen Unfallversicherung vom 06.07.1884. Niese schreibt dazu, dass der Gesetzgeber naturgemäß im Jahre 1884

mitglieder in einer Juniorenmannschaft. Zeigte sich dabei ein überdurchschnittliches Talent des Jugendlichen, bot man ihm eine Aufnahme in den Kader des Bundesligavereins an. Eine vertragliche Bindung während der Juniorenzeit bestand nicht. Aufgrund der nachlassenden Leistungen der Nationalmannschaft wurde der Ruf nach einer Intensivierung der Talentförderung im deutschen Fußball immer lauter[15]. Das Ergebnis war die Einführung der NLZ. Daneben vollzog sich eine weitere Entwicklung im Profifußball. Die Vereine begannen nämlich aufgrund der Konkurrenzsituation und des großen Bedarfs an talentierten Nachwuchsspielern, Jugendliche immer früher langfristig vertraglich zu binden[16]. Dies zeigt, dass hier eine Entwicklung stattfindet, die nicht mehr mit fußballerischer Freizeitbeschäftigung früherer Jahre gleichzusetzen ist. Vielmehr werden hier von den Beteiligten Handlungen vollzogen, die systematisch auf eine berufliche Ausübung des Fußballsports seitens des Nachwuchsspielers ausgerichtet sind.[17]

Das Recht ist abhängig vom Willen der Beteiligten. Das Recht ist dabei kein unveränderlicher Gegenstand. Recht ist positives Recht. Der Inhalt der Gesetze kann sich ändern, auch wenn der Gesetzestext gleich bleibt[18]. Veränderte Lebensverhältnisse führen dazu, dass von neuem überprüft werden muss, wie die Entscheidung des Gesetzes, was als gleich und was als ungleich zu werten ist,

---

die Berufsgruppe der Profisportler nicht im Blick hatte und die spezifischen Probleme im starren Korsett der fortbestehenden Normierungen nicht zu lösen sind (Niese, S. 154).

15 Eine gute Nachwuchsförderung wird nicht nur im Sport als notwendig angesehen. So führt Liedtke aus, dass berufliche Bildung gerade in Deutschland einen besonders hohen Stellenwert haben müsste. Da Deutschland nicht reich an Rohstoffen sei, würde sein Wohlstand in erster Linie vom beruflichen Können seiner Bürger abhängen. Das berufliche Können des Einzelnen würde wiederum eng zusammenhängen mit den Ausbildungsmöglichkeiten, die ihm geboten werden, und von seiner Bereitschaft, die Ausbildungsmöglichkeiten zu nutzen (Liedtke, S. 7).

16 Extreme Beispiele wurden gerade in letzter Zeit bekannt. Manchester United und der 1. FC Köln banden zwei 12-jährige Jugendliche langfristig bis nach der Volljährigkeitsgrenze an sich; siehe kicker Nr.37 vom 03.05.2001 Seite 2: „Manchester United hat einen 12-jährigen Jungen dem Erst-Divisionär Preston abgekauft und langfristig unter Vertrag genommen. Sollte er im Profi-Team zehnmal zum Einsatz kommen, würden 435 000 Mark Ablösesumme fällig."; und kicker Nr. 43 vom 25.05.2001 Seite 17: „Jetzt hat auch der 1. FC Köln einen 12-jährigen, unmündigen Jungen dem Nachbarn Bayer Leverkusen weggeschnappt und mit einem Acht-Jahres-Vertrag (!) ausgestattet." Siehe auch bei Walker, S. 47, mit weiteren Beispielen.

17 Siehe so Nr. 1 der Präambel und Ziele der Juniorenabteilung von Bayer Leverkusen in „Informationen zum Juniorenkonzept von Bayer 04 Leverkusen", Stand: 2000 (Anlage 2).

18 Siehe Pawlowski, Rd. 15.

nun mehr auszufallen hat[19]. Diese Untersuchung soll nun aufzeigen, ob die neue Art der Handhabung, jugendliche Fußballspieler gegen Entgelt auf vertraglicher Basis an den Verein zu binden und sie in Hinblick auf eine spätere Karriere als Profisportler auszubilden, an Hand des BBiG zu messen ist, insbesondere ob es mit denen im BBiG ursprünglich vorgesehenen Ausbildungsgängen vergleichbar ist. Zunächst wird untersucht, ob der Beruf des Fußballers als Beruf im Sinne des BBiG anzusehen ist. Dann soll geklärt werden, ob die Förderverträge unter ein im BBiG geregeltes Vertragsverhältnis zu subsumieren sind (Kapitel 1-5). Bei der Prüfung des sachlichen Geltungsbereiches in Kapitel 6 wird geprüft, ob ein Leistungszentrum als ein Lernort des BBiG gelten kann und, ob die Vorschriften des BBiG auf diesen Lernort anzuwenden sind. In Kapitel 7 ist zu schauen, ob die Einordnung der Förderverträge unter das BBiG mit anderen ausbildungsrechtlichen Regelungen korrespondiert. Dann wird untersucht, welche Bedeutung der Vorschrift des § 28 II BBiG zukommt, wonach Jugendliche unter 18 Jahren nur in anerkannten Ausbildungsberufen ausgebildet werden dürfen. In diesem Zusammenhang ist auch zu prüfen, inwieweit der Schutzbereich des Art. 12 I GG eröffnet ist. Am Schluss der Untersuchung werden neben der Zusammenfassung die Ergebnisse aufgeführt, die bei einer Umfrage des Verfassers in Zusammenarbeit mit der DFL in den NLZ entstanden sind.

19 Siehe Pawlowski, Rd. 99 und 111.

1. Beruf im Sinne des BBiG

Der Begriff „Beruf" ist von zentraler Bedeutung für das BBiG. Dies wird alleine schon durch die Namensgebung des Gesetzes deutlich. Ziel des Gesetzes ist es, eine umfassende und landeseinheitliche Grundlage für die berufliche Bildung zu schaffen[1]. Daher spricht das Gesetz zum Beispiel von beruflicher Grundbildung (§ 1 II), beruflicher Tätigkeit (§ 1 II, IV), beruflichen Kenntnissen und Fertigkeiten (§ 1 III, 19), Berufsausbildung (1 II, 3 ff.) oder von beruflicher Umschulung und Fortbildung (§ 1 I).

Daraus ergibt sich, dass die zu regelnden Lebensverhältnisse auf einen Beruf ausgerichtet sein müssen. Es ist im Folgenden darzustellen, was das BBiG unter „Beruf" versteht und zu welchen anderen Begriffen eine Abgrenzung zu treffen ist. Anhand dieser Ergebnisse ist dann zu prüfen, ob das Ausüben des Fußballsports, so wie es von den Vereinen und den Nachwuchsspielern angestrebt wird, als eine berufliche Beschäftigung gesehen wird, deren Ausbildung das BBiG regelt.

Eine Vorschrift, die eine Legaldefinition des Berufsbegriffs für das BBiG gibt, existiert nicht. Daraus wird in der Literatur der Schluss gezogen, dass das BBiG den allgemeinen Begriff „Beruf" als mit dem Sinngehalt bekannt voraussetzt, so wie er im Sinne des Art. 12 I GG zu verstehen ist[2]. Dem wäre dann zuzustimmen, wenn der Sinngehalt des verfassungsmäßigen Berufsbegriffs mit dem Sinn und Zweck des BBiG übereinstimmt. Es ist daher im Folgenden erst zu klären, ob das Ausüben des Fußballsports gegen Zahlung eines regelmäßigen Entgelts, so wie es für die Nachwuchsspieler angestrebt wird[3], als Beruf im Sinne des Art. 12 I GG angesehen werden kann. Dann ist zu klären, ob dieser Berufsbegriff nach dem Sinn und Zweck und der geschichtlichen Entwicklung auch für das BBiG übernommen werden kann.

---

1 BT-Drucksache V/4260 S. 2 Nr. 2.

2 Herkert, § 1 Rd. 1a; Wohlgemuth, § 1 Rd. 1; Leinemann/Taubert, §1 Rd. 9.

3 Ziel zum Beispiel der Nachwuchsabteilung von Bayer Leverkusen ist es, Spieler für den Kader der Lizenzligamannschaft auszubilden, gem. Nr. 1 der Präambel der Juniorenabteilung (Anlage 2); Anhang V Lizenzordnung DFL Nr.1 (www.bundesliga.de/intern/ligastatu/) sagt, dass Ziel der NLZ ist, die Juniorenausbildung im Lizenzbereich und oberen Amateurbereich zu optimieren.

1.1. Berufsbegriff im Sinne des Art. 12 I GG

Auch das Grundgesetz definiert den Begriff des Berufes im Sinne des Art. 12 I GG nicht. Ebenso setzen die berufsordnenden Gesetze einen allgemeinen Begriff des Berufes voraus und beschränken sich darauf, jeweils den konkreten Beruf als Gegenstand ihrer Regelung näher zu bestimmen und damit ein mehr oder weniger ausgeprägtes Berufsbild des betreffenden Berufes rechtlich zu fixieren[4]. Demnach bleibt es vor allem der Rechtsprechung überlassen, den Berufsbegriff allgemein zu bestimmen[5]. Die Rechtsprechung des BVerfG[6] lässt sich folgendermaßen zusammenfassen: Beruf im verfassungsrechtlichen Sinne meint nicht bestimmte, rechtlich oder sozial vorgefertigte Berufsbilder: Beruf meint vielmehr - durchaus in einem sehr offenen und formalen Sinne - jede auf Dauer berechnete, allgemein erlaubte und der Schaffung oder Erhaltung einer Lebensgrundlage dienende Betätigung - unabhängig davon, ob diese selbständig oder unselbständig ausgeübt wird, und ebenso unabhängig davon, ob diese dem Typus einer bereits als „Beruf" bekannten Tätigkeit entspricht oder ob diese, gemessen an entsprechend vorgegebenen Berufsbildern, untypisch, singulär oder neuartig ist[7].

Auch Doppel- und Nebenberufe erfüllen die Voraussetzungen des Berufsbegriffs[8]. Deshalb wird jeder Hochleistungssport, der zumindest teilweise in ideeller wie materieller Hinsicht der Schaffung und Unterhaltung einer Lebensgrundlage von gewisser Dauer dient, vom Berufsbegriff erfasst[9]. Auch die Tatsache, dass nur eine begrenzte Zahl von Berufsfußballern in den Lizenzligen spielen darf, spricht nicht gegen die Qualifizierung als Beruf[10]. Aufgrund dieser weiten Definition ist es sachgemäß, die Ausübung des Fußballsports, soweit sie gegen Entgelt und zur Schaffung einer Erwerbs- und Lebensgrundlage ausgeübt wird,

---

4 Fröhler/Mörtel I, S. 105.
5 Fröhler/Mörtel I, S. 105.
6 Vgl. BVerfGE 7, 377 (397 ff.); 13, 97 (106); 50, 290 (362 ff.).
7 BVerfGE 9, 73 (78); 13, 97 (106); 14, 19 (22); 16, 147 (163); 48, 376 (388); 50, 290 (302); 54, 301 (313); 68, 272 (281); 78, 179 (193); 81, 70 (85); vgl. auch MKS/Manssen Art. 12 Rd. 33; Sachs/Tettinger, Art. 12 Rd. 27; Bleckmann, § 33 Rd. 2; Scholz, S. 265; Badura, Teil C Rd. 80; siehe zur Kritik an einem umfassenden Tatbestand des Berufsbegriffs: Auer, S. 101 ff.
8 BVerfGE 21, 173 (179); 80, 70 (85 f.); 87, 287 (316); BVerfG (K), NVwZ-RR 1994, 153; BVerfG (K), NJW 1995, 951; BVerwGE 21, 195 f.; BGHZ 97, 204 (208); Dreier/Wieland, Art. 12 Rd. 50; Kornblum, 81, S. 2735 ff.; Bleckmann, § 33 Rd. 5 und 8; Sachs/Tettinger, Art. 12 Rd. 32.
9 Jarass/Pieroth, Art. 12 Rd. 4; v. Münch/Gubelt Art. 12 Rd. 63; PHBSportR/ Fritzweiler, 1/6.; Schennen, S. 41.
10 Schennen, S. 42.

als Beruf im Sinne des Art. 12 I GG anzusehen[11]. Den Tatbestandsmerkmalen von Art. 12 I GG entsprechend, wird die Tätigkeit dieser Sportler dadurch gekennzeichnet, dass sie im Regelfall auf Dauer angelegt ist und zur Schaffung und Erhaltung einer Lebensgrundlage dient[12]. Die Einordnung ist nicht auf Lizenzspieler beschränkt, sondern trifft allgemein auf alle Fußballspieler zu, die sich dadurch eine regelmäßige Erwerbsgrundlage verschaffen[13].

1.2. Ausbildungsberuf im Sinne des Grundgesetzes

Es stellt sich die Frage, ob Art. 12 I GG einen eigenständigen Begriff des Ausbildungsberufes kennt und wenn ja, ob es diesen enger versteht als den der späteren beruflichen Tätigkeit.

Art. 12 I GG bildet ein einheitliches Grundrecht, welches neben der Berufswahl und Berufsausübungsfreiheit auch die Ausbildungsfreiheit mit einschließt[14]. Das Grundrecht der freien Wahl der Ausbildungsstätte zielt seiner Natur nach auf freien Zugang zu Einrichtungen; es ist ohne die tatsächliche Voraussetzung, es in Anspruch nehmen zu können, wertlos[15]. Der Begriff der Ausbildungsstätte, auf die sich das Wahlrecht des Berufsaspiranten bezieht, umfasst nur berufsbezogene Einrichtungen, also solche, die über die Vermittlung allgemeiner Schulbildung hinaus der Ausbildung für Berufe dienen[16]. Das BVerwG legt diesen Begriff enger aus, indem es nur solche Einrichtungen als Ausbildungsstätte im Sinne des Art. 12 I GG gelten lässt, die ein Bewerber durchlaufen haben muss, um nach Ablegung der nur über diese Einrichtung erreichbaren Prüfung, Berufe ergreifen oder öffentliche Ämter bekleiden zu können, welche die durch die Prüfung erlangte Qualifikation voraussetzen[17]. Das BVerwG stellt aber gleichzeitig heraus, dass der Schutzbereich des Art. 12 I GG dennoch eröffnet sein

---

11 Siehe ebenso BGH, SpuRt 1999, 237; PHBSportR/Fritzweiler, 1/6; Krogmann, S. 36; Turner, S. 570; Büchler, S. 143 f.; so auch ausführlich Schennen, S. 40 ff.

12 Krogmann, S. 36 mit Hinweis auf die hohen Verdienste der Lizenzspieler in der Bundesliga; allgemein ist darauf hinzuweisen, dass für die Dauer einer Tätigkeit keine großen Anforderungen gestellt werden, so dass sogar Gelegenheitstätigkeiten und Ferienjobs unter Art. 12 I GG fallen können, siehe auch Dreier/Wieland, Art. 12 Rd. 49.

13 BGH, SpuRt 1999, 237, Westermann, S. 36.

14 BVerfG 7, 377 (401 f.); 33, 303 (329 f.); 92, 140 (151); M/D/Scholz, Art. 12 Rd. 14; Sachs/Tettinger, Art. 12 Rd. 8.

15 BVerfGE 33, 303(331).

16 BVerfGE 33, 303 (329 f.); 41, 251 (261); 59, 172 (205 f.).

17 BVerwGE 16, 241(243); BVerwGE 47, 330 (332); 91, 24 (32); zustimmend SBK Art. 12 Rd. 6; ablehnend v. Münch/Gubelt, Art. 12 Rd. 26; AK/Rittstieg, Art. 12 Rd. 121.

kann, wenn es um Chancen geht, die den Bewerber der erstrebten Berufsaufnahme in erheblicher Weise näher bringen[18].

Geht man von berufsbezogenen Einrichtungen aus, sind Ausbildungsstätten insbesondere folgende Einrichtungen: Arbeitgeber und Betriebe im Rahmen der betrieblichen Ausbildung, Berufsschulen, Berufsfach- und Fachoberschulen, Fachgymnasien, Fachhochschulen, Universitäten und sonstige Hochschulen[19]. Nach Rittstieg ist diesen Einrichtungen der Auftrag gemeinsam, gem. § 1 II BBiG und § 2 I 2 Hochschulrahmengesetz auf berufliche Tätigkeiten vorzubereiten[20]. Allerdings soll der Berufsbegriff des BBiG gerade mit Hilfe des Art. 12 I GG definiert werden. Die Beantwortung der Frage muss von einer anderen Seite erfolgen. Geklärt werden muss, ob Art. 12 I GG ein bestimmtes Ausbildungsberufsbild kennt.

Berufsbilder kennzeichnen die meisten typischen Berufe. Unter Berufsbild versteht man die Gesamtvorstellung über den Inhalt und die Grenzen der für den Beruf charakteristischen Tätigkeit und die fachlichen, persönlichen, ggf. auch finanziellen Gegebenheiten, die mit ihr verbunden sind[21]. Ihrer Entstehung nach kann man nach traditionell und rechtlich fixierten Berufsbildern unterscheiden[22]. Wie oben gesehen, wird nunmehr die Auffassung vertreten, dass Art. 12 I GG auch die vom einzelnen frei gewählten untypischen (erlaubten) Tätigkeiten schütze, aus denen sich dann wieder neue, feste Berufsbilder ergeben können[23]. Es muss in einer modernen Gesellschaft sichergestellt sein, dass sich auch ganz neue Berufe entwickeln können, andernfalls wäre ein Fortschritt auch nicht möglich[24].

Der DFB (Deutsche Fußball Bund) hat anfänglich versucht, den Grundrechtsschutz mit der Begründung nicht auf Berufsfußballer zu erstrecken, weil die Teilnahme am bezahlten Fußball kein Beruf im Sinne des Art. 12 I GG sei, da das Berufsbild des Lizenzspielers nicht den traditionell und rechtlich fixierten

---

18 BVerwGE 91, 24 (33) mit Hinweis auf BVerfGE 59, 172 (210); 84, 34 (50).
19 AK/Rittstieg, Art. 12 Rd. 122.
20 AK/Rittstieg, Art. 12 Rd. 122.
21 V. Münch/Gubelt, Art. 12 Rd. 11.
22 BVerfGE 7, 377 (397); BVerwGE 2, 89 (92); zu diesen Begriffen kritisch M/D/Scholz Art. 12 Rd. 267 ff., der zwischen autonomen und heteronomen Berufsbildern unterscheidet; siehe ausführlich zur Schöpfung der sog. Berufsbildlehre bei Auer, S. 17 ff.
23 BVerfGE 7, 377 (397); 17, 232 (241); BVerwGE 1,53 (54 f.).
24 V. Münch/Gubelt, Art. 12 Rd. 11; siehe auch Hufen, NJW 1994, 2913 f.

Berufsbildern entspreche[25]. Wie oben gesehen greift diese Begründung nicht, da selbst untypische Berufe vom Schutzbereich erfasst werden. Im Übrigen ist die Ausübung des Fußballsports in der nunmehr von der DFL organisierten 1. oder 2. Bundesliga als eine typische Berufsausübung anzusehen[26].

Dieses Berufsbild des Berufsfußballers wird noch dadurch verstärkt, dass der Punkt der Ausbildung, wie nunmehr bei der Errichtung der zu behandelnden NLZ, von den Betroffenen stärker herausgestellt wird[27]. Nach dem BVerfG ist für die Annahme eines besonderen Berufes das Vorhandensein einer über die Vermittlung der üblichen Branchenkenntnisse hinausgehenden Berufsausbildung ein nicht unwichtiges Indiz[28]. Wenn auch untypische Betätigungen grundsätzlich den Schutz des Art. 12 I GG genießen, so hat allerdings der Gesetzgeber die Befugnis, Berufsbilder typischer Berufe gesetzlich zu fixieren, d. h. sowohl den Inhalt der beruflichen Tätigkeit als auch die Voraussetzungen für die Aufnahme der Berufsausübung (Ausbildung, Prüfungen als subjektive Zulassungsvoraussetzungen) zu normieren[29]. Das BVerfG hat ausgeführt, dass die Befugnis des Gesetzgebers, bestimmte Berufsbilder rechtlich festzulegen und damit die freie Berufswahl in diesem Bereich einzuengen, ja teilweise auszuschließen, dem weiten Berufsbegriff vorausgesetzt wird[30]. Wo die Grenzen rechtlicher Fixierung von Berufsbildern verlaufen, lässt sich dabei nicht allgemein sagen. Das BVerfG stellt darauf ab, ob der Gesetzgeber nur ausspricht, was sich aus einem ohnehin klar zusammenhängenden von anderen Tätigkeiten deutlich abgegrenzten vorgegebenen Sachverhalt von selbst ergibt, oder ob der Gesetzgeber etwas unternimmt, solchen Vorgegebenheiten ohne hinreichenden Grund eine andersartige Regelung willkürlich aufzuzwingen[31]. Zum Inhalt rechtlich fixierter Berufsbilder gehört, dass berufsordnenden Gesetzen gemeinsam ist, dass sie bestimmen, worin die berufliche Tätigkeit besteht und welches

---

25 So der DFB im Urteil Nr. 64/71/72 des DFB-Bundesgerichts vom 27.10.1971 und in einem Prozess vor dem Landgericht Berlin (Urteil vom 15.12.1971 - Az.: 5 Q 487/71), zitiert bei Schennen, S. 45 m. w. N.

26 So Schennen, S. 47, der nur die Betätigung außerhalb des DFB (jetzt DFL) gegen Bezahlung als untypisch ansehen würde.

27 Siehe bei Fröhler/Mörtel II, S. 256: Dort wird herausgestellt, dass aus einem tatsächlichen oder wirtschaftlichen Berufsbild dann ein rechtlich fixiertes Berufsbild wird.

28 Vgl. BVerfGE 17, 269 (274 f.) und 32, 1 (30).

29 Sog. Berufsbildlehre, BVerfGE 13, 97 (106); 75, 246 (265 f.); 80, 1 (24); BVerwGE 94, 352 (359); v. Münch/Gubelt, Art. 12 Rd. 13; Fröhler/Mörtelt GewArch 1978, 249 ff.

30 Siehe BVerfGE 13, 97 (106); Fröhler/Mörtel II, S. 250.

31 BVerfG 13, 97 (106); siehe zur Kritik zu der Berufsbildlehre des BVerfG bei Fröhler/Mörtel II, S. 250 m. w. N. und Auer, S. 23 ff. m. w. N..

die Voraussetzungen für ihre Ausübung sind, und dass sie in Zusammenhang damit das Recht zur Führung der jeweiligen Berufsbezeichnung regeln[32]. Nach der Rechtsprechung des BVerfG ergibt sich die Befugnis des Gesetzgebers, Berufe in der Wirtschaft rechtlich zu ordnen und ihre Berufsbilder normativ zu fixieren, aus der Gesetzgebungskompetenz des Bundes nach Art. 74 Nr. 11 GG „Recht der Wirtschaft"[33], wobei grundsätzlich die Gesetzgebungskompetenz der Länder nicht betroffen sein darf[34]. In diesem Rahmen kann der Gesetzgeber sowohl den Inhalt der beruflichen Tätigkeit als auch die Voraussetzungen für die Berufsausübung (Ausbildung, Prüfung) normieren[35]. Gesetze, die subjektive Zulassungsvoraussetzungen aufstellen, sind typische Beispiele für die gesetzliche Fixierung von Berufsbildern[36]. Darin zeichnet sich zum Beispiel die HwO (Handwerksordnung) aus. Sie bestimmt, worin die berufliche Tätigkeit besteht und welches die Voraussetzungen für ihre Ausübung sind und, dass sie im Zusammenhang damit das Recht zur Führung der jeweiligen Berufsbezeichnung regelt, wobei sie an Tatbestände des Berufsausbidlungsrechts anknüpft[37].

Subjektive Zulassungsvoraussetzungen legitimieren sich aus der Sache heraus, sie beruhen darauf, dass viele Berufe bestimmte, nur durch theoretische und praktische Schulung erwerbbare technische Kenntnisse und Fertigkeiten erfordern und, dass die Ausübung dieser Berufe ohne solche Kenntnisse entweder unmöglich oder unsachgemäß wäre oder aber Schäden, ja Gefahren für die Allgemeinheit mit sich bringen würde[38]. Weiter wird gesagt, dass das Berufsausbildungsrecht alle Berufsanwärter gleich trifft, jeder kann sich darauf einstellen. Für den Gesetzgeber besteht bei der Festlegung des Berufsbildes in Gestalt des Berufsbildungsrechts ein gewisser Spielraum[39]. Diesen Spielraum hat der Gesetzgeber im Berufsbildungsrecht der Wirtschaft vor allem mit den Regelungen im BBiG und in der HwO ausgefüllt[40]. In der HwO entstand dadurch neben dem

32 BVerfGE 26, 246 (255 f.).
33 BVerfGE 26, 246; Sachs/Degenhart, Art. 74 Rd. 41; BK/Rengeling, Art. 74 Nr. 11 S. 41 f.; Friauf (1975), S. 11 ff.
34 Vgl. BVerfGE 26, 246 (254); M/D/Maunz, Art. 74 Rd. 153; vgl. ausführlich unter 6.
35 BVerfGE 13, 97 (106); 21, 173 (180); 26, 246 (255 f.); 55, 374 (308 f.); Sachs/Degenhart, Art. 74 Rd. 41.
36 Fröhler/Mörtel II, S. 254.
37 BVerfGE 26, 246 (255 f.); Fröhler/Mörtel II, S. 254.
38 BVerfGE 7, 377 (406); Fröhler/Mörtel II, S. 256.
39 Siehe BVerfGE 13, 117 (118); 25, 236 (248); Fröhler/Mörtel II, S. 257.
40 Siehe so BVerwG, EzB a. F. GG Art. 74 Nr. 1.

normalen Berufsbild auch das Ausbildungsberufsbild[41]. Während das Ausbildungsberufsbild nur die in der Berufsausbildung zu erlernenden Kenntnisse und Fertigkeiten zusammenstellt, beschreibt das Berufsbild nach § 45 HwO die mit diesen Kenntnissen und Fertigkeiten im einzelnen Handwerk zu verrichtenden Tätigkeiten[42]. Durch die Regelung der staatlich anerkannten Ausbildungsberufe in § 25 BBiG und HwO schafft der Gesetzgeber Ausbildungsberufsbilder.

Hier ist aber zunächst einmal nur festzuhalten, dass dieses nicht aus einer Begrenzung von möglichen Berufen erfolgt, die dem Art. 12 I GG vorgegeben ist, sondern der Gesetzgeber nutzt hier seinen ihm zugewiesenen Gestaltungsspielraum zur rechtlichen Fixierung von Berufsbildern. Da der Beruf des Berufsfußballers nach der oben dargestellten weiten Begriffsdefinition des Art. 12 I GG in seinen Schutzbereich fällt und Art. 12 I GG keine Begrenzung auf bestimmte Ausbildungsberufsbilder trifft, ist die Ausbildung zu einem Berufsfußballer nicht auf Grundlage des Art. 12 I GG aus dem Geltungsbereich des BBiG auszuschließen, sondern ein Ausschluss kann sich dann nur aus der Systematik des BBiG selber ergeben.

1.3. Berufsbegriff nach der Systematik des BBiG

Nun ist zu untersuchen, ob der verfassungsrechtliche Berufsbegriff auch dem Sinn und Zweck des BBiG entspricht. Ist dies zu bejahen, kann auch die Ausbildung zu einem Berufsfußballer unter den Geltungsbereich des BBiG fallen. Es stellt sich vor allem die Frage, ob das BBiG die Ausbildung auf bestimmte Berufe begrenzen will. Dabei ist zunächst von der umfassenden Anlage des Gesetzes auszugehen[43]. Dazu kommt die Absicht des Gesetzgebers, für künftige und neue Entwicklungen offen zu sein und durch das Gesetz die Möglichkeit zu haben, sich an neue Entwicklungen anzupassen[44]. Neue Entwicklungen bedeuten vor allem, dass alte Berufe verschwinden und neue Berufe entstehen[45]. Um

---

41 Siehe ausführlich bei Fröhler/Mörtel III, S. 89 ff. und 305 ff.; weiter Musielak/Detterbeck; § 25 Rd. 10.

42 Musielak/Detterbeck; § 25 Rd. 10.

43 BT-Drucksache V/4260 § 2 Nr. 2.

44 Siehe dazu die Bemerkungen des Abgeordneten Liehr (SPD), Deutscher Bundestag, Ausschuss für Arbeit, Protokoll Nr. 62, S. 7: „Es solle eine gesetzliche Regelung geschaffen werden, die auch für künftige Entwicklungen offen sei." und S. 13: „Das Gesetz werde so angelegt sein, dass es auch für Entwicklungen offen sei, die sich aus weiteren Veränderungen der Arbeitsmarkt- und Berufsstrukturen ergäben."

45 Siehe auch bei Scholz, S. 274: „Berufe wachsen in das Arbeitsrecht hinein wie aus diesem heraus."

dies leisten zu können, muss aber das Gesetz so angelegt sein, dass es nicht auf bestimmte Berufe begrenzt ist.

Das BBiG verfolgt unter anderem das Ziel, den Menschen alle beruflichen und sozialen Chancen zu erschließen[46]. Deshalb muss es das Ziel haben, die sozioökonomischen Handlungschancen, die der Beruf des Fußballers bieten kann, einem talentiertem Jugendlichen zu erschließen. Daher darf das BBiG nicht von vorneherein den Beruf des Fußballers ausschließen, sondern muss grundsätzlich die Möglichkeit bieten, dass Ausbildungsformen auch für diesen Beruf entwickelt werden können.

Der grundsätzlich universelle Ansatz des BBiG wird durch einen Vergleich mit den Regelungen der HwO deutlich. Als Grundlage für eine geordnete und einheitliche Berufsausbildung sowie zu ihrer Anpassung an die technischen, wirtschaftlichen und gesellschaftlichen Erfordernisse und deren Entwicklung kann gem. § 25 I HwO das Bundesministerium für Wirtschaft in Einvernehmen mit dem Bundesminister für Bildung und Wissenschaft durch Rechtsverordnung, die nicht der Zustimmung des Bundesrates bedarf, für die staatlich anerkannten Ausbildungsberufe (Handwerke) Ausbildungsordnungen erlassen. Gem. § 25 II Nr. 2 HwO hat die Ausbildungsordnung auch das Ausbildungsberufsbild, nämlich die Fertigkeiten und Kenntnisse, die Gegenstand der Berufsausbildung sind, festzulegen. Der Klammerzusatz „Handwerke“ in § 25 I HwO identifiziert die Ausbildungsberufe mit den Ausübungsberufen, die in der Anlage A und B der HwO aufgeführt sind. Diese Identität ist eine aus der fachlichen Eignung (siehe § 21 III HwO) erwachsende rechtliche Notwendigkeit[47]. Infolge der Identität von Ausbildungsberuf und Handwerk ist das Ausbildungsberufsbild vom Berufsbild auch § 45 HwO (Grundlage für Meisterprüfungswesen) mit umfasst[48]. Die HwO begrenzt damit die Ausbildungsberufe auf die Handwerksberufe. Es bedarf daher auch nicht einer besonderen Anerkennung des Ausbildungsberufes im Handwerk, wie dies in § 25 II Nr. 1 BBiG vorgesehen ist[49]. Eine solche Begrenzung auf bestimmte Berufe und damit auch auf Ausbildungsberufe hat der Gesetzgeber dem BBiG nicht grundsätzlich vorgegeben. Innerhalb des BBiG wird dies durch den Aufbau sichtbar. Eine Einschränkung des Geltungsbereiches erfolgt zunächst lediglich durch den Ausschluss bestimmter Bereiche der

46 Siehe BT-Drucksache V/4260, Nr. 2, S. 2: „Der Entwurf will den arbeitenden Menschen in den Stand versetzen, sich unter den technischen und ökonomischen Bedingungen der hochrationalisierten Wirtschaft alle beruflichen und sozialen Chancen zu erschließen.“

47 Musielak/Detterbeck; § 25 Rd. 3.

48 Musielak/Detterbeck; § 25 Rd. 10; siehe auch Fröhler/Mörtel III, S. 89 ff.

49 Musielak/Detterbeck; § 25 Rd. 3.

beruflichen Bildung in § 1 V BBiG, nicht aber durch das Ausgrenzen bestimmter Berufe. Der Aufbau des BBiG lässt sich so zusammenfassen, dass nicht die Ausbildungen zu bestimmten Berufsbildern geregelt werden, sondern das BBiG regelt die allgemeinen Anforderungen von Ausbildungsgängen[50].

Eine begriffliche Abgrenzung ist dabei vor allem zu dem Begriff „anerkannter Ausbildungsberuf" zu treffen. Die Begriffe Ausbildungsberuf und Beruf sind nicht identisch[51]. Entsprechendes gilt für die Begriffe Ausbildungsberufsbild und Berufsbild. Anerkannte Ausbildungsberufe sind dem BBiG nicht vorgegeben und werden durch das BBiG selber auch nicht bestimmt, sondern das BBiG regelt, unter welchen Voraussetzungen eine Ausbildung zu einem anerkannten Ausbildungsberuf führen kann[52]. Es darf grundsätzlich in allen Berufen ausgebildet werden, sofern die Berufsausbildung den Erfordernissen des § 1 II BBiG entspricht[53]. Neben dem Vorliegen eines Berufsausbildungsverhältnisses gem. § 1 II BBiG ist dann die Anerkennung der Ausbildung gem. § 25 BBiG erforderlich. Eine Anerkennung gem. § 25 BBiG kann dann erfolgen, wenn die angestrebte Berufsausbildung über den Voraussetzungen des § 1 II BBiG hinaus, unter Berücksichtigung der voraussichtlichen wirtschaftlichen und technischen Entwicklungen, ausreichende und lang anhaltende Arbeitsmöglichkeiten, Aufstiegschancen und soziale Sicherung bietet[54]. Durch das Anerkennen der Ausbildung gem. § 25 BBiG entstehen die anerkannten Ausbildungsberufe, die erst dadurch auf bestimmte Berufe begrenzt werden. Jeder Beruf kann also grundsätzlich auch zu einem anerkannten Ausbildungsberuf werden, wenn er die Voraussetzungen des BBiG dazu erfüllt. Die Voraussetzung bestimmter Kriterien

50 Herkert, § 25 Rd. 15.

51 Benner (1977), S. 11.

52 Es müssen die Voraussetzungen des 1 II BBiG vorliegen und der Ausbildungsgang muss gem. § 25 I BBiG durch Rechtsverordnung anerkannt werden.

53 Vgl. Götz, S. 2, Rd. 4.

54 Herkert, § 25 Rd. 8 und 28; siehe Empfehlung des Bundesausschusses für Berufsbildung betr. Kriterien und Verfahren für die Anerkennung und Aufhebung von Ausbildungsberufen (abgedruckt bei Leinemann/Taubert, Anhang § 25 BBiG) unter II. Kriterien für die Anerkennung und die Beibehaltung anerkannter Ausbildungsberufe: Hinreichender Bedarf an entsprechenden Qualifikationen, der zeitlich unbegrenzt und einzelbetriebsunabhängig ist - Ausbildung für qualifizierte, eigenverantwortliche Tätigkeiten auf einem möglichst breiten Gebiet - Anlage auf dauerhafte, vom Lebensalter unabhängige Tätigkeit - breit angelegte berufliche Grundbildung - Möglichkeit eines geordneten Ausbildungsganges - ausreichende Abgrenzung von anderen Ausbildungsberufen - Operationalisierbarkeit der Ausbildungsziele - Ausbildungsdauer zwischen zwei und drei Jahren - Grundlage für Fortbildung und beruflichen Aufstieg - Erwerb von Befähigung zum selbständigen Denken und Handeln bei der Anwendung von Fertigkeiten und Kenntnissen.

für die Anerkennung von Ausbildungsberufen bedürfte es nicht, wenn das BBiG einen solchen engen Berufsbegriff voraussetzen würde. Erst dadurch, dass das BBiG zunächst alle Berufe im Sinne des Art. 12 I GG einschließt, wird es erforderlich, für den anerkannten Ausbildungsberuf eine Abgrenzung zu schaffen.

Das BBiG kennt daneben aber noch andere berufliche Ausbildungsformen. Das BBiG hat auch die berufliche Fortbildung (§ 1 III BBiG) und die berufliche Umschulung (§ 1 IV BBiG) in seinen Regelungsbereich aufgenommen und sich damit zur Einheit aller Maßnahmen der beruflichen Bildung bekannt[55]. Berufliche Fortbildungen und berufliche Umschulungen können ebenfalls nach den Maßgaben des BBiG für alle Berufe, auch für nicht staatlich anerkannte Ausbildungsberufe, erfolgen[56]. Ziel der beruflichen Umschulung muss nicht der Abschluss einer Berufsausbildung in einem anerkannten Ausbildungsberuf sein[57]. Dies geht auch aus § 47 III BBiG hervor. Dort werden Regelungen im Falle der Umschulung für einen anerkannten Ausbildungsberuf getroffen. Eine solche Regelung wäre nicht notwendig, wenn eine Umschulung für einen anerkannten Ausbildungsberuf ausschließlich möglich wäre. Entsprechend heißt es auch in der Empfehlung des Bundesausschusses für Berufsbildung über Kriterien und Verfahren für den Erlass von Fortbildungsordnungen und deren Gliederung vom 16.03.1976[58] unter II, dass die berufliche Fortbildung eine abgeschlossene Berufsausbildung oder eine entsprechende einschlägige Berufspraxis voraussetzt. Auch bei einem Umschüler ist nicht Voraussetzung, dass er vorher eine abgeschlossene Ausbildung absolviert hat, es reicht vielmehr aus, wenn er überhaupt vorher berufstätig war, was beispielsweise auch als Fachkraft, als Angelernter oder auch als Ungelernter geschehen kann[59]. Ebenso stellt die Aufnahme des § 19 BBiG (andere Vertragsverhältnisse) eine begrenzte Erweiterung des Geltungsbereiches des BBiG dar. Da nun aber auch diese Bereiche in den Geltungsbereich des BBiG einbezogen wurden, gibt es auch aus diesem Grund für die Eröffnung des Geltungsbereiches des BBiG keine Begrenzung auf bestimmte Berufe[60].

55 Wohlgemuth, § 46 Rd. 1.
56 So für die berufliche Umschulung, Gedon/Spiertz, § 47 Rd. 2.
57 Leinemann/Taubert, § 1 Rd. 55 f..
58 Abgedruckt bei Leinemann/Taubert, § 46 Anhang Nr. 3.
59 Wohlgemuth, § 1 Rd. 7; vgl. auch Herkert, § 1 Rd. 14 und Leinemann/Taubert, § 1 Rd. 51.
60 Das OLG Karlsruhe, BB 1975, S. 927 f., hat daher mit der unrichtigen Begründung einen Ausbildungsgang zum Beruf des Mannequins und des Fotomodells nicht dem BBiG zugeordnet, wenn es allgemein sagt, dass diese Berufe nicht zu den anerkannten Ausbildungsberufen gehören. Auch ein Ausbildungsgang gem. § 1 II und § 19 BBiG ist dem BBiG zuzuordnen, auch wenn es sich nicht um einen anerkannten Ausbildungsberuf handelt.

Zusammenfassend lässt sich sagen, dass die Art der Vermittlung von beruflichen Ausbildungsinhalten entscheidet, welche Ausbildungsform des BBiG vorliegt, oder ob kein Ausbildungsverhältnis im Sinne des BBiG gegeben ist. Die Einordnung in das BBiG erfolgt daher über die Art der Vermittlung von Ausbildungsinhalten und nicht über bestimmte Berufe.

Zu nennen ist in diesem Zusammenhang noch der § 28 II BBiG, wonach Jugendliche unter 18 Jahren nur in anerkannten Ausbildungsberufen ausgebildet werden dürfen. Hier findet eine Begrenzung auf bestimmte Ausbildungsberufe statt. Dies gilt aber nur für Jugendliche. Das BBiG ist aber vom Grundsatz für Erwachsene und Jugendliche in gleicher Weise angelegt[61], so dass § 28 II BBiG als Regelung innerhalb des BBiG angesehen werden muss, aber nicht als eine Regelung, die den Geltungsbereich des Gesetzes abgrenzen will[62]. Eine Parallelbestimmung wie die des § 28 II BBiG ist in der HwO nicht nötig, da es dort eine geschlossene Anzahl der Handwerksberufe gibt[63].

Nach dem Genannten ist es sachgemäß, dass nach dem Sinn und Zweck des BBiG jeder Beruf, der nach dem verfassungsrechtlichen Berufsbegriff gem. Art. 12 I GG als Beruf angesehen wird, auch als Ausbildungsziel unter das BBiG fallen kann.

1.4. Berufsbegriff in der Geschichte der beruflichen Bildung

Schaut man sich die Entwicklung an, die zur Schaffung eines einheitlichen Gesetzes zur beruflichen Bildung in Form des BBiG geführt hat, kommt man zu dem Schluss, dass der weit ausgelegte Berufsbegriff eine konsequente Fortsetzung vorheriger Regelungen und Regelungsvorschläge ist.

Erste Regelungen auf dem Gebiet des Lehrlingswesens gab es nach den Gesetzen der Zünfte[64]. Zünfte waren ab dem Mittelalter ein genossenschaftlicher Personalverbund, der die Angehörigen eines bestimmten Berufes oder einer Berufssparte für die jeweilige Stadt zusammenschloss[65]. Aufgabe war auch die Ausbildungs- und Ordnungsfunktion[66]. Die Zunftsatzung bestimmte die Ausbildung[67].

---

61 Natzel, S. 97.
62 Siehe ausführlich zu § 28 II BBiG unten unter 8.
63 MünchArbR/Natzel, § 180 Rd. 22 Fußnote 20.
64 Hoffmann, E., S. 7.
65 HRG, Bd. 5, S. 1794.
66 HRG, Bd. 5, S. 1794.
67 Hedderich, S. 34.

Hier waren also die ausbildungsrelevanten Regelungen auf einen bestimmten Beruf oder eine Berufssparte, nämlich auf die jeweilige Zunft begrenzt. Von diesem Ausgangspunkt aus waren dann die folgenden bedeutenden Regelungen für die Berufsausbildung nicht mehr nur auf einen Beruf angelegt, sondern reichten, soweit der Geltungsbereich des jeweiligen Gesetzes reichen sollte.

Im Jahre 1731 beschloss der Reichstag eine HwO, die praktisch (als eine erste Reichsgewerbeordnung) die mittelalterliche, auf dem Prinzip der genossenschaftlichen Selbstverwaltung aufgebaute Handwerksverfassung beseitigte[68]. Mit der Einführung der Gewerbefreiheit im Jahre 1810 fielen dann auch die Zunftsatzungen weg. Dies führte zu lediglich privaten Regelungen auf dem Gebiet des Lehrlingswesens[69]. Bedeutende Regelungen für das Lehrlingswesen tauchten dann erst wieder 1869 mit der Gewerbeordnung für den Norddeutschen Bund (§§ 115 - 125) und 1900 mit dem Deutschen Handelsgesetzbuch (§§ 76 - 82)[70] auf. Kennzeichnend für die Regelungen war, dass sie nicht auf bestimmte Berufe abzielten, sondern das Lehrlingswesen innerhalb ihres jeweiligen Geltungsbereiches regelten[71]. Die von dieser Zeit bis zur Schaffung des BBiG 1969

---

68 Hoffmann, E., S. 8.

69 Hedderich, S. 34; Hoffmann, E., S. 8; in diesem Sinne bestimmte auch § 4 der Gewerbeordnung des Norddeutschen Bundes von 1869, dass den Zünften ein Recht, andere von dem Betriebe eines Gewerbes auszuschließen, nicht zusteht (siehe Reichsgesetzblatt, 1869, S. 245.

70 Buch I Abschnitt 6 betr. Handlungsgehilfen und Handlungslehrlinge (außer § 65 betr. Provision); trat nach § 1 II EGHGB schon zwei Jahre früher in Kraft, siehe Baumbach/Hopf, Einleitung vor § 1 Rd. 10.

71 Schon das Notgewerbegesetz vom 08.07.1868 bestimmte in § 4, dass jeder Gewerbetreibende Gesellen, Gehilfen, Lehrlinge und Arbeiter jeder Art und in beliebiger Zahl halten darf, Landmann/Rohmer, Einleitung, Rd. 4; In § 1 der Gewerbeordnung des Norddeutschen Bundes wird die Gewerbefreiheit festgeschrieben, ohne allerdings eine Definition des Gewerbes zu treffen. Es handelte sich insoweit um eine bewusste Entscheidung, weil schon der Gesetzgeber von 1869 der Auffassung war, dass die Vielgestaltigkeit der gewerblichen Entwicklung eine scharfe Begriffsbestimmung nicht gestattete (Friauf, GewO - Kommentar, § 1, Rd. 4). In § 6 werden dann lediglich bestimmte Bereiche vom Anwendungsbereich der Gewerbeordnung ausgenommen. Nach § 41 schließt die Befugnis zum selbständigen Betriebe eines stehendes Gewerbes das Recht ein, soweit die Vorschriften des Gesetzes nicht entgegenstehen, Lehrlinge anzunehmen. Eine entsprechende Regelung für Gewerbebetriebe „im Umherziehen" (§§ 55 ff.) und für den Marktverkehr (§§ 64 ff.) wurden nicht aufgenommen. Regelungen bezüglich Lehrlinge werden dann ausführlich im Titel VII Abschnitt 1 getroffen. Nach § 105 ist die Festsetzung der Verhältnisse zwischen den selbständigen Gewerbetreibenden und ihren Lehrlingen Gegenstand freier Übereinkunft. § 115 I bestimmt den Lehrling, als denjenigen, welcher bei einem Lehrherrn zur Erlernung eines Gewerbes in Arbeit tritt, ohne Unterschied, ob die Erlernung gegen Lehrgeld oder unentgeltlich stattfindet, oder ob für die Arbeit Lohn gezahlt wird. Gem. § 115 II finden die Regelungen mit Einschränkungen auch Anwen-

verfassten Entwürfe für eine einheitliche gesetzliche Regelung, die auch Lehrlingsverhältnisse umfassen, die nicht der Gewerbeordnung, dem Handelsgesetzbuch und der Handwerksordnung unterworfen sind[72], gehen dann von der Einbeziehung aller Berufe aus. In den „Nürnberger Beschlüssen aus dem Jahre 1919 wurde als Grundsatzerklärung bestimmt, dass jeder Beruf, Berufszweig und Betrieb planmäßig auszubilden hat[73]. Nach den „Nürnberger Beschlüssen" sollte das Gesetz auch für solche Berufe gelten, für die nicht in einem geordneten Lehrverhältnis ausgebildet werden kann[74]. Dies entspricht der heutigen Regelung im BBiG, wonach der Geltungsbereich nicht auf anerkannte Ausbildungsberufe beschränkt ist[75]. Der Entwurf eines Gesetzes über die Berufserziehung der deutschen Jugend von 1942 begrenzt den sachlichen Geltungsbereich des Berufsbegriffs, indem es gelegentliche oder vorübergehende Tätigkeiten, die nicht berufsmäßig ausgeübt werden, nicht unter den Geltungsbereich des Gesetzes fallen lässt[76]. Auch das Berufsausbildungsgesetz für West-Berlin vom 04.01.1951 trifft keine Regelungen für bestimmte Berufe, sondern nur für bestimmte Ausbildungsformen[77]. Insgesamt können die Entwürfe des BBiG so zusammengefasst werden, dass keine Begrenzung auf bestimmte Berufe erfolgt,

---

dung auf Lehrlinge über 18 Jahren. §§ 116, 117 treffen Regelungen über die Befugnis, Lehrlinge zu halten. Die §§ 118-125 bestimmen dann die Rechte und Pflichten des Lehrherrn und des Lehrlings näher. § 126 trifft dann Ausnahmen der Anwendung der Regelungen für Lehrlinge der Apotheker, Kaufleute und der Werkmeister in Fabriken. Insgesamt lässt sich sagen, dass die Gewerbeordnung des Norddeutschen Bundes von 1869 Regelungen bezüglich Lehrlingen innerhalb des Geltungsbereichs der Gewerbeordnung trifft. Es erfolgt aber keine Begrenzung auf bestimmte Lehrberufe. Grundsätzlich kann in jedem Gewerbebetrieb ausgebildet werden. (Siehe zur Gewerbeordnung: Bundesgesetzblatt des Norddeutschen Bundes von 1869: Reichsgesetzblatt, S. 245 ff.) Im Deutschen Handelsgesetzbuch von 1900 waren Bestimmungen über Lehrlinge in den §§ 76 - 82 getroffen. Eine Definition des Begriffs "Lehrlings" wird anders als für den Handlungsgehilfen (§ 59) nicht vorgenommen. Die Bestimmungen treffen Regelungen über die Rechte und Pflichten der Lehrlinge und des Lehrherrn. Eine Bestimmung, in welchen Berufen oder Berufszweigen innerhalb des Gewerberechts ausgebildet werden soll, ist nicht getroffen worden, so dass der Geltungsbereich des in §§ 76 - 82 getroffenen Lehrlingsrechts als so weit angesehen werden muss, wie in § 1 ff. des Gesetzes Handelsgewerbe definiert wird (siehe Reichsgesetzblatt 1897, S. 219 ff.).

72 So bei Michelsen, S. 171: Denkschrift zu einem Berufserziehungsgesetz, herausgegeben vom Kölner Wirtschaftspädagogischen Kreis, Leiter: Friedrich Schlieper, Köln, 1953.

73 Siehe bei Michelsen, S. 6: „Nürnberger Beschlüsse", Protokoll der Verhandlungen des zehnten Kongresses der Gewerkschaften, Grundsatzerklärung, Nr. K.3.2.

74 Siehe bei Michelsen, S. 15.

75 Siehe oben unter 1.3.

76 Michelsen, S. 68: Entwurf vom Jugendrechtsausschuss der Akademie für Deutsches Recht, § 2 II.

77 Siehe Michelsen, S. 104: Berufsausbildungsgesetz für West-Berlin, § 1 III.

sondern grundsätzlich die Gesetze und Gesetzesentwürfe für alle Berufe gelten. Eine Abgrenzung erfolgt nur innerhalb des Geltungsbereiches auf bestimmte Lehr- und Anlernberufe[78]. Daneben fallen aber auch Praktika- und Volontärverhältnisse in den Geltungsbereich, ohne dass hierbei eine Begrenzung auf die Lehr- und Anlernberufe erfolgt[79]. Das BBiG regelt nunmehr ebenso alle Berufe, die unter den sachlichen und persönlichen Geltungsbereich fallen.

1.5. Historischer Berufsbegriff

Ergänzend soll kurz dargestellt werden, dass die Ausübung des Fußballsports nicht nur dem weiten und neuen Berufsbegriff des BVerfG entspricht, sondern dass gerade das professionelle Fußballspielen auch dem alten, geschichtlichen Berufsbegriff untergeordnet werden kann. Der Berufsbegriff hat im Laufe der Zeit vor allem durch die aufkommende Industrialisierung und die dadurch stattfindende Arbeitsteilung eine gravierende Änderung erfahren[80]. Steht beim heutigen Berufsbegriff des BVerfG vor allem die Erwerbsgrundlage zur Schaffung einer Lebensgrundlage im Vordergrund, wurde in den Anfängen des Entstehens des Begriffs „Beruf“ vor allem auf eine besondere persönliche Bedeutung des Begriffs abgestellt. Die frühe religiöse Bedeutung, insbesondere von Martin Luther aufgestellt, erklärte den Beruf in Form von Begabung und Berufung als eine besondere Gabe von Gott[81]. Dies ging dann in eine spätere weltliche Berufsdefinition über, die Elemente von Neigung und Eignung herausstellte[82]. Gerade bei dem Beruf des Fußballers kommt es besonders auf Eignung und Neigung des Ausübenden an. Nur ein begrenzter Teil kann den Beruf des Fußballers ausüben. Dies ist nur dann möglich, wenn das nötige Talent[83] und die Neigung zum Fußballspielen seit der Kindheit vorhanden sind. In der Abgrenzung zu den Begriffen „Arbeit“[84] und „Job“[85] kann man den Begriff „Beruf“ weitergehender

78 Vgl. Michelsen, S. 104 und 105: Berufsausbildungsgesetz für West-Berlin, § 1 und § 4.
79 Michelsen, S. 104 und 105: Berufsausbildungsgesetz für West-Berlin, § 1 III.
80 Siehe Beschreibung bei Hasemann, S. 8.
81 Hasemann, S. 6; Dreier/Wieland, Art. 12 Rd. 42.
82 Hasemann, S. 8, siehe auch Molle, S. 45: „Beruf als Arbeit, zu der ich von meinem Wesen her berufen bin.“; siehe auch Auer, S. 91 ff. zum materiellen Berufsbegriff.
83 Siehe bei Bisanz/Gerisch, S. 28, wonach den talentierten jungen Spielern der Weg in die oberen Leistungsklassen zu ebnen ist.
84 Siehe zum Begriff „Arbeit“ bei Michelsen, S. 178 aus Denkschrift zu einem Berufserziehungsgesetz, herausgegeben vom Kölner Wirtschaftspädagogischen Kreis, Leiter: Friedrich Schlieper, Köln, 1953: „Unter menschlicher Arbeit ist die Betätigung der körperlich-geistigen Kräfte des Menschen zu verstehen, die auf die Vollendung eines für die Allgemeinheit wertvollen Werkes gerichtet ist.“

ausführen[86]. Es spielen Punkte eine Rolle, die das Berufsbewusstsein und das Berufsprestige betreffen[87] und den Beruf nicht alleine zur Schaffung einer Erwerbsgrundlage begreifen[88]. Ein professioneller Fußballer wird in seiner Betätigung nicht nur den finanziellen Aspekt erblicken[89]. Er wird darin auch einen Ausdruck seiner besonderen Begabung sehen. In gleichem Maße ist das Erlernen fußballerischer Fertigkeiten als ein Ausdruck der Persönlichkeit anzusehen. Die Wahl eines Ausbildungsplatzes hat eine noch stärkere Affinität zur Persönlichkeitsentwicklung und damit zu Art. 1 I GG als die Wahl des Arbeitsplatzes[90]. Die Definition des Begriffs „Beruf" in der beruflichen Bildung hat sich dann dem jetzigen verfassungsrechtlichen Berufsbegriff angenähert. So wird ausgeführt, dass der Beruf die im Rahmen einer bestimmten Gemeinschaftsfunktion geleistete Arbeit ist, die sich auf einen freiwillig übernommenen (oder wenigstens innerlich bejahten) Auftrag gründet, die von gewisser Dauer ist und die in der Regel der wirtschaftlichen Existenzsicherung dient[91]. Die Ausübung des Fußballsports gegen Entgelt erfolgt freiwillig, ist bei einer normalen Karrierezeit bis zum Lebensalter von ca. Mitte Dreißig von gewisser Dauer und dient der wirtschaftlichen Existenzsicherung.

Im Ergebnis ist festzuhalten, dass die Ausübung des Fußballsports nicht nur dem weiten Berufsbegriffs des BVerfG, der hauptsächlich auf die Schaffung einer Erwerbsgrundlage abstellt, entspricht, sondern auch den weiten geschichtlichen Berufsbegriff der beruflichen Bildung erfüllt. Auch aus dieser Sichtweise ist es gerechtfertigt, die Ausübung des Fußballsports gegen ein regelmäßiges Entgelt als vollwertigen Beruf aufzufassen.

---

85 Siehe Molle, S. 40, wonach die europäische Bedeutung des Begriffs „Job" mehr auf den rein finanziellen Aspekt abzielt.

86 So auch Bleckmann, § 33 Rd. 6.

87 Zur Erklärung der Begriffe „Berufsbewusstsein" und „Berufsprestige" siehe im Einzelnen, Molle, S. 42.

88 Molle, S. 45.

89 Siehe dazu auch Fragebogen Nachwuchsspieler Frage 16, wonach für den Wunsch, Fußballprofi zu werden, „Spaß am Fußball" und „Ausleben von Talent und Neigungen" als stärkste Beweggründe angegeben wurden.

90 MKS/Manssen, Art. 12 Rd. 13; vgl. Dreier/Wieland, Art. 12 Rd. 42 und BVerfGE 7, 377 (397).

91 Vgl. Michelsen, S. 179: Denkschrift zu einem Berufserziehungsgesetz, herausgegeben vom Kölner Wirtschaftspädagogischen Kreis, Leiter: Friedrich Schlieper, Köln, 1953.

1.6. Soziologischer Berufsbegriff

Auch und gerade aus soziologischer Sicht[92], die bei der verfassungsrechtlichen Bestimmung des Berufsbegriffs zu beachten ist[93], ist die Ausübung des Fußballsports gegen ein regelmäßiges Entgelt als Beruf zu sehen. Der Beruf des Fußballers erfüllt gerade die sozio-ökonomischen Handlungschancen, die eng an Berufe gebunden sind[94]. Es handelt sich insbesondere um Arbeitskraftverfeinerungschancen, Arbeitskraftverwertungschancen sowie die Erwerbs- bzw. Versorgungschancen[95]. Der Fußballer kann durch seine berufsmäßige Betätigung als Lizenzspieler seine Arbeitskraft verfeinern, indem er seine fußballerischen Fähigkeiten durch das regelmäßige Training und Spielen verbessern kann. Damit kann er auch dann seine Arbeitskraft besser verwerten, da er für andere Vereine (sprich Arbeitgeber) interessanter wird. Dadurch kann der Fußballer seine Erwerbs- und Versorgungschancen wahrnehmen. Die Versorgung reicht entweder für die Zeit des aktiven Spielens oder teilweise sogar darüber hinaus. Die Soziologie beschreibt darüber hinaus einen Vorgang der Verberuflichung, der auch im Fußballsport zu beobachten war. Verberuflichung meint zum Beispiel einen Prozess der Professionalisierung, in dem Inhalte verschiedenen Organisationen wie den Familien, Kirchen oder Vereinen abgenommen werden[96]. Wurde der Fußballsport früher ausschließlich von Vereinen mit Vereinsmitgliedern betrieben, erforderten bessere sportliche Leistungen im Spitzenbereich eine Professionalisierung. Dies wurde durch die Einführung des Lizenzspielers in der Fußball-Bundesliga erreicht, was als eine Verberuflichung des Fußballsports angesehen werden muss. Dieser soziologischen Betrachtungsweise entspricht es auch[97], wenn die Ausübung des Fußballsports gegen Entgelt in der ersten und zweiten Bundesliga als Beruf angesehen wird und in Äußerungen und allgemeinen Veröffentlichungen als solcher bezeichnet wird[98]. Ebenso wird in der Be-

---

92 Die Einbringung der Berufs-Soziologie in die Interpretation des Art. 12 I GG stellt eine konsequente Fortsetzung einer Linie dar, die das BVerfG in seiner berufsrechtlichen Rechtsprechung verfolgt (Hesse, S. 450).

93 Scholz, S. 287; siehe insbesondere bei Auer zur Frage der Einbeziehung der Berufssoziologie m. w. N. S. 80 ff.

94 Hesse, S. 453.

95 Hesse, S. 452.

96 Hesse, S. 456.

97 Wenn man Soziologie als Wissenschaft bezeichnet, die sich mit dem Ursprung, der Entwicklung und der Struktur der menschlichen Gesellschaft befasst (siehe so Duden - Fremdwörterbuch, S. 732), dann ist auch zu berücksichtigen, wie die Gesellschaft, unabhängig von der rechtlichen Betrachtungsweise, einen Lebensvorgang einordnet.

98 Auswahl: „kicker-sportmagazin" vom 09.07.2001, S. 10: Bezeichnung des gesamten Lizenzspielerbereichs als „Berufsfußball"; „waz-online", Lokalsport vom 17.05.2001: Michael

rufsberatung der Beruf des Berufssportlers aufgeführt[99]. Der Berufsfußballer hat einen eigenen gesellschaftlichen Stellenwert erhalten. Er ist daher aus berufssoziologischer Sicht als Beruf anzuerkennen[100]. Nach alldem ist es sachgemäß, wenn mit der allgemeinen Ansicht davon ausgegangen wird, dass die Ausübung des Fußballsports gegen die Zahlung eines regelmäßigen Entgelts als Beruf im Sinne des Art. 12 I GG angesehen wird.

1.7. Zusammenfassung

Es ist aufgezeigt worden, dass die Entwicklung von Regelungen für einzelne Berufe bei den Zünften über Regelungen für bestimmte Bereiche (Gewerbeordnung, Handelsgesetzbuch, HwO) zu einem BBiG führte, welches nicht bestimmte Berufe regelt, sondern vielmehr bestimmte Ausbildungsformen. Da das BBiG neben Berufsausbildungsverhältnissen (§ 1 II) auch Fortbildungs- und Umschulungsverhältnisse (§ 1 III und IV) sowie andere Vertragsverhältnisse (§ 19) regelt, ist es auch nicht auf bestimmte anerkannte Ausbildungsberufe beschränkt. Daher ist es sachgemäß, den weiten verfassungsrechtlichen Berufsbegriff des Art. 12 I GG auch für den Begriff „Beruf" innerhalb des BBiG heranzuziehen, da insbesondere das BBiG keine eigene Legaldefinition vornimmt. Dies gilt insbesondere unter dem Gesichtspunkt, dass das BVerfG grundsätzlich dem weiten Berufsbegriff folgt und eine rechtliche Fixierung des Berufsbildes bzw. des Ausbildungsberufsbildes erst durch den Gesetzgeber innerhalb des jeweiligen Gesetzes im Berufsbildungsrecht erfolgt. Das Ausüben des Fußballsports gegen ein regelmäßiges Entgelt ist nach richtiger und allgemeiner Ansicht Beruf im Sinne des Art. 12 I GG. Die Folge ist, dass eine Ausbildungsform mit Zielrichtung einer berufsmäßigen Betätigung des Fußballsports grundsätzlich vom BBiG geregelt werden kann. Voraussetzung ist, dass die Vorgaben erfüllt werden, die das BBiG für die unterschiedlichen Ausbildungsverhältnisse aufstellt. Dies soll im Folgenden untersucht werden.

Scheike, damaliger sportlicher Leiter von Rot Weiß Essen: „Fußballprofi ist ein Beruf wie jeder andere und braucht eine entsprechende Ausbildung."; „kicker-sportmagazin" vom 07.05.2001, S. 41: Ewald Lienen, ehemaliger Trainer vom 1. FC Köln mit der Forderung, dass ein Spieler kämpferisch immer eine „Top-Leistung" abrufen müsse, „wer das nicht kann, der muss sich einen anderen Beruf suchen".

99 Siehe Ausgabe „Berufe mit Sport" des BW-Verlags in Nürnberg, 1999, Seite 61, für die Ausgabe wurden 82.000 Berufe analysiert. Auf Seite 1 heißt es: „Diese unentbehrliche Entscheidungshilfe für die Berufswahl basiert auf der systematischen Analyse von Ausbildungsinhalten, Tätigkeiten, Anforderungen, Spezialisierungen aller Berufe".

100 Siehe zu den soziologischen Voraussetzungen eines Berufes bei Auer, S. 93.

2. Vertragsverhältnisse des BBiG

Da der Beruf des Berufsfußballers auch als Beruf im Sinne des BBiG in Frage kommt, sollen im Folgenden die verschiedenen Ausbildungsverhältnisse dargestellt werden, für die das BBiG Regelungen vorsieht. Anschließend soll untersucht werden, ob die Förderverträge der NLZ unter eines dieser Vertragsverhältnisse unterzuordnen sind.

Schon die ersten Entwürfe für ein einheitliches Berufsbildungsgesetz sahen verschiedene Ausbildungsmöglichkeiten vor. Zu nennen sind die Ausbildungen zum anerkannten Lernberuf, zum anerkannten Anlernberuf, das Praktikantenverhältnis und das Volontärverhältnis[1]. Auch das BBiG kennt nicht nur eine Form des Ausbildungsverhältnisses.

Die klassische Berufsausbildung eines Jugendlichen, der nach dem Besuch einer allgemeinbildenden Schule einen anerkannten Ausbildungsberuf erlernt, nimmt allerdings den wichtigsten und größten Regelungsbereich innerhalb des BBiG ein[2]. Ein solches Ausbildungsverhältnis in Hinblick auf einen anerkannten Ausbildungsberuf ist aber nicht die einzige im BBiG vorgesehene Ausbildungsform. Daher bekam das Gesetz auch den Namen „Berufsbildungsgesetz" und nicht „Berufsausbildungsgesetz", weil es die gesamte berufliche Bildung einschließt[3]. Der Entwurf des Berufsbildungsgesetzes soll das Ziel verfolgen, eine umfassende und bundeseinheitliche Grundlage für die berufliche Bildung (Berufsausbildung, berufliche Fortbildung und berufliche Umschulung) zu schaffen[4]. Der Entwurf will den arbeitenden Menschen in den Stand setzen, sich unter den technischen und ökonomischen Bedingungen der hochrationalisierten Wirtschaft alle beruflichen und sozialen Chancen zu erschließen[5]. Daher sieht das BBiG

---

1 Siehe zum Beispiel bei Michelsen: S. 61 ff.: Entwurf eines Gesetzes über die Berufserziehung der deutschen Jugend von 1942, §§ 18, 45, 64; S. 104: Berufsausbildungsgesetz für West-Berlin vom 04.01.1951, § 1 III; S. 127 ff.: Entwurf eines Berufsausbildungsgesetzes von 1953, §§ 34, 52, 58, 59.

2 Siehe auch BT-Drucksache V/4260, Nr. 2, S. 2 f.: „Das Berufsausbildungsrecht ist als das am weitesten entwickelte Rechtsgebiet im Verhältnis zur Fortbildung und Umschulung am ausführlichsten geregelt. Der zweite Teil des Entwurfs (Vertragsrecht) und der dritte Teil (Ordnung der Berufsbildung) - bis auf die §§ 46, 47 und 49 - befassen sich ausschließlich mit der Berufsausbildung. Die anderen Teile des Entwurfs, vornehmlich der erste (Allgemeine Vorschriften), der vierte (Ausschüsse) und der fünfte Teil (Berufsbildungsforschung) betreffen alle Bereiche der beruflichen Bildung.

3 BT-Drucksache V/4260, Nr. 2 b), S 2.

4 BT-Drucksache V/4260, Nr. 2, S 2.

5 BT-Drucksache V/4260, Nr. 2, S 2.

nicht nur das Berufsausbildungsverhältnis gem. § 1 II BBiG vor, sondern trifft noch Regelungen für den weiteren beruflichen Werdegang. Es handelt sich dabei um die berufliche Fortbildung (§ 1 III BBiG) und die berufliche Umschulung (§ 1 IV BBiG).

Auch wenn das BBiG für die berufliche Fortbildung und Umschulung außer den §§ 46, 47 BBiG keine weiteren positiven Regelungen aufstellt, trifft das BBiG dennoch eine wichtige Aussage, nämlich dass die umfangreichen Regelungen des zweiten und dritten Teils des BBiG für die berufliche Fortbildung und Umschulung nicht gelten[6]. Die §§ 3-18 BBiG gelten zwingend nur für die Berufsausbildung. Die berufliche Fortbildung und Umschulung werden also nicht umfasst[7]. Dementsprechend müssen bei diesbezüglichen Vertragsverhältnissen die Vertragsparteien außer den §§ 46, 47 BBiG keine weiteren Vorschriften des BBiG beachten. Deshalb kann man sagen, dass das BBiG auch die berufliche Fortbildung und Umschulung regelt[8].

Nunmehr hat der Gesetzgeber in § 1 Ia BBiG noch die Berufsausbildungsvorbereitung erwähnt. Diese dient dem Ziel, an eine Berufsausbildung in einem anerkannten Ausbildungsberuf oder einer gleichwertigen Berufsausbildung heranzuführen.

Neben diesen schon erwähnten Formen der beruflichen Bildung ist aber in § 19 BBiG noch ein anderes mögliches Vertragsverhältnis erwähnt. Gem. § 19 BBiG

---

6 So auch Wohlgemuth, § 47 Rd. 9, wonach ein Umschulungsvertrag nicht den gleichen Beschränkungen wie ein Berufsausbildungsvertrag unterliegt. Zwar regelt das BBiG im Vergleich zu einem Berufsausbildungsverhältnis gem. § 1 II BBiG das Fortbildungs- und Umschulungsverhältnis gem. §§ 46 und 47 BBiG nur in einem sehr geringen Umfang, dennoch werden solche Vertragsverhältnisse gem. § 1 I, III, IV BBiG in den Geltungsbereich des BBiG einbezogen, um die umfassende Anlage des Gesetzes deutlich zu machen. Im Ergebnis führt dies dazu, von Wohlgemuth zutreffend gesagt, dass die Vertragsparteien bei einem Fortbildungs- und Umschulungsverhältnis wesentlich weniger gesetzlichen Vorgaben unterliegen als bei einem Berufsausbildungsverhältnis gem. § 1 II BBiG. Die vom BBiG getroffene Regelung besteht hauptsächlich in einer negativen Aussage, dass nämlich die Vorschriften des zweiten und dritten Teils des BBiG für die berufliche Fortbildung und Umschulung nicht gelten.

7 BAG, EzB a. F. BBiG § 1 II Nr. 1; EzB a. F. BetrVG § 5 Nr.1; EzB a. F. BBiG § 47 Nr. 19 m. w. N.; ArbG Reutlingen, EzB a. F. BBiG § 15 II Nr. 1; ArbG Würzburg, EzB a. F. BGB § 626 Nr. 20; ErfK/Schlachter, § 3 BBiG Rd. 1; Frädrich, S. 115 ff.

8 So weist auch Wolgemuth, § 46 Rd. 1, darauf hin, dass das BBiG die berufliche Fortbildung und berufliche Umschulung in seinen Regelungsbereich aufgenommen hat; siehe auch Frädrich, S. 115.

(andere Vertragsverhältnisse) gelten die §§ 3-18 BBiG mit Einschränkungen auch für Personen, die eingestellt werden, um berufliche Kenntnisse, Fertigkeiten oder Erfahrungen zu erwerben, ohne dass es sich um eine Berufsausbildung im Sinne des BBiG (§ 1 II BBiG) handelt und soweit nicht ein Arbeitsverhältnis vereinbart ist.

Die gesetzliche Definition des § 1 I BBiG bezeichnet als berufliche Bildung lediglich die Berufsausbildung, die berufliche Fortbildung und die berufliche Umschulung. Die anderen Vertragsverhältnisse gem. § 19 BBiG werden nicht aufgeführt. Das BBiG erwähnt aber in § 19 BBiG noch andere mögliche Vertragsverhältnisse und knüpft daran bestimmte Rechtsfolgen, nämlich die eingeschränkte Anwendung der §§ 3-18 BBiG. Aus diesem Grund müssen die anderen Vertragsverhältnisse gem. § 19 BBiG in die Prüfung, ob die Förderverträge der NLZ unter das BBiG fallen, einbezogen werden.

Es gibt also fünf verschiedene, im BBiG vorgesehene Ausbildungsformen: das Berufsausbildungsverhältnis gem. § 1 II BBiG, andere Vertragsverhältnisse gem. § 19 BBiG, die berufliche Fortbildung gem. § 1 III BBiG, die berufliche Umschulung gem. § 1 IV BBiG und das Berufsausbildungsvorbereitungsverhältnis gem. § 1 Ia BBiG. Man kann diese fünf Ausbildungsformen in zwei Gruppen unterteilen. Die berufliche Fortbildung und Umschulung setzen eine berufliche Ausbildung oder eine Berufstätigkeit voraus. § 19 BBiG gilt nicht für die berufliche Fortbildung und Umschulung[9]. Daher ist davon auszugehen, dass § 19 BBiG, ebenso wie das Berufsausbildungsverhältnis gem. § 1 II BBiG, nur die Erstausbildung regelt[10]. Das Berufsausbildungsvorbereitungsverhältnis soll auf eine solche Erstausbildung erst vorbereiten. Deshalb lassen sich die Ausbildungsverhältnisse des BBiG folgendermaßen unterteilen, wobei das Berufsvorbereitungsverhältnis außer Betracht bleiben soll:

Erstausbildung		Weiterbildung	
/	\	/	\
§ 1II Berufsausbildung	§ 19 andere Vertragsverhältnisse	§ 1 III Umschulung	§ 1 IV Fortbildung

9 BT-Drucksache V/4260, zu § 19, S. 12.

10 So auch BAG, EzB a. F. BBiG § 1 II Nr. 1; EzB a. F. BetrVG § 5 Nr. 1; LAG Schleswig-Holstein, FA 2001, 185; ErfK/Schlachter, § 19 Rd. 1; Herkert, § 19 Rd. 4; Frädrich, S. 115.

Wie schon ausgeführt, wird dadurch der umfassende Geltungsanspruch des BBiG aufgezeigt[11].

11 So auch VG Ansbach, EzB a. F. HwO § 27 a II Nr. 2.

3. Förderverträge als berufliche Fortbildung und berufliche Umschulung im Sinne von § 1 III und IV BBiG sowie Berufsausbildungsvorbereitungsverhältnis gem. § 1 Ia BBiG

Die berufliche Fortbildung dient der Anpassung vorhandener beruflicher Kenntnisse an den technischen Wandel und anderer Veränderungen der Arbeitswelt[1]/[2]. Die berufliche Umschulung soll Voraussetzungen für den Übergang in eine andere berufliche Tätigkeit schaffen, dabei ist nicht notwendigerweise eine vorherige Ausbildung des Umschulenden vorausgesetzt, eine vorherige Berufstätigkeit genügt[3]. Allerdings unterliegt eine zweite Berufsausbildung im Anschluss an eine erste Berufsausbildung uneingeschränkt den Vorschriften des BBiG. Es handelt sich um eine erneute Berufsausbildung und nicht um eine Umschulung im Sinne des BBiG[4].

In der Regel liegt bei den Nachwuchsspielern noch keine berufliche Tätigkeit oder eine andere abgeschlossene Berufsausbildung vor. Im Alter von a. 15 bis 19 Jahren kommen die meisten von ihnen von einer allgemeinbildenden Schule oder besuchen eine solche noch[5]. Es ist aber nach der Konzeption des BBiG grundsätzlich nicht ausgeschlossen, dass auch berufsbildende Kurse oder Lehrgänge mit der Zielrichtung Berufsfußballer durchgeführt werden, da berufliche Fortbildungen und Umschulungen grundsätzlich für alle Berufe durchgeführt werden können[6]. Es könnte ebenso eine Trainerausbildung als Aufstiegsfortbildung aufgefasst werden[7].

---

1 Leinemann/Taubert, § 1 Rd. 20; ErfK/Schlachter, § 1 BBiG Rd. 4.

2 Zu Beispielen der beruflichen Fortbildung: Fortbildung eines Messflugzeugführers zum Verkehrsflugzeugführer, BAG, EzB a. F. BGB § 611 Aus- und Weiterbildung; Elektromaschinenbauer zum Fachlehrer für bildhaftes Gutachten und Werken, BAG, AP BGB § 611 Ausbildungsbeihilfe Nr. 1; Erziehungsanwärter zum Heilerzieher, ArbG Solingen, EzB a. F. BGB § 611 Aus- und Weiterbildungskosten Nr. 18; Ausbildung zum Meister in Industrie, Handel oder Handwerk, LAG Frankfurt/M, EzB a. F. BGB § 611 Aus- und Weiterbildungskosten Nr. 19; Sparkassenangestellte bei Lehrgang für den gehobenen Sparkassendienst, BAG, AP BGB § 611 Ausbildungsbeihilfe Nr. 6.

3 ErfK/Schlachter, § 1 BBiG Rd. 4; siehe auch Wohlgemuth, § 1 Rd. 6 f.

4 BAG, EzB a. F. BBiG § 1 II Nr. 23.

5 Siehe Fragebogen Nachwuchsspieler Frage 7.

6 So für die berufliche Umschulung, Gedon/Spiertz, § 47 Rd. 2.

7 Berufliche Fortbildung kann zur Stabilisierung bzw. Spezialisierung, zur Anpassung an neue technische Entwicklungen oder zur Vorbereitung eines beruflichen Aufstiegs dienen, siehe Wohlgemuth, § 46 Rd. 9.

Gem. § 50 I BBiG richtet sich die Berufsausbildungsvorbereitung (§ 1 Ia BBiG) an lernbeeinträchtigte oder sozial benachteiligte Personen, deren Entwicklungsstand eine erfolgreiche Ausbildung in einem anerkannten Ausbildungsberuf oder in einer gleichwertigen Berufsausbildung noch nicht erwarten lässt. Ein Fördervertrag soll nicht auf einen anerkannte Berufsausbildung oder eine Berufsausbildung vorbereiten, sondern stellt selber die zu beurteilende Berufsbildungsmaßnahme dar. Insgesamt ist festzuhalten, dass Förderverträge der NLZ keine Vertragsverhältnisse im Sinne von § 1 III und IV oder § 1 Ia BBiG darstellen.

4. Förderverträge als Berufsausbildungsverhältnisse im Sinne des § 1 II BBiG

Da bei den Nachwuchsspielern in der Regel keine vorherige berufliche Tätigkeit vorliegt, ist als nächstes zu untersuchen, ob eine Berufsausbildung im Sinne des § 1 II BBiG als Erstausbildung der Jugendlichen vorliegt.

Gem. § 1 I BBiG ist die Berufsausbildung im Sinne des BBiG ein Teil der Berufsbildung. § 1 II BBiG erläutert dann, was unter einer Berufsausbildung zu verstehen ist. Dort heißt es: „Die Berufsausbildung hat eine breit angelegte berufliche Grundbildung und die für die Ausbildung einer qualifizierten beruflichen Tätigkeit notwendigen fachlichen Fertigkeiten und Kenntnisse in einem geordneten Ausbildungsgang zu vermitteln. Sie hat ferner den Erwerb der erforderlichen Berufserfahrung zu vermitteln." Die Berufsbildung besitzt dabei drei Komponenten, nämlich die in Abs. 2 Satz 1 verankerte berufliche Grundbildung, die Vermittlung der notwendigen fachlichen Fertigkeiten und Kenntnisse, sowie den in Abs. 2 Satz 2 normierten Erwerb der erforderlichen Berufserfahrung[1].

4.1. Berufliche Grundbildung im Sinne des § 1 II GG

Als Ziel einer solchen umfassenden Ausbildung ist insbesondere die zu erreichende Mobilität des Auszubildenden anzusehen, um seine Berufschancen insgesamt zu erhöhen[2]. Bedeutsam ist die gesetzliche Forderung, dass die Berufsausbildung in einem geordneten Ausbildungsgang durchzuführen ist. Die Berufsausbildung soll möglichst klar gegliedert und sachlich und zeitlich in einen konkreten Rahmen gestellt werden, um auf diese Weise ihre Qualität zu steigern[3]. Die klare Gliederung kommt insbesondere durch die Aufteilung der Ausbildungsinhalte bezüglich beruflicher Grundbildung, Kenntnissen und Fertigkeiten sowie Berufserfahrung zum Ausdruck[4].

Kennzeichnend für eine Berufsausbildung im Sinne des § 1 II BBiG ist insbesondere das Erfordernis einer beruflichen Grundbildung. Die berufliche Grundbildung hat folgende Aufgaben zu erfüllen: Sie soll einmal die Basis für die weiterführende berufliche Bildung, die berufliche Fachbildung schaffen. Als solche

1 Wohlgemuth, § 1 Rd. 3, so auch MünchArbR/Natzel, § 170 Rd. 208; ErfK/Schlachter, § 1 BBiG Rd. 3; Leinemann/Taubert, § 1 Rd. 10.
2 BT-Drucksachen V/4260 II zu § 1.
3 BT-Drucksachen V/4260 II zu § 1, so auch Weber, § 1 Anm. 3.
4 Leinemann/Taubert, § 1 Rd. 18.

muss sie breit ausgestaltet sein, so dass sie den Zugang zu mehreren verwandten Berufen eröffnet[5]. Sie gewährleistet auf diese Weise ein hohes Maß an Mobilität und ermöglicht es den Jugendlichen eine endgültige Entscheidung für einen bestimmten Beruf erst in dem Moment zu treffen, in dem er bereits bestimmte Kenntnisse von diesem Beruf erworben hat[6]. Sie soll dem Jugendlichen darüber hinaus als Ergänzung zu der vorberuflichen Bildung[7] eine Allgemeinbildung vermitteln und so zur Verschmelzung von allgemeiner und beruflicher Bildung beitragen[8].

Die Einführung einer gemeinsamen Grundbildung soll die horizontale Durchlässigkeit zwischen allen Ausbildungsberufen fördern, die auf dieser beruflichen Grundbildung aufbauen[9]. Ebenso soll die Grundbildung die vertikale Durchlässigkeit fördern, also die Aufstiegs- und Weiterbildungsmöglichkeiten des Auszubildenden verbessern[10]. Allerdings kann die horizontale und vertikale Durchlässigkeit nur für Ausbildungsberufe mit gemeinsamer Grundbildung uneingeschränkt gewährleistet sein[11].

Wichtigstes Ziel einer solchen Grundbildung innerhalb einer Berufsausbildung im Sinne des § 1 II BBiG ist es, den Auszubildenden ein Wissen zu vermitteln, welches auch später in anderen Berufen als in seinem ausgebildeten Beruf von Nutzen sein kann. Dies kann zum Beispiel innerhalb eines übergeordneten Bereichs von Entwicklung und Produktion, Wartung und Instandhaltung im gewerblich-technischen Bereich oder auf der anderen Seite Planung, Organisation und Kontrolle, Beschaffung und Absatz im kaufmännischen und verwaltenden Bereich sein[12].

---

5 Reinhardt, S. 73; vgl. auch Leinemann/Taubert, § 1 Rd. 14; MünchArbR/Natzel, § 177 Rd. 215.

6 Reinhardt, S. 73.

7 Damit ist Allgemeinbildung in den allgemeinbildenden Schulen der Sekundarstufe I gemeint.

8 So Reinhardt, BArbBl 1969, 73 f.; siehe auch Ergebnis der 3. Sitzung des bei den Bundesministerien für Arbeit und Sozialordnung und für Wirtschaft bestehenden Gesprächskreises für Fragen der beruflichen Bildung, BArbBl 1969, S. 100 f. (im folgenden zitiert mit: „Ergebnis der 3. Sitzung des Gesprächskreises“); das Ergebnis ist bei der Auslegung des § 1 II BBiG zu beachten (Herkert, § 1 Rd. 31).

9 Ergebnis der 3. Sitzung des Gesprächskreises, S. 101 und 102.

10 Ergebnis der 3. Sitzung des Gesprächskreises, S. 101 und 102.

11 Weber, Anm. 3, S. 5.

12 Siehe so Natzel, S. 51.

Man kann die unterschiedlichen Stationen auf dem Weg zu einem Beruf in drei große Bereiche aufteilen. Die erste Phase kann man als vorberufliche Bildung auffassen, die in der allgemeinbildenden Schule durchgeführt wird[13]. Danach kommt die zweite Phase mit der beruflichen Grundbildung mit den oben aufgeführten Zielen und Inhalten[14]. Anschließend kommt die dritte Phase mit der beruflichen Fachbildung[15]. Das BBiG hat nun die zweite und dritte Phase als Voraussetzungen für das Vorliegen einer Berufsausbildung gem. § 1 II BBiG aufgeführt. Insbesondere die Aufnahme der beruflichen Grundbildung unterscheidet die Berufsausbildung gem. § 1 II BBiG von der Ausbildung gem. § 19 BBiG. In § 19 BBiG ist nämlich nur von beruflichen Kenntnissen, Fertigkeiten und Berufserfahrung die Rede, nicht aber von einer beruflichen Grundbildung. Um also ein Berufsausbildungsverhältnis gem. § 1 II BBiG bejahen zu können, müssen alle drei Komponenten (Grundbildung, Vermittlung von Kenntnissen und Fertigkeiten sowie Vermittlung von Berufserfahrung) zusammen in einem Ausbildungsgang vorliegen[16].

Insbesondere bei dem Punkt der beruflichen Grundbildung wird die Bedeutung der Berufsausbildung gem. § 1 II BBiG deutlich. Sie stellt noch keine Ausrichtung auf einen bestimmten Erwachsenenberuf dar. Vielmehr ist sie eine Zwischenstation, die sowohl allgemeinbildende als auch fachspezifische Berufsinhalte beinhaltet. Sie stellt damit eine Verbindung zwischen der allgemeinbildenden Schule und der späteren Ausübung eines Erwachsenenberufes dar[17].
In diesem Zusammenhang muss die Entscheidung des BAG zur Verkehrsfliegerschule kritisch gesehen werden. Hier hat das BAG ein Berufsausbildungsverhältnis im Sinne des § 1 II BBiG angenommen, weil eine berufliche Fortbildung und Umschulung zu verneinen war[18]. Ein Berufsausbildungsverhältnis gem. § 1 II BBiG ist aber nur dann zu bejahen, wenn auch eine berufliche Grundbildung Teil des Ausbildungsganges ist. Demgegenüber hat das BAG im Fall der Ausbil-

13 Ergebnis der 3. Sitzung des Gesprächskreises, S. 99.
14 Siehe zur Begrifflichkeit und Einteilung der verschiedenen Phasen bei Reinhardt, S. 73.
15 Reinhardt, S. 73.
16 Vgl. Leinemann/Taubert, § 1 Rd. 10.
17 Bei der Neuregelung von bereits bestehenden Ausbildungsberufen wird im Interesse einer vernünftigen Konzentration der Ausbildung und Mobilität der Ausgebildeten geachtet, dass auch aus beiden Bereichen Industrie und Handwerk Berufe mit starken Ähnlichkeiten zu einem Ausbildungsberuf zusammengefasst werden (Weber, § 25, Anm. 6, S. 7). Auch dies belegt, dass die Berufsausbildung im Sinne von § 1 II BBiG nicht auf spezielle Erwachsenenberufe ausgelegt sein sollen, sondern eine Kombination von allgemeinbildenden (mehrere Berufe übergreifenden) und fachspezifischen Berufsinhalten aufweisen soll.
18 BAG, AP BBiG § 1 Nr. 1.

dung zum staatlich anerkannten Altenpfleger eine breite Grundbildung bejaht und weiter ausgeführt, dass die Ausbildung umfassend angelegt sei[19]. Sie schließe eine geistig kulturelle Bildung, eine soziale und pädagogische Ausbildung, eine pflegerische Ausbildung sowie staats- und rechtskundlichen Unterricht ein und werde durch eine berufspraktische Ausbildung ergänzt, von der die im Unterricht erworbenen Kenntnisse in der Arbeit an und mit alten Menschen anzuwenden sind und vertieft werden[20]. Die pflegerischen Grundkenntnisse könnten ohne weiteres als Grundlage für andere pflegerische Berufe eingesetzt werden. Insoweit sei das Merkmal der breiten Berufsausbildung erfüllt[21]. Im Gegensatz zur Entscheidung über die Verkehrsfliegerschule hat das BAG hier zutreffend geprüft, ob die für das Vorliegen einer Berufsausbildung nötige berufliche Grundbildung vorliegt.

4.2. Berufliche Grundbildung bei Förderverträgen

Die Förderverträge erfüllen die Anforderungen einer beruflichen Grundbildung nicht. Die Förderverträge sind in erster Linie darauf ausgerichtet, fußballerische Kenntnisse und Fertigkeiten zu vermitteln bzw. zu erwerben. Der Jugendliche kann die im Training und Spielbetrieb erworbenen Kenntnisse und Fertigkeiten nur für eine spätere Berufsausübung als Fußballer verwenden. Eine Verwendung der Kenntnisse und Fertigkeiten für andere verwandte Berufe, zum Beispiel andere Sportarten, ist nicht denkbar.

Manche Vereine führen begleitend Computer- oder Englischkurse durch[22]. Bayer Leverkusen möchte mit diesen Qualifikationen speziell den Spielern, denen der Sprung in den Profifußball nicht gelingt, eine wichtige Basis für einen späteren beruflichen Einstieg verschaffen[23]. Dies könnte auf eine berufliche Grundbildung hindeuten. Letztlich reicht es aber nicht aus, die Anforderungen einer beruflichen Grundbildung zu erfüllen. Es sind vielmehr Inhalte, die der schon angesprochenen ersten Phase der vorberuflichen Bildung zuzuordnen sind, da sie allgemeinbildende Inhalte umfassen, die in allgemeinbildenden Schulen gelehrt werden.

---

19 BAG, AP BGB § 611 Ausbildungsverhältnis Nr. 28.
20 BAG, AP BGB § 611 Ausbildungsverhältnis Nr. 28.
21 BAG, AP BGB § 611 Ausbildungsverhältnis Nr. 281.
22 Siehe Frage 14 Fragebogen Verein.
23 Siehe Informationen zum Juniorenkonzept von Bayer 04 Leverkusen, Stand 2000, S. 17 (Anlage 2).

Die berufliche Grundbildung soll die horizontale Durchlässigkeit dadurch ermöglichen, dass sie berufliche Grundkenntnisse vermittelt, die für mehrere verwandte Berufe verwendet werden können. Dies wird deutlich, wenn man sich die Ausbildung zum anerkannten Ausbildungsberuf Sport- und Fitnesskaufmann anschaut, welcher im Jahre 2001 eingeführt wurde. Dies ist vor allem deshalb interessant, da im Vorfeld der Einführung diese Ausbildung mit der Teilnahme am Trainings- und Spielbetrieb eines Vereins kombiniert werden sollte und daher auch unter dem Titel „Lehrberuf Fußball“ diskutiert wurde[24]. Letztlich hat sich aber daraus ein reiner kaufmännischer Beruf entwickelt, der in der Berufsgruppe Büro- und Bürohilfskräfte eingeordnet ist[25]. Fußballspezifische Inhalte sind in der Ausbildungsordnung nicht mehr enthalten[26]. Die berufliche Grundbildung vermittelt Kenntnisse und Fertigkeiten, die der Auszubildende später sowohl für den Beruf des Sport- und Fitnesskaufmanns als auch für die kaufmännischen Berufe in der Veranstaltungswirtschaft und im Gesundheitswesen nutzen kann[27]. Dieses mögliche Überwechseln in verwandte Berufe soll die berufliche Grundbildung mit der horizontalen Durchlässigkeit ermöglichen. Eine solche horizontale Durchlässigkeit gegenüber anderen verwandten Berufen wird bei den Förderverträgen weder durch die Vermittlung der fußballerischen Kenntnisse und Fertigkeiten noch durch die Durchführung von begleitenden Computer- oder Englischkursen erreicht.

Mangels Vorliegen einer beruflichen Grundbildung können die Förderverträge daher nicht als Berufsausbildung im Sinne des § 1 II BBiG angesehen werden. Im Folgenden sollen die weiteren Elemente einer Berufsausbildung gem. § 1 II BBiG angesprochen werden, die sich bei einer Ausbildung im Sinne des § 1 II BBiG an die Grundbildung anschließen.

4.3. Vermittlung beruflicher Kenntnisse und Fertigkeiten im Sinne des § 1 II BBiG

Die in der zweiten Phase erfolgende Vermittlung der für die Ausübung einer qualifizierten beruflichen Tätigkeit notwendigen fachlichen Fertigkeiten und Kenntnisse baut auf der Grundbildung auf und stellt eine Spezialisierung hin auf den angestrebten Ausbildungsberuf dar[28]. Eine Definition der Begriffe „Kennt-

24 Siehe kicker-sportmagazin vom 04.09.2001, S. 24 f.
25 Siehe BGBl. I S. 1262 vom 25.06.2001 und BGBl. I S. 1878 vom 23.07.2001.
26 Siehe BGBl. I S. 1262 f. vom 25.06.2001.
27 Siehe BGBl. I S. 1262 f. vom 25.06.2001.
28 Wohlgemuth, § 1 Rd. 4.

nisse" und Fertigkeiten" gibt das BBiG nicht. Die durch die Berufsausbildung zu vermittelnden Kenntnisse und Fertigkeiten sind gem. § 4 Nr. 1 BBiG im Berufsausbildungsvertrag festzulegen. Bei anerkannten Ausbildungsberufen müssen sie sich gem. § 25 II Nr. 3 BBiG aus der Ausbildungsordnung ergeben.

4.4. Vermittlung beruflicher Kenntnisse und Fertigkeiten bei den Förderverträgen

Von einer Vermittlung von fachlichen Fertigkeiten und Kenntnissen kann bei den Nachwuchsspielern der NLZ durchaus gesprochen werden. Zum Beispiel werden bei Bayer Leverkusen für die Spieler im Alter zwischen 15 und 18 Jahren folgende Trainingsschwerpunkte gesetzt[29]: mannschaftstaktisches Verhalten (Pressing), Grundlagenausdauer, Automatisieren von Basistechniken unter stärkstem Gruppendruck, Schulung der Handlungsschnelligkeit und des Spieltempos, differenziertes Spezialtraining in kleinen Gruppen mit dem Schwerpunkt, die Positionstechnik zu fördern, Kräftigung mit Eigengewicht zur Unterstützung der natürlichen Kraftentwicklung speziell Rumpfmuskulatur, intensive Koordinations- und Schnelligkeitsschulung, Umsetzung der zuvor erworbenen Fähigkeiten auf höchstem Spieltempo, taktische, technische und mentale Vorbereitung auf den Übergang zum Seniorenbereich. Die Vermittlung dieser Inhalte dient nicht nur dazu, den Erfolg der Juniorenmannschaft zu erhöhen, sondern vor allem dazu, den einzelnen Nachwuchsspieler fußballerisch zu fördern[30].

Gem. § 1 II BBiG wären die Kenntnisse und Fertigkeiten in einem geordneten Ausbildungsgang zu vermitteln, d. h. sie sollen möglichst klar gegliedert und sachlich und zeitlich in einen konkreten Rahmen gestellt werden, um auf diese Weise ihre Qualität zu steigern[31]. Bei den Förderverträgen wären deshalb die einzelnen Trainingsschwerpunkte für einzelne Zeitabschnitte innerhalb der

---

29 Siehe Informationen zum Juniorenkonzept von Bayer 04 Leverkusen, Stand 2000, S. 13, Kapitel 5.4. Förderung im Rahmen der Trainingsmaßnahmen - Leistungsbereich (Anlage 2).
30 Siehe Informationen zum Juniorenkonzept von Bayer 04 Leverkusen, Stand 2000, S. 2 und 3, Kapitel 1. Präambel und Ziele der Juniorenabteilung: Nr. 1 der Präambel (Anlage 2): Optimale und individuell ausgerichtete Förderung der talentiertesten Juniorenspieler mit dem Ziel, Spieler für den Kader der Bayer 04 - Lizenzmannschaft auszubilden; Nr. 2 der Präambel: Durch gezieltes Training und interessante Vergleichsspiele sollen alle Juniorenspieler individuell optimal gefördert werden. Ziel ist es, die Spieler an ihr persönliches Leistungsoptimum zu führen.
31 Siehe BT-Drucksache V/4260, S. 4 zu § 1.

Laufzeit der Förderverträge festzulegen[32]. Die Ausbildungsinhalte im anerkannten Ausbildungsberuf Pferdewirt zeigen, dass Training und Wettkampf in einer Sportart, hier Galopprennreiten und Trabrennfahren, grundsätzlich auch Bestandteile einer anerkannten Berufsausbildung sein können[33]. Im Einzelnen wird auf die Frage, inwieweit es sich bei den Trainingsinhalten um berufliche Kenntnisse und Fertigkeiten handeln kann, unter 5.2.1.2. ausführlich eingegangen.

4.5. Vermittlung von Berufserfahrung im Sinne des § 1 II BBiG

Die in Abs. 2 Satz 2 der Vorschrift geforderte Möglichkeit des Erwerbs der erforderlichen Berufserfahrung setzt regelmäßig eine ausreichende Praxisnähe des Berufsbildungsprozesses voraus[34]. Dies wird bei der betrieblichen Ausbildung vor allem dadurch geschehen können, dass der Auszubildende schrittweise in den tatsächlichen Arbeitsprozess zu Übungszwecken und die gleichzeitige Unterweisung durch den Ausbildenden einbezogen wird[35]. Bei außer- bzw. überbetrieblicher Ausbildung setzt dies voraus, dass zu Übungszwecken die Bedingungen der beruflichen Praxis möglichst genau simuliert werden[36]. Dieser Erwerb der beruflichen Erfahrung und insbesondere Einblicke in die Bedingungen der beruflichen Praxis sind aber nicht gegeben, wenn die Berufsausbildung neben dem Besuch einer allgemeinbildenden Schule stattfinden soll. Dann ist sie nicht mit § 1 II BBiG vereinbar[37].

Die Berufsausbildung erschöpft sich nicht in der Vermittlung des Prüfungsstoffes für die Abschlussprüfung. Gleichwertig tritt daneben der Zweck, den Auszu-

---

32 Bayer Leverkusen hat eine zeitliche und sachliche Gliederung der Trainingsschwerpunkte für die einzelnen Jugendmannschaften in seinen Informationen zum Juniorenkonzept, S. 11 ff. (Anlage 2) aufgeführt. Für die Anforderungen an einer Berufsausbildung gem. § 1 II BBiG müsste sich eine sachliche und zeitliche Gliederung vor allem auf die Zeitspanne des Fördervertrages beziehen und nicht auf die Jugendmannschaft.

33 Siehe BGBl. I S. 2719 ff. vom 06.11.1975: Ausbildungsinhalte im 5. und 6. Ausbildungshalbjahr: Reiten von Galopprennpferden und Trabrennpferden in Ausbildung und Training und im Rennen, Trainieren und üben der Renntechnik.

34 BAG, DB 75, 262; Herkert, § 1 Rd. 5; Frädrich, S. 64; siehe aber auch BAG, EzB a. F. BetrVG § 5 Nr. 13, wonach das BBiG den Erwerb von Berufserfahrungen innerhalb eines laufenden Produktionsprozesses nicht voraussetzt und VG Düsseldorf, EzB a. F. BBiG § 46 II Wirtschaftsinformatiker, wonach der Erwerb von Erfahrungen nicht stets Berufserfahrungen voraussetzt.

35 Wohlgemuth, § 1 Rd. 5; Leinemann/Taubert, § 1 Rd. 16.

36 Wohlgemuth, § 1 Rd. 5; Leinemann/Taubert, § 1 Rd. 16.

37 BVerwG, EzB a. F. BBiG § 32 BBiG Nr. 15; siehe auch VG Aachen, EzB a. F. BBiG § 4 Nr. 6.

bildenden mit den täglichen Betriebsabläufen möglichst wirklichkeitsnah vertraut zu machen. Die Berufsausbildung nach dem BBiG ist als Vollzeitausbildung angelegt. Sie kann nicht neben dem Besuch einer allgemeinbildenden Schule betrieben werden. Ziel ist es nicht nur, theoretische und praktische Kenntnisse zu vermitteln. Dieses Ausbildungsziel kann nur erreicht werden, wenn die Ausbildung mit entsprechender im Betrieb geltender Arbeitszeit während der regulären Arbeitszeit stattfindet[38].

Man kann daher sagen, dass der Sinn einer Ausbildung im Sinn des § 1 II BBiG nicht nur darin liegen soll, das notwendige fachliche Wissen zu vermitteln. Der Auszubildende soll einen möglichst genauen Einblick auch in alle Aspekte bekommen, die neben den fachlichen Fertigkeiten für den späteren Werdegang von Bedeutung sind und auch die Frage betrifft, ob und auf welche Weise der Auszubildende den Beruf ausüben möchte. Das Blickfeld soll nicht nur auf diesen einen Beruf mit dem bestimmten Arbeitsplatz gerichtet sein.

4.6. Vermittlung von Berufserfahrung bei den Förderverträgen

Die Teilnahme der Juniorenmannschaften an dem Spielbetrieb der jeweiligen Regionalliga bringt den Jugendlichen Spielerfahrung. Ebenso sollen durch internationale Turnier-Teilnahmen und Reisen den Juniorenspielern sportliche Erfahrungen vermittelt werden[39].

Die Frage ist, ob dadurch der vom BVerwG geforderte wirklichkeitsnahe Einblick in die tägliche Betriebsabläufe gewährleistet ist. Die Gesetzesbegründungen erklären die einzelnen Anforderungen an die Vermittlung von Berufserfahrungen nicht näher[40]. Zunächst muss berücksichtigt werden, dass die Betriebsabläufe in einem Bundesligaverein und der Arbeitsalltag eines Lizenzspielers nicht mit anderen Berufen im Wirtschaftsbereich zu vergleichen sind, da insbesondere keine vergleichbaren Arbeitszeiten existieren. Der Lizenzspieler erbringt seine Dienste nicht in der Form einer regelmäßigen täglichen Arbeitszeit von zum Beispiel acht Stunden. Vielmehr konzentriert sich die Arbeitszeit des Lizenzspielers vor allem auf die Trainings- und Spielzeiten, die ca. 1 ½ bis 2 Stunden andauern. Von daher ist der Unterschied im Tagesablauf zwischen einem jugendli-

---

38 So im gesamten BVerwG, EzB a. F. BBiG § 32 Nr. 15.

39 Siehe Informationen zum Juniorenkonzept von Bayer 04 Leverkusen, Stand 2000, S. 3, Kapitel 1. Präambel und Ziele der Juniorenabteilung: weitere wichtige Ziele: Absatz 4 (Anlage 2).

40 Siehe BT-Drucksache V/4260 S. 4 zu § 1.

chen Fußballspieler, der nach dem Besuch einer Schule oder dem Absolvieren einer Berufsausbildung am Trainings- und Spielbetrieb teilnimmt, und einem Lizenzspieler nicht so groß wie dies im sonstigen Wirtschaftsleben der Fall wäre. Dennoch besteht ein Unterschied, ob der Verein auf eine sonstige Tätigkeit des Spielers Rücksicht nimmt oder der Spieler sich ausschließlich auf den Fußballsport konzentrieren kann. Den vom BVerwG geforderten Einblick in den Berufsalltag und in die Arbeitswirklichkeit eines Lizenzspielers, der den Fußballsport ausschließlich betreibt, dürfte vor dem Hintergrund, dass § 1 II BBiG von einer umfassenden, breit angelegten Ausbildung ausgeht, durch die nebenberufliche Ausgestaltung der Förderverträge nicht gewährleistet sein[41].

4.7. Berufsausbildung gem. § 1 II BBiG und anerkannte Ausbildungsberufe

Ergänzend ist noch herauszustellen, dass eine Berufsausbildung gem. § 1 II BBiG nicht unbedingt in einem anerkannten Ausbildungsberuf durchgeführt werden muss[42]. § 25 BBiG gibt dem Bundesministerium für Wirtschaft oder den sonst zuständigen Fachministerien eine Ermächtigungsgrundlage, um mittels Rechtsverordnung Ausbildungsberufe anzuerkennen. Die Eignung eines Berufes zum Erlass als Ausbildungsberuf und einer Ausbildungsordnung hierzu ist anzunehmen, wenn im Sinne von § 1 II BBiG eine breit angelegte Grundbildung und eine darauf aufbauende Fachbildung vermittelt werden kann[43]. Dies entspricht bis dahin den Voraussetzungen für eine Berufsausbildung gem. § 1 II BBiG. Darüber hinaus muss aber auch ein Bedürfnis zum Erlass als anerkannter Ausbildungsberuf treten, das von arbeitsmarkt-, gesellschafts- und wirtschaftspolitischen Kriterien her zu beurteilen ist[44]. Es wird dann zu bejahen sein, wenn die angestrebte Berufsausbildung unter Berücksichtigung der voraussichtlichen wirtschaftlichen und technischen Entwicklungen ausreichende und lang anhaltende Arbeitsmöglichkeiten, Aufstiegschancen und soziale Sicherung bietet[45]. Bedeutsam wird der Unterschied zwischen Berufsausbildung gem. § 1 II BBiG und einem anerkannten Ausbildungsberuf nach § 25 BBiG vor allem auch für Jugendliche, da gem. § 28 II BBiG Jugendliche unter 18 Jahren nur in einem anerkannten Ausbildungsberuf ausgebildet werden dürfen[46].

---

41 In diesem Sinne siehe BVerwG, EzB BBiG § 32 Nr. 15, wonach jede Ausbildung gem. § 1 II BBiG als nebenberufliche Ausbildung ausgeschlossen wird.
42 Siehe auch so zutreffend Jagenlauf, S. 1357 unter 3).
43 Herkert, § 25 Rd. 8.
44 Herkert, § 25 Rd. 8.
45 Herkert, § 25 Rd. 8 und 28.
46 Siehe im einzelnen unter 8.

4.8. Ergebnis

Ein Fördervertrag kann keine Berufsausbildung im Sinne des § 1 II BBiG darstellen. Es werden keine Kenntnisse und Fertigkeiten vermittelt, die eine breite berufliche Grundbildung gewähren, weil die innerhalb der Förderverträge in Frage kommenden Kenntnisse und Fertigkeiten nur für den Beruf „Fußballer“ zu verwenden sind. Weiter dürfte mangels einer Vollzeitausbildung die gem. § 1 II. Satz 2 BBiG geforderte Berufserfahrung nicht in dem geforderten Maße vermittelt werden. Insgesamt scheidet demnach die Annahme einer Berufsausbildung gem. § 1 II BBiG aus. Dies hat auch zur Folge, dass eine Anerkennung der Berufsausbildung gem. § 25 I BBiG nicht in Frage kommt.

5. § 19 BBiG (Andere Vertragsverhältnisse)

Nachdem zuvor aufgezeigt wurde, dass bei den Förderverträgen der NLZ weder eine berufliche Fortbildung noch eine berufliche Umschulung vorliegt und auch kein Berufsausbildungsverhältnis gem. § 1 II BBiG gegeben ist, ist im folgenden zu untersuchen, ob ein Vertragsverhältnis gem. § 19 BBiG zu bejahen ist[1].

5.1. Einführung

In § 19 BBiG heißt es unter der redaktionellen Überschrift „Andere Vertragsverhältnisse“: „Soweit nicht ein Arbeitsverhältnis vereinbart ist, gelten für Personen, die eingestellt werden, um berufliche Kenntnisse, Fertigkeiten oder Erfahrungen zu erwerben, ohne dass es sich um eine Berufsausbildung im Sinne dieses Gesetzes handelt, die §§ 3-18 mit der Maßgabe, dass die gesetzliche Probezeit abgekürzt, auf die Vertragsniederschrift verzichtet und bei vorzeitiger Lösung des Vertragsverhältnisses nach Ablauf der Probezeit abweichend von § 16 I Satz 1 Schadenersatz nicht verlangt werden kann.“

Nach dem Wortlaut des Gesetzes müssen also folgende Voraussetzungen für ein Vertragsverhältnis gem. § 19 BBiG vorliegen:

- kein Vorliegen eines Berufsausbildungsverhältnisses
- kein Vorliegen eines Arbeitsverhältnisses
- Zielrichtung der Einstellung: um berufliche Kenntnisse, Fertigkeiten oder Erfahrungen zu erwerben

Unter 4. wurde oben festgestellt, dass die Förderverträge kein Berufsausbildungsverhältnis gem. § 1 II BBiG darstellen. Unter 4.2. und 4.3. wurden die beruflichen Kenntnisse, Fertigkeiten und Erfahrungen erwähnt, die den Nachwuchsspielern vermittelt werden sollen. Aufgrund dessen ist auf den ersten Blick auch nicht ersichtlich, ob bei den Förderverträgen, in denen sich die Nachwuchsspieler verpflichten, gegen Entgelt Fußball zu spielen[2], mehr arbeitsrechtliche oder mehr ausbildungsrechtliche Inhalte überwiegen. Damit lässt sich auch auf Anhieb nicht sagen, ob ein Arbeitsvertrag vorliegt oder nicht. Insge-

---

1 Siehe auch bei Hager, S. 31, der allerdings nur kurz die Möglichkeit anspricht, dass bei einem Vertragsverhältnis mit einem Nachwuchsspieler berufliche Kenntnisse, Fertigkeiten und Erfahrungen vermittelt werden könnten und ein solches Vertragsverhältnis dann unter § 1 I Nr. 4 JArbSchG fallen könnte. § 1 I Nr. 4 JArbSchG bezieht sich in erster Linie auf Vertragsverhältnisse gem. § 19 BBiG (Zmarzlik/Anzinger, § 1 Rd. 26).

2 Siehe Muster - Förderverträge des DFL, § 1 und § 5 (Anlage 1).

samt lässt eine erste Betrachtung die Anwendung des § 19 BBiG durchaus möglich erscheinen.

In der Literatur und Rechtsprechung spielt der § 19 BBiG eine eher untergeordnete Rolle[3]. Insbesondere die Rechtsprechung setzt sich mit dem § 19 BBiG äußerst zurückhaltend auseinander[4]. Bei der Betrachtung der Literatur fällt insbesondere auf, dass bekannte Ausbildungsverhältnisse sehr unterschiedlich unter § 19 BBiG gezählt werden[5]. So wird insbesondere das Anlernverhältnis nur teilweise aufgezählt[6]. Das BAG hat herausgestellt, dass die Zuordnung zu § 19 BBiG sich nicht danach zu richten hat, ob der vorliegende Vertragsinhalt einem vorgegebenen, herkömmlichen Vertragsverhältnis (z. B. Praktikant oder Volontär) zugeordnet werden kann[7]. Die Vermittlung von beruflichen Kenntnissen, Fertigkeiten oder Erfahrungen kann in sehr unterschiedlicher Form, Intensität und Zeitdauer erfolgen[8]. Teilweise wird dem § 19 BBiG ein umfassender Geltungsbereich zugeschrieben. Die Regelung sei als Auffangvorschrift anzusehen[9], die als zwingende Mindestnorm zur generellen Anwendung der §§ 3-18 BBiG für jede Ausbildung führe[10].

---

3 Siehe zum Beispiel Fangmann, S. 983, der im Jahre 1977 darauf verwiesen hat, dass die rechtliche Situation der Praktikantenverhältnisse in Industrie, Handel und Verwaltung in vielem unentwickelt und unklar sei.

4 Siehe LAG Düsseldorf, EzB BBiG § 28 Nr. 10: Ausbildung zur Orientteppichrestauratorin; ArbG Reutlingen, EzB BBiG § 28 Nr. 1: Ausbildung zur Reisebürogehilfin; OLG Karlsruhe, BB 1975, 927 f.: Ausbildung zum Mannequin; LAG Schleswig-Holstein, EzB BBiG § 28 Nr. 3; LG Tübingen, NJW-RR 1994, 116 f.: Ausbildung im Schlüsseldienst.

5 Fangmann, S. 984 m.w.N.

6 Nach Herkert, § 19 Rd. 4; gilt die Vorschrift für Anlernlinge, Volontäre, Praktikanten und wohl auch für Aspiranten, d. h. Berufsanwärter; ebenso Wohlgemuth, § 19 Rd. 2; Schaub, S. 90 ff. und S. 1466 ff. erwähnt nur die Begriffe Anlernling, Volontär und Praktikant; ebenso ErfK/Schlachter, § 19 BBiG, Rd. 1 und 5; so auch Palandt/Putzo, Einführung vor § 611, Rd. 59; Weber, § 19 Anm. 1, nennt als Beispiele die Volontäre und Praktikanten; in Anm. 4 führt Weber dann noch den Begriff des Aspirantenvertrages (= Berufsanwärtervertrag) an, ohne dass Weber eine eigene Zuordnung trifft; Götz, Rd. 390 ff. erwähnt nur Volontäre und Praktikanten; ebenso bei Knopp/Kraegeloh, § 19 Rd. 2 f.; etwas widersprüchlich sagt Natzel, S. 313, dass vornehmlich Praktikanten und Volontäre von der Vorschrift betroffen sind, um dann aber auszuführen, dass keine anderen Vertragsverhältnisse als diese denkbar wären, siehe auch Fangmann, S. 983 ff., der darauf hinweist, dass die Einbeziehung von Volontären und Anlernverhältnissen streitig ist.

7 BAG vom 18.12.1986, AZ.: 2 AZR 717/85, nicht amtlich veröffentlicht.

8 BAG AP BetrVG 1972 § 78 a Nr. 10.

9 Fangmann, S. 984.

10 Monjau, S. 1847.

Die bisherige untergeordnete und nicht eindeutige Auseinandersetzung mit dem § 19 BBiG in Rechtsprechung und Literatur und vor allem die Tatsache, dass die Förderverträge auf den ersten Blick unter § 19 BBiG fallen könnten, erfordert im Folgenden eine intensive Prüfung, auf welche Vertragsverhältnisse und unter welchen Voraussetzungen der § 19 BBiG Anwendung findet.

Mit der nun durchzuführenden Auslegung[11] soll geklärt werden, welche konkreten Ausbildungsverhältnisse der Gesetzgeber vor Augen hat, wenn er auf solche Vertragsverhältnisse eine begrenzte Anwendung des vertragsrechtlichen Teils des BBiG (§§ 3-18 BBiG) vorschreibt. Das Ergebnis dieser Gesetzesinterpretation soll aufzeigen, ob dem § 19 BBiG seit Inkrafttreten des BBiG nicht zu wenig Bedeutung beigemessen wurde und ob insbesondere § 19 BBiG auch die Förderverträge der NLZ regelt[12].

5.2. Wortauslegung

Ausgangspunkt für die Frage, welche Ausbildungsverhältnisse § 19 BBiG regeln will, ist der Wortlaut der gesetzlichen Formulierung[13]. Der Wortlaut des § 19 BBiG erfordert drei Voraussetzungen. Erstens muss die Person eingestellt werden, um berufliche Kenntnisse, Fertigkeiten oder Berufserfahrung zu erwerben. Zweitens darf es sich nicht um ein Berufsausbildungsverhältnis handeln. Drittens dürfen die Parteien kein Arbeitsverhältnis vereinbart haben.

5.2.1. Personen, die eingestellt werden, um berufliche Kenntnisse, Fertigkeiten oder Erfahrungen zu erwerben

5.2.1.1. „Berufliche"

Zunächst ist berufliche Bildung als ein spezieller Teil der allgemeinen Bildung zu verstehen[14], der Fähigkeiten in Bezug auf einen bestimmten Beruf vermittelt. Bezüglich des Begriffs „Beruf" kann auf die obigen Ausführungen unter 1. verwiesen werden, in denen dargelegt wurde, dass der Berufsbegriff des BBiG mit

11 Siehe zu den Kanones der Gesetzesinterpretation, Raisch, S. 139 ff.

12 Siehe bei Raisch, S. 139, der mittels der einzelnen Stufen der Gesetzesinterpretation eine hypothetische Schneise erhält, die sich nach Prüfung der einzelnen Auslegung immer weiter verengt. Nach jeder Auslegungsstufe wird dann geprüft, ob der zu untersuchende Fall noch erfasst wird.

13 Raisch, S. 139 mit dem Hinweis, dass Ausgangspunkt jeder Rechtsfindung gem. Art. 20 III GG der Wortlaut der gesetzlichen Norm ist.

14 Haase, § 1 zu 1.

Hilfe des verfassungsrechtlichen Berufsbegriffes des Art. 12 I GG zu definieren ist und, dass das Fußballspielen gegen Entgelt zur Schaffung einer Lebensgrundlage einen Beruf in diesem Sinne darstellt. Ebenfalls wurde festgestellt, dass diese Art der Ausübung des Fußballsports auch nach dem allgemeinen Sprachgebrauch als Beruf angesehen wird[15]. Weiter wurde schon erwähnt, dass die Zielrichtung der Förderverträge ist, Spieler für den Lizenzspielerkader der Bundesligavereine zu gewinnen[16], also dass die Spieler im Anschluss den Beruf des Fußballers ausüben sollen. Wenn im folgenden festgestellt wird, dass Kenntnisse, Fertigkeiten oder Berufserfahrungen, jeweils mit einem Bezug zur späteren fußballerischen Betätigung, seitens des Spielers erworben werden, dann bedeutet dies sowohl nach dem allgemeinen wie auch nach dem fachlichen Sprachgebrauch[17] des Wortlautes des § 19 BBiG, dass dies dann auch berufliche Kenntnisse, Fertigkeiten oder Berufserfahrungen sind.

5.2.1.2. „Kenntnisse, Fertigkeiten oder Erfahrungen"

Im Gegensatz zu der Berufsausbildung gem. § 1 II BBiG sind zunächst zwei Unterschiede bei der gesetzlichen Formulierung herauszustellen. Zunächst wird für Vertragsverhältnisse gem. § 19 BBiG keine berufliche Grundbildung gefordert. Während bei der Berufsausbildung gem. § 1 II BBiG eine umfassende Ausbildung verlangt wird, was durch das kumulative Vorliegen von beruflicher Grundbildung, Vermittlung von beruflichen Kenntnissen und Fertigkeiten sowie der Vermittlung von Berufserfahrung zum Ausdruck kommt, fehlt eine solche Vorgabe für Vertragsverhältnisse gem. § 19 BBiG[18]. Hier ist lediglich die Rede von „um berufliche Kenntnisse, Fertigkeiten oder Erfahrungen zu erwerben". Das Wort „oder" drückt aus, dass lediglich eine der drei Varianten vorliegen muss, um Vertragsverhältnisse gem. § 19 BBiG bejahen zu können. Deshalb ist an dieser Stelle festzuhalten, dass die Voraussetzungen für ein Vertragsverhältnis gem. § 19 BBiG nach dem gesetzlichen Wortlaut weniger umfassend als für ein Berufsausbildungsverhältnis gem. § 1 II BBiG sind[19]. Dieser Gesichtspunkt ist bei der weiteren Betrachtung von Vertragsverhältnissen gem. § 19 BBiG im Auge zu

15 Siehe oben unter 1.

16 Siehe so Nr. 1 der Präambel und Ziele der Juniorenabteilung von Bayer Leverkusen in „Informationen zum Juniorenkonzept von Bayer 04 Leverkusen", Stand 2000, Seite 2 (Anlage 2).

17 Zur Bedeutung des allgemeinen und fachlichen Sprachgebrauchs siehe bei Raisch, S. 140, der sagt, dass die Wortauslegung beim allgemeinen Sprachgebrauch beginnt, die fachsprachliche Bedeutung aber wichtiger ist.

18 So auch BAG, AP BetrVG 1972 § 78 Nr. 10.

19 Insoweit zustimmend Natzel, S. 313.

behalten. Insbesondere bei der Betrachtung der Förderverträge der NLZ ist dann zu berücksichtigen, dass die Voraussetzungen für das Bejahen eines Ausbildungsverhältnisses nach dem gesetzlichen Wortlaut des § 19 BBiG geringer sind als bei einem Berufsausbildungsverhältnis gem. § 1 II BBiG oder als bei einem anerkannten Ausbildungsberuf gem. §§ 1 II, 25 BBiG. Wie in § 1 II BBiG erwähnt der Gesetzgeber auch hier Kenntnisse und Fertigkeiten, ohne dass im BBiG eine Definition der Begriffe gegeben wird. Im allgemeinen Sprachgebrauch werden Fertigkeiten als die bei der Ausführung bestimmter Tätigkeiten erworbene Geschicklichkeit bezeichnet[20]. Kenntnis kann man mit Wissen bzw. Fachwissen gleichsetzen[21].

Im berufsbildenden Bereich umfassen Fertigkeiten und Kenntnisse die praktische und theoretische Kenntnisvermittlung zum Erreichen des Ausbildungszieles[22]. Dabei ist die Unterscheidung zu treffen, dass Fertigkeiten auf eine praktische Geschicklichkeit abzielen, während Kenntnisse mehr das theoretische Wissen betreffen. So führt Natzel aus, dass mit Fertigkeiten die Anleitung zur körperlichen, insbesondere manuellen Geschicklichkeit gemeint ist[23]. Unter Fertigkeiten werden üblicherweise vor allem praktisches Können, Einfühlungsvermögen, Gespür für Zusammenhänge, Geschicklichkeit im Umgang mit Werkzeug, Maschinen und Material sowie allgemeine Gewandtheit verstanden[24]. Kenntnisse erlangt der Auszubildende dadurch, dass ihm die hinter der manuellen Tätigkeit liegenden Vorgänge bekannt gemacht werden[25]. Bei der Berufsausübung sind für ein erfolgreiches Tätigwerden neben der Beherrschung der erforderlichen Fertigkeiten die praktischen und theoretischen Kenntnisse über berufliche Verfahren und Zusammenhänge ausschlaggebend[26].

Bei den anerkannten Ausbildungsberufen ergeben sich die zu vermittelnden Kenntnisse und Fertigkeiten aus den Ausbildungsordnungen, die gem. § 25

---

20 Duden, Band 2, S. 1070.

21 Duden, Band 2, S. 1837.

22 Haase, § 6 zu 2.

23 Natzel, S. 178; siehe auch Giese, Band 1, S. 1814, der Fertigkeiten mit der durch Übung erworbenen Leichtigkeit in der Ausübung einer bestimmten Tätigkeit bezeichnet.

24 Gedon/Spiertz § 35 Rd. 13.

25 Natzel, S. 178: Natzel gibt als Beispiel den Banklehrling an, der die Bedeutung von Schecks und Wechsel und deren Aufgabe in der Wirtschaft kennen muss und den Elektroschweißerlehrling, der über die technisch-naturwissenschaftlichen Vorgänge beim Schweißen zu informieren ist.

26 Gedon/Spiertz § 35 Rd. 15.

BBiG zu erlassen sind[27]. Dabei soll der Auszubildende in den Abschlussprüfungen gem. § 35 BBiG sein praktisches Können nachweisen. Der Auszubildende beherrscht die erforderlichen Fertigkeiten, wenn er die im Ausbildungsrahmenplan geforderten und die sich aus dem Ausbildungsberufsbild ergebenen Fähigkeiten hat und anwenden kann[28]. Im Handwerk gilt, dass die Fertigkeiten und Kenntnisse, die Gegenstand der Berufsausbildung sind, also das Ausbildungsberufsbild darstellen, auf die Kenntnisse und Fertigkeiten ausgerichtet sein müssen, die für die Ausübung des Berufes, für den ausgebildet wird, erforderlich sind, sich also mit diesem decken müssen. Diese grundsätzliche Kongruenz des Ausbildungsberufsbildes mit dem Kern des Berufsbildes des Ausbildungsberufs, der im Bereich des Handwerks mit dem Ausübungsberuf im wesentlichen identisch ist[29], folgt im Hinblick auf den Beschäftigungsnachweis auch als ein Gebot aufgrund des Art. 12 I GG[30]. Berufsordnende Gesetze dürfen nach der Rechtsprechung auch im Berufsbildungsrecht zu dem angestrebten Zwecke nicht außer Verhältnis stehen[31]. Dies bedeutet, es dürfen nicht mehr Ausbildungsinhalte vorgegeben werden als für die Ausübung des Berufes notwendig sind[32]. Die HwO unterscheidet zwischen Ausbildungsberufsbild im Sinne der §§ 25 ff. HwO, des Meisterberufsbildes im Sinne der §§ 45 ff. HwO und des Berufsbildes im Sinne der Gewerbe, die gem. Anlage A und B der HwO als Handwerk betrieben werden können[33]. Das BBiG kennt solche weiterführenden Berufsbilder nicht, so dass sich die Ausbildungsinhalte zunächst nicht aus dem BBiG heraus auf daran anschließende Berufsbilder anknüpfen müssen.

Wie bei einer Berufsausbildung gem. § 1 II BBiG in einem nicht anerkannten Ausbildungsberuf müssen auch bei einem Vertragsverhältnis gem. § 19 BBiG die Parteien die Kenntnisse und Fertigkeiten festlegen, wie sich aus § 4 I Nr. 1 BBiG in Verbindung mit § 19 BBiG ergibt. Zu klären ist, ob die Trainingsinhalte der Förderverträge innerhalb der NLZ in dem vorgenannten Sinne berufliche Kenntnisse und Fertigkeiten sein können[34].

---

27 Siehe Gedon/Spiertz § 35 Rd. 14.

28 Leinemann/Taubert, § 35 Rd. 12 f.; Gedon/Spiertz, § 35 Rd. 13.

29 Rüth, GewArch 1992, 131; Honig, § 25 Rd. 9 und § 45 Rd. 1 ff.

30 Fröhler/Mörtel III, S. 201.

31 BVerfGE 7, 377 (406 f.); 13, 97 (117 f.).

32 Fröhler/Mörtel III, S. 202.

33 Rüth, GewArch 1992, 131; Honig, § 25 Rd. Rd. 9 und § 45 Rd. 1 ff.

34 Vgl. dazu auch Schennen, S. 195, der bei der Zulässigkeit von Ablösesummen kurz auf die Frage eingeht , ob Trainingsinhalte als Ausbildung bezeichnet werden können. Schennen verwendet zwar den Begriff „Ausbildung“, nimmt allerdings keine eigenständige Ausbil-

Fußballtraining hat zunächst zwei Aspekte zu berücksichtigen: einen pädagogisch-didaktischen Prozess und einen biologischen Reiz-Reaktionsprozess[35]. Im pädagogisch-didaktischem Sinne ist Training ein planmäßig gesteuerter Prozess der sportlichen Vervollkommnung, der unter Berücksichtigung theoretischer Kenntnisse (allgemeine und spezielle Trainingslehre, Biomechanik, Sportmedizin, Sportpsychologie, Sportsoziologie), unter Einbeziehung praktischer Erfahrungen und allen personellen, materiellen und gesellschaftlichen Voraussetzungen darauf abzielt, die Spiel- und Leistungsfähigkeit, sowie die Spiel- und Leistungsbereitschaft von Spieler und Mannschaft in optimaler Weise zu entwickeln[36]. Im Sinne eines biologischen Reiz-Reaktionsprozesses ist Training ein Prozess, bei dem durch systematische wiederholte, überschwellige Bezugsreize morphologische und funktionelle Anpassungserscheinungen erzielt werden[37].

Die so definierten Trainingsziele müssen nun auf die bekannten beruflichen Begriffe „Kenntnisse", „Fertigkeiten" und „Erfahrungen" übertragen werden. Es gibt drei Komponenten, die herauszustellen sind. Die technischen Fertigkeiten, die konditionellen Fähigkeiten und die taktische Handlungsfähigkeit eines Spielers sind die Grundelemente der komplexen Spielfähigkeit[38]. Technik und Taktik können folgendermaßen zugeordnet werden.

Technik ist das Idealmodell einer Bewegung bezogen auf die jeweilige Sportdisziplin und die Realisierung der angestrebten Idealbewegung, also das Lösungsverfahren zur Ausführung der optimalen Bewegungshandlung durch den Sportler[39]. Technik ist also das Verfahren zur Lösung sportlicher Aufgabenstellungen[40]. Techniken sollten im Training als idealtypische Bewegungsmuster durch vielfaches Wiederholen eingeschliffen werden, und die verbesserte Technik sollte in Spielformen geübt und variiert werden[41].

Aufgrund der obigen Definition kann man die Ergebnisse von Trainingsübungen zur Gestaltung und Verbesserung von Fußballtechniken als Fertigkeiten bezeichnen. Durch praktische Übungen wird die Geschicklichkeit des einzelnen

---

dungsmaßnahme an, sondern bezeichnet dies als notwendige Vorbereitung auf das Spiel und daher als Teil der arbeitsvertraglichen Verpflichtung.

35 Bauer, S. 19.

36 Bauer, S. 19.

37 Bauer, S. 19.

38 Bauer, S. 35, siehe auch Bisanz/ Gerisch, S. 46

39 Bauer, S. 37, so auch Bisanz/ Gerisch S. 147 ff.

40 Bauer, S. 37.

41 Siehe in diesem Sinne Bauer, S. 37.

Spielers erzeugt oder verbessert[42], damit dieser fußballerische Problemsituationen während des Spiels bewältigen kann.

Das zweite Grundelement betrifft die taktische Schulung des Spielers. Taktik ist das planmäßige, erfolgsorientierte, auf die eigene und gegnerische Leistungsfähigkeit und auf die äußeren Umstände abgestellte Verhalten von einzelnen Spielern, Spielgruppen und Mannschaften[43]. Im Fußball ist Taktik weiter ein verfügbarer Schatz an Erfahrungen und Kenntnissen von Spielsituationen und vom erfolgsversprechenden Einsatz der technischen, konditionellen und psychischen Mittel zur Lösung von Spielsituationen[44]. Ebenso ist Taktik ein Plan für einen praktischen Handlungsvollzug[45]. Der einzelne Spieler benötigt als Voraussetzung für richtiges taktisches Verhalten Spielintelligenz in Form von Kenntnissen, Spielgedächtnis, Kreativität, vorausschauendem Denken und geistige Anpassungs-, Umstellungs-, und Lernfähigkeit[46]. Um dieses Ziel zu erreichen, ist eine Ausbildung von motivitationalen und von emotionalen Fähigkeiten, die Ausbildung von intellektuellen Fähigkeiten und die praktische Ausbildung notwendig[47]. Die intellektuellen Fähigkeiten verlangen Kenntnisse, Konzentrationsfähigkeit, Spielgedächtnis, vorausschauendes Denkvermögen, planvolles Denken und Kreativität[48]. Kenntnisse umfassen Regeln, typische Spielsituationen und erfolgsversprechende Lösungsmöglichkeiten[49]. Eine Besonderheit liegt beim Fußball sicher darin, dass die zuvor beschriebenen theoretischen Kenntnisse über taktisches Verhalten zu einem größten Teil während der praktischen Betätigung im Rahmen des Trainings oder eines Übungsspiels vermittelt werden und nur zu einem kleineren Teil während eines rein theoretischen Unterrichts innerhalb eines geschlossenen Schulungsraums[50]. Dies ändert aber nichts daran, dass dennoch Kenntnisse vermittelt werden.

---

42 Siehe auch Definition von Giese Band 1, S. 1814: Giese stellt dabei vor allem auf den Übungseffekt bei dem Erwerb von Fertigkeiten ab.
43 Bauer, S. 85, siehe auch Bisanz, S. 196 ff.
44 Bauer, S. 85.
45 Bauer, S. 85.
46 Siehe bei Bauer, S. 87.
47 Bauer, S. 88.
48 Bauer, S. 88.
49 Bauer, S. 88.
50 Siehe Fragebogen Verein Frage 18, wonach 16 Vereine angaben, dass der Anteil des theoretischen Unterrichts zwischen 0 und 25 % liegt, ein Verein bezeichnete den Anteil mit 25 bis 50 %.

Nach der von Natzel oben angeführten Definition von beruflichen Kenntnissen können taktische Erklärungen in der Art verstanden werden, dass den Spielern erklärt wird, aus welchen Gründen von ihnen in der bestimmten Spielsituation ein taktisches Verhalten verlangt wird, welches dann von ihnen in Spielen mit Wettkampfcharakter selbständig umzusetzen ist. Das taktische Training ist damit dem gleichzusetzen, wenn Lehrlingen die hinter einer manuellen Tätigkeit stehenden Vorgänge bekannt gemacht werden. Es kann insgesamt davon gesprochen werden, dass hier berufliche Kenntnisse vermittelt werden.

Das dritte Grundelement betrifft die Kondition, hergeleitet von „conditio sine qua non“ (Bedingung, ohne die nichts geht). Kondition als Sammelbegriff für verschiedene unterschiedliche Fähigkeiten und Eigenschaften ist die Grundvoraussetzung für jegliche Art sportlicher Leistung[51]. In einer weiteren Begriffsfassung wird Kondition als Sammelbegriff für die physischen und psychischen Bedingungen für sportliche Leistungen benutzt[52]. Die spezielle Kondition des Fußballspielers ist eine Verbindung aus Kraft und Ausdauer, aus Kraft und Schnelligkeit, aus Kraft und Beweglichkeit oder aus Ausdauer und Schnelligkeit[53].

Das Grundelement der Kondition lässt sich nicht ohne weiteres auf einen bestimmten Bereich der Berufsbildung übertragen. Physische und psychische Bedingungen sind grundsätzlich Vorbedingungen für jede berufliche Tätigkeit. Allerdings sind spezielle Übungen und Lerninhalte zur Verbesserung der allgemeinen Voraussetzungen für eine Berufstätigkeit selten zu beobachten und werden damit dem einzelnen Berufstätigen oder Auszubildenden selber überlassen.

Auch der Begriff „Erfahrung“ wird im BBiG nicht definiert[54]. Erfahrung kann man allgemein als die bei praktischer Arbeit oder durch Wiederholen einer Sache gewonnene Kenntnis bezeichnen[55]. Der Erwerb von Erfahrungen setzt dabei nicht stets Berufserfahrung voraus[56]. Im Rahmen von § 1 II BBiG hat das

---

51 Bauer. S. 65, siehe auch Bisanz/ Gerisch, S. 73 ff.
52 Bauer, S. 65.
53 Bauer, S. 65.
54 Unterschieden werden muss die Verwendung der Begriffe „Berufserfahrung“ und „berufliche Erfahrungen“ im Sinne des BBiG von einer Begriffsverwendung zum Beispiel in der Richtlinie 92/51/EWG vom 18.06.1982 (Siehe bei Schieckel, Band 1, Europarecht, Nr. 7), wo mit Berufserfahrung die tatsächliche und regelmäßige Ausübung des betreffenden Berufes gemeint ist. Im BBiG geht es dagegen um Erfahrungen innerhalb der Ausbildung in Hinblick auf die Ergreifung des Berufes, aber noch nicht um die eigentliche Ausübung.
55 Duden, Band 2, S. 949.
56 VG Düsseldorf, EzB a. F. BBiG § 46 II Wirtschaftsinformatiker Nr. 1.

BVerwG den Begriff „Erfahrungen“ sehr weit aufgefasst und die Vermittlung der nötigen Berufserfahrungen verneint, wenn die Ausbildung neben dem Besuch einer allgemeinbildenden Schule durchgeführt wird[57]. Das BVerwG sagt, dass die Ausbildung bezüglich ihrer täglichen Dauer der regulären Arbeitszeit in einem Betrieb angepasst sein muss[58]. Ob eine so weitgehende Auffassung des Begriffs „Erfahrung“ auch für § 19 BBiG gilt, ist aus dem Wortlaut alleine nicht zu entnehmen. Anders dagegen die Ansicht des VG Düsseldorf[59], wonach Erfahrungen begrifflich nicht notwendigerweise in der beruflichen Praxis erworben werden müssen. Folgt man dieser Ansicht würden die Nachwuchsspieler berufliche Erfahrungen unabhängig von der Frage erwerben, ob man den Spielbetrieb der Nachwuchsspieler als zum Produktions- oder Dienstleistungsprozess dazu gehörig ansieht oder nicht.

Da es aufgrund der Formulierung des § 19 BBiG ausreicht, wenn Kenntnisse und Fertigkeiten vermittelt werden, bedarf es des Kriteriums „Erfahrungen“ nicht, um die Förderverträge unter den Wortlaut des § 19 BBiG zu subsumieren.

Im pädagogisch-didaktischem Sinne ist Training ein planmäßiger Prozess, der auch unter Einbeziehung praktischer Erfahrungen die Spiel- und Leistungsfähigkeit des einzelnen Spielers in optimaler Weise entwickeln soll[60]. Insbesondere die taktische Schulung basiert auch darauf, dass Spielsituationen vom Spieler gespeichert werden. Damit werden überdauernde Spiel- und Wettkampferfahrungen zu einem wichtigen Bestandteil des Spiel- und Leistungsvermögens des einzelnen Spielers[61]. Die Juniorenabteilung von Bayer Leverkusen nennt als Ziel ihres Konzepts, dass den Spielern sportliche Erfahrungen vermittelt werden[62]. Insgesamt dienen sowohl Trainingseinheiten als auch durchgeführte Wettkampfspiele dazu, den Spielern sportliche Erfahrungen zu vermitteln, indem sie mit unterschiedlichen Spielsituationen vertraut gemacht werden.

Die zuvor aufgeführte Vermittlung von fachlichen Fertigkeiten, Kenntnissen und Erfahrungen wird bei den Nachwuchsspielern von Bayer Leverkusen im Alter zwischen 15 und 18 Jahren mit folgenden schon oben erwähnten Trainings-

---

57 BVerwG, DVBl. 1982, 703 ff.; Frädrich, S. 64; siehe auch oben unter 4.5..
58 BVerwG, DVBl. 1982, 705.
59 VG Düsseldorf, EzB a. F. BBiG § 46 II Wirtschaftsinformatiker Nr. 1.
60 Bauer, S. 19.
61 Siehe in diesem Sinne, Bauer, S. 89
62 Siehe Präambel und Ziele der Juniorenabteilung von Bayer Leverkusen in „Informationen zum Juniorenkonzept von Bayer 04 Leverkusen“, Stand 2000, Seite 3 (Anlage 2).

schwerpunkten umgesetzt[63]: mannschaftstaktisches Verhalten (Pressing), Grundlagenausdauer, Automatisieren von Basistechniken unter stärkstem Gruppendruck, Schulung der Handlungsschnelligkeit und des Spieltempos, differenziertes Spezialtraining in kleinen Gruppen mit dem Schwerpunkt, die Positionstechnik zu fördern, Kräftigung mit Eigengewicht zur Unterstützung der natürlichen Kraftentwicklung speziell Rumpfmuskulatur, intensive Koordinations- und Schnelligkeitsschulung, Umsetzung der zuvor erworbenen Fähigkeiten auf höchstem Spieltempo, taktische, technische und mentale Vorbereitung auf den Übergang zum Seniorenbereich. Im Rahmen des Spielbetriebs soll die Schulung eines flexiblen taktischen Verhaltens durchgeführt werden. Die Vermittlung dieser Inhalte dient nicht nur dazu, den Erfolg der Juniorenmannschaft zu erhöhen, sondern vor allem dazu, den einzelnen Nachwuchsspieler fußballerisch zu fördern[64].

Zusammenfassend ist zu sagen, dass innerhalb des Trainings- und Spielbetriebs der NLZ fußballerische Kenntnisse, Fertigkeiten und Erfahrungen vermittelt werden, die auch unter die diesbezüglichen Begriffsdefinitionen der Berufsbildung zugeordnet werden können. Da diese Vermittlung auch in Hinblick auf eine spätere berufsmäßige Betätigung der Spieler erfolgt, kann davon gesprochen werden, dass nach dem Wortlaut des § 19 BBiG die Spieler im Rahmen ihrer Förderverträge berufliche Kenntnisse, Fertigkeiten und Erfahrungen erwerben.

Es wurde schon darauf hingewiesen, dass der Wortlaut des § 19 BBiG die Begriffe „Kenntnisse", „Fertigkeiten" sowie „Erfahrungen" mit dem Wort „oder" verbindet, also nach dem allgemeinen Sprachgebrauch nur einer dieser drei Begriffe zu bejahen wäre. Es stellt sich aber vor allem die Frage, welche Ausbildungsformen der Gesetzgeber bei der Regelung des § 19 BBiG vor Augen hat und welchen Umfang dabei die Vermittlung von beruflichen Kenntnissen, Fer-

---

63 Siehe Informationen zum Juniorenkonzept von Bayer 04 Leverkusen, S. 13, Kapitel 5.4. Förderung im Rahmen der Trainingsmaßnahmen - Leistungsbereich (Anlage 2).

64 Siehe Fragebogen Verein Frage 20: 12 Vereine gaben an, dass die Ausbildungsziele wichtiger seien als der Erfolg der Mannschaft, 5 Vereine stuften sie gleich wichtig ein, kein Verein gab an, dass der Erfolg der Mannschaft wichtiger sei als die Ausbildungsziele; siehe auch „Informationen zum Juniorenkonzept von Bayer 04 Leverkusen", Stand 2000, S. 2 und 3, Kapitel 1. Präambel und Ziele der Juniorenabteilung: Nr. 1 der Präambel: Optimale und individuell ausgerichtete Förderung der talentiertesten Juniorenspieler mit dem Ziel, Spieler für den Kader der Bayer 04 - Lizenzmannschaft auszubilden; Nr. 2 der Präambel: durch gezieltes Training und interessante Vergleichsspiele sollen alle Juniorenspieler individuell optimal gefördert werden. Ziel ist es, die Spieler an ihr persönliches Leistungsoptimum zu führen. (Anlage 2).

tigkeiten oder Erfahrungen haben muss. Diese Frage ist dann mit der historischen und systematischen Auslegung zu beantworten.

5.2.1.3. „Personen, die eingestellt werden"

§ 19 BBiG verweist in seinen Rechtsfolgen auch auf § 3 I BBiG, in welchem der Gesetzgeber einen Unterschied macht zwischen der Einstellung des Auszubildenden und der dann vorgeschriebenen Vertragsschließung. Eine besondere rechtliche Bedeutung ist dieser Unterscheidung allerdings nicht beizumessen[65]. Bei den Förderverträgen, die mit den Nachwuchsspielern geschlossen werden, sind zwei Fälle zu unterscheiden. Zum einen kann der Spieler mit dem Abschluss des Fördervertrages neu in den Verein eintreten. Dann gehen Eingliederung und Vertragsschluss einher. Dies entspricht den bekannten Fällen im Ausbildungsbereich. Es besteht aber zum anderen auch die Möglichkeit, dass ein Spieler, der in der Vergangenheit schon aufgrund einer Vereinsmitgliedschaft im Verein gespielt hat, nun einen Fördervertrag abschließt. Da die Parteien durch den Abschluss des Fördervertrages neue Rechte und Pflichten begründen, muss darin eine Zäsur gesehen werden, die im Sinne des § 19 BBiG einer Neueinstellung gleichsteht. Der Spieler wird damit vom Verein im Sinne des § 19 BBiG eingestellt.

5.2.1.4. „zu erwerben"

Im Unterschied zu § 1 II BBiG, in welchem die Rede davon ist, dass die Ausbildungsinhalte vermittelt werden, spricht der Wortlaut hier davon, dass die Ausbildungsinhalte erworben werden. Das Gesetz spricht auch in den §§ 46 und 47 BBiG, berufliche Fortbildung und Umschulung, davon, dass die Ausbildungsinhalte erworben werden. Die unterschiedliche Verwendung der Begriffe „erwerben" und „vermitteln" lässt sich aber zunächst aus der unterschiedlichen Satz-

65 Siehe Natzel, S. 139 und Natzel, RdA 1981, 158 ff., der darlegt, dass insbesondere aus den Gesetzesmaterialien kein Hinweis zu entnehmen ist, dass der Gesetzgeber hier eine Stellungnahme zu der Problematik Vertragstheorie oder Eingliederungstheorie vornehmen wollte. Im übrigen weist Natzel darauf hin, dass die Rechtsprechung der Vertragstheorie folgt, wonach ein Arbeitsverhältnis durch die Abgabe zweier Willenserklärungen begründet wird und nicht durch eine nicht notwendige rechtsgeschäftliche Willensübereinstimmung und eine anschließende Eingliederung in den Betrieb (Eingliederungstheorie); so auch MünchArbR/Richardi, § 42 ff. und Frädrich, S. 53, der der Meinung ist, dass zum einen der Theorienstreit obsolet geworden ist und, dass allerdings, entgegen Natzel, der Gesetzgeber zu Gunsten der Vertragstheorie Stellung nehmen wollte; vgl. zur h. M. bezüglich der Annahme der Vertragstheorie anstatt der Eingliederungstheorie bei Joussen, NZA 2002, 1778.

stellung begründen. Während das Gesetz in § 1 II BBiG von den Aufgaben spricht, die eine Berufsausbildung zu erfüllen hat, ist Ausgangspunkt der Satzstellung bei § 19 BBiG die Person, die bestimmte Ausbildungsinhalte erwirbt. Nicht völlig nach dem Wortlaut auszuschließen wäre der Ansatz, dass möglicherweise mit „erwerben“ darauf abgestellt wird, dass ein Schwerpunkt des Vertragsverhältnisses darin liegt, der Auszubildende bemüht sich mehr selber darum, in einem Dienstleistungs- oder Produktionsablauf, der die Vermittlung von Ausbildungsinhalten nicht berücksichtigt, Kenntnisse, Fertigkeiten oder Erfahrungen zu erwerben. Ein solches ist kennzeichnend für ein Praktikantenverhältnis, welches allgemein unter § 19 BBiG zugeordnet wird[66]. Allerdings wird der „Begriff „erwerben“ auch bei den §§ 46 und 47, berufliche Fortbildung und Umstellung, verwendet. Daher liegt eine Wortauslegung näher, die dem Wort „erwerben“ keine von den §§ 1 II, 46, 47 BBiG abweichende Regelungsbedeutung zukommen lässt, zumal den Gesetzesbegründungen kein Hinweis auf eine besondere Bedeutung des Wortes „erwerben“ zu entnehmen ist[67].

5.2.2. „kein Berufsausbildungsverhältnis“

Nach dem Wortlaut des § 19 BBiG darf kein Berufsausbildungsverhältnis im Sinne dieses Gesetzes vorliegen. Berufsausbildung im Sinne dieses Gesetzes ist nach der Legaldefinition des § 1 II BBiG eine Ausbildung, die in einem geordneten Ausbildungsgang sowohl eine breit angelegte berufliche Grundbildung, fachliche Fertigkeiten, fachliche Kenntnisse als auch die nötige Berufserfahrung vermittelt[68]. Unter 4. wurde aufgezeigt, dass die Förderverträge diese umfassen-

66 Siehe Schaub, § 16 IV, S. 92, der dem Arbeitgeber im Rahmen eines Praktikantenverhältnisses nur dazu verpflichtet, dem Praktikanten Gelegenheit zu geben, sich das erforderliche Wissen zu verschaffen. Ihn träfe keine Ausbildungspflicht, sondern lediglich die Verpflichtung betriebliche Informationen, die Personaleinweisung, Unterlagen und Materialien zu vermitteln. Allerdings weist Schaub ein solches Merkmal nur einem Praktikantenverhältnis zu, siehe das Fehlen eines entsprechenden Hinweises bei Schaub im Rahmen des Volontärverhältnisses (Schaub, § 16 III, S. 91); deshalb ist davon auszugehen, dass auch Schaub dem Wort „ erwerben“ im Rahmen des § 19 BBiG keine allgemeine Bedeutung zukommen lässt.

67 BT-Drucksache V/4260 zu § 19 und zu §§ 46 und 47.

68 Nicht zugestimmt werden kann Knopp/Kraegeloh, § 19 BBiG Rd. 1 und Schaub, § 175 I, S. 1466: dort heißt es, eine Berufsausbildung im Sinne des BBiG liege nur vor, wenn sie in einem anerkannten Ausbildungsberuf nach Maßgabe einer Ausbildungsordnung nach § 25 BBiG erfolge. Knopp/Kraegeloh und Schaub übersehen, dass es auch Berufsausbildungen gem. § 1 II BBiG gibt, die keine nach § 25 BBiG anerkannten Ausbildungsberufe sind; dementsprechend zutreffend verweist Götz, Rd. 391 im Rahmen des § 19 BBiG nur auf § 1 II BBiG und nicht auf § 25 BBiG; in diesem Sinne auch Jagenlauf, S. 1356 ff., der darauf hinweist, dass grundsätzlich in allen Berufen, nicht nur in anerkannten Ausbildungsberufen aus-

den Anforderungen nicht erfüllen. Ein Berufsausbildungsverhältnis im Sinne des § 1 II BBiG liegt damit nicht vor.

5.2.3. „kein Arbeitsverhältnis"

Im Folgenden soll nun geklärt werden, ob es sich bei den Förderverträgen nicht um ein Arbeitsverhältnis handelt, welches die Anwendung des § 19 BBiG nach seinem Wortlaut ausschließen würde[69]. Teilweise werden im Folgenden Ausführungen gemacht, die auch die systematische Auslegung und Stellung des § 19 BBiG innerhalb des BBiG und des Arbeitsrechts betreffen. Es dient aber der besseren Verständlichkeit, entsprechende Ausführungen schon an dieser Stelle im Rahmen der Wortauslegung einzubeziehen.

Die Nähe zu einem Arbeitsverhältnis zeigt sich bei einer ersten Betrachtung der Muster-Förderverträge des DFL im Vergleich zu den Muster-Lizenzspielerverträgen des DFL für Seniorenspieler. In beiden Verträgen verpflichten sich die Spieler gegen ein monatliches Entgelt den Fußballsport für den betreffenden Verein auszuüben[70]. Aufgrund der materiellen vertraglichen Festlegungen ist von einem arbeitsvertraglichen Charakter der Lizenzspielerverträge auszugehen[71]. Von daher läge es auch nahe, bei den Förderverträgen von einem Arbeitsvertrag auszugehen. An dieser Stelle muss ein Vergleich mit der rechtlichen Einordnung von Vertragsamateuren (jetzt Nicht-Amateur ohne Lizenz) gezogen werden. Unter Nr. 4 der Richtlinien für die Errichtung und Unter-

---

gebildet werden darf, sofern die Berufsausbildung den genannten Erfordernissen von § 1 II BBiG entspricht. Dieses Ergebnis stimmt auch mit den Begründungen zum BBiG überein, die nicht von anerkannten Ausbildungsberufen sprechen, sondern von Berufsausbildungen gem. § 1 II BBiG (BT-Drucksache V/4260, S. 5, zum zweiten Teil - Berufsausbildungsverhältnisse).

69 Fangmann, S. 984.

70 Siehe Muster-Lizenzspielervertrag DFL (Anlage 3): In § 1 wird das vorliegende Vertragsverhältnis als Arbeitsverhältnis bezeichnet. In § 2 werden die Pflichten des Spielers bestimmt, vor allem dass er an allen Trainingsmaßnahmen und an allen Spielen teilzunehmen hat. In § 4 wird als Hauptpflicht des Vereins die Zahlung einer monatlichen Vergütung vereinbart; siehe entsprechend Muster-Fördervertrag DFL (Anlage 1): In § 1 verpflichtet sich der Spieler den Fußballsport für den Verein auszuüben. In § 5 wird eine monatliche Vergütung durch den Verein vereinbart (Anlage 1).

71 H.M.: BAG, NJW 1980, 470; NJW 1986, 2904 f.; NJW 1996, 2388; NZA 2000, 771 ff.; Palandt/Putzo, Einf. v. § 611, Rd. 12; Erman/Hanau, § 611, Rd. 67; MünchArbR/Gitter, § 202, Rd. 15; Schaub, § 186, Rd. 98; Hager; S. 29; Eilers, S. 36, Imping, S. 49 ff., Arens/Scheffer; Rd. 158 ff.; PHBSportR/Fritzweiler 3/15; siehe Überblick zur Entwicklung des Profifußballers als Arbeitnehmer bei Bühler, S. 143 f.; siehe auch kritisch Fischer SpuRt 1997, 181.

haltung von NLZ der Teilnehmer der Lizenzligen wird geregelt, dass die Spieler mit Förderverträgen als Nicht-Amateur ohne Lizenz gelten. Die Vorschriften für Nicht-Amateure ohne Lizenz finden Anwendung[72]. Dementsprechend heißt es unter § 1 des Muster-Fördervertrages DFL, dass der Spieler sich verpflichtet, für den Verein/die Gesellschaft den Fußballsport als Nicht-Amateur ohne Lizenz im Sinne der §§ 15 bis 15 f) der Spielordnung DFL auszuüben[73]. Gem. § 8 Nr. 2 Spielordnung DFB ist Vertragsamateur, wer das Fußballspiel mit vertraglicher Bindung gegen Entgelt von wenigstens mindestens € 150,- monatlich ausübt[74]. Der Spieler muss zudem Mitglied des Vereins sein.[75] Diese Bezeichnungen sagen aber noch nichts darüber aus, ob ein solches Vertragsverhältnis als ein Arbeitsverhältnis einzustufen ist. Der DFB wollte mit der Einführung des Vertragsamateurs keine generelle Festlegung dahin gehend treffen, dass bei Vertragsamateuren immer von Arbeitnehmern auszugehen ist[76]. Dementsprechend geht auch die Rechtsprechung bei Vertragsamateuren nicht einheitlich von einem Arbeitsverhältnis aus[77].

Da also Vertragsverhältnisse für Nicht-Amateure ohne Lizenz (früher Vertragsamateure) Arbeitsverhältnisse sein können, ist es dementsprechend auch denkbar, dass die Förderverträge ebenfalls als Arbeitsverhältnisse einzustufen sind.

Im Gegensatz dazu steht, dass die fußballerische Betätigung junger Spieler für Spitzenvereine in der Sportpresse als Ausbildung bezeichnet wird[78]. Auch die Richtlinien des DFL für die Errichtung von NLZ für die Vereine sprechen von der Zielsetzung, dass die Qualität der Juniorenausbildung im Lizenzbereich und

72 Siehe Anhang Nr. 7 zur Lizenzspielerordnung DFL (www.bundesliga.de/intern/ ligastatu/).

73 Anlage 1.

74 www.dfb.de/dfb-info/interna/spielordnung; siehe zur Entwicklung des Status des Vertragsamateurs bei Eilers, S. 39 ff.

75 www.dfb.de/dfb-info/interna/spielordnung.

76 Eilers, S. 49; der DFB unterstützte daher die Revision eines Rechtsstreits zum BAG, um die Frage der Einordnung höchstrichterlich klären zu lassen. Nachdem das BAG, AP BGB § 611 Abhängigkeit Nr. 51, diesen Rechtsstreit nach Aufstellung allgemeiner Richtlinien zur Aufklärung offen stehender Fragen an die Vorinstanz zurück überwiesen hatte, wirkte der DFB auf eine Erledigung des Rechtsstreits hin.

77 Siehe im Einzelnen dazu unter 5.2.3.6.

78 Siehe zum Beispiel kicker vom 08.10.2001, Nr. 82, S. 10: hier wird davon gesprochen, dass der damals 15jährige Sammy Kuffour beim AC Turin ausgebildet wurde; siehe auch kicker vom 11.10.2001, Nr. 83: hier wird Rolf Rüssmann zitiert (ehemaliger Manager vom VFB Stuttgart), der deshalb Reinhold Franz als Trainer für die Amateurmannschaft des VFB Stuttgart verpflichtete, weil dieser wisse, wie die Ausbildung von jungen Spielern gehe.

oberen Amateurbereich optimiert werden soll[79]. In den FIFA-Regelungen heißt es in Art. 13: „Training und Ausbildung eines Spielers finden im Alter zwischen 12 und 23 Jahren statt.“[80] Ebenso spricht das Juniorenkonzept von Bayer Leverkusen davon, Ziel sei es, Juniorenspieler für den Lizenzspielerkader auszubilden[81]. Letztlich deutet auch die Überschrift „Fördervertrag“ eher auf ein Ausbildungs- als auf ein Arbeitsverhältnis hin. Nach dem allgemeinen Sprachgebrauch ist „ausbilden“ die Vermittlung von Kenntnissen und Fertigkeiten, wodurch auf einen bestimmten Beruf vorbereitet wird[82]. Oben wurde dargelegt, dass bei den Förderverträgen berufliche Kenntnisse und Fertigkeiten von den Spielern erworben werden.

Es ist also aufgrund einer ersten Betrachtung nicht zu entscheiden, ob bei den Förderverträgen letztlich ein Arbeitsverhältnis oder ein Ausbildungsverhältnis vorliegt. Dies erfordert im Folgenden eine nähere Untersuchung.

5.2.3.1. Abzugrenzende Vertragsverhältnisse

Zunächst sind die verschiedenen Vertragsverhältnisse voneinander abzugrenzen, die bei der Frage, ob ein Arbeitsverhältnis oder ein Ausbildungsverhältnis vorliegt, zu beachten sind. Insgesamt sind mittels folgender Skala vier verschiedene Vertragsverhältnisse anzuführen:

(1)	(2)	(3)	(4)
I------------------------	I------------------------	I------------------------	I
Berufsausbil- dungsverhältnis gem. § 1 II BBiG	Vertragsverhält- nis gem. § 19 BBiG	Arbeitsver hältnis	reines Arbeits- verhältnis

---

79 Siehe Anhang V LO DFL: Richtlinien für die Errichtung und Unterhaltung von Leistungszentren der Teilnehmer der Lizenzligen, Nr. 1 ((www.bundesliga.de/intern/ligastatu/).

80 www.dfb.de/dfb-info/interna/:FIFA-Reglement bzgl. Spielerstatus und Transfer von Spielern.

81 Siehe „Informationen zum Juniorenkonzept von Bayer 04 Leverkusen“, Stand 2000, S. 2: Präambel und Ziele der Juniorenabteilung: Nr. 1 (Anlage 2).

82 Duden, Band 1, S. 323.

Nimmt man obige Skala, so steht an dem einen Ende ein Berufsausbildungsverhältnis im Sinne von § 1 II BBiG (1). Am anderen Ende steht als Gegenstück ein reines Arbeitsverhältnis (4). Hier geht es nur darum, dass der Arbeitnehmer in abhängiger Beschäftigung Dienste gegen Vergütung leistet[83].

Es kommt aber nun im Berufsleben vor, dass ein Arbeitnehmer eingestellt wird, um berufliche Kenntnisse, Fertigkeiten und Erfahrungen zu sammeln[84]. Um berufliche Kenntnisse, Fertigkeiten und Erfahrungen zu erwerben, stehen den Vertragsparteien zwei Möglichkeiten zur Verfügung. Zum einen können die Parteien einen Arbeitsvertrag vereinbaren. Aus ihm ergeben sich die normalen Rechten und Pflichten eines Arbeitsverhältnisses, insbesondere hat der Arbeitnehmer Anspruch auf Vergütung[85]. Der Arbeitnehmer ist verpflichtet, wie in einem normalen Arbeitsverhältnis, Dienste zu erbringen. Bei der Bestimmung des Umfangs der zu erbringenden Dienste wird aber auf die Tatsache Rücksicht genommen, dass der Arbeitnehmer noch Kenntnisse, Fertigkeiten und Erfahrungen erwerben muss[86]. Im Vordergrund steht aber immer noch das Erbringen von Diensten für den Arbeitgeber. Deshalb ist dieses Vertragsverhältnis auch auf der Skala vor dem reinem Arbeitsverhältnis unter (3) angesiedelt. Die andere Möglichkeit ist, dass die Parteien einen so genannten besonderen Ausbildungsvertrag vereinbaren können (4), um dem Arbeitnehmer berufliche Kenntnisse, Fertigkeiten und Erfahrungen zu vermitteln. Dieser Vertrag wird teilweise als Vertrag suis generis[87] oder als ein Arbeitsvertrag bezeichnet. Er unterscheidet sich dann von dem zuvor angesprochenen Arbeitsverhältnis (3), da bei ihm der Ausbildungszweck im Vordergrund steht. Aus diesem Grund hat das BBiG ihn den für den Berufsausbildungsvertrag geltenden Regeln (§§ 3-18 BBiG) unterstellt[88].

Für die Beantwortung der Frage, ob § 19 BBiG anzuwenden ist oder nicht, ist nicht die Bezeichnung entscheidend, die im vereinbarten Vertragsverhältnis für die beschäftigte Person gewählt wird[89]. Entscheidend ist der Zweck der Tätig-

---

83 Siehe dazu auch Frädrich, S. 124, der Vertragsverhältnisse gem. § 19 BBiG als Arbeitsverhältnisse bezeichnet; ebenso Schmidt, S. 622; a. A. Natzel, S. 323.
84 Schaub § 175 I.
85 So Schaub § 175 II.
86 Siehe Schaub § 175 II, der anführt, dass in Tarifverträgen in solchen Fällen eine unterschiedliche Vergütung vorgesehen sein kann.
87 So die Bezeichnung von Knigge Rd. 5.
88 So auch Schaub § 175 III 1, im gleichen Sinne wohl auch Knigge Rd. 4, siehe auch Natzel S. 317, der die Unterscheidung trifft zwischen echtem und unechtem Voluntärverhältnis.
89 So BAG vom 18.12.1986, AZ.: 2 AZR 717/85, nicht amtlich veröffentlicht, II 2 und LArbG Kiel vom 27.02.2001, Bibliothek BAG, I 1 b).

keit. Überwiegt der Ausbildungszweck, ohne damit eine Berufsausbildung im Sinne des § 1 II BBiG zu sein, wird das Vertragsverhältnis von § 19 BBiG erfasst[90].

Als Schlussfolgerung aus dem Vorhergesagten wäre an dieser Stelle für die Förderverträge in den NLZ folgendes zu sagen: Liegt der Schwerpunkt des Vertrages auf dem Erbringen von fußballerischen Diensten für den Verein, wobei nur bei der Beurteilung der fußballerischen Leistung berücksichtigt wird, dass der Nachwuchsspieler noch lernen muss, dann liegt ein Arbeitsverhältnis vor. § 19 BBiG wäre nicht anwendbar. Könnte man aber sagen, dass die Vertragspartner den Ausbildungszweck des Nachwuchsspielers auf dem Weg zum Lizenzspieler in den Vordergrund und das Erbringen von fußballerischen Diensten, die einen unmittelbaren Nutzen für den Verein bringen, in den Hintergrund stellen, dann wäre § 19 BBiG zu bejahen.

Um eine Abgrenzung zwischen einem Arbeitsverhältnis und einem Ausbildungsverhältnis treffen zu können, muss versucht werden eine Grenzlinie zu ziehen. Diese Grenzlinie wird sicherlich fließend sein. Es müssen aber Kriterien gefunden werden, die jeweils für ein Arbeitsverhältnis oder für ein Ausbildungsverhältnis sprechen[91].

5.2.3.2. Einweisung, Einarbeitung und Anlernen

Bei der Klärung der Frage, wann ein Arbeitsverhältnis und wann ein Ausbildungsverhältnis vorliegt, gibt es verschiedene Begriffe, die in der berufsbildungsrechtlichen Literatur und Rechtsprechung in diesem Zusammenhang behandelt werden. In der Literatur hat sich vornehmlich Birk mit den Begriffen Einweisung, Einarbeitung und Anlernen auseinandergesetzt[92], der auch darauf hinweist, dass es in diesem Zusammenhang kaum vorhandene arbeitsrechtliche

---

90 Siehe LArbG Kiel vom 27.02.2001, Bibliothek BAG, I 1 b): das Gericht geht von einem Ausbildungsverhältnis gem. § 19 BBiG aus, wenn der Ausbildungsanteil die 50 % Grenze übersteigt; das BAG vom 18.12.1986, AZ.: 2 AZR 717/85, nicht amtlich veröffentlicht, II 2, stellt insgesamt auf den Charakter des Vertragsverhältnisses ab. Das BAG, AP Nr. 17 zu § 611 BGB Ausbildungsbeihilfe, I 2, stellt darauf ab, ob eine Ausbildungs- oder Arbeitsleistung im Vordergrund steht; ebenso Natzel, S. 315; siehe auch Knigge Rd. 4, der bei Überwiegen der Ausbildungsleistung dies dann als echtes Voluntärverhältnis auffasst.

91 Siehe auch ArbG Stuttgart, EzB a. F. JArbSchG § 9 Nr. 6, danach ist entscheidend, ob dem Rechtsverhältnis die geschuldete Arbeitsleistung oder der Ausbildungscharakter sein Gepräge gibt.

92 Birk, S. 311 ff..

Auseinandersetzungen mit diesem Thema gibt[93]. Im Anschluss an die Erläuterung dieser Begriffe und an die Prüfung der Frage, inwieweit sie für die Förderverträge der NLZ zu berücksichtigen sind, muss dann untersucht werden, nach welchen Kriterien sich die Förderverträge letztlich zu den verschiedenen Bereichen von Arbeitsverhältnis, Ausbildungsverhältnis oder Freizeitbereich zuordnen lassen. Die Frage ist, inwieweit man Anlernen innerhalb oder außerhalb eines Arbeitsverhältnisses abgrenzen kann. Dabei ist zu klären, in welchem Maße durch Arbeitsvertrag die Vermittlung beruflicher Qualifikationen und damit auch Aus- und Weiterbildung sowie Umschulung erfolgen kann[94]. Bei der Klärung der Frage, in welcher Form dem Bedürfnis nach beruflicher Qualifikation außerhalb eines Berufsausbildungsverhältnisses gem. § 1 II BBiG bzw. anerkannten Ausbildungsberufes gerecht werden kann, weist Birk darauf hin, dass in diesem Zusammenhang die bekannten Begriffe Anlernling, Praktikant und Volontär nicht ausreichen[95].

Es ist eine Unterscheidung zu treffen zwischen dem Erwerb einer rechtlich eigenständigen Qualifikation und dem einfachen Erlernen der für eine konkrete Arbeitsaufgabe erforderlichen Techniken und Kenntnisse[96]. Unterschieden werden kann zwischen drei Bereichen, in denen berufliche Kenntnisse und/oder Fertigkeiten erworben werden können: Einlernen, Anlernen und abgeschlossene Berufsausbildung[97]. Die Einordnung der Berufsausbildung bereitet sowohl in rechtlicher Hinsicht (§§ 1 II, 25 BBiG) und in tatsächlicher Hinsicht keine Probleme, insbesondere da sie von den Parteien in aller Regel in einem gesonderten Vertragsverhältnis geregelt wird. Im Übrigen müssen die Begriffe „Einlernen“ und „Anlernen“ geklärt werden[98].

Weder mit dem Einlernen noch mit dem Anlernen hat die Einweisung des Arbeitnehmers in seine Arbeitsaufgabe zu tun. Eingewiesen wird der Arbeitnehmer bei der Aufnahme seiner Arbeitstätigkeit. Dabei werden ihm keine besonderen Kenntnissen oder Fertigkeiten vermittelt, sondern der Arbeitnehmer wird lediglich mit betrieblichen Arbeitsabläufen vertraut gemacht, die für seinen Arbeits-

---

93 Birk, S. 311.
94 Birk, S. 312.
95 Birk, S. 313.
96 Birk, S. 313.
97 Birk, S. 314 f.
98 Daneben gibt es noch den Begriff des „Einfühlungsverhältnisses“; hierbei soll der Arbeitnehmer sich mit den betrieblichen Verhältnissen vertraut machen, ohne dass eine Arbeitspflicht besteht, MünchArbR/Richardi, § 44 Rd. 54 m. w. N.

platz notwendig sind[99], wie zum Beispiel die Bedienungsanweisung für eine Maschine[100].

Eine Abgrenzung des Begriffs des Einweisens und der beruflichen Bildung ist bei der Einordnung einer betrieblichen Maßnahme gem. § 81 I BetrVG notwendig[101]. Handelt es sich um eine Maßnahme nach § 81 I BetrVG ist sie mitbestimmungsfrei. Liegt aber eine Maßnahme der beruflichen Bildung im Sinne der §§ 96 ff. BetrVG vor, sind die Mitbestimmungsrechte des Betriebsrates, soweit vorhanden, zu berücksichtigen. Das BAG sieht als Berufsbildung die Maßnahmen an, die dem Arbeitnehmer gezielt Kenntnisse und Erfahrungen vermitteln, die ihn zur Ausübung einer bestimmten Tätigkeit erst befähigen, während sich Einweisungsmaßnahmen nur auf den Einsatz an einem konkreten Arbeitsplatz beziehen, für den die erforderlichen Erfahrungen und Kenntnisse bereits vorhanden sein müssen[102]. Dabei wird allgemein davon ausgegangen, dass eine gesetzliche Abgrenzung zwischen einer Maßnahme nach § 81 I BetrVG und einer Berufsbildungsmaßnahme zu ziehen ist[103]. Berufsbildungsmaßnahmen im Sinne der §§ 96 ff. BetrVG und keine Einweisungsmaßnahmen sind solche Veranstaltungen, durch die sich die Verwendungsbreite, die Arbeitsplatzsicherheit oder die Aufstiegschancen der Beschäftigten vergrößern, wobei jede Erweiterung der Einsatzmöglichkeiten von Beschäftigten auch ihre Verwendungsbreite vergrößert[104].

Auch bei der Problematik der Zulässigkeit der Vereinbarung von Rückzahlungsklauseln bei Fortbildungen innerhalb eines Arbeitsverhältnisses wird darauf abgestellt, ob die Ausbildungsmaßnahme des Arbeitgebers dem Arbeitnehmer eine wirtschaftliche, den Marktwert seiner Arbeitskraft erhöhende Ausbildung zugeflossen ist[105].

Das Einlernen geht über eine bloße Einweisung hinaus. Bei der Einarbeitung (= Einlernen[106]) wie beim Anlernen geht es um die Vermittlung und den Erwerb

---

99 Birk, S. 315.
100 Birk, S. 317
101 Siehe auch 7.5.
102 BAG, AP BetrVG 1972 § 98 Nr. 5; LAG Hamm, NZA-RR 2003, 543.
103 BAG, AP BetrVG 1972 § 98 Nr. 2; AP BetrVG 1972 § 98 Nr. 5; Fitting, § 96 Rd. 20; vgl. Hammer, S. 245 ff.; Alexander, S. 1057 ff.; Kraft, S. 457 ff.; a. A. Eich, S. 2154.
104 BAG, AP BetrVG 1972 § 98 Nr. 5.
105 BAG, AP BGB § 611 Ausbildungsbeihilfe Nr. 2, 3, 16, 18 und 20; LAG Düsseldorf, NZA-RR 2002, 292; Schaub, § 176 Rd. 18; ErfK/Preis, § 611 BGB Rd. 557.
106 Birk, S. 313 ff., der beide Begriffe im gleichen Sinne verwendet.

von zusätzlichen Kenntnissen und Fertigkeiten, über welche der Arbeitnehmer bei Aufnahme seiner Tätigkeit noch nicht verfügt[107]. Es geht um Kenntnisse und Fertigkeiten, die der Betreffende einerseits für eine Berufstätigkeit braucht, andererseits diese Kenntnisse und Fertigkeiten aber nicht besitzt. Einarbeitung bezieht sich in der Regel auf einen konkreten Arbeitsplatz und die dort anfallenden Arbeitsvorgänge, soweit sie zusätzliche Anforderungen gegenüber der Ausgangsqualifikation des dort tätigen Arbeitnehmers aufstellen[108]. Die Einarbeitung erfolgt am konkreten Arbeitsplatz und nicht in Lehrgängen, Kursen oder anderen von ihm losgelösten Veranstaltungen[109]. Die Teilnahme an einem werksinternen Kurs zur fachgerechten Bedienung eines Automaten gehört allerdings nach Birk in den Bereich der Einarbeitung, da die Loslösung vom konkreten Arbeitsplatz hier vor allem praktische Ursache haben wird, wenn mehrere Arbeitnehmer gleichzeitig eingelernt werden sollen[110].

Nicht eindeutig lässt sich die Frage einordnen, ob eine Maßnahme die von Birk als Einarbeiten verstanden wird, als Maßnahme der beruflichen Bildung anzusehen ist, oder ob es als Maßnahme nach § 81 I BetrVG zu gelten hat. Der Bezug auf den konkreten Arbeitsplatz spricht für eine Maßnahme nach § 81 I BetrVG. Sollte aber mit der Maßnahme eine Qualifikation des Arbeitnehmers erfolgen, die für seinen weiteren beruflichen Werdegang von Nutzen ist, wäre sie als Berufsbildungsmaßnahme einzuordnen.

Für das Vorliegen einer beruflichen Qualifikation in Form von Anlernen können unterschiedliche Punkte sprechen. Es handelt sich dabei um zeitliche Faktoren, ob die Vermittlung planmäßig bzw. systematisch erfolgt, ob Prüfungen abgelegt werden, ob Abschlusszeugnisse oder Bescheinigungen erstellt werden[111]. Es muss aber immer eine Gesamtbetrachtung angestellt werden. Festgelegte Kriterien, um ein Anlernen anzunehmen oder abzulehnen, gibt es dabei nicht.

Das BAG hat ein Anlernen abgelehnt, wenn der Anzulernende unmittelbar in der Produktion eingesetzt wird[112]. Das LAG Frankfurt/M stellt heraus, dass das Anlernen sowohl eine wesentlich intensivere Einschaltung des Arbeitnehmers

---

107 Birk, S. 316.
108 Birk, S. 317.
109 Birk, S. 317 f.
110 Nicht ganz klar an dieser Stelle Birk, S. 318, da er einerseits Kurse nicht am konkreten Arbeitsplatz nicht als Einarbeitung bezeichnet, siehe Birk, S. 317 f., andererseits aber hier einen werksinternen Kurs als Einarbeitung bezeichnet.
111 Birk, S. 316.
112 BAG, AP TVG § 1 Tarifverträge, Metallindustrie Nr. 51.

durch Probieren und Üben verlangt als auch eine längere zeitliche Beanspruchung[113]. Obwohl Anlernzeiten kürzer sein können als die anerkannten Ausbildungsberufe, bedeutet Anlernen gegenüber der normalen beruflichen Ausbildung nicht notwendig ein inhaltliches Minus, vielmehr übersteigt sie insbesondere im Bereich der beruflichen Fortbildung das Niveau der normalen Berufsausbildung[114]. Anlernen bedeutet nicht eine oberflächliche Art der Vermittlung und des Erwerbs beruflicher Qualifikation; im Bereich der fachlichen Weiter- oder Fortbildung gilt meistens genau das Gegenteil[115]. Für das Anlernen wesentlich kennzeichnend erscheinen deshalb, die zeitliche Beanspruchung, also die Dauer, eine verfahrensmäßige Ordnung des Anlernens und eine Abschlussbeurteilung der erworbenen Fachkenntnisse und Fertigkeiten[116]. Nicht wesentlich ist, dass es sich um arbeitsplatzabhängiges oder unabhängiges Anlernen handelt. Man wird allerdings im zweiten Fall stets von einem Anlernen und nicht von einer Einarbeitung sprechen können[117]. Bei einem arbeitsplatzabhängigen Qualifikationserwerb ist die Abgrenzung schwieriger und die Grenzen können hier fließend sein[118]. Als Beispiele für ein Anlernen können angeführt werden: so genannte Anlernwerkstätten nach der Reha-4-Stufen Methode (Vorbereiten, Vormachen, Nachmachen, Üben), Trainee- oder Assistenten-Programme für jüngere Führungskräfte[119]. Die rechtliche Einbindung des eigenständigen Anlernens erfolgt heute auf verschiedene Weisen. Es kommt vor allem darauf an, wann das Anlernen stattfindet: Es kann am Anfang oder erst in einem späteren Abschnitt des Arbeitsverhältnisses stehen. Die Phase des Anlernens lässt sich auch einem Arbeitsverhältnis vorschalten[120]. Im Einzelnen hängt die maßgebliche Gestaltung weitgehend davon ab, ob der Zweck des Anlernens im Erwerb einer Erstqualifikation besteht oder auf die Fortbildung (Anpassungs- und Zusatzqualifikation) oder auf die Umschulung (Zweitqualifikation) gerichtet ist[121]. Es ist darauf abzuheben, ob vorher eine Berufsausbildung, eine längere Berufstätigkeit oder keines von beiden vorliegt. Im Falle des Vorliegens einer Berufsausbildung oder längeren vorherigen Berufstätigkeit wird das Anlernen zu einer Fortbildung oder Umschulung, welches in BBiG gem. §§ 1 III, IV, 46, 47 BBiG geregelt wird.

---

113 LAG Frankfurt/M, DB 1960, S. 1011.
114 Birk, S. 318.
115 Birk, S. 318.
116 Birk, S. 318.
117 Birk, S. 318.
118 Birk, S. 318; vgl. auch Hammer, S. 245 ff.; Alexander, S. 1057 ff.; Kraft, S. 457 ff.; Eich, S. 2154 ff.
119 Birk, S. 319.
120 Birk, S. 320.
121 Birk, S. 320.

Ohne vorige Berufsausbildung oder Berufstätigkeit bleibt es bei der begrifflichen Umschreibung „Anlernen" und dann fällt es unter den Regelungsbereich des § 19 BBiG. Wenn ein besonderes Rechtsverhältnis vereinbart wird, ohne dass die Arbeitsleistung zum hauptsächlichen Gegenstand gemacht wird, und das Anlernen weitgehend unabhängig erfolgt, ist von einem befristeten Ausbildungsverhältnis im Sinne von § 19 BBiG auszugehen[122]. Bei einem arbeitsplatzabhängigen Anlernen, in dem mindestens gleichberechtigt eine Verpflichtung zur Arbeitsleistung besteht, ist die Anlernphase nur ein integrierter Bestandteil eines Arbeitsverhältnisses[123]. § 19 BBiG wäre dann nicht anwendbar.

5.2.3.3. Förderverträge der NLZ als Einweisung, Einarbeitung oder Anlernen

Die Abgrenzung Einarbeitung und Anlernen bedeutet für die Förderverträge der NLZ folgendes: Es liegt hier noch keine Berufsausbildung oder Berufstätigkeit vor, daher handelt es sich nicht um einen Fall des Anlernens im Wege einer Zusatz- oder Anpassungsqualifikation oder um eine Zweitqualifikation. Eine berufliche Fortbildung oder berufliche Umschulung gem. §§ 1 II, IV, 46, 47 BBiG kommt daher nicht in Betracht. Da die Förderverträge am Anfang des jugendlichen Berufslebens stehen, stellt sich zunächst die Frage, ob diese „Anlernphase" am Anfang eines Arbeitsverhältnisses steht oder einem solchen vorangestellt ist.

Bei den bisher verwendeten Muster-Förderverträgen der DFL wird von einem „3+2 Modell" ausgegangen. Die Vertragslaufzeit beträgt gem. § 6 Nr. 2 drei Jahre.[124] Gem. § 6 Nr. 3 besteht nach den drei Jahren für beide Parteien eine Option, die Vertragslaufzeit um weitere zwei Jahre zu verlängern.[125] Das Ziel der Förderverträge ist es, Spieler für den Lizenzbereich zu gewinnen, d. h. mit diesen Spielern einen Arbeitsvertrag abzuschließen. Der Lizenzspielervertrag zwischen Verein und Spieler ist aber ein vom Fördervertrag gesonderter Arbeitsvertrag. Aus diesem Grund muss der Fördervertrag zunächst einmal getrennt von dem Arbeitsvertrag als Lizenzspieler betrachtet werden. Es kommt daher keine Einordnung als Einweisung im Sinne des § 81 I BetrVG in Betracht, da hier ein gesondertes Vertragsverhältnis vorliegt. Die in einem Fördervertrag beabsichtigte Vermittlung bezieht sich auf die Hoffnung der Vertragsparteien später einen Ver-

122 So BAG vom 18.12.1986, AZ.: 2 AZR 717/85, nicht amtlich veröffentlicht, II 2; LArbG Kiel vom 27.02.2001, Bibliothek BAG, I 1 b) und Birk, S. 320.
123 Birk, S. 320; Schaub, § 175 II.
124 Anlage 1.
125 Anlage 1.

trag als Lizenzspieler abschließen zu können. Daher ist die Bildungsmaßnahmen innerhalb eines Fördervertrages nicht als arbeitsplatzbezogen anzusehen, da nicht bezogen auf den jetzigen Arbeitsplatz ausgebildet wird, sondern auf einen möglichen Arbeitsplatz in einem Lizenzspielerkader eines Bundesligavereins.

Soweit sich die Pflichten der Vertragsparteien innerhalb der Vertragslaufzeit des Fördervertrages nicht ändern, muss ein Fördervertrag entweder insgesamt als Ausbildungsverhältnis oder als Arbeitsverhältnis betrachtet werden.

5.2.3.4. Abgrenzung zwischen Arbeits- und Ausbildungsverhältnis

Der Zweck eines Ausbildungsverhältnisses wird in § 3 I BBiG, der gem. § 19 BBiG auch für andere Vertragsverhältnisse gilt, beschrieben. Ein solches wird abgeschlossen zur Berufsausbildung eines anderen und nicht zum Zwecke der Leistung abhängiger Arbeit[126]. Da § 3 BBiG auch über § 19 BBiG gilt sind die dazu entwickelten Grundsätze heranzuziehen. Die Ausbildungsleistung wird im primären Interesse des Auszubildenden erbracht, nämlich zur Qualifikation seiner Arbeitskraft, die der Arbeitgeber nach Abschluss der Ausbildung wiederum für seine ökonomischen Zwecke innerhalb eines Arbeitsverhältnisses ausnutzt[127]. Eine scharfe Trennung zwischen eigenem Nutzen und fremdem Nutzen ist aber nicht möglich[128]. Das Berufsausbildungsverhältnis muss auf eine bestimmte Dauer eingegangen werden (§ 4 I Nr. 2 BBiG). Der sachliche Grund für die Befristung liegt darin, dass die Ausbildung nicht beliebig lang dauern darf, sondern innerhalb eines bestimmten Zeitraums beendet sein muss[129]. Allerdings gibt es auch Möglichkeiten ein Arbeitsverhältnis zu befristen[130], so dass die Abgrenzung zwischen Arbeits- und Ausbildungsverhältnis an diesem formalen Kriterium nicht erfolgen kann. Der rechtliche Charakter eines Berufsausbildungsverhältnisses ist noch nicht abschließend geklärt. In früheren Entscheidungen hat die Rechtsprechung zunächst die Frage offen gelassen[131], um dann in späteren

---

126 Siehe Natzel, S. 128.

127 Fangmann, S. 984.

128 So auch Fangmann, S. 984.

129 Frädrich, S. 55.

130 Siehe BAG, AP BGB § 620 Befristeter Arbeitsvertrag Nr. 34, 38, 40, 46, 50, 56, 61, 63; siehe dazu Schaub, § 39: eine Befristung wurde dann für unwirksam gehalten, wenn Kündigungsschutzbestimmungen umgangen werden sollen und für einen verständigen und verantwortungsbewussten Vertragspartner kein sachlicher Grund für eine Befristung vorhanden ist; siehe jetzt zu den Möglichkeiten einer Befristung eines Arbeitsvertrages: § 14 TzBfG.

131 BAG, AP § 611 BGB Ausbildungsverhältnis Nr. 1 und 2.

Entscheidungen von einem Arbeitsverhältnis auszugehen[132]. Später hat das BAG dann gesagt, dass die Frage nicht einheitlich beantwortet werden kann, sondern dass in Hinblick auf die jeweilige Rechtsfrage und den Zweck des Gesetzes, um dessen Anwendung es auf den Auszubildenden geht, zu entscheiden ist[133]. In der Literatur wird weiter sowohl von einem Arbeitsverhältnis[134] als auch von einem Berufsausbildungsverhältnis bzw. Erziehungsverhältnis ausgegangen[135]. Das Arbeitsverhältnis wird in Rechtswissenschaft und Rechtsprechung dem Wesen nach als privatrechtliches Dienstverhältnis mit der Besonderheit umschrieben, dass ein Arbeitnehmer zur Leistung unselbständiger d. h. vom Arbeitgeber jeweils näher zu bestimmender Arbeit verpflichtet ist[136]. Arbeitnehmer ist, wer auf Grund eines privatrechtlichen Vertrages im Dienste eines anderen zur Leistung weisungsgebundener, fremdbestimmter Arbeit in persönlicher Abhängigkeit verpflichtet ist[137]. Dabei ist das wesentliche Merkmal eines Arbeitsverhältnisses, dass der Arbeitnehmer in der Hauptsache zur Arbeitsleistung verpflichtet ist und, dass Arbeit und Lohn im Gegenseitigkeitsverhältnis stehen[138]. Die Arbeitsleistung ist dadurch definiert, dass sie vorwiegend zum Nutzen des Arbeitgebers dient[139]. Für die Ausnutzung der Arbeitsleistung erhält der Arbeitnehmer das Entgelt[140]. Der Arbeitsvertrag ist wie der Dienstvertrag auf den Austausch von Leistung und Vergütung gerichtet. Er ist ein Austauschvertrag dessen Hauptleistungspflichten im Synallagma stehen[141]. Ein Arbeitsverhältnis muss insbesondere drei Elemente aufweisen können: Vertrag, Abhängigkeit und Arbeit[142]. Anhand dieser drei Elemente soll untersucht werden, worin sich ein Arbeitsverhältnis von einem Ausbildungsverhältnis unterscheidet, um weiter zu sehen, wo der Schwerpunkt bei den Förderverträgen liegt.

---

132 BAG, AP BAT § 3 Nr. 3; AP BGB § 611 Lehrlingsverhältnis Nr. 26; BVerwG, AP MSchG § 9 Nr. 32.

133 BAG, AP SchwbG § 18 Nr. 11.

134 Zöllner/Loritz, S. 302; Schaub § 16 Rd. 5, siehe auch ausführlich Frädrich, S. 59 ff., der das Berufsausbildungsverhältnis allerdings als untypisches Arbeitsverhältnis bezeichnet.

135 MünchArbR/Natzel, § 177 Rd. 145 f. m. w. N.; Leinemann/Taubert, § 3 Rd. 6; Schröder, S. 4; siehe auch bei Frädrich, S. 33 m. w. N..

136 Siehe allgemein: Schaub § 8 Rd.1; MünchArbR/Richardi, § 24 jeweils m.w.N.

137 Siehe zuletzt: BAG, NZA 2002, 1412; NZA 2000, 385.

138 BAG NZA 2002, 1412; Fangmann S. 984.

139 Fangmann, S. 984.

140 Fangmann, S. 984.

141 ErfK/Preis, § 611 Rd. 4.

142 Schaub, § 8 Rd. 10 ff.; MünchArbR/Richardi, § 24 Rd. 22 ff.; ErfK/Preis, § 611 Rd. 44 ff.; Imping, S. 47.

5.2.3.5. Vertrag

Sowohl bei einem Arbeitsverhältnis als auch bei einem Ausbildungsverhältnis erfolgt die Einstellung aufgrund von zwei übereinstimmenden Willenserklärungen[143]. Der geschlossene Vertrag über die zu erbringenden Dienste ist Ausgangspunkt der Prüfung[144]. Durch die Voraussetzung eines privatrechtlichen Vertrages soll klargestellt werden, dass der Arbeitnehmer sich freiwillig in den Dienst eines anderen begeben hat und andererseits auch der Arbeitgeber den Willen zur Beschäftigung haben muss[145]. Dabei stellt sich zunächst die Frage, ob die Parteien durch eine Bezeichnung des Vertrages selber entscheiden können, ob hier ein Ausbildungsvertrag oder ein Arbeitsvertrag vorliegt. Nur dann, wenn nach den objektiven Gegebenheiten beide Vertragsverhältnisse in Betracht kommen, bleibt es grundsätzlich den Parteien überlassen, welche Rechtsform sie wählen[146]. Allerdings entzieht sich die Frage, wie die getroffenen Abreden rechtlich zu qualifizieren sind, der Entscheidung der Parteien[147]. Die Zuordnung erfolgt nach objektiv-rechtlichen Kriterien[148]. Die Rechtsformwahl ist umso eingeschränkter, je mehr der jeweilige Vertragstyp von zwingenden Rechtsregeln geprägt ist[149]. Zum Schutz von Auszubildenden ist es nach § 18 BBiG verboten, von Vorschriften des Zweiten Abschnittes (§§ 3-18 BBiG) zuungunsten der Auszubildenden abzuweichen[150]. Es ist daher bei einem Rechtsverhältnis zu prüfen, ob nicht in Wirklichkeit zwischen den Parteien ein Ausbildungsverhältnis vereinbart wurde und damit die §§ 3-18 BBiG zwingend anzuwenden sind.

Bei den NLZ wird zwischen dem Verein und dem Spieler ein Fördervertrag geschlossen, der die Rechte und Pflichten der Vertragsparteien festlegt. Ein Unterschied ist darin zu sehen, dass daneben der Spieler gem. § 8 Nr. 2 Spielordnung DFB noch Mitglied des Vereins werden muss.[151] Inwieweit dieser Tatsache Bedeutung zukommt ist unten bei der Prüfung der nächsten Elemente eines Arbeitsvertrages zu prüfen. Eine Bezeichnung als Arbeitsvertrag findet nicht statt,

143 Siehe oben unter 5.2.1.3. zum Streit zwischen Eingliederungstheorie oder Vertragstheorie bei Begründung eines Ausbildungsverhältnisses.
144 ErfK/Preis, § 611 Rd. 46.
145 Schaub, § 8 Rd. 13.
146 Vgl. BAG, AP BGB § 611 Abhängigkeit Nr. 6 , 12 und 53; MünchArbR/Richardi, § 24 Rd. 61; ErfK/Preis, § 611 Rd. 49.
147 ErfK/Preis, § 611 Rd. 50.
148 BAG, AP HGB § 92 Nr. 5; ErfK/Preis, § 611 Rd. 50; MünchArbR/Richardi, § 24 Rd. 63.
149 ErfK/Preis, § 611 R. 53.
150 Statt vieler: Leinemann/Taubert, § 18 Rd. 1.
151 www.dfb.de/dfb-info/interna/spielordnung.

so dass die Parteien von sich aus noch keine eindeutige Rechtsform gewählt haben. Im Übrigen ist an dieser Stelle herauszustellen, dass es den Parteien dann überlassen bleibt, durch eine Verschiebung der Vertragsinhalte, entweder die Arbeitsleistung oder Ausbildungsleistung in den Vordergrund zu stellen.

Aufgrund des Kriteriums „Vertrag" kann aber noch keine Zuordnung der Förderverträge zu einem Arbeitsverhältnis oder einem Ausbildungsverhältnis getroffen werden.

5.2.3.6. Abhängigkeit

Dem Kriterium der Abhängigkeit kommt in der Praxis vor allem bei der Abgrenzung zwischen einem Arbeitsverhältnis und einem freien Dienstverhältnis eine starke Bedeutung zu[152]. In einer Gesamtbetrachtung sind neben materiellen Indizien wie Weisungsgebundenheit, Eingliederung in die betriebliche Organisation, Unterordnung unter einen fremden Produktionsablauf, zeitliche und örtliche Bindung[153] sowie Arbeitskontrolle auch formale Aspekte wie Bezeichnung oder steuer- und sozialversicherungsrechtliche Behandlung zu berücksichtigen[154]. Diese Merkmale müssen dabei im Einzelfall nicht sämtlich für die Arbeitnehmereigenschaft sprechen[155].

Bei einem Lizenzspielervertrag wird angenommen, dass das Weisungsrecht des Vereins dem Direktionsrecht eines Arbeitgebers entspricht[156]. Der Verein bestimmt Ort, Zeit und Art und Weise der zu leistenden Dienste. Im Training und bei der Teilnahme an Wettkampfspielen hat der Spieler die Anordnungen des Trainers zu befolgen[157]. Im DFL Mustervertrag für Lizenzspieler wird in § 1 das Vertragsverhältnis als Arbeitsverhältnis bezeichnet.[158] In § 4 werden die Bezüge des Spielers als Bruttobezüge bezeichnet.[159] Für die Abführung von Steuern und Sozialleistungen sollen die gesetzlichen Bestimmungen gelten. In § 6 wird der Jahresurlaub des Spielers geregelt.[160] Aufgrund einer Gesamtbetrachtung wird

152 BAG, AP BGB § 611 Abhängigkeit Nr. 73; AP BGB § 611 Lehrer, Dozenten Nr. 133.
153 BAG, AP BGB § 611 Abhängigkeit Nr. 26, 73 und 74.
154 Imping, S. 50; siehe auch ausführlich für das Arbeitsrecht Schaub, § 8 Rd. 17 ff. und MünchArbR/Richardi, § 24 Rd. 22 ff.
155 In diesem Sinne BAG, AP BGB § 611 Abhängigkeit Nr. 59.
156 Imping; S. 51.
157 Imping, S. 51, vgl. auch BAG, AP BGB § 611 Abhängigkeit Nr. 26, 73 und 74.
158 Anlage 3.
159 Anlage 3.
160 Anlage 3.

zurzeit überwiegend bei Lizenzspielern von einem Arbeitsvertrag ausgegangen[161]. Bei den Muster-Förderverträgen erfolgt keine ausdrückliche Bezeichnung des Vertrages als Arbeitsvertrag seitens der Parteien[162]. In § 4 wird geregelt, dass im Falle des Bestehens eines Urlaubsanspruchs, dieser 24 Tage betragen solle. Die Bezüge des Spielers werden in § 5 als Bruttobezüge bezeichnet. Für die Abführung von Steuern und Sozialleistungen sollen die jeweiligen gesetzlichen Bestimmungen gelten. Eine genaue Bestimmung der Pflichten des Spielers zur Teilnahme am Training und an den Wettkampfspielen erfolgt im Muster-Fördervertrag nicht. In § 1 Nr. 3 des DFB Mustervertrages für Nicht-Amateure ohne Lizenz ist geregelt, dass der Spieler an allen Spielen und Lehrgängen, am Training und allen sonstigen Veranstaltungen des Vereins teilzunehmen hat.[163]

Die Annahme eines Arbeitsverhältnisses scheitert grundsätzlich auch nicht in den Fällen, in denen der Spieler als Haupttätigkeit eine Schule besucht oder eine Berufsausbildung absolviert[164]. Für die Arbeitnehmereigenschaft ist keine Voraussetzung, dass die Arbeit berufsmäßig ausgeübt wird[165]. Der Arbeitnehmereigenschaft steht nicht entgegen, dass die Arbeitsleistung nur nebenberuflich erbracht wird[166] Da eine andere Tätigkeit bei Lizenzspielern nicht die Statusbeurteilung ändert[167], hat dies auch hier zu gelten. Ein Arbeitsverhältnis könnte deshalb nicht vorliegen, weil hier ein Vertragsverhältnis als Nicht- Amateur ohne Lizenz (früher Vertragsamateur) vereinbart wird. Durch die Einführung des Sta-

161 H.M.: BAG, NJW 1980, 470; BAG, NJW 1986, 2904 f.; BAG, NJW 1996, 2388; BAG, NZA 2000, 771 ff.; Palandt/Putzo, Einf. V. § 611, Rd. 12; Erman/Hanau, § 611, Rd. 67; MünchArbR/Gitter, § 202, Rd. 15; Schaub, § 186, Rd. 98; Hager; S. 29; Eilers, S. 36, Imping, S. 49 ff., Arens/Scheffer; Rd. 158ff.; PHBSportR/Fritzweiler 3/15; siehe Überblick zur Entwicklung des Profifußballers als Arbeitnehmer bei Bühler, S. 143 f.; siehe auch kritisch Fischer SpuRt, 1997, 181.

162 Lediglich in § 2 Nr. 1 wird das Wort „Arbeitsverhältnis“ bei der Regelung der Persönlichkeitsrechte verwendet. Allerdings ist dabei zu beachten, dass der Passus aus dem Muster-Lizenzvertrag übernommen wurde, so dass damit keine Qualifizierung gewollt sein dürfte. (Anlage 1).

163 Siehe www.dfb.de/dfb-info/pinnwand: Nichtamateur ohne Lizenz/ Muster-Vertrag für Nichtamateure ohne Lizenz (NaoL).

164 Siehe Fragebogen Nachwuchsspieler Frage 7.

165 Vgl. LAG Baden-Württemberg, BB 66, 208; MünchArbR/Richardi, § 24 Rd. 74; Schaub, § 43 Rd. 1.

166 BAG, AP BGB § 611 Fleischbeschauer-Dienstverhältnis Nr. 4; AP BGB § 611 Lehrer, Dozenten Nr. 10; AP BGB § 611 Abhängigkeit Nr. 18, 59, 60, 73 und 79; AP BGB § 611 Lehrer, Dozenten Nr. 122.

167 BAG, NJW 1980, 470; Hager, S. 29.

tus Vertragsamateur wollte der DFB auf die Tatsache reagieren, dass Spieler in allen Spielklassen auf vertraglicher Grundlage den Fußballsport gegen ein über dem Aufwendungsersatz liegendes Entgelt ausüben[168]. Der DFB wollte aber damit keine generelle Festlegung dahin gehend treffen, dass bei Vertragsamateuren immer von Arbeitnehmern auszugehen ist[169].

Das BAG hat 1990 ebenfalls festgestellt, dass bei einem Vertragsamateur nicht generell von einem Arbeitnehmerstatus auszugehen ist, da auch Vereinssatzungen eine umfassende Verpflichtung zur Teilnahme am Spiel- und Trainingsbetrieb sowie Mannschaftsbesprechungen enthalten können[170]. Andererseits schließe umgekehrt die Mitgliedschaft in einem Verein das Bestehen weiterer und für den Status bedeutsamer vertraglich begründeter Rechte und Pflichten der Mitglieder gegenüber dem Verein nicht von vorne herein aus[171]. Dann ist darauf abzustellen, ob die vereins- oder die vertragsbedingte Abhängigkeit den Vertrag und seine Abwicklung präge[172].

Grundsätzlich ist immer zu prüfen, ob der zum Dienst verpflichtete die Arbeitsleistung aufgrund eines Arbeitsvertrages erbringt oder aufgrund einer bestehenden vereinsrechtlichen Pflicht, die ihm als Mitglied des Vereins aufgrund der bestehenden Satzung des Vereins auferlegt wird[173]. Der Mitgliedsbeitrag kann in der Leistung von Diensten bestehen[174]. Die Begründung vereinrechtlicher Arbeitspflichten darf allerdings nicht gegen §§ 134, 138 BGB verstoßen und damit

---

168 Eilers, S. 39 ff.

169 Eilers, S. 49; der DFB unterstützte daher die Revision eines Rechtsstreits zum BAG, um die Frage der Einordnung höchstrichterlich klären zu lassen. Nachdem das BAG, AP Nr. 51 zu § 611 BGB Abhängigkeit, diesen Rechtsstreit nach Aufstellung allgemeiner Richtlinien zur Aufklärung offen stehender Fragen an die Vorinstanz zurück überwiesen hatte, wirkte der DFL auf eine Erledigung des Rechtsstreits hin.

170 BAG, AP BGB § 611 Abhängigkeit Nr. 51.

171 BAG, AP BGB § 611 Abhängigkeit Nr. 51; vgl. aber auch die Rechtsprechung zu Ordensangehörigen und Rot-Kreuz-Schwestern (BAG AP GG Art. 9 Nr. 26; AP GG Art. 140 Nr. 2 und AP ArbGG 1953 § 5 Nr. 1; AP BetrVG § 5 Rotes Kreuz Nr. 1 und 2 und AP ArbGG 1979 § 5 Nr. 22.

172 BAG, AP BGB § 611 Abhängigkeit Nr. 51; siehe auch nachfolgende Beschlüsse des ArbG Siegburg, SpuRt 2000, 118 f. und LAG Rheinland Pfalz, SpuRt 2000, 119 f., in denen aufgrund einer Einzelfallbetrachtung bei Vertragsamateuren nicht von einer Arbeitnehmereigenschaft ausgegangen wird; dagegen hat das FG Bremen, SpuRt 2000, 34 ff., eine Arbeitnehmereigenschaft eines Vertragsamateurs bejaht.

173 Vgl. BAG, NZA 2002, 1412 ; AP ArbGG 1953 § 5 Nr. 1; AP ArbGG 1979 § 5 Nr. 22; AP BetrVG 1972 § 5 Rotes Kreuz Nr. 1 und 2; MünchArbR/Richardi, § 24 Rd. 94.

174 BAG, NZA 2002, 1412.

zwingende arbeitsrechtliche Schutzbestimmungen umgehen[175]. Allerdings können sowohl Vereinsmitglieder, die ihren Mitgliedsbeitrag in Form von Dienstleistungen für den Verein erbringen, als auch Arbeitnehmer ihre Dienste in persönlicher Abhängigkeit leisten[176]. Es sind vielmehr dann in einer Gesamtbetrachtung die gegenseitigen Pflichten und die daraus resultierende Nähe zu einem Arbeitsverhältnis zu betrachten[177].

Es ist im Rahmen der Abhängigkeit vor allem auf zwei Kriterien abzustellen. Zum einen ist entscheidend, ob der Grad der Abhängigkeit der Spieler sich in der Art äußert, dass er Fehlzeiten wegen seiner vertraglichen Verpflichtung besonders rechtfertigen muss und der Verein bei einem diesbezüglichen Fehlverhalten vertragliche Konsequenzen, wie zum Beispiel Kürzung der Vergütung, vornimmt[178]. In einer Gesamtbetrachtung ist zu schauen, ob die vertrags- oder die vereinsbedingte persönliche Abhängigkeit den Vertrag und seine Abwicklung regeln[179]. Darüber hinaus kommt es darauf an, ob der Verein eine betriebliche Organisation aufweist, die die meisten Amateurvereine mangels hauptamtlicher Beschäftigter und verwaltungstechnischer Organisation nach Ansicht Impings nicht besitzen[180]. Lizenzvereine weisen dagegen eine solche notwendige betriebliche Organisation auf[181]. Auch Arens/Scheffer stellen auf die Eingliederung in eine betriebliche Organisation ab, sehen aber eine solche schon durch die Organisation des Trainings und des Spielbetriebes als gegeben an[182].

Der Nachwuchsspieler ist in die betriebliche Organisation des NLZ seines Vereins eingebunden[183]. Sogar die weitgehende Forderung von Imping nach einer professionellen betrieblichen Organisation ist zu bejahen. Die NLZ sind zum einen den Bundesligavereinen zugeordnet[184], die eine weitgehende ökonomische und professionelle Betriebsorganisation aufweisen[185]. Darüber hinaus wird auch für die NLZ selber eine Organisation vorgeschrieben. Die Vereine müssen Ra-

175 BAG, NZA 2002, 1412.
176 BAG, NZA 2002, 1412, NZA 1995, 823.
177 Vgl. so insbesondere BAG, NZA 2002, 1412.
178 Imping, S. 168 ff., Hager, S. 30; Arens/Scheffer, Rd. 74, Walker, S. 63.
179 So auch Hager, S. 29.
180 Imping, S 164.
181 Imping, S 164.
182 Arens/Scheffer, Rd. 74.
183 Siehe zur Eingebundenheit von Auszubildenden in den Betrieb des Ausbilders bei Frädrich, S. 101.
184 Siehe Fragebogen Verein Fragen 1-3.
185 Siehe unter 6.2.2.

senplätze und andere Bedingungen für das Trainingsgelände erfüllen. Dann müssen drei hauptamtliche Trainer, ein hauptamtlicher Physiotherapeut und ein hauptamtlicher Diplomsportlehrer neben anderen Teilzeitkräften für das NLZ eingestellt werden. Es muss ein hauptamtlicher Leiter des NLZ bestellt werden[186]. Damit sind die Nachwuchsspieler in eine betriebliche Organisation eingebunden. Die vom BAG geforderte Einzelfallbetrachtung müsste bei den Förderverträgen dahin gehend durchgeführt werden, wie die Abwicklung des Fördervertrages im Hinblick auf die jeweils geltende Vereinssatzung und die übrigen Spieler, die als reine Amateure den Fußballsport ausüben, erfolgt[187].

Es spricht aber viel dafür, dass ein Verein, der bei einem Fördervertrag ein monatliches Entgelt bezahlt, in stärkerem Maße auf die Einhaltung der Trainings- und Spielzeiten achtet als dies bei einem reinen Vereinsmitglied der Fall ist. Das Einbehalten der Vergütung bei unentschuldigten Fehlzeiten wird dabei von den Vereinen als Sanktion wohl wie bei anderen Arbeitgebern in Betracht gezogen werden.

Schaut man sich aber den bestehenden Muster-Fördervertrag an, fällt ein Punkt auf, der mit rein vereinsrechtlicher Bindung an den Verein nicht in Einklang zu bringen ist. Der Spieler wird für einen Zeitraum von mindestens drei Jahren an den Verein gebunden[188]. Dies widerspricht § 39 II BGB, wonach Kündigungsfristen für Vereinsmitglieder unabdingbar nicht länger als zwei Jahre betragen dürfen. Dadurch soll die Freiwilligkeit der Vereinsmitgliedschaft belegt werden[189]. Dem § 39 BGB kommt eine große Bedeutung zu und ist Ausdruck der verfassungsrechtlich gewährten Vereinigungs- und Koalitionsfreiheit gem. Art. 9 I und III GG[190]. Das jederzeitige Austrittsrecht soll durch einen mittelbaren Druck eine gewisse Loyalität der Vereinsleitung den Mitgliedern gegenüber erzeugen[191]. Wenn aber mit Nachwuchsspielern ein Vertrag mit dreijähriger Laufzeit abgeschlossen wird, dann hebt sich dies auf jeden Fall von den Kündigungsfristen ab, die für Vereinssatzungen rechtlich zulässig sind. Damit unterscheiden

---

186 Siehe im gesamten zu den Voraussetzungen für die NLZ in Richtlinien für die Errichtung und Unterhaltung von Leistungszentren der Teilnehmer der Lizenzligen als Anhang V zur Lizenzordnung DFL Nr. 3 (www.bundesliga.de/intern/ligastatu/).

187 So das BAG, AP BGB § 611 Abhängigkeit Nr. 51, dass als Indiz für eine einheitliche Statusbeurteilung die unterschiedlose praktische Handhabung zwischen Vertragsamateuren und reinen Amateuren angesehen wird.

188 Siehe § 6 Muster-Fördervertrag DFL (Anlage 1).

189 Bär, S. 174; Reichert, Rd. 664 ff.

190 BVerfGE 10, 89 (102); BVerfG, NJW 1979, 699 (706).

191 Heckelmann, S. 35.

sich in diesem wichtigen Punkt die Rechte und Pflichten des Nachwuchsspielers als Vertragsamateur gegenüber reinen Amateuren im Verein. Eine solche Pflicht ergibt sich nur aus dem gesondert abgeschlossenen Vertrag. Dies spricht entscheidend gegen eine Verpflichtung auf rein vereinsrechtlicher Grundlage[192]. Im Sinne des BAG ist auch davon auszugehen, dass diese Bindungsdauer das Vertragsverhältnis prägt, weil es die freie Entscheidung des Spielers, den Fußballsport anderweitig auszuüben, einschränkt. Es führt zu einer Abhängigkeit des Spielers vom Verein, die über die eines reinen Amateurs hinausgeht.

Wenn man nun aufgrund der zuvor aufgeführten Richtlinien bei den Förderverträgen zu dem Schluss kommt, dass im Einzelfall aufgrund der konkreten praktischen Handhabung das Kriterium der persönlichen Handhabung im Rahmen eines Arbeitsverhältnisses zu bejahen ist, dann kann zwar an dieser Stelle eine reine Freizeitbeschäftigung ausgeschlossen werden[193]. Es ist aber dann noch keine Entscheidung darüber getroffen, ob ein Arbeitsverhältnis oder ein Ausbildungsverhältnis vorliegt. Es ist nämlich zu prüfen, ob im Rahmen der Abhängigkeit nicht sowohl bei einem Arbeitsverhältnis als auch bei einem Ausbildungsverhältnis ähnliche Elemente der Abhängigkeit vorherrschen und die Abgrenzung zwischen Arbeitsverhältnis und Ausbildungsverhältnis dann vielmehr im Rahmen des Kriteriums „Arbeit“ zu treffen ist.

Da es an dieser Stelle um die Voraussetzungen des § 19 BBiG geht, ist zu schauen, inwieweit das Kriterium der Abhängigkeit bei Praktikanten und Volontären gegeben ist, für die in der Literatur und der Rechtsprechung die Anwendung des § 19 BBiG übereinstimmend angenommen wird.

In dem Vertragsmuster von Scherer für Praktikanten wird in Nr. 4 die tägliche Einsatzzeit vereinbart[194]. Gem. Nr. 6 e) hat der Praktikant bei Fernbleiben die Firma unter Angabe des Grundes unverzüglich zu benachrichtigen und im Falle einer Erkrankung bis zum 3. Tag eine ärztliche Bescheinigung vorzulegen[195]. Gem. Nr. 6 f) ist die tägliche Einsatzzeit einzuhalten. Schmidt weist darauf hin, dass der Ausbildende dem Praktikanten Urlaub zu gewähren hat[196]. Weiter habe

192 So auch Hager, S. 30, siehe auch bei Walker, S. 61, der sagt, dass alleine die langfristige Vertragsbindung nicht ausreicht, ein Arbeitsverhältnis zu bejahen.

193 Siehe auch bei Walker, S. 61, der das Kriterium der arbeitnehmertypischen Weisungsgebundenheit für die Frage heranzieht, ob bei sporttreibenden Kindern eine Beschäftigung im Sinne des § 1 JArbSchG vorliegt.

194 Scherer, S. 285.

195 Scherer, S. 285.

196 Schmidt, S. 315.

sich der Praktikant als Arbeitnehmer in die bestehende Betriebsordnung einzugliedern. Dazu gehöre, dass er pünktlich ist und die allgemeinen Regeln des menschlichen Zusammenlebens in dem relativ engen Rahmen des Betriebsgeschehens beachtet[197]. Der Auszubildende habe weiter die Weisungen zu befolgen, die im Rahmen seiner Berufsausbildung vom Ausbildenden, dem Ausbilder oder von anderen weisungsberechtigten Personen erteilt werden[198]. Natzel weist zwar auf das unterschiedliche Weisungsrecht eines Ausbildenden im Vergleich zu einem Arbeitgeber hin, welches sich bei einem Ausbildungsverhältnis innerhalb des Ausbildungsvertrages mit dem vereinbarten Ausbildungsziel bewegen muss[199]. Dagegen richtet sich das Weisungsrecht des Arbeitgebers nach der vereinbarten Tätigkeit im Arbeitsvertrag. Grundsätzlich besteht aber in beiden Bereichen ein umfassendes Weisungsrecht. Ebenso ist der Praktikant in gleicher Weise in die Betriebsorganisation eingebunden, wie dies ein Arbeitnehmer ist[200].

Auch bei einem Berufsausbildungsvertrag bei dem die §§ 3-18 BBiG direkte Anwendung finden, liegt eine persönliche Abhängigkeit vor. Der Auszubildende ist vom Ausbildenden persönlich abhängig, er ist weisungsgebunden hinsichtlich Art, Ort und Zeit der zu erbringenden Leistungen[201]. Im BBiG kommt dies ausdrücklich durch die Vorschriften der §§ 6 II und 9 I Nr. 3 BBiG zum Ausdruck, wonach dem Ausbildenden ein Weisungsrecht und dem Auszubildenden eine Gehorsamspflicht zukommt[202]. Die Dispositionsbefugnis des Ausbildenden besteht auch bei einer Ausbildung in betrieblichen Lehrwerkstätten. Im Falle externer Ausbildungsmaßnahmen wird sie vorübergehend auf den jeweiligen Träger übertragen[203]. Die Weisungsgebundenheit des Auszubildenden geht wegen § 6 I Nr. 5 BBiG über die des Arbeitnehmers gegenüber seinem Arbeitgeber hinaus[204].

---

197 Schmidt, S. 316.
198 Schmidt, S. 316.
199 Natzel, S. 129.
200 Ergänzend ist darauf hinzuweisen, dass im weiteren Verlauf dieser Untersuchung noch die Frage behandelt werden muss, ob die Ausgestaltung eines Ausbildungsverhältnisses als abhängiges, weisungsgebundenes Beschäftigungsverhältnis gerade als Rechtsfolge der Anwendung des § 19 BBiG zu sehen ist, siehe dazu im einzelnen unten unter 6.2.5.
201 Frädrich, S. 100.
202 So auch Frädrich, S. 87; vgl. auch Leinmann/Taubert, § 6 Rd. 54 und § 9 Rd. 14 f..
203 Frädrich, S. 100.
204 Leinemann/Taubert, § 9 Rd. 14; Gedon/Spiertz, § 9 Rd. 18; Götz, Rd. 181; Wohlgemuth, § 9 Rd.11.

Im Ergebnis ist festzuhalten, dass im Rahmen des Kriteriums der Abhängigkeit keine grundlegenden Unterschiede zwischen einem Arbeitsverhältnis und einem Ausbildungsverhältnis als Praktikant bestehen. Dementsprechend spricht eine vergleichbare Abhängigkeit der Spieler mit einem Fördervertrag und der Spieler mit einem Lizenzspielervertrag oder einem arbeitsrechtlichen Vertrag als Vertragsamateur noch nicht für die Annahme eines Arbeitsverhältnis und für einen gleichzeitigen Ausschluss eines Ausbildungsvertrages nach § 19 BBiG. Eine Abgrenzung muss daher mittels des folgenden Kriteriums „Arbeit" gefunden werden.

5.2.3.7. Arbeit

5.2.3.7.1. Einführung

Das Kriterium „Arbeit" spielt in der arbeitsrechtlichen Praxis bei der Frage, ob ein Arbeitsverhältnis vorliegt, zumeist nur ein geringe Rolle, da bei den meisten Beschäftigungen von der allgemeinen Anschauung aus nicht in Frage gestellt wird, dass es sich bei den versprochenen Diensten um Arbeit handeln kann. In § 611 II BGB ist klargestellt, dass zugesagte Dienste, Dienste jeder Art sein können. Zöllner weist dementsprechend darauf hin, dass letztlich kein erlaubtes und den guten Sitten entsprechendes menschliches Verhalten denkbar sei, das nicht Gegenstand einer Arbeitsverpflichtung sein könnte[205].

Bei einem Arbeitsverhältnis muss der Arbeitnehmer zur „Arbeit" verpflichtet sein. Arbeit ist im wirtschaftlichen Sinne zu verstehen. Es ist jede Betätigung oder jedes Verhalten, das zur Befriedigung eines Bedürfnisses dient und im Wirtschaftsleben als Arbeit qualifiziert wird[206]. Bei der Qualifizierung, ist nicht von der Bezeichnung, sondern vom Inhalt des Rechtsverhältnisses auszugehen[207].

5.2.3.7.2. Fußball als „Arbeit"

Die Erscheinung, dass Tätigkeiten für den einen Hobby, für den anderen Arbeit darstellen, ist nicht auf den Bereich des Sports beschränkt, sondern zeigt sich in etwa auch in dem Bereich künstlerischer und wissenschaftlicher Betätigung, im

205 Zöllner/Loritz, S. 42; so auch Dieckmann, S. 26.
206 Schaub, § 8 Rd. 10.
207 RGZ 108, 369 (371); BGHZ 75, 299 (301); Bickel, S. 37; ErfK/Preis, § 611 Rd. 52.

Naturschutz und selbst im Handwerk[208]. Dennoch stellte sich am Anfang bei den Lizenzspielern die Frage, wieso Sportausübung, die vom größten Teil der Bevölkerung als Freizeitbetätigung zur Erholung wahrgenommen wird, bei einigen wenigen Menschen plötzlich Arbeit sein könnte[209].

Grundsätzlich wird nicht als Arbeit die spielerische oder sportliche Betätigung zum Selbstzweck angesehen[210]. Die Entscheidung, dass Fußballspielen als Lizenzspieler als Arbeit zu qualifizieren ist, ist an zwei Punkten festzumachen. Diese zwei Punkte beziehen sich auf die Zweckbestimmung, die die beiden Vertragsparteien mit dem Abschluss des Vertrages beabsichtigen. Dem Spieler dient der Vertrag zum Zwecke des Erwerbs des Lebensunterhalts[211]. Diese beabsichtigte Schaffung einer Erwerbsquelle zur Deckung des Lebensunterhalts steht beim Spieler vor dem Zweck einer Freizeitbetätigung zur Erholung[212]. Dies ändert sich auch nicht unter der Berücksichtigung, dass jeder Lizenzspieler Freude am Fußballspiel hat[213]. Auch bei vielen anderen Berufen steht am Anfang der Berufsentscheidung das Interesse und die Freude an einer bestimmten Betätigung.

Als zweiter Aspekt wird gesagt, dass der Spieler die Bedürfnisse des Vertragspartners befriedigt[214]. Imping spricht allerdings davon, dass der Spieler in erster Linie die Bedürfnisse des Vertragspartners befriedigt. Dies ist insofern zweifelhaft, da der Spieler wohl in erster Linie sein eigenes Bedürfnis nach Gelderwerb befriedigen möchte. Dies ist aber letztlich nur deshalb möglich, weil er damit gleichfalls ein Bedürfnis des Vertragspartners befriedigt. Letztlich hängt die Zweckerreichung für beide Vertragspartner davon ab, ob auch das Bedürfnis des anderen befriedigt wird[215]. Wenn also Imping davon spricht, dass das sportliche Zuverfügungstellen der eigenen sportlichen Fähigkeiten für einen anderen schwerer wiegt als das Eigeninteresse an der Tätigkeit, ist dies wohl so zu verstehen, dass mit Eigeninteresse Hobby und Spaß an der Tätigkeit gleichzusetzen

208 Arens/Scheffer, Rd. 175.
209 Arens/Scheffer, Rd. 172 m.w.N.
210 Schaub, § 8 Rd. 11.
211 BSGE 16, 100.
212 So auch Imping, S. 49.
213 Imping, S. 49.
214 So Imping, S. 49; ebenso Schaub, § 8 Rd. 11.
215 Dabei wird bei einem Arbeitsverhältnis durch den Arbeitnehmer nicht unmittelbar ein Geldbedürfnis des Arbeitgebers befriedigt, da dann der Arbeitnehmer nicht Dienstnehmer, sondern Dienstgeber wäre, wie zum Beispiel in der kommerziellen Freizeitwirtschaft, wenn der Freizeitsuchende gegen Entgelt ein Freizeitangebot wahrnimmt.

ist. Aufgrund dieser gegenseitigen Zweckbefriedigung ist es zutreffend, dass allgemein von Arbeit ausgegangen wird, wenn Lizenzspieler zur Schaffung einer Erwerbsgrundlage ihre fußballerischen Fähigkeiten als Dienste einem Verein gegen Entgelt als Lizenzspieler zur Verfügung stellen[216]. Diese Abgrenzungskriterien haben mit der Einführung des Spielerstatus „Vertragsamateur (jetzt Nicht-Amateur ohne Lizenz") gem. § 8 Nr. 2 Spielordnung DFB[217] wieder an Bedeutung gewonnen. Hier ist es nun wieder fraglich, wann von einem Arbeitsverhältnis und wann von einer Freizeitbeschäftigung auszugehen ist. Imping weist darauf hin, dass es Aufgabe des sportrechtlichen Schrifttums sei, geeignete Kriterien herauszuarbeiten, die eine hinreichende Statusbeurteilung ermöglichen[218]. Auch in diesem Rahmen spielt dann die Zwecksetzung der Parteien eine Rolle. Es ist herauszuarbeiten, welche Ziele die Vertragsparteien bezwecken und ob diese mit denen eines Lizenzspielers übereinstimmen. Entsprechend dem zuvor Gesagten ist auch bei der Abgrenzung innerhalb des § 19 BBiG danach zu schauen, welchen Zweck das Vertragsverhältnis erreichen soll[219]. Ebenfalls ist nach den Hauptpflichten des Vertragsverhältnisses zu schauen[220].

5.2.3.7.3. Zweckrichtung und Hauptpflichten bei einem Arbeitsverhältnis und bei einem Ausbildungsverhältnis

Festgestellt wurde, dass bei einem Arbeitsverhältnis der Arbeitnehmer zur Arbeit verpflichtet ist. Weiter wurde gesagt, dass nach h. M. Fußballspielen als Arbeit angesehen werden kann, wenn sich der Spieler verpflichtet, das Fußballspielen gegen Bezahlung in der vorgegebenen Vereinsstruktur und für den Verein zu betreiben.

Der Arbeitsvertrag ist wie der Oberbegriff des Dienstvertrages[221] auf Austausch von Leistung und Gegenleistung gerichtet. Er ist ein Austauschvertrag, dessen

---

216 H.M.: NJW 1980, 470; NJW 1986, 2904 f.; NJW 1996, 2388; NZA 2000, 771 ff.; Palandt/Putzo, Einf. V. § 611, Rd. 12; Ermann/Hanau, § 611, Rd. 67; MünchArb/Gitter, § 202, Rd. 15; Schaub, § 186, Rd. 98; Hager; S. 29; Eilers, S. 36, Imping, S. 49 ff., Arens/Scheffer, Rd.158ff.; PHBSportR/Fritzweiler 3/15; siehe Überblick zur Entwicklung des Profifußballers als Arbeitnehmer bei Bühler, S. 143 f.; siehe auch kritisch Fischer SpuRt 1997, 181.

217 www.dfb.de/dfb-info/interna/spielordnung.

218 Imping, S.166.

219 Siehe so auch BAG vom 18.12.1986 (nicht amtlich veröffentlicht) II 2; NJW-RR 1994, 116; Ramm, § 72 16 a).

220 Bickel, S. 37.

221 Schaub, § 36 Rd. 1.

Hauptleistungspflichten im Synallagma stehen[222]. Im Gegensatz zu einem Werkvertrag schuldet der Arbeitnehmer allerdings keinen Erfolg, sondern lediglich seine Dienste[223]. Im Sportbereich ist die Sportleistung im Sinne von Leistung einer sportlichen Tätigkeit Gegenstand der rechtlichen Verpflichtung des Arbeitnehmers beim Arbeitsvertrag als Fußballer[224]. Verpflichtet sich der Sportler zu einer Sportleistung gegen Entgelt, also mit dem Zweck, dass er diese Leistung erbringt, um dafür eine Vergütung zu erhalten, so ist dies ein gegenseitiger Austauschvertrag[225]. Daraus ergibt sich, dass bei dem Arbeitsverhältnis eines Fußballers die fußballerische Leistung und die Vergütung sich in einem Gegenseitigkeitsverhältnis befinden. Würden auch bei einem Fördervertrag dieselben Hauptleistungspflichten im Gegenseitigkeitsverhältnis stehen, wäre auch hier ein Arbeitsverhältnis anzunehmen.

Allerdings ist auch bei einem Ausbildungsverhältnis auf das die §§ 3-18 anzuwenden sind, vom Ausbildenden die gem. § 9 I Nr. 1 BBiG aufgetragenen Verrichtungen auszuführen. Zwar verwendet der Gesetzgeber hierbei nicht den Begriff der „ Arbeit", trotzdem wird allgemein, die gesetzliche Regelungen so verstanden, dass der Auszubildende im Rahmen seiner Ausbildung zur Verrichtung von Arbeit verpflichtet ist[226]. Bickel weist aber zu Recht daraufhin, dass die von einem Auszubildenden geschuldete Leistung mit der vom Arbeitnehmer geschuldeten Leistung nach dem äußeren Ablauf identisch sein kann[227]. Beim Arbeitnehmer ist es Erfüllung seiner Hauptleistungspflicht, beim Auszubildenden die Erfüllung seiner Pflicht aus § 9 I Nr. 1 BBiG[228]. Bei den hier zu untersuchenden Förderverträgen verpflichten sich sowohl der Lizenzspieler als auch der

222 ErfK/Preis, § 611 Rd. 4; Bickel, S. 37 f.; Leinemann/Taubert, § 3 Rd. 6.; kritisch dazu Schröder, S. 14, der den Ausbildungsvertrag als unvollkommenen zweiseitigen Vertrag bezeichnet, u. a. weil man nicht sagen kann, der Auszubildende lernt, um ausgebildet zu werden, das Bemühen des Auszubildenden ist vielmehr eine als Obliegenheit ausgestaltete Mitwirkungspflicht des Auszubildenden (S. 15 ff.).

223 Schaub, § 36 Rd. 18; ErfK/Preis, § 611 Rd. 17; MünchArbR/Richardi, § 6 Rd. 7.

224 PHBSportR/Fritzweiler, 3/8; siehe auch Schaub, § 186 Rd. 1 ff..

225 PHBSportR/Fritzweiler, 3/13 m. w. N.

226 Ausführlich Frädrich, S. 60 ff.; Leinmann/Taubert, § 9 Rd. 7; anders Schröder, S. 11 ff., der den Begriff der Arbeit vermeidet und nur von Verrichtungen spricht; siehe auch Bickel, S. 37 ff.; siehe ebenso MünchArbR/Richardi, § 28 Rd. 24 und Schaub, § 16 Rd. 5, die den Ausbildungsvertrag als echten Arbeitsvertrag bzw. den Auszubildenden als Arbeitnehmer bezeichnen.

227 Bickel, S.44, mit dem Beispiel, dass in einer Autowerkstatt sowohl der Arbeitnehmer als auch der Auszubildende damit beauftragt werden kann, einen Motor zu reparieren.

228 Siehe Bickel, S. 44; Schröder, S. 13.

Nachwuchsspieler, den Fußballsport für den Verein auszuüben[229]. Beide bestreiten dann Pflichtspiele für ihren jeweiligen Verein und nehmen am Training teil. Die Frage, ob dennoch bei den Förderverträgen von einem Ausbildungsverhältnis auszugehen ist, hat sich danach zu richten, welche weiteren Pflichten für die Vertragsparteien in einem Ausbildungsverhältnis nach §§ 3-18 BBiG der Gesetzgeber voraussetzt und ob diese hier von den Parteien (Verein bzw. Spieler) ebenfalls vereinbart und gewollt sind.

Die Hauptpflichten der Parteien eines Ausbildungsverhältnisses sind mit denen eines Arbeitsvertrages nicht vergleichbar. Die Hauptpflicht eines Auszubildenden besteht nicht darin, Arbeitsleistungen zu erbringen, sondern sich ausbilden zu lassen[230]. Die Hauptpflicht des Ausbildenden besteht darin, dem Auszubildenden Kenntnisse und Fertigkeiten zu vermitteln, die zum Erreichen des Ausbildungszieles erforderlich sind (§ 6 I Nr.1 BBiG)[231]. Die Pflicht, die Ausbildungsvergütung zu zahlen, ist keine Hauptpflicht und steht mit der Erbringung einer Arbeitsleistung nicht im Gegenseitigkeitsverhältnis[232]. Der Auszubildende erbringt also keine Arbeitsleistung, sondern eine Ausbildungsleistung[233]. Gegenstand des Ausbildungsverhältnisses ist nicht die Erbringung von Arbeitsleistungen und deren Vergütung sondern der Erwerb von Fähigkeiten und Kenntnissen, um in einem späteren Arbeitsverhältnis Arbeit leisten zu können[234]. Bei den Förderverträgen würde dies der angesprochenen Zweckrichtung des Vertrages entsprechen, Lizenzspieler aus Sicht des Auszubildenden zu werden oder Lizenzspieler aus Sicht der Vereine zu erhalten. Die Durchführung der Ausbildung muss unter dem Gesichtspunkt erfolgen, dass das vereinbarte (bei anerkannten Ausbildungsberufen das sich gem. § 25 II BBiG aus der Ausbildungsordnung ergebende) Ausbildungsziel erreicht wird[235]. Auf der anderen Seite steht die Pflicht des Auszubildenden sich zu bemühen, die Fertigkeiten und Kenntnisse zu erwerben, die erforderlich sind, um das Ausbildungsziel zu erreichen[236]. Wie schon ausgeführt ist der Auszubildende im Rahmen des § 9 Nr. 1 BBiG zur Arbeit verpflichtet. Der wirtschaftliche Wert kann aber je nach Ausbildungsstand

---

229 Siehe Mustervertrag der DFL für Lizenzspieler und Muster –Fördervertrag der DFL (Anlage 1).
230 Leinemann/Taubert, § 3 Rd. 6.
231 Leinemann/Taubert, § 3 Rd. 6 ; Schröder, S. 4.
232 Leinemann/Taubert, § 3 Rd. 6; MünchArbR/Natzel, § 177 Rd. 176; Schröder, S. 5; siehe noch einmal ausführlich unten unter 5.2.3.8.6.
233 MünchArbR/Natzel, § 177 Rd. 178.
234 Leinemann/Taubert, § 3 Rd. 6.
235 So auch Schröder, S. 4 und Frädrich, S. 57.
236 Schröder, S. 4. und Frädrich, S. 57.

und Alter sehr verschieden sein[237]. Entscheidend ist aber vielmehr, dass der Verzicht auf die Leistung grundsätzlich durch die Leistung eines anderen oder einer Maschine ersetzt werden müsste[238]. Aufgrund der Tatsache, dass die Vereine nunmehr zur Errichtung von NLZ verpflichtet sind, müssten sie auch den Ausfall durch einen anderen Spieler ersetzen. Dies zeigt, dass das Erfordernis für den Verein, auf die sportliche Leistung des Spielers angewiesen zu sein, nicht einem sonstigen Ausbildungsvertrag zuwiderläuft.

Die Hauptpflichten in einem Ausbildungsverhältnis bestehen also zunächst in der Ausbildungspflicht des Ausbildenden sowie in der Lernpflicht des Auszubildenden. Die Pflicht zur Ausbildung ist in § 6 I Nr. 1 BBiG für den Ausbildenden festgelegt. Der Ausbildende hat dafür zu sorgen, dass dem Auszubildenden die Fertigkeiten und Kenntnisse vermittelt werden, die zum Erreichen des Ausbildungszieles erforderlich sind[239]. Der Anspruch des Auszubildenden auf Durchführung der Berufsausbildung kann durch Zwangsgeld oder Zwangshaft im Wege der Zwangsvollstreckung (§ 888 ZPO) durchgesetzt werden[240]. Bei einem anerkannten Ausbildungsberuf ergeben sich Ausbildungsinhalte zum einen aus § 1 II BBiG, zum anderen aus der auf Grundlage des § 25 I, II BBiG erlassenen Ausbildungsordnung[241]. Wenn betriebliche Belange dies erfordern, kann unter bestimmten Voraussetzungen von der sachlichen und zeitlichen Gliederung abgewichen werden (Flexibilitätsklausel)[242]. Bei einem Ausbildungsverhältnis nach § 19 BBiG ist es Aufgabe des Ausbildenden, den Auszubildenden entsprechend der vereinbarten Bedingungen für seinen späteren Beruf auszubilden[243].

Für einen Fördervertrag bedeutet dies, es ist zu schauen, welche Ausbildungspflichten der Verein übernommen hat. Bei den Förderverträgen ergeben sich diese zunächst aus der Verpflichtung des Vereins, die von der DFL vorgegebenen Kriterien für die NLZ zu erfüllen. Dort ist in § 3 Nr. 1 des Fördervertrages geregelt, dass der Verein die sachlichen, organisatorischen und personellen Voraussetzungen schafft, um eine optimale fußballerische und altersgerechte Förderung

237 Frädrich, S. 62.
238 So auch Frädrich, S. 62 m. w. N.
239 Frädrich, S. 57; Leinemann/Taubert, § 6 Rd. 3; Wohlgemuth, § 6 Rd.2; Knopp/Kraegeloh, § 6 Rd. 1.
240 LAG Berlin AP ZPO § 888 Nr. 9; Knopp/Kraegeloh, § 6 Rd. 1a.
241 Leinmann/Taubert, § 6 Rd. 8 f.; Knopp/Kraegeloh, § 6 Rd. 1; Wohlgemuth, § 6 Rd. 2; Frädrich, S. 57; MünchArbR/Natzel, § 178 Rd. 85.; Bickel, S. 42.
242 Frädrich, S. 57; Herkert, § 6 Rd. 3; Wohlgemuth, § 6 Rd. 3 ff.; siehe im Einzelnen auch zur Bedeutung der Flexibilitätsklausel bei Leinemann/Taubert, § 6 Rd. 10 f.
243 MünchArbR/Natzel, § 178 Rd. 368.

des Spielers zu ermöglichen.[244] Der Verein verpflichtet sich weiter, ein Leistungszentrum zu unterhalten und die diesbezüglichen Richtlinien der DFL Lizenzierungsordnung zu erfüllen. Dort heißt es unter Nr. 1 (Zielsetzung)[245], dass es Ziel des Aufbaus von Leistungszentren ist, die Qualität der Juniorenausbildung im Lizenzbereich und oberen Amateurbereich zu optimieren. Die Leistungszentren sollen eine qualitativ hohe Ausbildung talentierter Nachwuchsspieler in den verschiedenen Altersklassen gewährleisten.

Auf Seiten des Auszubildenden steht die Ausbildungspflicht des Ausbildenden gegenüber, die in § 9 Satz 1 BBiG damit umschrieben ist, dass der Auszubildende sich zu bemühen hat, die Fertigkeiten und Kenntnisse zu erwerben , die erforderlich sind, um das Ausbildungsziel zu erreichen[246]. Was notwendig ist, um diese Pflicht zu erfüllen, hängt von der Art der Ausbildung, von dem zu erlernenden Beruf und vor allem auch vom Können und von den Fähigkeiten des Auszubildenden ab[247]. Damit umschreibt der Gesetzgeber die wichtigste Pflicht des Auszubildenden[248]. Daneben muss der Auszubildende auch durch Gestaltung seines privaten Lebenswandels seine Lernbereitschaft und seinen Lernwillen auch außerhalb seiner Anwesenheit im Betrieb und der Berufsschule dokumentieren[249]. Der Auszubildende hat den Weisungen zu folgen, die ihm im Rahmen der Berufsausbildung vom Ausbildenden, Ausbildern oder von anderen zur Weisung berechtigten Personen erteilt werden (§ 9 Nr. 3 BBiG). Hier ist die Pflicht zum Gehorsam festgelegt[250]. Die Gehorsamspflicht korrespondiert mit der Weisungsberechtigung des Ausbildenden[251]. Die Gehorsamspflicht besteht aber nur innerhalb des Weisungsrechts. Dieses kann aber nur innerhalb der Berufsausbildung ausgeübt werden[252]. Dieses Weisungsrecht ist allerdings umfassender und auch andersartig als das Weisungsrecht des Arbeitgebers gegenüber einem Ar-

244 Anlage 1.
245 Anhang V: „Richtlinien für die Errichtung und Unterhaltung von Leistungszentren der Teilnehmer der Lizenzligen" (www.bundesliga.de/intern/ligastatu/).
246 BAG, AP BBiG § 6 Nr. 1; NZA 2001, 150 (151); Frädrich, S. 57; Knopp/Kraegeloh, § 9 Rd. 1; MünchArbR/Natzel, § 178 Rd. 144; Leinmann/Taubert, § 9 Rd. 2; siehe auch Bickel, S. 43 m. w. N.
247 Leinemann/Taubert, § 9 Rd. 2; MünchArbR/Natzel ,§ 178 Rd. 146.
248 Frädrich, S. 57.
249BAG, AP BBiG § 6 Nr. 1; Leinmann/Taubert, § 9 Rd. 4; a. A. Wohlgemuth, § 9 Rd. 4, der die Mitwirkungspflicht auf die Ausbildungszeit beschränkt ansieht.
250 MünchArbR/Natzel, § 178 Rd. 167.
251 MünchArbR/Natzel, § 178 Rd. 167.
252 MünchArbR/Natzel, § 178 Rd. 88.

beitgeber, wie sich insbesondere aus § 6 I Nr. 5 BBiG ergibt[253]. Danach beinhaltet die Berufsausbildung auch ein erzieherisches Element[254]. Dieses erzieherische Element bezieht sich nur auf die Vorbereitung des Auszubildenden auf die Berufswelt, d. h. vorrangig auf charakterliche Elemente wie Ehrlichkeit, Zuverlässigkeit, Kritik- und Differenzierungsfähigkeit sowie auf soziales Verhalten und Kollegialität und arbeitsbezogen etwa auf Sorgfalt[255]. Allerdings wird das Weisungsrecht eingegrenzt durch das Ausbildungsziel. Während ein Arbeitnehmer aus dem vereinbarten Arbeitsverhältnis während dessen Dauer Dienste der vereinbarten Gattung nach dem Belieben des Arbeitgebers schuldet, ist ein Auszubildender nur zu Diensten verpflichtet, die zugleich Lernhandlungen sind[256]. Hat der Auszubildende bestimmte, nach dem Ausbildungsplan durch Lernhandlungen zu erwerbende Fertigkeiten und Kenntnisse erworben und hat er sich hierin hinreichend geübt, wobei hier ein Beurteilungsspielraum des Ausbildenden besteht, schuldet er entsprechende Lernhandlungen und infolgedessen auch entsprechende eventuelle Dienste nicht mehr[257]. Das Weisungsrecht des Ausbilders reicht dann nicht mehr so weit.

Bei einem Fördervertrag wäre zum Beispiel daran zu denken, dass ein bekannter Verein seine Jugendmannschaft nur noch zu Pflicht- und Freundschaftsspielen antreten lässt und ein weiteres leistungsförderndes Training unterlässt. Ein solches wäre innerhalb eines Arbeitsvertrages noch vom Direktionsrecht des Vereins abgedeckt. Die genaue Gestaltung des Trainings und des Wettkampfes sind der typische Anwendungsbereich des Direktionsrechts des Vereins[258]. Das Training wird in seinem Gesamtumfang zeitlich, örtlich und sachlich vom Trainer bestimmt, dessen taktische und spieltechnische Anordnung zu befolgen sind, was auch für den Wettkampf gilt. Insofern ist die eigene Persönlichkeit des Sportlers, dessen eigener Stil und Entfaltungskraft besonders im Mannschaftssport teilweise eingeschränkt und hat sich dem obersten Ziel, nämlich dem mannschaftlichen Erfolg, weitgehend unterzuordnen[259]. Eine Begrenzung des Direktionsrechts ergibt sich lediglich aus der Fürsorgepflicht bei gesundheitlicher Ge-

---

253MünchArbR/Natzel, § 178 Rd. 88; a. A. Frädrich, S. 87 ff., der nur von einem anderen sich dem Berufsausbildungsvertrag ergebenen Weisungsrecht ausgeht.
254 Leinemann/Taubert, § 6 Rd. 47; siehe ausführlich MünchArbR/Natzel, § 178 Rd. 10 ff..
255 Leinemann/Taubert, § 6 Rd. 47; siehe auch ausführlich zur Reichweite des Erziehungsauftrages des Ausbildenden bei Frädrich, S. 80 ff. und MünchArbR/Natzel, § 178 Rd. 101 ff..
256 Bickel, S. 45.
257 Bickel, S. 45.
258 PHBSportR/Fritzweiler 3/20.
259 PHBSportR/Fritzweiler 3/20.

fährdung des Spielers[260]. Will also der Nachwuchsspieler sicherstellen, dass der Verein bestimmte Trainingsinhalte einhält, dann muss er dies in den Vertrag einbeziehen. Da er dies dann macht, um sich weiterzuentwickeln und diese Kenntnisse, wie oben gezeigt, berufliche Kenntnisse sind, liegt es nahe, ein solches Rechtsverhältnis als Ausbildungsverhältnis zu bezeichnen.

Die Frage der Zweckrichtung des Vertragsverhältnisses spielte in der Rechtsprechung bei der Beurteilung von Ärzten im Praktikum eine Rolle. Dort wurde darauf abgestellt, ob der Betreffende Stationsdienste wie ein angestellter Assistenzarzt leistete[261]. Will man nun beurteilen, ob man schon die jetzigen Förderverträge als Ausbildungsverhältnis einordnen kann, ist demnach auch zu schauen, ob die Parteien mehr wollen als die bloße sportliche Leistung des Spielers. Sollen diesem innerhalb der Laufzeit des Vertrages auch grundsätzliche Verhaltensweisen eines späteren Fußballprofis näher gebracht werden, spricht dies dafür, dass die Parteien mehr wollen als ein bloßes Austauschverhältnis von sportlicher Leistung gegen Vergütung.

5.2.3.7.4. Zweckrichtung bei den Förderverträgen als Freizeitbeschäftigung, Arbeitsverhältnis und Ausbildungsverhältnis

Man hat oben gesehen, dass im Rahmen der Abhängigkeit eine Unterscheidung zwischen einem Arbeitsverhältnis und einem Ausbildungsverhältnis nicht zu treffen ist. Deshalb muss die Einordnung, ob bei den vorliegenden Förderverträgen von Arbeit oder Ausbildung auszugehen ist, anhand der Frage getroffen werden, inwieweit das Kriterium „Arbeit“ erfüllt ist.

Die Frage, ob letztlich ein Arbeitsverhältnis oder ein Ausbildungsverhältnis vorliegt, wird im berufsbildenden Bereich insbesondere bei der Abgrenzung von Volontären und Praktikanten als Ausbildungsverhältnis im Sinne von § 19 BBiG gegenüber einem Arbeitsverhältnis zum Beispiel als Werkstudent gestellt. Dabei ist nicht die Bezeichnung der Parteien entscheidend, sondern der Zweck der Tätigkeit[262]. Auch bei der Abgrenzung bei Vertragsamateuren zwischen Arbeitsverhältnis und Freizeitbeschäftigung wird darauf abgestellt, welchen Zweck die

260 PHBSportR/Fritzweiler 3/21.

261 Vgl. BAG, NZA 1993, 896; AP BGB § 611 Ärzte, Gehaltsansprüche Nr. 1-4, 21; RAGE 7, 486; die Frage hat durch die Eingliederung der ärztlichen Ausbildung in das Studium an Bedeutung verloren, vgl. BAG, NZA 1993, 896; AP BBiG § 19 Nr. 1.

262 Siehe Knigge, Rd. 4; Natzel, S. 317; Schmidt (Volontär nach dem Berufsbildungsgesetz), S. 622, III 2; siehe auch zur ähnlichen Betrachtungsweise vor Einführung des BBiG: Reichel, S. 225 und Köst, S. 413.

Parteien verfolgen[263]. Aus diesem Grund sind im Folgenden die Zweckinteressen der Parteien in den Bereichen Freizeitbeschäftigung, Arbeitsverhältnis und Ausbildungsverhältnis herauszuarbeiten[264]. Nach der Klärung, welche Zweckrichtung für die unterschiedlichen Bereiche kennzeichnend ist, soll dann die Einordnung der Förderverträge nach dem Hintergrund erfolgen, welche Ziele die Vertragsparteien, Vereine und Spieler, verfolgen.

5.2.3.7.5. Zweckinteresse des Spielers als Freizeitausübender, Arbeitnehmer und Auszubildender

Aus Sicht des Ausübenden dient die Freizeitbetätigung in erster Linie zur Erholung und zur eigenen körperlichen Ertüchtigung[265]. Die sportliche Betätigung in der Freizeit ist als Gegenpol zur täglichen Arbeit zu sehen, wodurch ein Ausgleich mittels geistiger und körperlicher Erholung erreicht werden soll[266]. Kennzeichnend für eine Freizeitbeschäftigung ist die Freude an der Betätigung, die hauptsächlich auch unter dem Gesichtspunkt gesehen wird, dass der Betreffende, der sich in seiner beruflichen Tätigkeit einen betrieblichen und wirtschaftlichen Zwang unterwirft, in seiner Freizeit frei von Zwängen und Weisungen seinen Tagesablauf gestalten kann[267].

Vor allem wird bei Amateursportlern darauf abgestellt, dass sie den Sport ohne einen direkten oder indirekten materiellen Gewinn betreiben[268]. Die DFB Spielordnung bezeichnet in § 8 Nr. 1 einen Amateur als denjenigen, der den Fußballsport ohne Entgelt und ohne vertragliche Bindung betreibt und allenfalls Ersatz seiner Aufwendungen bis zu € 145,99 im Monat erhält[269]. Für eine Freizeitbeschäftigung spricht, dass fast alle Spieler der NLZ in der Hauptsache eine allgemeinbildende Schule besuchen oder eine Berufsausbildung absolvieren[270].

---

263 Siehe LAG Rheinland-Pfalz, LAGE BGB zu § 611 Berufssport Nr. 3: Dort untersucht das Gericht, welchen Zweck die Aufnahme eines chinesischen Fußballnationalspielers für den Verein und den Spieler hatte; Imping, S. 162.

264 Hager, S. 29, unterscheidet zwischen Arbeits- und Ausbildungsverhältnis, sowie dem Fußballspielen auf rein vereinsrechtlicher Grundlage. Weiter sagt Hager, S. 30, dass solange sportliche Betätigung Selbstzweck sei, sie keine Arbeit sei; anders wenn eigene wirtschaftliche Interessen und solche des Vereins verfolgt werden.

265 Siehe Arens/Scheffer, Rd. 172 und Imping, S. 49.

266 Imping, S. 161.

267 So auch Imping, S. 162.

268 Siehe zur Entwicklung des Amateurstatus bei Reschke, S. 1 ff.

269 www.dfb.de/dfb-info/interna/spielordnung.

270 Siehe Fragebogen Nachwuchsspieler Frage 7.

Ebenso ist davon auszugehen, dass alle Spieler Spaß und Freude an der Ausübung des Fußballsports haben[271]. Aus Sicht des Arbeitnehmers dient ein Arbeitsverhältnis in erster Linie dazu, sich eine Erwerbsquelle zur Schaffung einer Lebensgrundlage zu erschließen. So hat der BGH gesagt, dass Spieler, die als Vertragsamateure ein Grundgehalt von DM 1000,- pro Monat plus Punkt- und Einsatzprämie erhalten, Einkommen für den Lebensunterhalt erzielen und deshalb dem Schutz des Art. 12 I GG unterstehen[272]. Ebenso stellt auch Imping die wirtschaftliche Zielsetzung eines Fußballers als Arbeitnehmer heraus, wenn die Bezahlung zumindest teilweise auch der Sicherung des Lebensunterhalts dient und über DM 700,- monatlich liegt[273]. Der Arbeitnehmer möcht bei einem Arbeitsverhältnis nicht nur ihm entstandene Aufwendungen ersetzt bekommen, sondern bei Teilzeitarbeitsverhältnissen einen Beitrag zur Sicherung seines Lebensunterhalts erhalten[274]. In diesem Sinne muss der Zweck des Gelderwerbs höher stehen als der Wunsch nach Erholung und Freude. Dies wird unter anderem dadurch deutlich, dass ein Spieler zu einem Verein wechselt, zu dem er vorher keine Beziehung besaß[275].

Die FIFA hat in ihrem Reglement zwei Spielertypen festgelegt[276]: Die Spieler, die für ihre fußballerische Tätigkeit nie einen höheren Betrag erhalten als den Betrag, der ihnen als tatsächliche Kosten bei der Ausübung der fußballerischen Tätigkeit entsteht, gelten als Amateure. Die Spieler, die einen darüber hinaus gehenden Betrag erhalten, gelten als Nicht-Amateure. Die Vereinbarung eines monatlichen Entgelts plus Prämienregelung bei den Förderverträgen[277] würde danach eine Einordnung als Nicht-Amateur zur Folge haben. Für ein Arbeitsverhältnis und gegen eine Freizeitbeschäftigung der Förderverträge spricht zunächst einmal die Vereinbarung eines monatlichen Entgelts[278]. Auf die Bedeutung der

271 Siehe auch Fragebogen Nachwuchsspieler Frage 16.

272 BGH, SpuRt 99, 237.

273 Imping, S. 161.

274 Imping, S. 162.

275 Siehe so die Begründung des LAG Rheinland Pfalz bei der Bejahung eines Arbeitsverhältnisses in Bezug auf einen Vertragsamateur, LAG Rheinland-Pfalz, LAGE BGB § 611 Berufssport Nr. 3.

276 Siehe FIFA Reglement bezüglich Status und Transfer von Spielern Art. 2 (www.dfb.de/dfb-info/interna/: FIFA- Reglement bzgl. Spielerstatus und Transfer von Spielern.

277 Siehe DFL Muster-Fördervertrag, § 5 (Anlage 1).

278 Siehe auch FIFA- Reglement Status Transfer von Spielern (www.dfb.de/dfb-info/interna/: FIFA- Reglement bzgl. Spielerstatus und Transfer von Spielern, wonach als Amateur Spieler eingestuft werden, die nie höhere Entschädigungen erhalten haben als der

Vergütungshöhe soll noch im einzelnen unten unter 5.2.3.7.6. eingegangen werden. Weiter spricht für ein Arbeitsverhältnis und gegen ein Ausbildungsverhältnis, dass es unüblich ist, wenn ein Spieler zwei Ausbildungswege (Fußball und allgemeinbildende Schule/Berufsausbildung) gleichzeitig beschreitet. Ein geringfügiges Arbeitsverhältnis ist bei Jugendlichen in dem Alter von 15 - 18 Jahren dagegen nichts außergewöhnliches, wenn man zum Beispiel an die zahlreichen Nebenbeschäftigungen für Schüler denkt. Aus Sicht des Auszubildenden dient eine berufliche Ausbildung zum Erwerb von beruflichen Kenntnissen und Fähigkeiten, um dadurch eine Qualifikation seiner Arbeitskraft zu erhalten[279]. Hierfür tritt der Zweck des Gelderwerbs in den Hintergrund. Die Ausbildung soll erst die Möglichkeit des späteren Gelderwerbs schaffen oder zumindest verbessern. Die Zielrichtung ist auf eine spätere berufliche Tätigkeit gerichtet.

Neben der schon erwähnten Bezeichnung von Ablösesummen als Ausbildungskosten hat das LAG Rheinland-Pfalz ausbildungsrelevante Gesichtspunkte bei der Verpflichtung eines Fußballspielers aufgeführt, sie aber im dortigen Fall abgelehnt. Das LAG führte aus, dass der dortige chinesische Fußballnationalspieler seine Kenntnisse und Fähigkeiten in der Verbandsligamannschaft nicht wesentlich weiterentwickeln und vervollkommnen konnte. Dementsprechend habe auch der Spieler nicht behauptet, dass der Verein ihm eine geldwerte Ausbildung habe zu Teil werden lassen, die den „Marktwert" des Spielers im Bereich des bezahlten Sports erhöht habe[280]. Von daher ist festzuhalten, dass ausbildungsrelevante Gesichtspunkte bereits in der Rechtsprechung Beachtung gefunden haben. Wie schon oben in der Einführung erwähnt, werden auch in der Literatur ausbildungsrelevante Gesichtspunkte in Zusammenhang mit talentierten Nachwuchsspielern aufgeführt. Fritzweiler weist darauf hin, dass unter den Schutzbereich des Art. 12 I GG auch die Ausbildung als Vorstufe zur Berufsaufnahme fällt und daher die Teilnahme am Training und die Spielpraxis in einer Amateurspielgruppe Ausbildung zum späteren Beruf des lizenzierten Fußballers ist[281]. Dabei fordert Fritzweiler keinen förmlichen Ausbildungsgang, sondern lässt es genügen, wenn eine bestimmte Tätigkeit nach der gesellschaftlichen Anschauung als Ausbildungs- und Lernvorgang für einen bestimmten späteren Beruf angesehen wird[282]. Dazu sollen nach Fritzweiler zum Beispiel talentierte, in Repräsentativspielen schon eingesetzte Jugendspieler gehören, die sich an einen Li-

---

Betrag der tatsächlichen Kosten, die ihnen bei der Ausübung dieser Tätigkeiten entstanden sind.

279 Fangmann, S. 984; Opolony, S. 511.

280 LAG Rheinland-Pfalz, LAGE BGB § 611 Berufssport Nr. 3.

281 PHBSportR/Fritzweiler 1/6.

282 PHBSportR/Fritzweiler 1/6.

zenzverein vertraglich binden[283]. Krogmann verneint eine berufliche Ausbildung, die unter den Schutz des Art. 12 I GG fällt, wenn eine nur allgemeine Teilnahme am Trainings- und Spielbetrieb stattfindet, da hier die Verbesserung der sportlichen Leistung überwiegend nicht, oder nur sehr vage, im Hinblick auf eine spätere berufliche Karriere als Sportler erfolgt[284]. Etwas anderes wäre dann anzunehmen, wenn die Sportart gezielt zur Vorbereitung auf eine berufliche Laufbahn betrieben wird und der Ausbildungscharakter von Training und Wettkämpfen im Vordergrund steht[285]. Eine solche gezielte Vorbereitung ist aber nun mit den Förderverträgen zu bejahen, da es Ziel beider Parteien ist, später einen Lizenzspielervertrag abzuschließen.

Eine solche berufsgerichtete Zielsetzung wird bei den Förderverträgen unterstrichen durch die Ergebnisse des Fragebogens Nachwuchsspieler. Fast alle Nachwuchsspieler gaben Fußballprofi als ihren Traumberuf an und sagten, dass sie später den Fußballsport als Fußballprofi ausüben wollen[286]. Ebenso gaben 302 von 310 Spielern an, dass die Aufnahme in ein NLZ deshalb für sie wichtig ist, weil sie dort fußballerische Fertigkeiten lernen, die sie brauchen, um später Profi werden zu können. Der Verdienst war dagegen nur für 12 Spieler wichtig. 73 Spieler gaben an, dass es für sie deshalb wichtig ist, damit ihr Name bei den Bundesligavereinen bekannt wird. Diese Ergebnisse sind ein starkes Indiz dafür, dass für die Spieler nicht, wie bei einem Arbeitsverhältnis, der Verdienst Hauptzweck ist, sondern der Erwerb von fußballerischen Fertigkeiten, also so wie bei einem Ausbildungsverhältnis der Erwerb von fachlichen Kenntnissen und Fähigkeiten Schwerpunkt des Vertragsverhältnisses ist. Die Spieler wollen Fußballprofi werden. Sie wollen ihr Talent und ihre sportlichen Fähigkeiten unter Beweis stellen. Dies allerdings nicht zu dem Zweck, zum jetzigen Zeitpunkt so viel Geld wie möglich zu verdienen, sondern mit dem Ziel von einem Verein einen Lizenzspielervertrag angeboten zu bekommen. Aus diesem Grund verpflichten sie sich für einen längeren Zeitpunkt, in der Hoffnung sich in dieser Vertragslaufzeit sportlich so weiterzuentwickeln, dass ihnen ein Lizenzspielervertrag angeboten wird. In gleicher Weise, hofft auch eine Auszubildender in der übrigen Arbeitswelt später einen Arbeitsvertrag aufgrund seiner Ausbildung angeboten zu bekommen. Eine solche Weiterentwicklung hängt nicht nur vom Talent ab[287], sondern zu einem großen Anteil auch von den fußballerischen Fähig-

283 PHBSportR/Fritzweiler 1/6.

284 Krogmann, S. 43.

285 Krogmann, S. 43.

286 Siehe Anlage Fragebogen Nachwuchsspieler Fragen 8 und 9.

287 Bisanz, S. 27, sagt, dass A-Juniorenspieler der höchsten Leistungsklasse gezielt zu fördern seien, um die Anforderungen für den Lizenzfußball erfüllen zu können. Jugendspieler,

keiten, die er mittels des Trainings und der Spielpraxis erhofft, in dem NLZ zu erwerben[288]. Er unterwirft sich dafür mit dem Fördervertrag einer Verpflichtung gegenüber dem Verein, der die Ausübung des Fußballsports mit Zwang verbindet, der über den Verpflichtungen eines Vereinsmitgliedes hinausgeht, der den Fußballsport nur als Freizeitbeschäftigung betreibt. Im Vergleich zu der übrigen Arbeitswelt ist daher an dieser Stelle festzuhalten, dass die Zweckinteressen zu einem großen Teil denjenigen entsprechen, die auch sonstige Auszubildende mit einer beruflichen Ausbildung verbinden.

5.2.3.7.6. Zweckinteresse des Vereins als Freizeitanbieter, Arbeitgeber und Ausbildender

Wenn bei der Definition „Arbeit" danach geschaut wird, ob der Arbeitnehmer ein fremdes Bedürfnis erfüllt[289], dann ist allgemein nach dem Zweckinteresse zu fragen, welches der andere Vertragspartner besitzt. Hier ist danach zu fragen, welches Interesse der Verein an dem Eingehen des Vertragsverhältnisses besitzt. Dieses ist jeweils bei einem Freizeitangebot, einem Arbeitsverhältnis und einem Ausbildungsverhältnis unterschiedlich gelagert.

Ausgangspunkt der Überlegungen ist der Fußballverein, der ein Freizeitangebot für Spieler bietet. Dementsprechend waren auch die Bundesligavereine bei Ihrer Gründung Ende des 19. Jahrhunderts und zu Beginn des 20. Jahrhunderts ausgerichtet. Bei den Fußballvereinen dieser Zeit war die körperliche und sittliche Bildung ihrer Mitglieder, die körperliche Ertüchtigung durch planmäßige Pflege der Leibesübungen und die Pflege der Gemeinschaft und Geselligkeit Ziel der Vereinigungen und ist bis in die Gegenwart mit diesem Wortlaut noch in deren Satzungen enthalten[290]. Gemeinsames Ziel der Mitglieder eines Fußballvereines ist es, ein Freizeitangebot zu bieten, welches dann die Mitglieder nutzen können. Der sportliche Erfolg ist dabei nur ein gewünschtes Ergebnis der Freizeitbetäti-

---

die im obersten Leistungsbereich Fußball spielen können, wollen und müssten den Umfang auf möglichst tägliches Training erweitern, um unter anderem auch eine reibungslose Eingliederung in den Profifußball vorzubereiten.

288 Siehe Fragebogen Nachwuchsspieler Fragen 12 bis 15: Die Spieler halten die Teilnahme in einem NLZ für das Ziel Profi zu werden, in der überwiegenden Mehrheit zumindest für wichtig. Unsicherheit herrscht bei der Einordnung, ob die fußballerischen Fertigkeiten auch in der A- und B-Juniorenmannschaft eines Amateurvereins erworben werden könnten; 133 von 310 beantworteten die entsprechende Frage 15 mit „nein", 81 mit „ja" und 90 mit "weiß nicht".

289 Siehe Fangmann, S. 984 und Imping, S. 49.

290 Müller, M., S.24 mit Hinweis auf die Satzungen der Vereine.

gung. Das Freizeitangebot umfasst die aktive und passive Teilnahme an der Organisation und den Spielen der Mannschaften. Dies ist der Zweck des Vereins, das die Mitglieder in der Vereinigung verbindende Interesse, auf das die Vereinstätigkeit ausgerichtet ist[291]. Im Folgenden, ist dann zwischen dem Zweck des Vereins und den Mitteln zur Erreichung dieses Zwecks zu unterscheiden[292]. Die Erhaltung des Spielbetriebes ist dann zum Zweck zu zählen, die Errichtung, Organisation und Unterhaltung des Spielbetriebes und der Sportanlagen zu den einzusetzenden Mitteln[293].

Es stellt sich nun aber die Frage, ob Fußballspieler, die in den Spielbetrieb mit einem gesonderten Vertrag, hier mit einem Fördervertrag, aufgenommen werden, den gemeinsamen Zweck unterstützen sollen oder nicht vielmehr als Mittel anzusehen sind, um einen nun abgeänderten Zweck des Vereins, nämlich die Steigerung des sportlichen Erfolgs der Lizenzligamannschaft zu unterstützen. Die Eingehung der Vereinsmitgliedschaft kann dabei kein taugliches Indiz sein, da sie gem. § 8 Nr. 2 Spielordnung DFL für Nicht-Amateur ohne Lizenz vorgeschrieben ist[294].

Oben unter 5.2.3.6. „Abhängigkeit" wurde schon darauf hingewiesen, dass der Verein den Spieler entgegen § 39 BGB über das im Vereinsrecht zulässige Maß an den Verein bindet. Wenn mit dem gesonderten Vertrag Rechte und Pflichten begründet werden, die über die in der Satzung begründeten Rechte und Pflichten hinausgehen, dann ist nicht mehr das die Vereinsmitglieder verbindende Interesse dominierend, welches durch die Satzung und den dort festgelegten Satzungszweck bestimmt wird[295]. Dominierend ist vielmehr der Vertrag, mit dem der Zweck erreicht werden soll. Damit wird der Vertrag aber zum Mittel. Die Vereinsmitglieder binden andere Personen, um ihren Zweck, sportlichen Erfolg der Mannschaft zu erzielen, zu unterstützen. Im Vordergrund steht nicht die körperliche Ertüchtigung und der Spaß am Fußballspielen der Person, die mit einem Vertrag ausgestattet wird, sei es ein altes oder ein neues Vereinsmitglied, so wie es bei einem Freizeitangebot der Fall wäre. Im Vordergrund steht vielmehr, den sportlichen Erfolg als Vereinszweck mit Personen als Mittel zu erreichen, denen mit dem Vertrag gesonderte Rechte und Pflichten zugewiesen werden. Die einzugehende Vereinsmitgliedschaft ist dann nur Erfüllung der verbandsrechtlichen

---

291 Stöber, S. 30 Rd. 45.
292 Stöber, S. 30 Rd. 45.
293 Siehe so für das Beispiel Kindergarten, Stöber, S. 30 Rd. 45.
294 Siehe www.bundesliga.de/intern/ligastatu/.
295 So auch BAG, AP BGB § 611 Abhängigkeit Nr. 51; Imping, S. 159; Eilers, S. 50.

Vorschrift. Dies gilt umso mehr, wenn der Vertrag mit einer vom Verein gegründeten Kapitalgesellschaft abgeschlossen wird. Sicher ist zuzugeben, dass es auch Grenzfälle gibt, in denen der Spieler zunächst nur aufgrund einer reinen Vereinsmitgliedschaft spielt und den Fußballsport als reine Freizeitbeschäftigung ansieht. Aufgrund seiner sportlichen guten Leistungen wird dann dem Nachwuchsspieler ein Vertrag angeboten. Aber auch hier beabsichtigen die Parteien, ihre Rechte und Pflichten auf eine gesonderte Basis zu stellen, die sich von den Rechten und Pflichten anderer Vereinsmitglieder abhebt. Der betreffende Spieler erfüllt dann nicht mehr Vereinspflichten, sondern die Pflichten aus dem Vertrag. Liegen die sonstigen Voraussetzungen eines Arbeitnehmerbegriffs vor, kann nicht mehr von einem Freizeitverhältnis gesprochen werden. Das Zweckinteresse des Vereins zielt nicht mehr auf die Erfüllung des Freizeitinteresses des Spielers ab, sondern stellt das eigene Interesse, die Erreichung des sportlichen Erfolgs an erste Stelle. Dies gilt natürlich nur unter der Vorgabe, dass in dem Vertrag zusätzliche Rechte und Pflichten vereinbart werden und der Vertrag sich im Folgenden nicht als Scheingeschäft gem. § 117 BGB darstellt, nämlich dass die Parteien ihr Verhalten tatsächlich nach dem Vertrag ausrichten.

Das Loslösen vom ursprünglichen Vereinszweck zeigt sich nunmehr auch dadurch, dass Vereine, die ihre Lizenzspielerabteilung in eine Kapitelgesellschaft umwandeln, auch die Nachwuchsmannschaften aus dem Verein ausgliedern und der Kapitalgesellschaft zuordnen[296]. Auch dies ist ein Indiz dafür, dass nunmehr die Tätigkeit des Unternehmens „Bundesligaverein“ vorangestellt wird und nicht mehr eine auf Freizeitbasis beruhende Vereinstätigkeit der fußballspielenden Mitglieder. Das Bedürfnis (= Erfolg der Lizenzspielermannschaft) der vom Verein gegründeten Kapitalgesellschaft soll vorrangig befriedigt werden, nicht mehr das Freizeitinteresse des aktiven Fußballers.

Da also in solchen Fällen vor allem ein Bedürfnis des Vereins erfüllt wird, kommt eine Freizeitbeschäftigung nicht mehr in Betracht. Es muss daher im Folgenden geklärt werden, ob der Verein mehr das Zweckinteresse eines Arbeitgebers oder eines Ausbilders verfolgt.

---

296 Siehe Frage 1 und 2 Fragebogen Verein: Von den acht Vereinen, die bei Frage 1 angaben, dass die Lizenzspielerabteilung als Kapitalgesellschaft organisiert ist oder in nächster Zukunft organisiert werden soll, gaben sechs Vereine bei Frage 2 an, dass auch das NLZ in die Kapitalgesellschaft eingegliedert werden soll bzw. verbleiben soll. Der siebte Verein gab an, dass nur die A-Juniorenmannschaft in die Kapitalgesellschaft eingegliedert werden soll bzw. verbleiben soll, die B-Juniorenmannschaft soll dem Verein zugeordnet bleiben. Der achte Verein gab zwar an, dass das NLZ im Verein verbleiben solle, aber auch, dass noch keine endgültige Entscheidung getroffen sei.

Ein Arbeitgeber benutzt die Arbeitsleistung eines Arbeitnehmers, um sein eigenes Bedürfnis zu erfüllen. Es muss ermittelt werden, welches das eigentliche Zweckinteresse eines Arbeitgebers ist. Bei einem „normalen" Produktions- oder Dienstleistungsbetrieb dient der Betrieb in der Regel dazu, Gewinne zu erzielen, um damit dem Inhaber des Betriebs finanzielle Vorteile zu gewähren. Bei der Bundesligamannschaft wird die wirtschaftliche Struktur deshalb aufgebaut, nicht um finanzielle Gewinne zu erzielen, sondern um einen größtmöglichen sportlichen Erfolg zu erreichen. Der sportliche Erfolg steigert die finanzielle Zuwendung von Sponsoren, Zuschauern, Werbepartnern und Mediengesellschaften. Die gesteigerten Gewinne werden dann wieder eingesetzt, um wiederum den sportlichen Erfolg zu erhöhen. Um diese Unternehmensziele zu erreichen, werden mit Lizenzspielern Arbeitsverträge abgeschlossen, um den sportlichen Erfolg der Mannschaft zu erhalten und zu steigern. In gleicher Weise stellt ein „normales" Unternehmen Arbeitnehmer ein, um mit ihrem direkten Einsatz im Produktions- oder Dienstleistungsprozess die Unternehmensziele zu erreichen.

Es ist nun darzustellen, wie sich in einem „normalen" Wirtschaftsunternehmen die Arbeitgeberinteressen von den Ausbildungsinteressen unterscheiden und ob man solche Differenzierungen auch bei den Bundesligavereinen in Bezug auf Lizenzspielerverträge im Gegensatz zu den Förderverträgen feststellen kann. Wenn man sich die Unternehmensziele und die Unternehmensstrukturen des Wirtschaftsunternehmens „Bundesligaverein" anschaut, kann die Lizenzligamannschaft und das dazugehörige NLZ mit einem großen Industriebetrieb eines „normalen" Wirtschaftsunternehmens mit einer angeschlossenen Lehrwerkstatt verglichen werden. Die finanziellen Gewinne innerhalb eines Industriebetriebes werden in erster Linie unmittelbar im Produktionsprozess erwirtschaftet, der getrennt von der Lehrwerkstatt besteht. Dementsprechend werden in einem Bundesligaverein die Unternehmensziele in erster Linie mit der Lizenzligamannschaft erreicht. Größere sportliche Leistungen der Lizenzligamannschaft erhöhen die finanziellen Zuwendungen von Sponsoren, Zuschauern, Werbepartnern und Mediengesellschaften. Die erhöhten finanziellen Zuwendungen werden investiert, um wiederum den sportlichen Erfolg der Lizenzligamannschaft zu steigern. Das Wirtschaftsunternehmen „Bundesligaverein" ist in erster Linie darauf ausgerichtet den Erfolg der Lizenzligamannschaft zu gewährleisten. In gleicher Weise wie eine Lehrwerkstatt eines Industriebetriebes nicht unmittelbar den Produktionsabsatz erhöhen soll, ist auch ein NLZ nicht darauf ausgerichtet, den sportlichen Erfolg der Lizenzligamannschaft unmittelbar zu unterstützen[297].

297 Siehe auch bei Walker, S. 60: „Die Vereine erwirtschaften alleine durch den Trainings- und Spielbetrieb von Kinder- oder Jugendmannschaften mit Spielern bis zu 15 Jahren keinen

Vielmehr soll dies erst nach Beendigung der Ausbildung bzw. dem Verlassen des NLZ geschehen. Erst nach dem Verlassen des NLZ und erst durch die Aufnahme in den Lizenzspielerkader unterstützt der Spieler das Wirtschaftsunternehmen „Bundesligaverein" unmittelbar. Der Verein verwertet nicht eine sofortige Arbeitsleistung des Spielers[298], sondern strebt zuerst einen Ausbildungserfolg an.

So bildet ein Teil der Industrieunternehmen in der Hauptsache ihre Auszubildenden in der Lehrwerkstatt aus[299]. Ein Einsatz direkt im Produktionsprozess erfolgt nur untergeordnet. In gleicher Weise setzen die Vereine ihre Nachwuchsspieler nur sehr begrenzt auch in ihrer Lizenzligamannschaft ein[300]. Nach Aussage der Vereine geschieht dies dann auch nicht, um die Lizenzligamannschaft zu unterstützen, sondern aus Gründen der Talentförderung[301], also nur zu Ausbildungszwecken, wie dies nach dem BBiG in § 6 II auch vorgeschrieben ist.

Trotzdem besitzt das Fußballspielen der Nachwuchsspieler auch einen sofortigen Wert für den Verein. Zur Lizenzerteilung müssen die Vereine ein NLZ vorweisen[302], d. h. die Vereine sind darauf angewiesen, dass jugendliche Spieler für den Verein den Fußballsport ausüben. Dabei ist es für diesen Gesichtspunkt nicht von Bedeutung, ob die Spieler später einen Lizenzspielervertrag unterschreiben werden. Zu diesem Zeitpunkt ist für den Verein wichtig, dass er Mannschaften für das NLZ stellen kann. Der Erfolg der Juniorenmannschaften spielt sicher für den Verein aus Imagegründen auch eine Rolle[303]. Von daher kann man sagen, dass mit den Förderverträgen auch ein Bedürfnis des Vereins erfüllt wird.

Allerdings erbringen Auszubildende auch in sonstigen Ausbildungsverhältnissen Dienste für den Ausbildenden, insbesondere wenn der Auszubildende direkt im

---

Gewinn und bezwecken dies auch gar nicht. Allein die Pflege des Nachwuchssportes ist dann keine Beschäftigung im wirtschaftlichen Sinne, selbst wenn sich der Verein davon später, aber eben erst später, einen wirtschaftlichen Nutzen verspricht." Walker ist zuzustimmen, wobei eine wesentliche Änderung des Sachverhalts auch bei den übrigen Nachwuchsmannschaften nicht vorliegt.

298 So im Ergebnis auch Walker, S. 60 f.

299 Vgl. Greinert S. 121.

300 Siehe Anlage Fragebogen Verein Frage 15.

301 Siehe Anlage Fragebogen Verein Frage 17.

302 Siehe § 7 Nr. 4 b) Lizenzspielerstatut DFL (www.bundesliga.de/intern/ligastatu/).

303 Siehe auch Fragebogen Verein Frage 20, wonach 5 der 17 Bundesligavereine sagten, dass der Erfolg der Juniorenmannschaft und das Erreichen der Ausbildungsziele gleich wichtig sind.

Produktions- oder Dienstleistungsprozess eingesetzt wird. Dabei muss aber der Zweck, dass die zu erbringenden Dienste zum Nutzen des Ausbildenden erbracht werden, in den Hintergrund treten. Dies wird auch durch § 6 II BBiG festgelegt, wonach Verrichtungen nur innerhalb des Ausbildungszwecks übertragen werden dürfen. Der Schwerpunkt muss auf dem Ausbildungszweck liegen, nicht auf der Erbringung von Diensten zum Nutzen des Ausbildenden.

Bei Frage 19 Fragebogen Verein gaben alle Vereine an, dass Ausbildungsziele für die Nachwuchsspieler festgelegt werden[304]. 12 von 17 Vereinen gaben bei der Frage 20 Fragebogen Verein an, dass das Erreichen der Ausbildungsziele wichtiger sei als der Erfolg der Juniorenmannschaft in der laufenden Meisterschaft[305]. Dies deutet auf eine Schwerpunktsetzung im Bereich der Ausbildung und nicht im Bereich der unmittelbaren Verwertung der Dienste hin.

Die Zwecksetzungen der Unternehmen bei der Einführung von Ausbildungsgängen werden insbesondere deutlich, wenn man sich die Entstehung von Anlernberufen anschaut. Anerkannte Ausbildungsberufe bestanden bis zur Einführung des BBiG 1969. Seitdem werden Anlernverhältnisse zum Teil unter § 19 BBiG subsumiert[306]. Die Gründe, warum in den 20er und 30er Jahren des 20. Jahrhunderts die Industrie neben den anerkannten Lehrberufen Anlernausbildungen geschaffen hat, zeigt das Zweckinteresse der Unternehmen. Hier finden sich dann zum Teil Parallelen mit der Einführung der NLZ in Fußballvereinen.

Schon etwa ein Jahrzehnt vor der offiziellen Institutionalisierung der Anlernberufe in den Jahren nach 1937 waren durch private Ausbildungsinitiativen in der Metallindustrie erste inoffizielle Anlernberufe für Jugendliche ausbildungsinhaltlich determiniert und von den Lehrberufen dieser Branche formal abgegrenzt worden[307]. Der Grund lag vor allem darin, dass für Tätigkeiten Personen gebraucht wurden, deren Qualifikationsniveau zwischen dem eines anerkannten Lehrberufes und dem eines ungelernten Hilfsarbeiters liegen sollte[308]. Die Ausbildung war auf bestimmte Fachkenntnisse und Fertigkeiten begrenzt, weshalb auch der Begriff „Spezialarbeiter-Berufe“ verwendet wurde. Nachwuchsökonomisch gesehen sollte das Modell einer zeitsparenden Jugendlichenausbildung in Anlernberufen einer schnelleren Beseitigung des Mangels an ausgebildeten

304 Siehe Anlage Fragebogen Verein Frage 19.
305 Siehe Anlage Fragebogen Verein Frage 20.
306 Siehe unter 5.1.
307 Rathschlag (1970), S. 8.
308 Rathschlag (1970), S. 8.

Fachkräften in der zunehmend arbeitsteiligen Industrie dienen, die alleine über eine zeitlängere, breitenorientierte Lehrlingsausbildung nicht lösbar und nicht zeitgemäß erschien[309]. Die spätere offizielle Institutionalisierung von Anlernberufen innerhalb der Jugendlichenausbildung konnte als nachwuchspolitisch notwendige Konsequenz eines produktionstechnischen Wandels in der modernen Industrie gelten[310]. Obwohl man eine solche Anlernausbildung zunächst im Gegensatz zur Industrie für den Bereich Handwerk nicht als sinnvoll erachtete, wurde dies dann auch hier ausdrücklich gestattet[311]. Grund war vor allem der kriegsbedingte Nachwuchsmangel[312]. Dementsprechend ist auch heute noch die Deckung des zukünftigen Personalbedarfs eine wichtige Motivation des Ausbildenden[313].

Schaut man sich die Beweggründe und die Zielsetzungen der Bundesligavereine für die Errichtung der NLZ an, so stößt man auf ähnliche Motive. Zweck der NLZ ist es, die Talentförderung im deutschen Fußball zu verbessern[314]. Ziel ist es, Arbeitskräfte für die Lizenzligamannschaft zu gewinnen[315]. Für die Lizenzligamannschaft werden Spieler gebraucht. Für ein solches Arbeitsverhältnis als Lizenzspieler gibt es keine anerkannte Berufsausbildung, die auf einen solchen Beruf vorbereitet. Andererseits ist man der Auffassung, dass die bisherige Talentförderung nicht ausreiche, um den Anforderungen eines Lizenzspielers gerecht zu werden. Deshalb werden mit den Spielern nunmehr Förderverträge abgeschlossen, um ihre fußballerische Entwicklung systematisch zu fördern. Da, wie oben gesehen, dabei Fertigkeiten, Kenntnisse und Erfahrungen vermittelt werden, wird so eine gesonderte fußballerische Ausbildungsform geschaffen, in ähnlicher Weise wie in den 20er und 30er Jahren neue Ausbildungsformen in Form von Anlernausbildungen geschaffen wurden.

Das gemeinsam angestrebte Ziel von Verein und Spieler ist es, die fußballerischen Voraussetzungen für den Spieler auf dem Weg zum Berufsfußballer zu

---

309 Rathschlag (1970), S. 9 f..
310 Rathschlag (1970), S. 10.
311 Rathschlag (1970), S. 11.
312 Rathschlag (1970), S. 11.
313 Vgl. BAG, AP BetrVG § 5 Nr. 33; Schröder, S. 7 ff.
314 Siehe zur Einführung der NLZ in kicker vom 25.04.2000, S. 22 f..
315 Siehe Informationen zum Juniorenkonzept von Bayer 04 Leverkusen, S. 2: Präambel und Ziele der Juniorenabteilung: Nr. 1 (Anlage 2); siehe zur Motivation der Arbeitgeber bei Schröder, S. 7 f.

verbessern[316]. Damit unterscheidet sich die Zielsetzung innerhalb eines NLZ von der in einem Amateurverein. Dort besteht das vornehmlich angestrebte Ziel des Vereins nicht in der Ausbildung des Spielers im Hinblick auf eine Berufsfußballkarriere[317]. Bei einem NLZ hat nunmehr auch der betreibende Verein das Ziel, den Spieler auf eine Berufsfußballkarriere vorzubereiten.

Zusammenfassend ist zu sagen, dass auch die Zweckinteressen des Vereins zu einem großen Teil denjenigen eines Ausbildenden entsprechen. Gegen ein vereinsrechtliches Freizeitangebot spricht vor allem die Zuweisung von Rechten und Pflichten, die über die in der Vereinssatzung begründeten Rechte und Pflichten der Vereinsmitglieder hinausgehen. Zwar erbringen die Spieler innerhalb der Förderverträge auch Dienste für den Verein. Der Schwerpunkt des Wirtschaftsunternehmens „Bundesligaverein" liegt aber bei der Lizenzligamannschaft und nicht bei dem NLZ. Daher liegt auch der Schwerpunkt bei den Förderverträgen nicht auf der unmittelbaren Verwertung der erbrachten fußballerischen Dienste der Spieler, sondern in der Vermittlung von fußballerischen Fähigkeiten, die erst später für die Lizenzspielermannschaft Nutzen erbringen sollen. Dies entspricht weniger den Interessen eines Arbeitgebers an einem Arbeitsverhältnis, sondern eher den Interessen eines Ausbilders.

Die Tatsache, dass die Vereine die sportliche Tätigkeit der Nachwuchsspieler brauchen, um die Vorgabe für die Lizenzerteilung zu erfüllen, kann nicht zu einer Einordnung als Arbeitsverhältnis führen. Die Vorgabe wurde eingeführt, um eine qualifizierte Ausbildung von Spielen für den Berufsfußball zu gewährleisten. Damit gleichzeitig ein Arbeitsverhältnis zu begründen, wäre widersprüchlich. Auch das Heranbilden von qualifiziertem Nachwuchs entspricht Ausbildungsaspekten[318].

5.2.3.7.7. Zusätzliche Gesichtspunkte

Ein Unterschied zwischen der Ausbildung in der übrigen Wirtschaft und den NLZ der Bundesligavereine muss an dieser Stelle erwähnt werden. Während man bei der Ausbildung in der übrigen Wirtschaft davon ausgeht, dass der größ-

316 Siehe Fragebogen Verein Fragen 10-12, 19, 21; Fragebogen Nachwuchsspieler Fragen 12-15.

317 Aus diesem Grund hat Dieckmann, S. 37 eine Berufsausbildung bei einem Amateurfußballspieler abgelehnt. Anderseits hält Dieckmann bei einem Verein mit einer Lizenzspielerabteilung einen Berufsausbildungsvertrag gem. § 3 BBiG auch in einem nicht anerkannten Berufsausbildungsgang für denkbar.

318 Siehe BT-Drucksache V/4260 S. 9 zu § 10.

te Teil der Auszubildenden ihre absolvierte Ausbildung in irgendeiner Form für ihren beruflichen Werdegang nutzen kann, ist die Wahrscheinlichkeit, Lizenzspieler zu werden, zumindest als ungewiss anzusehen[319]. Die Frage ist, ob die Tatsache, dass die Mehrheit der Spieler mit einem Fördervertrag später keine Lizenzspieler werden, etwas an der Zwecksetzung ändern kann. Zunächst verstärkt diese Tatsache das Schutzbedürfnis der Jugendlichen, die Zeit opfern und Verpflichtungen mit dem Fördervertrag eingehen mit der großen Unwissenheit, ob sie sich später auch ihren Berufswunsch erfüllen können. Die Vorschriften des BBiG sollen ja gerade auch Schutzvorschriften für Auszubildende darstellen[320]. Dies auch unter dem Gesichtspunkt, dass die Teilnahme an einem NLZ Einfluss auf die übrigen Berufsvorstellungen der Jugendlichen haben kann[321].

Vor allem ändert die Tatsache innerhalb dieses Prüfungspunktes nichts an der Zwecksetzung, sowohl seitens des Vereins als auch seitens des Spielers. Beide haben das Ziel, dass der Spieler später ein Arbeitsverhältnis als Lizenzspieler eingeht[322] und beide gehen dabei mit dem Fördervertrag gegenseitige Verpflichtungen ein. Das BBiG sieht insbesondere keine Regelungen vor, die das Vorliegen einer bestimmten Wahrscheinlichkeit für das Ergreifen eines Berufes als Voraussetzung vorsehen. Bei der Anerkennung von Ausbildungsberufen gem. §§ 1 II, 25 BBiG wird danach geschaut, ob ein ausreichender Bedarf vorhanden ist[323]. Dies heißt im Umkehrschluss aber, dass bei bloßen Berufsausbildungen gem. § 1 II BBiG und anderen Vertragsverhältnissen gem. § 19 BBiG ein solcher Bedarf nicht geprüft werden braucht. Im Übrigen soll § 28 II BBiG den Jugendlichen einen Schutz vor nutzlosen Ausbildungen geben, wonach Jugendliche unter 18 Jahren nur in anerkannten Ausbildungsberufen ausgebildet werden dürfen[324].

319 Siehe dazu Anlage Fragebögen Verein und Nachwuchsspieler: Bei Fragebogen Verein Fragen 8 und 9 bezifferten 10 von 17 Vereinen die Zahl der Spieler mit einem Fördervertrag, die später Fußball als ihre hauptsächliche Erwerbsgrundlage nutzen werden, mit nur einem kleinen Teil, bzw. 15 von 17 Vereinen die Zahl der Spieler die später Profi in ihrer eigenen Lizenzspielerabteilung werden mit 0 - 30%; bei dem Fragebogen Nachwuchsspieler schätzten bei Frage 11, 155 von 310 Spielern die Wahrscheinlichkeit, Fußballprofi zu werden, als mittelmäßig ein, 102 Spieler als hoch und 44 Spieler als gering.

320 Siehe im einzelnen unten unter 6.2.

321 Siehe Frage 10 Fragebogen Nachwuchsspieler, wonach 124 von 310 Spielern keine anderen Berufswünsche haben.

322 Siehe dazu auch Fragebogen Nachwuchsspieler Frage 8, wonach keiner der 310 Spieler angab, das Fußballspielen später als reine Freizeitbeschäftigung ausüben zu wollen, der überwiegende Teil möchte später Fußballprofi werden.

323 Siehe oben unter 1.2.

324 Auf § 28 II BBiG wird in 8 noch ausführlich einzugehen sein.

Ergänzend ist darauf hinzuweisen, dass der BGH auch die Ausübung als Vertragsamateur als berufsmäßige Ausübung des Fußballsports eingestuft hat[325]. Selbst wenn der Spieler nicht Lizenzspieler wird, ist eine berufsmäßige Ausübung durchaus als Vertragsamateur (jetzt Nicht-Amateur ohne Lizenz) in einem der zahlreichen Amateurvereine denkbar und wahrscheinlich.

Es kann an dieser Stelle festgehalten werden, dass die Tatsache, dass nur ein kleiner Teil der Spieler später Lizenzspieler wird, nichts an der Zwecksetzung ändert, dass sowohl Spieler als auch Verein das Ziel Lizenzspieler vor Augen haben. Wenn man die Zwecksetzung der Parteien untersucht, muss man auch einen Blick darauf werfen, warum eine Vergütung gezahlt wird[326]. Dies geschieht auch unter dem Gesichtspunkt, dass gem. § 10 I BBiG eine angemessene Vergütung die Rechtsfolge eines Vorliegens eines Ausbildungsverhältnisses darstellt. Dies bedeutet, dass wenn keine Vergütung gezahlt wird, dies nicht gegen ein Ausbildungsverhältnis spricht, da der Gesetzgeber für einen solchen Fall Vorkehrungen getroffen hat und dennoch ein Ausbildungsverhältnis annimmt. Andererseits kann aber bei Zahlung einer Vergütung nach den Motiven geschaut werden, warum eine solche von den Parteien vereinbart wurde.

In § 5 des Muster-Fördervertrages wird ein monatliches Entgelt vereinbart.[327] Die genauen Höhen der Monatsgehälter werden natürlich nur ungern preisgegeben. Eine Summe von durchschnittlich ca. € 200 (früher DM 400) wird zum Teil angegeben[328]. Weiter bekommen die Spieler noch Einsatz- und Punktprämien[329]. Zusätzlich müssen bei einem Teil der Spieler noch Unterkunft und Verpflegung als geldwerter Vorteil berücksichtigt werden[330].

---

325 BGH, SpuRt 1999, 237.

326 Dementsprechend schaut auch Imping, S. 162, bei der Abgrenzung zwischen Arbeitsverhältnis und Freizeitbeschäftigung bei Vertragsamateuren nach dem Zweck der Vergütung; siehe auch PHBSportR/Fritzweiler 3/13 ff.; auch das BAG, AP BGB § 611 Abhängigkeit Nr. 51, schaut auf die mit der Bezahlung zusammenhängenden Interessen, sagt aber, dass alleine durch das Kriterium „Entgelt" noch kein Arbeitsverhältnis zu begründen ist; vgl. auch BAG NZA 2002, 1412 ff. für die Vergütung bei Leistung von Diensten aufgrund vereinsrechtlicher Pflichten.

327 Anlage 1.

328 Siehe kicker vom 12.11.2001 S. 64 für einen durchschnittlichen Fördervertrag bei Werder Bremen; in Ausnahmefälle wird auch ein größerer Betrag bezahlt, siehe bei Hager, S. 28, der als Beispiel einen monatlichen Betrag von DM 40.000,- für einen 16-jährigen Spieler angibt.

329 Siehe § 5 Muster Fördervertrag DFL (Anlage 1).

330 Siehe Anlage Fragebogen Nachwuchsspieler Frage 5, wonach ein Teil der Spieler in dem Internat des Vereins oder in einer Pflegefamilie untergebracht sind.

Aus der Umfrage der Spieler ergibt sich, dass der Verdienst bei der Beurteilung der NLZ nur eine untergeordnete Rolle spielt[331]. Die Vereine weisen als Grund für die Höhe der Vergütung dem finanziellen Bedarf der Spieler und dem Gesichtspunkt der Entlohnung von geleisteten Diensten der Spieler eine etwa gleich große Rolle zu[332]. Imping geht bei der Abgrenzung zwischen Arbeitsverhältnis und Freizeitverhältnis bei Vertragsamateuren von einem Betrag von monatlich DM 700,- aus, bei dem er dann von einem Arbeitsverhältnis ausgeht[333]. Imping gibt deshalb DM 700,- als Grenze zwischen Arbeitsverhältnis und Freizeitbeschäftigung an, weil damit der steuerrechtlich zulässige Aufwendungsersatz überschritten wird[334]. Jetzt wird in § 8 Nr. 2 Spielordnung DFB eine Grenze von € 149,99 angegeben. Mit der Überschreitung dieses recht ansehnlichen Betrages solle, nach Imping, der Spieler in ein Pflichtenverhältnis eingebunden werden, dass ihm ähnlich wie die tägliche Arbeit ein Gefühl von Zwang und Verantwortung vermittelt. Dem stehe die Freizeit entgegen, in der der Werktätige frei von Zwängen und Weisungen seinen Tagesablauf gestalten kann[335]. Imping nimmt diese Grenze aber nur als starkes Indiz für die erhöhten Verpflichtungen, die der Spieler eingeht, anders als bei einem Freizeitspieler[336].

Im kicker wurde der ausgefüllte Wochenplan eines 17-jährigen Spielers mit Fördervertrag dargestellt: viermal die Woche Training, zweimal Training in dem Kraftraum, die Regionalligaspiele, Zusatzeinheiten mit der Verbandsauswahl und die Lehrgänge mit der U 18 Nationalmannschaft[337]. Es fällt schwer hier noch von einer reinen Freizeitbeschäftigung zu sprechen, die sich frei von Zwängen und Verantwortung darstellt[338]. Die Höhe von € 200,- spricht bei den vorangestellten Anforderungen aber auch gegen ein Arbeitsverhältnis. Zwar kann, nimmt man die Einsatz-, Punktprämien und die geldwerten Vorteile hinzu, die Grenze von DM 700,- überschritten werden. Im Gesamten stellt sich dies aber nicht nur als Entlohnung von geleisteten Diensten dar, wie dies für ein Arbeitsverhältnis erforderlich wäre.

---

331 Siehe Anlage Fragebogen Nachwuchsspieler Frage 13.

332 Siehe Anlage Fragebogen Verein Frage 24.

333 Imping, S. 162.

334 Imping, S. 162.

335 Imping, S. 162.

336 Siehe Imping, S. 162.

337 Kicker vom 12.11.2001 S. 64; siehe auch Bisanz/ Gerisch, S. 27, der herausstellt, dass tägliches Training bei A-Junioren der höchsten Leistungsklasse erforderlich ist.

338 So wie Imping bei einer Freizeitbeschäftigung abstellt.

Vielmehr drängt sich der Vergleich zu den unterschiedlichen Komponenten auf, die einer Vergütung in einem Ausbildungsverhältnis zugeschrieben werden. Hier werden drei Komponenten herausgestellt[339]:

- Die Förderung fachlich qualifizierten Nachwuchses zu gewährleisten
- Unterstützung zum Lebensunterhalt des Auszubildenden bzw. finanzielle Hilfe der Erziehungsberechtigten
- Entlohnung für geleistete Dienste

Die Förderung fachlich qualifizierten Nachwuchses ist der grundlegende Beweggrund für die Einführung der NLZ und der Förderverträge, um talentierte Fußballer an den Leistungsbereich der Bundesligavereine heranzuführen. Die Unterstützung zum Lebensunterhalt wird zum einen deutlich, durch die Höhe der Grundvergütung, wenn man von € 200,- ausgeht, die mehr eine Unterstützung als einen wirklichen Verdienst darstellen, wenn man es auf einen Stundenlohn umrechnet[340]. Die Gewährung von Unterkunft und Verpflegung gegenüber einem Teil der Spieler ist auch als Unterstützung zum Lebensunterhalt anzusehen. Allerdings spielt auch der dritte Gesichtspunkt, die Entlohnung von geleisteten Diensten, eine Rolle. Das Fußballspielen eines jeden Spielers innerhalb des NLZ stellt einen gewissen Wert für den Verein dar. Zum einen ist das Unterhalten eines NLZ inzwischen Voraussetzung zur Lizenzerteilung der Lizenzligamannschaft[341]. Von daher sind die Vereine auf das Fußballspielen eines jeden Spielers angewiesen, unabhängig von der Tatsache, ob der einzelne Spieler später Lizenzspieler wird oder nicht. Zum anderen muss der Bundesligaverein auch auf sein Image achten und daher darauf bedacht sein, dass auch seine Jugendmannschaften in ihrer jeweiligen Spielklasse eine gute sportliche Rolle spielen[342]. Insgesamt kann also gesagt werden, dass die Zahlung einer Vergütung bei den Förderverträgen ähnliche Elemente enthält, wie sie Ausbildungsvergütungen zugeschrieben werden. Die bei den Förderverträgen nun vorliegende berufsspezifische Zweckrichtung wird auch deutlich, wenn man sich im Vergleich die Berufssituation in anderen Sportarten anschaut[343]. Am Beispiel der Talentförderung

---

339 BAGE 41, 142; BAGE vom 11.10.1989 - 5 AZR 526/88 n. v.; siehe ausführlich Opolony, S. 510 und Frädrich, S. 72 ff. m.w.N.

340 Bei den obigen wöchentlichen Verpflichtungen kommt man mindestens auf eine Wochenzahl von 20 Stunden, was einem Stundenlohn von DM 5,- entsprechen würde.

341 Siehe § 7 Nr. 4 b) Lizenzspielerstatut DFL (www.bundesliga.de/intern/ligastatu/.)

342 Siehe zur Frage der Abhängigkeit von Ausbildungsvergütung und Produktivität der innerhalb der Ausbildung geleisteten Arbeit bei Frädrich, S. 76 f. m. w. N.

343 Siehe auch allgemein zur Verbindung von sportlichen und außersportlichen beruflichen Karrieren bei Conzelmann u.a.: „Hochleistungssport: persönlicher Gewinn oder Verlust".

des Deutschen Fechter-Bundes werden die unterschiedlichen Strukturen im Gegensatz zur Fußballbundesliga und den NLZ sichtbar. Der Deutsche Fechter-Bund hat den eingetragenen Verein Sportinternat Bonn gegründet[344]. Zwischen dem Verein und dem Fechter wird ein Vertrag über die Aufnahme in das Sportinternat geschlossen. Im Gegensatz zu den Förderverträgen erhält er aber kein monatliches Entgelt, sondern muss sogar seinerseits einen monatlichen Internatsbeitrag leisten.

Nun kann dies für sich alleine kein taugliches Indiz sein, da bei Vorliegen eines Ausbildungsverhältnisses gem. § 10 I BBiG die Zahlung eines Internatsbeitrages unzulässig und eine angemessene Vergütung als Rechtsfolge zu zahlen wäre. Lässt man zunächst einmal die Prüfung außen vor, ob der Fechter in ähnlicher Weise wie ein Fußballer bezüglich des Trainings und des Wettkampfes weisungsgebunden in die Betriebsorganisation des Deutschen Fechter-Bundes oder eines sonstigen Fechtervereins eingebunden ist, kommt man zu der Frage nach der Zweckrichtung des Vertragsverhältnisses.

An dieser Stelle ist festzustellen, dass die Zweckrichtung der Talentförderung im Fechtbereich nicht auf ein Arbeits- oder gar ein berufliches Ausbildungsverhältnis gerichtet ist. Zwar kann von einer berufsmäßigen Ausübung des Sports auch dann gesprochen werden, wenn das regelmäßig erzielte Einkommen nicht direkt vom Verein oder Verband für die sportliche Betätigung, sondern von dritter Seite gezahlt wird[345]. Dies geschieht dann häufig auf Grundlage von Sponsoring- oder Vermarktungsvereinbarungen, in der Sportler regelmäßige Zahlungen dafür versprochen werden, dass sie für einen Dritten, den Sponsor, eine Werbeleistung erbringen[346]. Auch diese mittelbare Verwertung beruht auf der sportlichen Leistung[347]. Im Unterschied zu den NLZ im Fußball findet das sportliche Training in Sportarten wie zum Beispiel Fechten und Kunstturnen überwiegend nicht, oder nur sehr vage, im Hinblick auf eine spätere berufliche Karriere als Sportler statt[348]. Auch im Spitzenbereich werden diese Sportarten nur als reine Ama-

344 Die nachfolgenden Ausführungen beruhen auf einem Besuch und Gesprächen mit den Verantwortlichen des Sportinternats Bonn des Deutschen-Fechter-Bundes.

345 Krogmann, S. 37.

346 Krogmann, S. 37.

347 Krogmann, S. 37.

348 Krogmann, S. 43; siehe auch bei Conzelmann u.a., S. 93, dort gaben nur 1,5 % der befragten Spitzensportler aller Sportarten an, dass Berufssportler ihr Berufswunsch sei; dagegen gaben fast alle Nachwuchsspieler an, dass sie später Fußballprofi werden wollen (Fragebogen Nachwuchsspieler Frage 8).

teursportarten betrieben werden[349]. Eine berufsmäßige Ausübung zum Beispiels des Fechtsportes ist daher nicht das Ziel der Talentförderung seitens des Deutschen Fechter-Bundes und des Sportlers. Dagegen steht bei den Förderverträgen die berufsmäßige Verwertung der vermittelten Fähigkeiten im Vordergrund, denn beide Seiten streben eine berufsmäßige Tätigkeit des Spielers als Lizenzspieler an. Die berufsmäßige Verwertung der fußballerischen Leistung erfolgt insbesondere durch die Organisation der Bundesligen nach ökonomischen Prinzipien und den Abschlüssen von Lizenzspielerverträgen. Es stehen mehrere hundert Arbeitsplätze[350] alleine in Deutschland zur Verfügung, um die sich ein Fußballspieler bewerben kann. Dies lässt eine berufsmäßige Verwertung der sportlichen Leistung mehr als nur vage erscheinen.

5.2.3.7.8. Zusammenfassung und Ergebnis für den Gesichtspunkt „Arbeit"

Es wurden die verschiedenen Elemente heraus gearbeitet, die in Bezug auf das Zweckinteresse die Tätigkeit eines Spielers als Freizeitbeschäftigung, Arbeit oder als Ausbildungsverhältnis bezeichnen. Das Betreiben des Fußballsports im Rahmen der Förderverträge enthält dabei Elemente aller Bereiche.
Da der Spieler den Fußballsport neben dem Besuch einer Schule oder dem Absolvieren einer Berufsausbildung betreibt und der Spaß dabei eine wichtige Rolle spielt, war eine solche Tätigkeit in der Vergangenheit zutreffend als Freizeitbeschäftigung einzuordnen. Da Spieler und Verein nunmehr aber auf vertraglicher Basis Rechte und Pflichten mit dem Fördervertrag eingehen, die über die satzungsmäßigen Rechte und Pflichten eines Vereinsmitgliedes hinausgehen, unterwirft sich der Spieler einem Zwang, der die Tätigkeit nicht mehr als Freizeitbeschäftigung erscheinen lässt. Es kommt dann entweder ein Arbeitsverhältnis oder ein Ausbildungsverhältnis in Betracht[351]. Für ein Arbeitsverhältnis spricht insbesondere, dass der Verein ein sofortiges Interesse daran hat, dass der Spieler für eine Juniorenmannschaft den Fußballsport ausübt und der Spieler dafür ein monatliches Entgelt erhält. Würde man nur dies betrachten, wäre darin ein Austausch von Arbeit gegen Entgelt im Gegenseitigkeitsverhältnis zu sehen und damit wären die Förderverträge als Arbeitsverhältnis zu qualifizieren.

Für ein Ausbildungsverhältnis spricht das gegenseitige Zweckinteresse des Spielers und des Vereins, dass der Spieler später einmal einen Lizenzspielervertrag unterschreiben soll. Die Förderung und die Ausbildung des talentierten Fußbal-

349 Krogmann, S. 43.
350 Pro Bundesligaverein (1. und 2. Liga) ca. 15-20 Arbeitsplätze als Lizenzspieler.
351 So im Ergebnis auch Hager, S. 28.

lers in Hinblick auf eine spätere Ausübung des Fußballsports als Lizenzspieler steht über dem Erbringen einer momentanen Arbeitsleistung. Das Lernen und die Weiterentwicklung des Spielers steht im Vordergrund. Der Verein hat weniger ein Interesse an dem jetzigen Leistungsvermögen des Spielers als an dem Leistungsvermögen, welches der Spieler durch das Training und die Teilnahme am Spielbetrieb der Juniorenmannschaften erreichen soll. Dieses erworbene Leistungsvermögen möchte dann der Verein im Idealfall als Arbeitsleistung für seine Lizenzspielermannschaft nutzen, die im Mittelpunkt des Interesses des Wirtschaftsunternehmens „Bundesligaverein" steht. Dies entspricht letztlich dem Zweckinteresse eines Ausbildungsverhältnisses, welches der Gesetzgeber in §§ 6 und 9 BBiG umschrieben hat. Danach hat der Ausbildende die Hauptpflicht zur Vermittlung von Kenntnissen, Fertigkeiten oder Erfahrungen und der Auszubildende hat die Pflicht zum Lernen.

Aus diesen Gründen ist der Schluss zu ziehen, dass der Ausbildungszweck bei den Förderverträgen im Vordergrund steht und nicht eine Arbeitsleistung des Nachwuchsspielers[352]. Im Ergebnis führt dies dazu, dass der Spieler keine „Arbeit" verrichtet.

5.2.3.8. Ergebnis für die Tatbestandsvoraussetzung „kein Arbeitsverhältnis"

Wenn man demnach davon ausgeht, dass der Spieler keine „Arbeit" verrichtet, liegt auch insgesamt kein Arbeitsverhältnis vor, weil dafür alle drei Voraussetzungen (Vertrag, Abhängigkeit und Arbeit) zusammen vorliegen müssen. Die Voraussetzung des § 19 BBiG, wonach kein Arbeitsverhältnis vereinbart sein darf, ist damit erfüllt.

5.2.4. Ergebnis für die Wortauslegung des § 19 BBiG

Es wurde im Abschnitt 5.2. dargelegt, dass die Voraussetzungen des § 19 BBiG nach dem Wortlaut erfüllt sind. Der Spieler wird eingestellt, um berufliche Kenntnisse, Fertigkeiten oder Erfahrungen zu erwerben. Dafür haben die Parteien weder ein Berufsausbildungsverhältnis im Sinne von § 1 II BBiG vereinbart

352 Soweit gesagt wird, dass bei einer neben der Vereinsmitgliedschaft zusätzlichen vertraglichen Bindung zur Vereinstreue, die Vereinsbindung sich nicht in ein Ausbildungsverhältnis umwandele (Walker, S. 63), so dürfte es kaum vorkommen, dass der Verein alleine für die Vereinstreue ein monatliches Entgelt zahlt, ohne dass darauf geachtet wird, dass der Spieler die regelmäßigen Trainings- und Spielzeiten einhält. Dann ist aber das Vertragsverhältnis nach den hier aufgeführten Grundsätzen zu behandeln.

noch liegt ein Arbeitsverhältnis vor, weil der Schwerpunkt des Vertragsverhältnisses auf ausbildungsrelevanten Gesichtspunkten liegt und nicht in der Erbringung einer Arbeitsleistung. Im Folgenden ist nun zu fragen, ob der historische Gesetzgeber solche Vertragsverhältnisse, wie sie nun mit den Förderverträgen vereinbart werden, bei der Schaffung des § 19 BBiG mit einbeziehen wollte.

5.3. Historische Auslegung[353]

5.3.1. Einführung

Bei der Wortauslegung ist die Untersuchung oben zu dem Ergebnis gekommen, dass die Förderverträge unter den Wortlaut des § 19 BBiG subsumiert werden können. Da solche Verträge bei der Schaffung des BBiG 1969 noch nicht bekannt waren, ist zu fragen, welche Art von Vertragsverhältnissen der Gesetzgeber vor Augen hatte. Dies auch unter dem Gesichtspunkt, dass bei der Bezeichnung der unter § 19 BBiG fallenden Vertragsverhältnisse die Literatur zwar überwiegend Volontäre und Praktikanten erwähnt, aber die Anlernverhältnisse nur teilweise genannt werden. Die Frage ist insbesondere, welche Funktion der § 19 BBiG nach der Absicht des Gesetzgebers ausfüllen sollte. Fangmann schreibt dem § 19 BBiG den Charakter einer Auffangvorschrift zu, die alle beruflichen Ausbildungsverhältnisse erfassen und den Regeln des Arbeitsrechts (§ 3 II BBiG) unterwerfen solle[354]. § 19 BBiG knüpfe an den wirklichen Zustand an, dass in einigen Fällen Ausbildungsgänge fehlen (zum Beispiel beim Anlernverhältnis). Diese sollten ausbildungs- und arbeitsrechtlich geschützt werden. Ein Mehr an Voraussetzungen in Richtung auf das Berufsausbildungsverhältnis sei

---

353 Siehe zur Bedeutung der historischen Auslegung bei Raisch, S. 145 ff., Nr. 5: Die historische Auslegung erfolgt durch die Heranziehung der Gesetzesmaterialien als zweiter Auslegungskanon. Hauptquellen sind dabei auch die Berichte der federführenden Bundestagsausschüsse. Der Gesetzeszweck ist die entscheidende Korrekturinstanz der Wortauslegung als dem ersten Kanon der Interpretation. Die so verstandene historische Auslegung, die besonders nach dem Gesetzeszweck forscht, kann als subjektiv-teologische Auslegung bezeichnet werden. - Das BVerfG benutzt die Standardformulierung, dass die Entstehungsgeschichte nur insofern von Bedeutung sei, als sie die Richtigkeit einer nach den anderen Auslegungskriterien gewonnenen Meinung bestätigt, zumindest aber noch vorhandene Zweifel behebt (siehe BVerfGE 1, 117 (127, 138); 8, 274 (307); 10, 244; 11, 126 (130 ff.) - Redeker/Karpenstein (S. 2825) stellen heraus, dass Gutachten, die sich um die Auslegung einer Norm bemühen, ohne Rückgriff auf deren Entstehungsgeschichte kaum denkbar sind. - Aufgrund der im Ergebnis wohl unstreitigen großen Bedeutung der historischen Auslegung wird an dieser Stelle der Darstellung von Raisch gefolgt und die historische Auslegung direkt nach der Wortauslegung durchgeführt, siehe so auch Raisch S. 139, Nr. 3.

354 Fangmann, S. 985.

unschädlich und entspräche der Tendenz des BBiG, die berufliche Ausbildung umfassend zu regeln[355]. Wenn man also oben bejaht hat, dass der Schwerpunkt der Förderverträge auf dem Ausbildungsaspekt liegt, dann wären auch die Förderverträge unter § 19 BBiG zu zählen. Dies würde der von Fangmann aufgeführten Zielrichtung des BBiG entsprechen, die berufliche Ausbildung umfassend zu regeln. m Folgenden sollen kurz die Unterschiede zwischen Praktikanten-, Volontär- und Anlernverhältnis dargestellt werden, um dann zu schauen, ob in der Entstehungsgeschichte und in den Gesetzesbegründungen gleiche Differenzierungen zu finden sind.

5.3.2. Praktikanten-, Volontär- und Anlernverhältnisse

Volontäre und Praktikanten weisen teilweise Ähnlichkeiten auf. Dies führt dazu, dass teilweise in der Literatur das Praktikantenverhältnis als Unterart des Volontärverhältnisses aufgefasst wird[356]. Praktikanten sind Personen, die sich, ohne eine systematische Berufsausbildung zu absolvieren, einer bestimmten betrieblichen Tätigkeit und Ausbildung im Rahmen einer Gesamtausbildung unterziehen[357]. Auf das Merkmal „im Rahmen einer Gesamtausbildung“ wird übereinstimmend abgestellt[358]. Ein Volontärvertrag ist ein Vertrag, mit dem sich eine Person dem Arbeitgeber als Ausbildenden zur Leistung von Diensten und dieser sich zur Ausbildung der Person verpflichtet, ohne dass mit der Ausbildung eine vollständig abgeschlossene Fachausbildung in einem anerkannten Ausbildungsberuf beabsichtigt ist[359]. Die Ausbildung ist nicht so umfassend wie bei einem Auszubildenden im Sinne des § 1 II BBiG[360].

Diese Definition entwickelte sich aus der Legaldefinition des § 82a HGB. In dieser Vorschrift wird im Gegensatz zu § 19 BBiG ausdrücklich für kaufmännische Volontäre das Volontärverhältnis behandelt. Diese Begriffsbestimmung ist dann von Rechtsprechung und Lehre für alle Berufszweige entsprechend angewendet worden. Nach der Einführung des BBiG 1969 wurde teilweise die Ansicht vertreten, dass § 19 BBiG nicht auf Volontäre anwendbar sei, da der Beg-

355 Fangmann, S. 985.
356 Knigge, Rd. 27.
357 ErfK Schlachter ,§ 19 BBiG Rd. 3.
358 Siehe Wohlgemuth, § 19 Rd. 5; Knopp/Kraegeloh, § 19 Rd. 3, Schaub, § 16 IV 1; ähnlich Natzel in Berufsausbildungsrecht S. 316 und in MünchArbR, § 171 Rd. 341 f., der es als Teil auf dem Weg zu einem akademischen Beruf ansieht.
359 Schmidt, BB 1971, 622; weitgehend in der Literatur übernommen; siehe Wohlgemuth, § 19 Rd. 4, Knigge, Rd. 16 mit weiteren Hinweisen.
360 Wohlgemuth , § 19 Rd. 4; Natzel S. 317; Gedon/Spiertz, § 19 Rd.12.

riff „Volontär“ nicht ausdrücklich erwähnt wird[361]. Überwiegend wird aber eine andere Ansicht vertreten und § 19 BBiG gerade auf Volontärverhältnisse angewandt[362]. Als Merkmale eines Volontärverhältnisses sind insbesondere folgende Punkte herauszustellen:

- Überwiegen des Ausbildungszwecks[363]
- Dominieren der Lernpflicht des Auszubildenden[364]
- keine so umfassende Ausbildung wie bei einem Auszubildenden im Sinne des § 1 II BBiG[365]
- Volontär will in bestimmtem Betrieb Kenntnisse erlangen, ohne dabei eine vollständige Fachausbildung zu erhalten[366]
- kein Überwiegen der Arbeitsleistung[367]
- kein vollständiger Verzicht auf die Arbeitspflicht, andere Arbeitnehmer können auch entlastet werden[368]
- Volontärverhältnis ist kein Teil einer Gesamtausbildung, dient aber als zusätzliche Ausbildung, die andere Berufstätigkeit vertieft oder ergänzt[369]
- Interesse des Volontärs an praktischer Ausbildung auf einem oder mehreren bestimmten Gebieten, ohne dass die Ausbildung zwingend vorgeschrieben ist (als Abgrenzung zum Praktikantenverhältnis)[370]
- keine gesetzliche Regelung einer Ausbildung als Volontär[371]
- keine Abschlussprüfung[372]
- die Ausbildungszeit ist regelmäßig kürzer als die Zeit eines Berufsausbildungsverhältnisses im Sinne von § 1 II BBiG[373]

---

361 Siehe Knigge, Rd. 2; dies stimmt aber nur begrenzt, da die Gesetzesbegründungen ausdrücklich und sogar als einziges Vertragsverhältnis das Volontärverhältnis erwähnen, siehe unten unter 5.3.4.

362 Knigge, Rd. 3; Wohlgemuth, § 19 Rd. 4; Herkert, Anm. 4 § 19; Weber, Anm. 1 zu § 19, Palandt,/Preis, Anm. 61 vor § 611; Schaub, § 16 III 2, Fredebeul, BB 1969, 1146; Monjau, DB 1969,1847.

363 Köst, DB 1954, 413; Schmidt, BB 1971,622.

364 Schmidt, BB 1971, 624; Knigge, Rd.5.

365 Wohlgemuth, § 19 Rd. 4; Natzel, S. 317; Gedon/ Spiertz, §19 Rd.12; Knigge, Rd. 5.

366 Schmidt, BB 1971, 622; Knigge, Rd. 16.

367 Köst, DB 1954, 413.

368 Reichel, BB 1955, 225; Knigge, Rd. 5.

369 Knigge, Rd. 5; Köst, DB 1954, 413; Reichel, BB 1955, 224; Schmidt, BB 1971, 622; BAG, AP BGB § 611 Ärzte, Gehaltsansprüche Nr. 1.

370 Schmidt, BB 1971, 622.

371 Knigge, Rd. 23.

372 Schmidt, BB 1971,622; Knigge, Rd. 23.

373 Knigge, Rd. 23.

- Volontärverhältnis ist im Gegensatz zu einem normalen Arbeitsverhältnis befristet und in dieser Zeit nicht ordentlich kündbar[374]
- Volontär wird in den Betrieb eingegliedert[375]

Diese Aufstellung zeigt die verschiedenen Merkmale, die bei einem Volontärverhältnis vorliegen können. Als zwingende Voraussetzung ist zu erwähnen, dass der Ausbildungszweck im Vordergrund stehen muss. Die vorgenannten Kriterien kamen vor allem durch die Beobachtung der praktischen Ausgestaltung der Volontärverhältnisse in der Vergangenheit zustande, die schon lange vor Inkrafttreten des BBiG 1969 praktiziert wurden. Die erste gesetzliche Erwähnung findet sich im Jahr 1915, durch den damals neu eingefügten § 82a HGB[376]. Eine wörtliche Entsprechung der Kriterien findet sich dagegen im Wortlaut des § 19 BBiG nicht.

Anlernlinge sind Arbeitnehmer, die in einem Fachgebiet eine planmäßige Spezialausbildung erhalten. Der Anlernling unterscheidet sich vom Auszubildenden durch die kürzere Dauer der Ausbildung, die geringeren persönlichen Bindungen an den Ausbildungsherrn und die begrenzte Ausbildung in einem Spezialgebiet[377]. Wegen des engeren Ausbildungsziels ist die Ausbildungszeit beim Anlernverhältnis kürzer[378]. Gemeinsam mit einem Volontär hat der Anlernling den im Vordergrund stehenden begrenzten Ausbildungszweck und die dahinter nachrangige Arbeitspflicht. Der Unterschied liegt in erster Linie darin, dass der Ausbildungserfolg nicht auf dem Weg zu einem anderen Beruf liegt oder als Teil eines anderen Berufs anzusehen ist, sondern die erworbenen Kenntnisse und Erfahrungen an sich ausreichen würden, die entsprechende Berufstätigkeit auszuüben. Die Förderverträge weisen im Ergebnis mehr Ähnlichkeiten mit einem Anlernverhältnis auf. Insbesondere ist davon auszugehen, dass mit dem Training und Spielbetrieb das Berufsbild des Fußballers vollständig umfasst ist. Bereiche, die für die Berufsausübung wichtig sind, aber nicht Gegenstand des Vertragsverhältnisses sind, wie beim Volontär oder Praktikanten, gibt es bei Förderverträgen in Hinblick auf die Berufsausübung als Fußballer nicht. Im Folgenden ist nun zuerst zu schauen, ob sich aus der Entstehungsgeschichte ein Hinweis darauf ergibt, welche Vertragsverhältnisse der § 19 BBiG umfassen soll.

---

374 Köst, DB 1954, 413.
375 Reichel, BB 1955, 225.
376 Schmidt, BB 71, 622.
377 Schaub, § 16 I 2.
378 Herkert, Rd. 5.

5.3.3. Entstehungsgeschichte

Das BBiG trat am 01.09.1969 in Kraft. Davor war das Recht des Ausbildungsvertrags und das öffentlich-rechtliche Berufsbildungsrecht gesetzlich überhaupt nicht bzw. nur in den einzelnen Ländern lückenhaft geregelt[379].

Es gab zahlreiche Entwürfe für ein einheitliches Berufsbildungsgesetz, angefangen 1919 mit den „Nürnberger Beschlüssen", in denen die Gewerkschaften Deutschlands Regelungen für das Lehrlingswesen aufstellten, bis zu dem Entwurf der Fraktionen CDU/CSU und FDP im Jahre 1966, aus welchem dann vor allem das vorliegende BBiG entwickelt wurde[380]. Bei den unterschiedlichen Entwürfen werden, sieht man mal von Arbeitsverhältnissen Jugendlicher ab, vor allem zwischen vier Vertragsverhältnissen unterschieden: Lehrverhältnis, Anlernverhältnis, Praktikum und Volontärverhältnis[381]. Dabei wurden ähnliche Definitionen für Praktikanten-, Volontär- und Anlernverhältnisse verwendet, die auch heute noch für entsprechende Vertragsverhältnisse gelten, zum Beispiel für das Praktikantenverhältnis als Vorbereitung auf ein Fach- oder Hochschulstudium[382]. Auch das Berufsbildungsgesetz für West-Berlin aus dem Jahre 1953 sieht in § 1 III Nr. 1 - 4 die vier Vertragsverhältnisse für Lehrlinge, Anlernlinge, Praktikanten und Volontäre vor[383].

---

379 Wohlgemuth, Vorwort, S. 7.

380 Siehe zum Überblick zu den einzelnen Entwürfen bei Michelsen, S. 61 ff.

381 Siehe: Entwurf eines Gesetzes über die Berufserziehung der deutschen Jugend von 1942 in Michelsen, S. 61 ff.: § 17; Entwurf eines Berufsbildungsgesetzes von 1953 (ohne Verfasserangabe) in Michelsen, S. 127 ff.: § 34 Lehrberufe, § 52 Anlernberufe, § 58 Praktikanten und § 59 Volontäre; Denkschrift zu einem Berufserziehungsgesetz von 1953 in Michelsen, S. 168 ff.: V Nr. 1: Lehrverhältnis, Nr. 2 Anlernverhältnis, Nr. 3 Praktikantenverhältnis; Grundzüge für den Entwurf eines Gesetzes für die betriebliche Berufsbildung des Bundesarbeitsministeriums von 1955 in Michelsen, S. 212 ff.: III A das Lehrverhältnis, B das Anlernverhältnis und C das Praktikantenverhältnis; Entwurf eines Bundesgesetzes zur Ordnung der Berufsbildung der Angestellten- und Arbeiterkammer Bremen von 1964: § 2: Berufsausbildung im Sinne dieses Gesetzes sind insbesondere 1. die Ausbildung in einem Lehrberuf, 2. die Ausbildung in einem Anlernberuf, 3. die praktische Ausbildung für ein Fach- oder Hochschulstudium, 4. die Ausbildung im Rahmen eines Volontärverhältnisses; Entwurf eines Gesetzes zur Regelung der Berufsausbildung der Fraktionen CDU/CSU und FDP von 1966 in Michelsen, S. 338: § 1 (Geltungsbereich): Lehrverhältnis, Anlernverhältnis, Praktikantenverhältnis und Volontärverhältnis.

382 Siehe zum Beispiel Entwurf eines Gesetzes zur Regelung der Berufsausbildung der Fraktionen CDU/CSU und FDP von 1966 in Michelsen, S.338: § 1 (Geltungsbereich) Nr.3 für das Praktikantenverhältnis.

383 Siehe in Michelsen, S. 104.

Das BBiG von 1969 schaffte nun die neue Formulierung „Berufsausbildungsverhältnis“ des § 1 II BBiG und beseitigte damit insbesondere die anerkannten Anlernberufe. Wäre es nunmehr Absicht des Gesetzgebers gewesen, die Anlernverhältnisse gänzlich aus der gesetzlichen Regelung herauszunehmen, wäre es wohl näher liegender gewesen, für die Gestaltung des § 19 BBiG die aus den früheren Entwürfen bekannten Formulierungen für das Praktikanten- und Volontärverhältnis zu verwenden. Da dies nicht geschehen ist und vor allem die dann getroffene Formulierung, die sowohl auf Praktikanten, Volontäre und Anlernlinge zutrifft, müssen als erstes Indiz dafür gesehen werden, dass Fangmann mit seiner Ansicht richtig liegt, wenn er § 19 BBiG als Auffangvorschrift auffasst.

5.3.4. Gesetzesmaterialien

In den Gesetzesbegründungen wird in der Einleitung zum vertragsrechtlichen Teil des BBiG aufgeführt, dass die Vorschrift des § 19 BBiG nur von sekundärer Bedeutung sei, d. h. sie ist nicht heranzuziehen, wenn ein Berufsausbildungsverhältnis im Sinne des § 1 II BBiG vorliegt oder wenn nach dem Willen der Vertragsparteien ein echtes Arbeitsverhältnis vereinbart ist[384]. Dies entspricht im Ergebnis der Wortauslegung, in der oben festgestellt wurde, dass bei den Förderverträgen weder ein Berufsausbildungsverhältnis im Sinne des § 1 II BBiG noch ein Arbeitsverhältnis zwischen den Parteien vereinbart wurde.

An dieser Stelle verweisen die Gesetzesbegründungen beispielhaft auf Volontäre[385]. Die beispielhafte Nennung zeigt schon, dass der Gesetzgeber die Vorschrift nicht auf Volontäre begrenzen wollte. Ebenso ist es unwahrscheinlich, dass er daneben nur noch an Praktikanten gedacht hat, da es in einem solchen Fall einfacher gewesen wäre, das Praktikantenverhältnis ebenfalls zu erwähnen.

Weiter heißt es zu § 19 BBiG:

„Es besteht aber eine nicht geringe Zahl von Arbeitsplätzen, die mit Arbeitskräften besetzt werden, denen als Ausbildung für ihre berufliche Tätigkeit nur kurzfristig bestimmte berufliche Kenntnisse und Fertigkeiten vermittelt werden müssen. Insoweit würde § 1 II in seinen Voraussetzungen nicht erfüllt sein. Die genannten Arbeitskräfte fielen daher nicht unter den Entwurf. Das ist für den öffentlich-rechtlichen Teil des Entwurfs, vornehmlich aus gesellschafts- und bildungspolitischen Gründen (s. § 28) gewollt. Es erscheint aber zweckmäßig, den

384 BT-Drucksache V/4260, S. 5.
385 BT-Drucksache V/4260, S. 5.

zweiten Teil des Entwurfs auf diese Personen anzuwenden, um zu verhindern, dass Unklarheiten hinsichtlich ihrer rechtlichen Stellung auftreten und zu arbeitsgerichtlichen Auseinandersetzungen führen. Diesem Ziel soll § 19 BBiG dienen. Die Vorschrift stellt es den Vertragsparteien in erster Linie zwar frei, eine Anstellung als Arbeiter oder Angestellter zu vereinbaren. Sie legt gleichzeitig aber für den Fall, dass dies nicht geschieht, zwingend die Anwendung der §§ 4 - 18 als Mindestnormen mit den vorgesehenen Ausnahmen fest."

Schaut man sich die Begründung genau an, stellt man fest, dass sie sogar eher auf Anlernverhältnisse als auf Praktikanten oder Volontäre passt[386]. Wenn die Begründung davon spricht, dass es eine nicht geringe Zahl von Arbeitsplätzen gibt, die mit Arbeitskräften besetzt werden, denen als Ausbildung für ihre berufliche Tätigkeit nur kurzfristig bestimmte berufliche Kenntnisse und Fertigkeiten vermittelt werden müssen, dann entspricht das vor allem einer Anlernausbildung, die zielgerichtet auf eine bestimmte berufliche Tätigkeit Spezialkenntnisse vermittelt und nicht einer Ausbildung, die nur Teil einer Gesamtausbildung (sprich Praktikantenausbildung) oder nur Ergänzung einer anderen Ausbildung oder Berufstätigkeit sein soll. Bei den Förderverträgen werden nur bestimmte berufliche Kenntnisse vermittelt[387].

Hätte der Gesetzgeber eine Begrenzung auf Praktikanten- und Volontärverhältnisse gewollt, wäre dies zumindest in der Begründung zum Ausdruck gekommen, wenn schon nicht in der Formulierung des § 19 BBiG, da die Begriffe „Volontär" und „Praktikant" bekannt waren[388].

Auch in den Protokollen des zuständigen Fachausschusses für Arbeit, der den Gesetzentwurf erarbeitete, findet sich kein Hinweis auf eine beabsichtigte Begrenzung des § 19 BBiG. Der Ausschuss war sich allerdings lange unschlüssig, ob er § 19 BBiG überhaupt aufnehmen sollte. In einem ersten Entwurf war er enthalten, um dann zunächst wieder gestrichen zu werden[389]. Erst kurz vor Beendigung der Beratungen des Ausschusses wurde beschlossen, den Paragraphen in der nun vorliegenden Fassung aufzunehmen[390]. Grund für die Zweifel war die

386 Siehe in diesem Sinne auch Ramm, § 72 II 16 b).
387 Siehe oben unter 5.2.1.2.
388 Siehe oben 5.3.3..
389 Siehe Protokolle, Deutscher Bundestag, 5. Wahlperiode, 1965, Ausschuss für Arbeit, Protokoll Nr. 90 S. 6 und 7.
390 Siehe Protokolle, Deutscher Bundestag, 5. Wahlperiode, 1965, Ausschuss für Arbeit, Protokoll Nr. 90 S. 7.

Sorge, dass das Ziel des BBiG verwässert werden könnte[391]. Es wurde aber im Laufe der Beratungen für eine Einbeziehung darauf hingewiesen, lediglich der vertragsrechtliche und nicht der öffentlich-rechtliche Teil des BBiG werde durch § 19 BBiG einbezogen[392]. Ebenso sei es eine politische Entscheidung[393] und die Jugendlichen würden durch § 28 BBiG geschützt[394]. Das Aufgezeigte legt offen, dass es dem Gesetzgeber nicht darum ging, eine Abgrenzung zwischen Praktikanten, Volontären und Anlernlingen zu treffen. Es ging vielmehr nur um die Frage, ob Ausbildungsgänge, die nicht unter § 1 II BBiG fallen, auch in das Gesetz einbezogen werden sollten.

Aufgrund der Zielrichtung des BBiG, Lücken zu schließen und eine umfassende Regelung für den Bereich der beruflichen Bildung zu schaffen, war es konsequent alle Vertragsverhältnisse einzubeziehen, bei denen der Schwerpunkt nicht auf dem Erbringen der Arbeitsleistung, sondern auf der Vermittlung von Kenntnissen, Fertigkeiten oder Erfahrungen liegt. Für diese Frage sind dann die Unterschiede zwischen Praktikanten, Volontären und Anlernlingen nicht erheblich, da bezüglich des Hauptkriteriums bei allen der Schwerpunkt des Vertragsverhältnisses bei der Ausbildung liegt.

Fraglich ist allerdings, ob die Förderverträge möglicherweise vom historischen Gesetzgeber deshalb nicht unter § 19 BBiG subsumiert worden wären, weil die Vertragslaufzeit mindestens drei Jahre dauert. Dies entspricht einer Ausbildungszeit einer anerkannten Berufsausbildung[395]. In den Begründungen ist die Rede davon, dass von Arbeitsplätzen ausgegangen wird, für die nur kurzfristig Kenntnisse und Fertigkeiten vermittelt werden müssen[396]. Die dreijährige Laufzeit der Förderverträge könnte gegen dieses Vorstellungsbild des Gesetzgebers sprechen. Auch in der Literatur wird bei der Beschreibung von Praktikanten-, Volontär- und Anlernverhältnissen auf die kurzfristige Anstellung hingewiesen[397]. Insbesondere wird darauf verwiesen, dass solche Vertragsverhältnisse

391 Siehe Protokolle, Deutscher Bundestag, 5. Wahlperiode, 1965, Ausschuss für Arbeit, Protokoll Nr. 90 S. 6.
392 Siehe Protokolle, Deutscher Bundestag, 5. Wahlperiode, 1965, Ausschuss für Arbeit, Protokoll Nr. 1, S. 13.
393 Siehe Protokolle, Deutscher Bundestag, 5. Wahlperiode, 1965, Ausschuss für Arbeit, Protokoll Nr. 1, S. 13.
394 Siehe Protokolle, Deutscher Bundestag, 5. Wahlperiode, 1965, Ausschuss für Arbeit, Protokoll Nr. 1, S. 12 und 13.
395 Siehe § 25 II Nr. 2 BBiG.
396 BT-Drucksachen V/4260 II zu § 19 BBiG.
397 Siehe oben 5.3.2.

regelmäßig kürzer als in anerkannten Ausbildungsberufen andauern. Festzuhalten bleibt aber, dass das Wort „kurzfristig“ keine Aufnahme in den Gesetzeswortlaut gefunden hat. Danach ist dies keine zwingende Voraussetzung für das Vorliegen eines Vertragsverhältnisses nach § 19 BBiG.

Natzel sagt, dass schon das Wort „kurzfristig“ in den Gesetzesbegründungen falsch gewählt sei und eigentlich „von vorübergehender Dauer“ gemeint sei[398]. Die wäre allerdings nur ein allgemeiner Hinweis, der grundsätzlich für alle Ausbildungsverhältnisse gilt und in der Natur eines Ausbildungsverhältnisses liegt, da der Ausbildungszweck irgendwann einmal erreicht sein soll.

In dem Gesetzentwurf der Fraktionen von CDU/CSU und FDP waren Ausnahmen des vertragsrechtlichen Teils für solche Vertragsverhältnisse vorgesehen, die weniger als sechs Monate andauern[399]. Für das BBiG wird nun in der Gesetzesformulierung keine Zeitspanne angegeben und in den Begründungen wird lediglich von „kurzfristigen“ Vertragsverhältnissen gesprochen. Die Abkehr von dem Sechs-Monatszeitraum erklärt sich dadurch, dass der Entwurf der Fraktionen CDU/CSU und FDP noch ausdrücklich das Anlernverhältnis erwähnt und grundsätzlich mit einbezieht[400]. Dabei ging der Entwurf davon aus, dass es Anlernverhältnisse gibt, die einerseits länger als und andererseits auch kürzer als sechs Monate dauern können[401]. Das BBiG beseitigte nun den Begriff des anerkannten Anlernverhältnisses und stellte das Berufsausbildungsverhältnis gem. § 1 II BBiG in den Mittelpunkt. Wenn man davon ausgeht, dass der Gesetzgeber Anlernverhältnisse zwar nicht als anerkannte Ausbildung, aber als sonstiges Ausbildungsverhältnis im Sinne von § 19 BBiG regeln wollte, dann war es konsequent, auf die Sechs-Monatsfrist zu verzichten, wenn man berücksichtigt, dass Anlernausbildungen bis zu zwei Jahren bekannt waren[402].

Es sprechen nun zwei Punkte dafür, dass sich die Förderverträge trotz der dreijährigen Laufzeit nicht gegen die Vorstellungen des Gesetzgebers von 1969 richten. Erstens wollte der Gesetzgeber alle Ausbildungsverhältnisse als Erstausbildung mit einbeziehen, die nicht unter § 1 II BBiG fallen. Das Sicherstellen einer ordentlichen Berufsausbildung für Jugendliche sollte über § 28 BBiG erfolgen.

398 Natzel, S. 316.
399 § 25 des Entwurfs der Fraktionen CDU/CSU und FDP von 1966 in Michelsen, S. 338.
400 § 1 des Entwurfs der Fraktionen CDU/CSU und FDP von 1966 in Michelsen, S. 325.
401 Siehe § 25 des Entwurfs der Fraktionen CDU/CSU und FDP von 1966 in Michelsen, S. 338: dort wird in Absatz 1 ausdrücklich unterschieden zwischen Anlernverhältnissen, die länger und kürzer als sechs Monate dauern können.
402 Siehe Rathschlag (1970), S. 9.

Das Wort „kurzfristig“ zeigt lediglich, dass der damaligen Gesetzgeber davon ausging, dass es entweder Ausbildungsverhältnisse mit einer Dauer von 2-3 Jahren gebe[403], die dann unter § 1 II BBiG subsumiert werden sollten oder andere kürzere Ausbildungsverhältnisse, die unter § 19 BBiG subsumiert werden sollten. Die Tatsache, dass das Wort „kurzfristig“ keine Aufnahme in den Wortlaut des § 19 BBiG erfahren hat zeigt, dass hier kein Regelungsbedarf gesehen wurde, da es nunmehr nach Vorstellung des Gesetzgebers keine bekannten Ausbildungsverhältnisse mehr gab, die dann noch ungeregelt waren.

Die Förderverträge stellen nun den damals unbekannten Fall von Ausbildungsverhältnissen dar, welche nicht unter § 1 II BBiG fallen, aber trotzdem eine Laufzeit von drei Jahren aufweisen. Würde man nun ein solches Ausbildungsverhältnis außen vor lassen, würde dies insoweit grundlegend gegen die gesetzgeberische Zielrichtung des BBiG laufen, da man dann nicht mehr von einer umfassenden Regelung auf dem Gebiet der beruflichen Bildung sprechen könnte.

Zweitens wurde durch die Umfrage bei den Jugendlichen deutlich, dass der überwiegende Teil in der Hauptsache eine Schule besucht oder eine andere Berufsausbildung absolviert[404]. Der zeitliche Aufwand im Rahmen der Förderverträge entspricht also nicht einer Vollzeitausbildung, sondern nimmt allenfalls bis zu der Hälfte der Zeit in Anspruch. Geht man daher also höchsten von einer zeitlichem Umfang von quasi eineinhalb Jahren aus, ist man genau bei dem Zeitraum, der typisch für Anlernausbildungen war und deshalb dem Geltungsbereich des § 19 BBiG zuzuordnen sind.

Im Übrigen hat der Gesetzgeber allgemein darauf verzichtet, die Berufsausbildung nach ihrer zeitlichen Dauer zu definieren. § 1 II BBiG bestimmt die Inhalte der Berufsausbildung und nicht den zeitlichen Umfang. So ist auch der § 25 II Nr. 2 BBiG nur eine „Soll-Bestimmung, die eine kürzere oder längere Ausbildungszeit nicht grundsätzlich ausschließt[405]. Dementsprechend ist auch für eine Anlernausbildung nicht die kürzere Vertragszeit das wesentliche Merkmal, sondern die Art und der Umfang der Ausbildung[406] und insbesondere der Verzicht auf Vermittlung von berufsübergreifenden Kenntnissen und Fertigkeiten. Es ist

403 Siehe § 25 II Nr. 2 BBiG.

404 Siehe Fragebogen Nachwuchsspieler Frage 7.

405 BT-Drucksachen V/4260 zu § 25: „Diese Rahmenvorschrift soll jedoch nicht bedeuten, dass künftig Ausbildungsberufe mit einer Ausbildungsdauer von mehr als drei und weniger als zwei Jahren grundsätzlich ausgeschlossen sind.“

406 So auch Denkschrift zu einem Berufserziehungsgesetz von 1953 in Michelsen, S. 187

daher davon auszugehen, dass der Gesetzgeber keine zeitliche Begrenzung der Ausbildungsdauer der Vertragsverhältnisse im Sinne von § 19 BBiG vorgeben, sondern dies der Vereinbarung der Vertragsparteien überlassen wollte[407].

Deshalb ist für die Beurteilung der Förderverträge als anlernähnliches Vertragsverhältnis vor allem bedeutsam, dass lediglich Kenntnisse und Fertigkeiten vermittelt werden, die sich ausschließlich auf die Berufsausübung als Fußballer beziehen. Ob eine Ausbildung als Vertragsverhältnis neben dem Besuch einer Schule, dem Absolvieren einer anderen Ausbildung oder einer Arbeitstätigkeit gewollt war, lässt sich anhand der historischen Ausbildung mangels damaligen Problembewusstsein nicht klären, sondern muss mittels der systematischen Auslegung geprüft werden.

5.3.5. Ergebnis

Die historische Auslegung hat ergeben, dass der Gesetzgeber bei der Schaffung des BBiG 1969 mit dem § 19 BBiG nicht eine gesonderte Regelung für Praktikanten, Volontäre oder Anlernlinge schaffen wollte, sondern vielmehr eine Regelung für alle ihm bekannten Ausbildungsverhältnisse treffen wollte, die als Erstausbildungen nicht unter § 1 II BBiG fallen. Damit erreicht der Gesetzgeber seine Zielrichtung, mit dem BBiG eine umfassende Regelung auf dem Gebiet der beruflichen Bildung zu schaffen. Dementsprechend ist der Auffassung von Fangmann zuzustimmen, der den § 19 BBiG als Auffangvorschrift bezeichnet, der alle beruflichen Ausbildungsverhältnisse umfasst. Die Förderverträge widersprechen dieser Zielrichtung nicht, da sie als Erstausbildung nicht unter § 1 II BBiG fallen. Eine Nichteinbeziehung der Förderverträge als Ausbildungsverhältnis würde daher gegen die ursprüngliche Zielrichtung des BBiG sprechen. Auch die dreijährige Laufzeit spricht nicht gegen die Einbeziehung der Förderverträge, da der Zeitaufwand nicht einer Vollzeitausbildung entspricht und daher eher die Nähe zu einer Anlernausbildung gegeben ist.

Da 1969 die Förderverträge noch nicht bekannt waren, kann man nicht sagen, dass der Gesetzgeber mit der Schaffung des § 19 BBiG auch die Förderverträge ausdrücklich regeln wollte. Es kann aber festgehalten werden, dass die Förder-

---

407 So auch das BAG, AP BetrVG 1972 § 78a Nr. 10, in diesem Sinne wohl auch Natzel in Anmerkungen zum obigen Urteil des BAG, wenn er von der Möglichkeit von Praktika und Volontärverhältnissen mit zweijähriger Ausbildungsdauer spricht. Ebenso geht Berger-Delhey in Anmerkungen zum Urteil des BAG, EzA BeschFG 1985 § 1 Nr. 13, davon aus, dass der Umfang der Ausbildung alleine durch die Vertragsparteien bestimmt wird.

verträge den Vorstellungen, die der Gesetzgeber mit § 19 BBiG verband, nicht widersprechen. Im Ergebnis ist daher zu sagen, dass auch nach der historischen Auslegung die Förderverträge unter § 19 BBiG zu subsumieren sind.

6. Die Bestimmung des sachlichen Geltungsbereichs durch die Lernorte des BBiG gem. §§ 1 V und 2 I BBiG

Es ist nun zu klären, ob ein NLZ als Lernort im Sinne des BBiG in Frage kommt und somit, ob auch in dieser Hinsicht der Anwendungsbereich des BBiG eröffnet ist.

§ 1 V BBiG gibt die Lernorte an, in denen Berufsbildung durchgeführt wird, um in Verbindung mit § 2 BBiG die umfassende Anlage des Gesetzes zu verdeutlichen[1]. Berufsbildung kann danach stattfinden[2] in Betrieben der Wirtschaft und in vergleichbaren Einrichtungen außerhalb der Wirtschaft (= betriebliche Berufsbildung) in berufsbildenden Schulen (= schulische Berufsbildung) in sonstigen Berufsbildungseinrichtungen außerhalb der betrieblichen und schulischen Berufsbildung.

Wenn allerdings eine berufsbildende Schule vorliegt, die den Schulgesetzen der Länder untersteht, dann ist das BBiG ausgeschlossen (§ 2 I BBiG). Es ist daher zu schauen, ob dem Bundesgesetzgeber eine Regelungskompetenz für Ausbildungsgänge in einem NLZ zusteht und wenn ja, inwieweit er von dieser durch die Regelungen im BBiG Gebrauch gemacht hat[3].

6.1. Regelungskompetenz des Bundes

6.1.1. Berufsbildende Schule nach den Schulgesetzen der Länder

Das BBiG gibt selber keine Legaldefinition, was unter einer berufsbildenden Schule im Sinne des Gesetzes zu verstehen ist. Der Begriff „Schule“ ist nicht rechtlich geschützt, deshalb wird er auch von Institutionen benutzt, die keine Schulen im Sinne des Schulrechts sind (Fahrschulen, Tanzschulen)[4]. Umgekehrt können auch Institutionen Schulen im Sinne des Schulrechts sein, die in ihrem Namen nicht den Begriff „Schule“ verwenden. Zunächst soll ein Blick auf die Schulgesetze der Länder geworfen werden, ob sich Anhaltspunkte für eine Abgrenzung des Begriffs „berufsbildende Schule“ finden lassen.

---

1 Siehe BT-Drucksache V/4260, S. 4, zu § 1.
2 Götz, S. 14, Rd. 12.
3 Ähnlich Frädrich, S. 127, der allerdings bei außerbetrieblichen Ausbildungsstätten die Punkte Regelungskompetenz, Regelungsabsicht und Regelungsumfang prüft.
4 Creifelds, S. 1114.

6.1.2. Regelungen der Schulgesetze der Länder

Die Schulgesetze der Länder erläutern den Begriff der Schule näher[5]. § 3 SchulG Rh.-Pf. (Schulgesetz von Rheinland-Pfalz[6]) führt dazu aus: „Schulen im Sinne dieses Gesetzes sind alle auf Dauer angelegten Einrichtungen der Schularten nach § 6 III sowie vergleichbare Einrichtungen. Sie verfolgen bestimmte Erziehungs- und Lernziele. In ihnen wird planmäßiger und systematischer Unterricht, der individuelles und soziales Lernen miteinander verbindet, in verschiedenen Fächern und Sachzusammenhängen erteilt"[7].

In § 6 III SchulG Rh.-Pf. wird in Nr. 7 als Schulart des Schulwesens die berufsbildende Schule genannt. In § 8 SchulG Rh.-Pf. werden die Formen der berufsbildenden Schulen aufgezählt. Dabei handelt es sich um die Berufsschule (Absatz I), die Berufsfachschule (II), die Berufsaufbauschule (III), die Fachoberschule (IV), das berufliche Gymnasium (V) und die Fachschule (VI)[8]. Zu diesen Schulen kommen in einigen Bundesländern weitere Schultypen hinzu, die ebenfalls zu den berufsbildenden Schulen zu rechnen sind. Zu nennen sind insbesondere die Berufsoberschulen, die Berufskollegs, die Fachgymnasien und die Berufsakademien[9]. Letztlich sagen diese Bezeichnungen aber noch nichts darüber aus, ob eine Institution als Schule im Sinne des Schulrechts anzusehen ist oder nicht. Entscheidend ist vielmehr, ob eine Einrichtung grundsätzlich den Schulgesetzen der Länder untersteht.

---

5 Im Folgenden wird die Rechtslage mittels der Schulgesetze des Landes Rheinland-Pfalz erläutert. Siehe zu den im Wesentlichen gleichen Regelungen der übrigen Bundesländer: Campenhausen; vgl. auch Vereinbarung über das Privatschulwesen der Kultusministerkonferenz vom 10./11. 08. 1951 in Sammlung der Beschlüsse der ständigen Konferenz der Kultusminister in der BRD, Band 3, Nr. 484.

6 Landesgesetz über die Schulen in Rheinland-Pfalz vom 06. November 1974 (GVBl. 1974, S. 487), zuletzt geändert durch Gesetz vom 2. März 2004 (GVBl. 2004, S. 199).

7 Die Definition ist angelehnt an die in der Literatur verwendete Bestimmung des verfassungsmäßigen Schulbegriffs; siehe Heckel, S. 5 und Dreier/Gröschner, Art. 7, Rd. 21; auf diese Definitionen wird unten detaillierter eingegangen, wenn der verfassungsmäßige Schulbegriff näher erläutert wird.

8 Lange Zeit wurden für das berufliche Schulwesen in den einzelnen Ländern der Bundesrepublik vielfach für gleiche Schultypen die unterschiedlichen Bezeichnungen verwendet. Die Kultusministerkonferenz hat am 08. Dezember 1975 einen Beschluss über die „Bezeichnungen zur Gliederung des beruflichen Schulwesens" gefasst; siehe Weber, § 2 Anm. 2 mit dem genauen Wortlaut des Beschlusses, an den auch die Formulierung des § 8 SchulG Rh.- Pf. angelehnt ist; vgl. auch Frädrich, S. 7, der oben genannte Schulen ebenfalls zu den öffentlichen Schulen im Bereich der beruflichen Bildung zählt.

9 Götz, S. 6, Rd.16.

Zu unterscheiden sind zunächst öffentliche Schulen und Schulen in freier Trägerschaft (§ 17 I SchulG Rh.-Pf.). Gem. § 17 II 1 SchulG Rh.-Pf. sind öffentliche Schulen Einrichtungen, die vom Land oder einer kommunalen Gebietskörperschaft errichtet werden. Alle anderen Schulen sind Schulen in freier Trägerschaft. NLZ werden von den Vereinen oder der zugehörigen Tochtergesellschaft geführt. Daher kämen allenfalls Schulen in freier Trägerschaft (Privatschulen) in Betracht. Für Privatschulen in Rheinland-Pfalz gilt teilweise das Schulgesetz, im Übrigen das Privatschulgesetz. Es wird zwischen zwei privaten Schulformen unterschieden, der Ersatzschule und der Ergänzungsschule[10]. Ersatzschulen sind Privatschulen, die nach dem mit ihrer Errichtung verfolgten Gesamtzweck als Ersatz für eine im Lande vorhandene oder grundsätzlich vorgesehene öffentliche Schule dienen soll[11]. Nach § 5 PrivSchulG Rh.-Pf. (Privatschulgesetz Rheinland-Pfalz) sind Schulen in freier Trägerschaft Ersatzschulen, wenn sie in ihren Lehr- und Erziehungszielen den öffentlichen Schulen entsprechen, die im Lande bestehen oder vom Kultusminister grundsätzlich vorgesehen sind[12]. An einer Ersatzschule kann die Schulpflicht erfüllt werden, an einer Ergänzungsschule grundsätzlich nicht[13].

Eine „Fußballschule" ist weder als öffentliche Schule vorhanden noch vorgesehen. Auch kann die Schulpflicht hier nicht erfüllt werden. Ein NLZ kann daher nicht als Ersatzschule angesehen werden, so dass nur noch eine Ergänzungsschule in Frage käme[14]. Privatschulen, die nicht als Ersatz für öffentliche Schulen dienen, sind Ergänzungsschulen. Sie haben nach Aufgabe, Lehrgegenstand und Organisationsform schulischen Charakter, doch fehlt ihnen die Vergleichbarkeit mit den öffentlichen Schulen, die die Ersatzschulen kennzeichnen. Privatschulen stehen außerhalb des allgemeinen Schulaufbaus. Es handelt sich fast

10 Siehe Heckel/Avenarius, Kapitel 13, S. 144 ff. „Überblick über das Privatschulrecht", und Vogel, Kapitel 4.3., S. 29 ff. „Ersatz- und Ergänzungsschule"; entsprechend § 1 PrivSchulG Rh.-Pf. (Privatschulgesetz Rheinland-Pfalz in der Fassung vom 04. September 1970 (GVBl. 1970, S. 372, zuletzt geändert durch Gesetz vom 12. Oktober 1999 (GVBl. 1999, S. 325).

11 BVerfGE 90,128; BVerwGE 104, 1; Niehues, Rd. 228; Vogel, Kapitel 4.3.2., S. 29.

12 Vgl. auch BVerfGE 90, 128; BVerwGE 105, 20, hier kommt die Akzessorietät der Ersatzschule zu öffentlichen Schule zum Ausdruck, in der Form, dass Befugnisse einer Privatschule, in einem bestimmten Bildungsbereich Schüler „ersatzweise" auszubilden, nur in dem Umfang bestehen, in dem sie auch öffentliche Schulen zukommen; so auch Niehues, Rd. 229.

13 Avenarius a.a.O., Kapitel 13.6, S. 148; Niehues, Rd. 331.

14 Avenarius meint dazu grundsätzlich, Kapitel 13.71, S. 155: „Angesichts der Tendenz des öffentlichen Schulwesens, sich allmählich aller Berufsfelder zu bemächtigen, sind manche Schulen, die früher als Ergänzungsschulen galten, heute als Ersatzschulen anzusehen." Für den Fußballbereich gibt es allerdings noch keine öffentlichen Einrichtungen, so dass eine Ersatzschule nicht in Betracht kommt.

ausschließlich um berufsbildende Schulen (z. B. in den meisten Ländern die Sprachschulen, in mehreren Ländern die Gymnastikschulen)[15].

Ebenfalls negativ grenzt § 14 PrivSchulG Rh.-Pf. die Ergänzungsschule ab: „Ergänzungsschulen sind alle Schulen in freier Trägerschaft, die nicht Ersatzschulen im Sinne des § 5 (PrivSchulG Rh.-Pf.) sind". Ergänzt wird dies durch die Landesverordnung zur Durchführung des Privatschulgesetzes (PrivSchulGDVO Rh.-Pf.)[16]. Dort heißt es in § 1 für die Definition der Schule (Ergänzungsschule und Ersatzschule): „Schulen im Sinne des § 1 I PrivSchulG Rh.-Pf. sind alle auf Dauer bestimmte Unterrichtseinrichtungen, in denen unabhängig vom Wechsel der Lehrer und Schüler nach einem in sich geschlossenen Bildungsplan Unterricht in einem nicht nur auf einzelne Kenntnisgebiete oder Fertigkeiten beschränkten Umfange gemeinschaftlich an mindestens acht Schüler erteilt wird. Der gesamte Bildungsgang muss mindestens 600 Unterrichtsstunden umfassen."

Bei den NLZ stellt sich in Hinblick auf diese Definition vor allem die Frage, ob hier Unterricht nur auf einem einzelnen Kenntnisgebiet erteilt wird, da letztlich nur eine fußballerische Ausbildung erfolgen soll. Eine Tanz-, Reit- oder Fahrschule wird aus diesem Grund nicht als Schule im Rechtssinne angesehen[17].

Man könnte ein NLZ aber auch als eine freie Unterrichtseinrichtung ansehen. Die Abgrenzung der Ergänzungsschule gegenüber der freien Unterrichtseinrichtung erfolgt zumeist negativ. Bei freien Unterrichtseinrichtungen handelt es sich nicht um Schulen, sondern um Unternehmungen zum Zwecke der Unterrichtserteilung[18]. Das Privatschulgesetz Rh.-Pf. grenzt in § 35 die freie Unterrichtseinrichtung folgendermaßen ab: „Unterrichtseinrichtungen, die nach ihren Lehrgegenständen, Lehrzielen und ihrer Organisationsform nicht als Schulen gelten, sind freie Unterrichtseinrichtungen. Zu den freien Unterrichtseinrichtungen gehören auch Lehrgänge, Repetitorien und Fernunterricht." Die freien Unterrichtseinrichtungen sind also in der Regel dadurch charakterisiert, dass sie in kursmäßiger Form bestimmte Fertigkeiten vermitteln[19].

---

15 (insgesamt) Avenarius, Kapitel 13.71, S. 155; ähnlich Vogel, Kapitel 4.3.3, S. 31; vgl. auch für Gymnastikschulen: VGH Baden-Württemberg SPE 236 Nr. 22 und 238 Nr. 11.
16 PrivatSchulGDVO vom 09.11.1987 (GVBl. 1987, S. 362), zuletzt geändert am 15.02.2000 (GVBl. 2000, S. 103).
17 Heckel, Kapitel 3.1, S. 18.
18 Heckel, Kapitel 10.7.1, S. 133.
19 Heckel, Kapitel 10.7.1, S. 133; Heckel gibt dabei als Beispiele für freie Unterrichtseinrichtungen an: Tanzschule, Fahrschule, Sprachkurse, Kurse für Kurzschrift und Maschinenschreiben; ähnlich auch Avenarius a.a.O., Kapitel 13.91, S. 157; so auch Frädrich, S. 11.

Da die private Unterrichtseinrichtung keinen schulischen Charakter trägt, ist sie nicht durch die Gewährleistung des Art. 7 IV GG geschützt. Auf sie findet vielmehr Art. 12 I GG Anwendung[20]. Deshalb unterliegt die freie Unterrichtseinrichtung dem Gewerbe- und Polizeirecht und nicht dem Privatschulrecht[21].

Folgte man dieser Abgrenzung, würde dies bedeuten: Läge eine freie Unterrichtseinrichtung vor, dann wäre, nimmt man alleine den Wortlaut zum Maßstab, das BBiG anwendbar, denn in § 2 I BBiG sind nur die berufsbildenden Schulen, die den Schulgesetzen der Länder unterstehen, ausgeschlossen. Fraglich wäre, ob eine freie Unterrichtseinrichtung dennoch als eine Schule im Sinne des BBiG anzusehen wäre, da sie dem Privatschulrecht und damit teilweise auch den Schulgesetzen der Länder unterliegt[22]. Dies geschieht auch unter dem Gesichtspunkt, dass die Landesgesetze Regelungen bezüglich bestimmter Punkte (z. B. Anmeldung)[23] von freien Unterrichtseinrichtungen getroffen haben oder sogar die Errichtung oder die Fortführung von der Schulbehörde untersagt werden kann[24]. Allerdings ist festzuhalten, dass das BBiG in § 2 I ausdrücklich nur den Begriff „Schule“ verwendet. Damit wären freie Unterrichtseinrichtungen nicht betroffen, und der Geltungsbereich des BBiG eröffnet, wenn eine freie Unterrichtseinrichtung vorliegt[25]. Die Frage kann aber letztlich offen bleiben.

6.1.3. Schulbegriff des Grundgesetzes

Ob eine Schule, die den Schulgesetzen der Länder untersteht, vorliegt, kann nicht danach beantwortet werden, welche Definitionen die Länder in ihren Landesgesetzen und Durchführungsverordnungen treffen. Das BBiG ist mit seinem Geltungsbereich bis an die Grenze gegangen, die die Verfassung gezogen hat[26].

---

20 Avenarius, a.a.O., Kapitel 13.92, S.157.

21 So Holfelder/Bosse in Bezug für das Schulrecht für Baden-Württemberg, S. 41, § 2 Nr. 2.

22 So Holfelder/Bosse für Baden Württemberg, S. 41, § 2 Anm. 2.

23 § 35 II PrivSchulG Rh. Pf.: „Die Errichtung von freien Unterrichtseinrichtungen, die in Lehrgegenständen des öffentlichen Schulwesens unterweisen und die erwerbsmäßig betrieben werden, ist der Schulbehörde anzuzeigen.“

24 § 35 III PrivSchulG Rh. Pf.: „Die Errichtung oder Fortführung einer freien Unterrichtseinrichtung kann von der Schulbehörde untersagt werden; § 15 findet entsprechende Anwendung“; § 15 PrivSchulG Rh.-Pf.: „I: Die Schulbehörde kann den Betrieb einer Ergänzungsschule untersagen, wenn a) der Schulträger oder, falls dieser eine juristische Person ist, die Vertretungsberechtigten des Schulträgers oder der Leiter der Schule nicht geeignet sind, eine Schule verantwortlich zu führen, oder b) die Schule nicht den Anforderungen entspricht, die zum Schutz der Allgemeinheit vor Schäden und Gefahren zu stellen sind.“

25 So im Ergebnis auch Frädrich, S. 11.

26 Siehe BT-Drucksachen V/4260, S. 4, zu § 2; Fredebeul (1982), S. 1493, Nr. III b).

Daher hat die Abgrenzung, ob Schule oder Nicht-Schule, sich danach zu richten, welche Zuordnung das Grundgesetz trifft[27]. Zunächst wäre zu klären, welche Definition der Schule und der Nicht-Schule das Grundgesetz gibt. Art. 7 GG trifft Regelungen bezüglich des Schulwesens und verwendet den Begriff „Schule“. Zur Bestimmung des Schulbegriffs wird hierbei häufig auf Heckels Definition aus dem Jahre 1955 zurückgegriffen[28]. Schule ist danach eine auf gewisse Dauer berechnete, an fester Stätte, unabhängig vom Wechsel der Lehrer und Schüler, in überlieferten Formen organisierte Einrichtung der Erziehung und des Unterrichts, die durch planmäßige und methodische Unterweisung eines größeren Personenkreises in einer Mehrzahl allgemeinbildender oder berufsbildender Fächer bestimmte Bildungs- und Erziehungsziele zu verwirklichen bestrebt ist und die nach Sprachsinn und allgemeiner Auffassung als Schule angesehen wird[29]. Gröschner erweitert den verfassungsrechtlichen Schulbegriff folgendermaßen: „Schule im Sinne des Art. 7 GG ist eine auf Dauer eingerichtete Unterrichtsstätte, in der unabhängig vom Wechsel der Unterrichtenden und zu Unterrichtenden auf der Grundlage der Schulpflicht und/oder im Hinblick auf einen staatlich anerkannten Abschluss allgemein- oder berufsbildender Unterricht erteilt wird. Im Falle privater Ergänzungsschulen, an denen (im Unterschied zu privaten Ersatzschulen) die Schulpflicht nicht erfüllt werden kann, muss deshalb für die - in der Regel zu verneinende - Frage der Erfüllung des verfassungsrechtlichen Schulbegriffs auf das Kriterium des anerkannten staatlichen Abschlusses zurückgegriffen werden“[30].

Im Hinblick auf die NLZ ist festzustellen, dass weder die Schulpflicht erfüllt noch ein staatlicher anerkannter Abschluss erworben werden kann. Danach würde ein NLZ nicht unter den Schulbegriff fallen.

6.1.4. Gesetzgebungskompetenz des Bundes nach dem Grundgesetz

Der sachliche Geltungsbereich des BBiG ist allerdings nicht aus Art. 7 GG abzugrenzen, sondern aus den Kompetenznormen der Art. 70 ff. GG. Der Gesetz-

---

27 So wohl auch Vogel, Kapitel 4.3.3, S. 31, der anführt: „Während die Abgrenzung (der Ergänzungsschule) gegenüber der Ersatzschule von Land zu Land zu Land wechseln kann und wechselt, sollte die Abgrenzung gegenüber der freien Unterrichtseinrichtung in allen Ländern gleich verlaufen, denn der Schulbegriff sollte in allen Ländern derselbe sein.

28 BVerfGE 75, 40 (77); Dreier/Gröschner, Art. 7 Rd. 24; Niehues, Rd. 5; M/D/Maunz, Art. 7 Rd. 9; v. Münch/Hemmrich, Art.. 7 Rd. 6; MKS/Robbers, Art. 7 Rd. 51 m. w. N.; vgl. kritisch für SGB III bei Gagel, § 60 Rd. 27.

29 Dreier/Gröschner, Art. 7 Rd. 24; siehe auch Vogel, S. 26, Nr. 4.1.; Heckel, S. 18, Nr. 3.1.

30 Dreier/Gröschner, Art.7 Rd. 27.

geber wollte mit dem BBiG bis an die verfassungsmäßige Grenze gehen[31]. Dies bedeutet, dass der Gesetzgeber seine Kompetenz, die ihm in diesem Bereich vom Grundgesetz gegeben wurde, voll ausnutzen wollte. Ob Regelungen bezüglich der NLZ unter die Bundeskompetenz fallen, richtet sich deshalb danach, wie weit die Kompetenzen reichen, die das Grundgesetz dem Bund zugewiesen hat[32].

Das Grundgesetz hat keine positive Zuordnung getroffen, dass der Schulbereich den Ländern und der Bereich der Berufsausbildung dem Bund zugewiesen wurde. Vielmehr ist zunächst gem. Art. 30, 70 I, II GG von einer umfassenden Kompetenz der Länder auszugehen. Nur wenn durch Art. 73 - 75 GG dem Bund in einem Bereich besondere Kompetenz zugewiesen wurde, kann der Bundesgesetzgeber Regelungen treffen[33]. Eine spezielle Bestimmung, nach der der Bund allgemein für die Berufsausbildung zuständig ist, existiert nicht[34].

Die Kompetenz für ein mehrere Sachgebiete umfassendes BBiG wird überwiegend aus Art. 74 Nr. 11 (Recht der Wirtschaft) und/oder Nr. 12 GG (Arbeitsrecht) hergeleitet[35].

---

31 Siehe BT-Drucksachen V/4260, S. 4, zu § 2; Fredebeul (1982), S. 1493, Nr. III b); Frädrich, S. 129.
32 Siehe BVerfGE 55, 274 ff. (298), wonach die Kompetenznormen des Grundgesetzes nicht nur bestimmen, welcher Gesetzgeber zum Erlaß einer Regelung zuständig ist, sondern auch den Umfang der Regelungsbefugnis festlegen.
33 Siehe ausführlich Friauf (1974), S. 5 f.; Friauf weist zutreffend darauf hin, dass die Kulturhoheit der Länder nicht als ein besonderes Hoheitsrecht zugewiesen worden ist, das etwa einschlägigen Bundeskompetenzen vorginge, sondern vielmehr dadurch entstanden ist, weil dem Bund auf diesem Gebiet durch das Grundgesetz keine Kompetenzen verliehen worden sind, so dass die Zuständigkeit der Länder diesbezüglich rein negativ zu verstehen ist.
34 Die Kompetenz für Regelungen mit beruflichem Einschlag und damit auch für ausbildungsrelevante Fragen wird teilweise aus der Übertragung der Kompetenz in einigen Sachgebieten hergeleitet; so nach Art. 74 Nr. 17 (Landwirtschaft), Art. 74 Nr. 19 (Heilberufe), Art. 74 Nr. 21 (Schiffahrt) und Art. 74 Nr. 22 (Straßenverkehr und Kraftfahrwesen); siehe Friauf (1974), S. 7; Knopp/Kraegeloh, § 1, Rd. 2.
35 Gesetzeskompetenz aus Art. 74 Nr. 11 GG: BVerfGE 26, 246 (255), BVerwGE 4, 51 (53), BVerwG DÖV 74, 753; BK/Rengeling zum GG Art. 74 Nr.11, Rd. 80; Jarass/Pieroth, Art. 74, Rd. 24; Wassermann, Art. 74 Rd. 22; M/D/Maunz Art. 74, Rd. 153; Gedon/Spiertz, § 2 Rd. 1. Gesetzeskompetenz aus Art. 74 Nr. 12 GG: Musa, Berufliche Bildung, 5/1966, S. 3 ff. und 7/1966, S. 2 ff.; Schnorr von Carolsfeld, RdA 1959, 206 ff. (208). Gesetzeskompetenz aus Art. 74 Nr. 11 und 12: Ipsen, S. 11 – 14; Großmann, S. 95; Friauf (1974), S. 19; Müller, D., S. 472; Herkert, § 1 Rd. 1 b; Hardenacke, III 3; Natzel, S. 34 f., Kormann, S. 106; BT-Drucksache 14/8359 C. (Gesetzentwurf zur Einführung des § 18 a BBiG). keine Gesetzeskompetenz des Bundes: Richter, S.97 - 101 mit Fußnote 41 b: der Ansicht von Richter ist in

Es ist nun zu schauen, wie weit die Kompetenzen von Art. 74 Nr. 11 und 12 reichen, und ob darunter auch die NLZ einzuordnen sind.

6.1.5. Gesetzgebungskompetenz nach Art. 74 Nr. 11 GG für „Recht der Wirtschaft"

Die Rechtsprechung[36] und ein großer Teil der Literatur[37] geben dem Bund die Gesetzgebungskompetenz für berufsübergreifende Ausbildungsregelungen nach Art. 74 Nr. 11 GG. Der Begriff „Recht der Wirtschaft" ist weit zu verstehen[38] und umfasst alle Bereiche der Wirtschaft.

Die Frage, ob der Fußballbereich in Bezug auf die Bundesliga unter das „Recht der Wirtschaft" einzuordnen ist, ist zu bejahen. Die Zuordnung zum „Recht der Wirtschaft" ergibt sich aus der schon angesprochenen Tatsache, dass der Kompetenztitel weit zu verstehen ist, d. h. dass dem Bund nicht nur die Gesetzgebungszuständigkeit für die in der Klammer des Art. 74 Nr. 11 GG aufgeführten Einzelmaterien zugewiesen wird, sondern auch für andere, neu entstehende Bereiche der Wirtschaft[39]. Wenn aber neue Wirtschaftsbereiche dazugezählt werden, dann richtet sich die Zuordnung nur nach der Frage, ob in dem Bereich wirtschaftlich (ökonomisch) gehandelt wird[40]. Dies ist für die Bundesligavereine zu bejahen[41]. Für die vorliegende Untersuchung muss aber geklärt werden, ob

---

der Literatur und in der Rechtsprechung nicht gefolgt worden (siehe bei Natzel, S. 35, Fußnote 10), so dass auch in der weiteren Untersuchung von einer grundsätzlichen Bundeskompetenz aus Art. 74 Nr. 11 und/oder 12 ausgegangen wird. Im Überblick zum Meinungsstand: Friauf (1974), S. 5 ff. und Friauf (1975), S. 11 ff.

36 Siehe BVerfGE 26, 255; BVerwGE 4, 53; BVerwG DÖV 74, 753; BVerwGE 69, 165 mit Bezug auf BVerfGE 55, 308 f..

37 Siehe Fußnote 35.

38 Siehe BVerfGE 5, 25 (29); 68, 319 (330); 67, 256 (275); 55, 274 (308); 29, 402 (409); 4, 7 (13); und siehe MKS, Rd. 98 m.w.N.: Der Begriff „Recht der Wirtschaft" bezieht sich nicht nur auf die in der Überschrift von Art. 74 Nr. 11 angegebenen Teilbereiche der Wirtschaft, sondern wird als eine Art Auffangtatbestand bzw. Generalbevollmächtigung bezeichnet.

39 Siehe MKS a.a.O., Rd. 98 für das Beispiel Telekommunikation.

40 Siehe auch Kormann, S. 113, wonach keine Gewinnerzielungsabsicht vorliegen muss, um Art.. 74 Nr. 11 GG bejahen zu können.

41 Siehe auch MKS a.a.O., Rd. 93 und 99: hier wird herausgestellt, dass die Wirtschaft ein Aspekt der modernen Gesellschaft geworden ist, der nahezu jeden Lebensbereich durchdringt. In einer immer mehr arbeitsteilig organisierten Gesellschaft gibt es kaum noch einen Lebensbereich, der nicht wirtschaftliche Aspekte aufweise und von Wirtschaftsaktivitäten durchdrungen wäre; nahezu jeder Lebensbereich ist „ökonomisiert" und mithin auch unter dem Aspekt des „Wirtschaftslebens" erfaßbar; siehe für Bundesligavereine näher unter 6.2.2.

nicht nur die Bundesligavereine in ihrer Gesamtheit, sondern auch die NLZ diesem Wirtschaftsbereich zugeordnet werden können. Die dafür zu ermittelnde Grenze des Wirtschaftsbereiches gibt auch gleichzeitig die Grenze der Gesetzgebungszuständigkeit an, und damit wird auch die Reichweite des BBiG umrissen[42].

Nach Friauf wird die Verbindung zwischen dem hier zur Disposition stehenden Ausbildungsbereich und dem „Recht der Wirtschaft" durch den konkreten Beruf hergestellt, auf den der Auszubildende vorbereitet wird. Mit dieser beruflichen Ausbildung solle der Betreffende dann die wirtschaftliche Tätigkeit des Betriebes unterstützen. Aus diesem Grund ende der wirtschaftliche Bezug, wenn keine auf einen konkreten Beruf bezogene Ausbildung stattfindet[43]. Dies sei bei allgemeinbildenden Schulen der Fall. Hier wird Wissen vermittelt, welches nicht nur dem Einzelnen hinsichtlich seiner späteren Berufstätigkeit, sondern welches ihm generell nützlich sein kann[44]. Die Darstellung von Friauf fand in der Literatur im Grundsatz weitgehend Anerkennung[45].

Aus der Auffassung von Friauf folgt, dass nicht jeder schulische Unterricht an sich aus dem Geltungsbereich des BBiG ausgeschlossen ist, sondern nur derjenige, der keine berufsbezogene Qualifikation vermittelt. Dies würde bedeuten, dass auch außer- und überbetriebliche Ausbildungsstätten generell unter das BBiG fallen würden[46]. Eine Lehrwerkstatt eines Betriebes würde dann deshalb

---

42 Siehe BVerfGE 55, 274 ff. , S. 298, wonach die Kompetenznormen des Grundgesetzes nicht nur bestimmen, welcher Gesetzgeber zum Erlass einer Regelung zuständig ist, sondern auch auch den Umfang der Regelungsbefugnis festlegen.
43 Siehe Friauf (1974), S.20: „Die Länder können den „allgemeinen", d. h. nicht unmittelbar berufsbezogenen Bildungsbereich regeln." Siehe auch Friauf (1974), S. 18: „Die Grenze der Bundeskompetenz nach Art.. 74 Nr. 11 GG ist nach alledem jedenfalls dann überschritten, wenn die normativ geregelten (Aus-) Bildungsgänge organisatorisch aus ihrem Bezug zur Wirtschaft und zugleich inhaltlich aus ihrer konkreten Berufsbezogenheit gelöst werden."
44 Siehe Berufsbildende Schule , ohne Autor, 1970, 157 zur Abgrenzung von Allgemeinbildung und Berufsbildung.
45 Siehe Michel, S. 1458; Natzel, S. 34; Müller, D., S. 472.
46 Siehe so für überbetriebliche Ausbildungsstätten auch Fredebeul (1982), S. 1495, III d): „Beide Ausbildungsformen (innerhalb und außerhalb des laufenden Produktions- und Dienstleistungsprozesses) - um es auf eine Kurzformel zu bringen -, die betriebliche und die schulische sind nach dem BBiG zulässig und werden seit langem praktiziert, vielfach auch in Mischformen von betrieblich/schulisch."; siehe auch Friauf (1974), S. 15: „Von der verfassungsmäßigen ratio namentlich des Art. 74 Nr. 11 GG her bedeutet es keinen Unterschied, ob die Ausbildung innerhalb eines Betriebes oder aber in sonstigen Institutionen stattfindet, solange sie nur der Wirtschaft zugeordnet bleibt - also nicht primär allgemeinbildenden Charak-

unter das BBiG fallen, nicht weil am Arbeitsplatz[47]/[48], sondern weil hier konkret auf einen Beruf bezogen ausgebildet wird. Friauf löst sich damit von einer institutionellen Zuordnung der Kompetenzbereiche in der beruflichen Bildung. In diesem Sinne wäre auch das BBiG zu verstehen, wenn dort einerseits in § 1 V BBiG berufsbildende Schulen ausdrücklich als mögliche Lernorte bezeichnet werden, und dann in § 2 I BBiG nur diejenigen herausgenommen werden, die den Schulgesetzen der Länder unterstehen[49].

Im Ergebnis bleibt daher festzuhalten, dass nach Friauf für die Zuordnung zum „Recht der Wirtschaft" nicht entscheidend ist, ob letztlich in schulischer Form (d.h. nicht am Arbeitsplatz im Dienstleistungs- oder Produktionsprozess) ausgebildet wird oder nicht, sondern vielmehr, ob ein konkreter Berufsbezug in der Ausbildung gegeben ist.

Allerdings besteht die Gefahr, dass eine solche Deutung des Umfangs des Kompetenzbereiches des „Rechts der Wirtschaft" zu einer Superkompetenz des Bundes führt[50]. Ein Berufsbezug ist nämlich auch bei der Wissensvermittlung in Hochschulen und Fachhochschulen gegeben[51]. Als Abgrenzung des Kompetenzbereiches hält daher Natzel den Bund noch für außerbetriebliche Lehrwerkstät-

---

ter hat."; siehe auch Fangmann, S. 986, der sagt, dass die Merkmale Theorie und Praxis wenig geeignet seien, den Geltungsbereich des BBiG näher zu definieren.

47 Das BAG bezeichnet als betriebliche Berufsausbildung eine solche, die im laufenden Produktions- und Dienstleistungsprozess eingegliedert ist. Eine übrige Ausbildung wird als schulische Ausbildung bezeichnet (BAG AP BBiG § 1 Nr. 1; siehe auch Musa, S. 2: Musa bezeichnet die Ausbildung direkt am Arbeitsplatz als praktische und die „auf der Schulbank" als theoretische Ausbildung, und Musa sieht die Ausbildung in der Lehrwerkstatt quasi in der Funktion des Werkunterrichts.

48 So wird zum Beispiel die Ausbildung mancher großer Betriebe zum größten Teil in der Lehrwerkstatt vollzogen und nur zum kleineren Teil und nur ergänzend direkt im Produktionsablauf, so zum Beispiel bei der Firma Dykerhoff in Wiesbaden. Bei der dortigen Ausbildung zum Industriemechaniker werden die Auszubildenden nur kurzfristig in den laufenden Produktionsprozess eingegliedert. Bei einer gesamten Ausbildungszeit von 3 ½ Jahren verbringen die Auszubildenden nur ca. 8 Monate (25 - 30 Wochen) mit der Projektarbeit im laufenden Produktionsprozess. Die restliche, vorrangige, Ausbildungsarbeit wird in der Lehrwerkstatt durchgeführt.

49 Vgl. auch Frädrich, S. 128 f. zur Frage der Herleitung der Gesetzeskompetenz nach dem Träger der Maßnahme.

50 Zur Kritik an dieser weitgehenden Konsequenz der Auffassung von Friauf siehe Michel, S.1455 ff., der dennoch die Auffassung von Friauf für weitgehend richtig hält; ebenso hält Natzel, S. 34, die Auffassung von Friauf für weitgehend richtig.

51 Michel, S. 1459.

ten zuständig, soweit diese nicht in ein Schulsystem integriert sind[52]. Natzel hält daher eine zutreffende Begründung des Kompetenzbereiches des Bundes nur in Verbindung mit dem Kompetenztitel Nr. 12 „Arbeitsrecht“ möglich[53]. Michel verbindet ebenso das „Arbeitsrecht“ nach Nr. 12 und das „Recht der Wirtschaft“ nach Nr. 11. Michel fordert neben dem Berufsbezug noch eine in der Ausbildung vorhandene Beziehung zur Arbeitswelt, die den Betreffenden als einen Arbeitnehmer mit einem atypischen Arbeitsvertrag erscheinen lässt und nicht als Schüler, Student oder Besucher einer Privatschule[54]. Dabei muss sich die Beziehung zur Arbeitswelt allerdings nicht durch eine im Einzelfall vorliegende arbeitsrechtliche Beziehung ausweisen, sondern durch einen generellen Bezug der Institution zum Arbeitsrecht[55]. Dadurch kann dann eine Einteilung erfolgen in die rechtliche Welt der Schule einerseits und der Wirtschaft bzw. der Arbeit andererseits[56]. Die Darstellungen von Michel und Natzel lassen aber letztlich offen, wie der Bezug zur Arbeitswelt bzw. zum Arbeitsrecht konkret aussehen muss, um letztlich in den Grenzfällen eine Bundeskompetenz zu begründen. Darauf wird im Folgenden näher einzugehen sein.

Kormann beschreibt die Abgrenzung in der Weise, dass die Ausbildung „durch“ und nicht „für“ die Wirtschaft zu erfolgen hat[57]. Der Träger der außer- oder überbetrieblichen Ausbildungsstätte müsse der betrieblichen Sphäre zugehören, nur dann könne von einer Ausbildung „durch“ die Wirtschaft gesprochen werden[58].

6.1.6. Stellungnahme zum Kompetenzbereich des Bundes nach Art. 74 Nr. 11 GG

Die Ausführungen in Literatur und Rechtsprechung zur Reichweite des Kompetenzbereiches des Bundes und damit auch des Geltungsbereiches des BBiG konnten bisher noch keine eindeutigen und allgemein anerkannten Abgrenzungen treffen, welche Ausbildungsformen der Kompetenznorm des Art. 74 Nr. 11 „Recht der Wirtschaft“ zuzuordnen sind.

---

52 Natzel, S. 35.
53 Natzel, S. 35.
54 Michel, S. 1459.
55 Michel, S. 1459.
56 Michel, S. 1459.
57 Kormann, S. 113, so auch M/D/Maunz, Art. 74 Rd. 153.
58 Siehe Kormann, S. 113; bei den überbetrieblichen Ausbildungsstätten stellt Kormann dagegen auf eine funktionelle Zugehörigkeit ab. Entscheidend sei ein Ausbildungsvertrag mit einem Dienstleistungs- oder Produktionsbetrieb.

Es ist davon auszugehen, dass sowohl Art. 74 Nr. 11 „Recht der Wirtschaft“ als auch Nr. 12 „Arbeitsrecht“ als Kompetenzgrundlage einschlägig sind[59]. Bezüglich des Kompetenztitels Nr. 11 „Recht der Wirtschaft“ ist Friauf im Grundsatz zuzustimmen, dass die Verbindung zwischen einer Ausbildung und der Wirtschaft durch den Beruf gebildet wird. Die wirtschaftliche Tätigkeit eines Betriebes wird in der Regel durch die berufliche Tätigkeit eines einzelnen oder mehrerer ermöglicht. Es ist aber mit Natzel und Michel eine Begrenzung des von Friauf aufgestellten Berufsbezugs zur Wirtschaft zu fordern. Nicht jeder Berufsbezug führt gleichzeitig zu einem Bezug zur Wirtschaft. Somit liegt auch nicht bei jedem beruflichem Ausbildungsgang ein unmittelbarer Bezug zur Wirtschaft vor. Die Abgrenzung erfolgt aber nicht, wie Natzel dies fordert, durch den anderen Kompetenztitel „Arbeitsrecht“, sondern ergibt sich vielmehr aus dem „Recht der Wirtschaft“ selber. Dementsprechend geht der Ansatz von Michel in die richtige Richtung. Der Bezugspunkt „Arbeitswelt“, ohne eine im Einzelfall erforderliche arbeitsrechtliche Beziehung, drückt aber noch nicht die eigentliche Verbindung zwischen einer beruflichen Ausbildung und der Wirtschaft aus. Diese liegt vielmehr in einem anderen Gesichtspunkt, der sich unmittelbar aus dem „Recht der Wirtschaft“ ergibt, und den Michel zutreffend, aber ohne nähere Ausführungen mit „generellen Bezug der Institution zum Arbeitsrecht“ beschreibt[60]. Zutreffend lässt sich die Abgrenzung mit den von Kormann gewählten Begriffen „durch“ im Gegensatz „für“ die Wirtschaft beschreiben.

Die Entscheidung, ob das in einem Ausbildungsgang vermittelte Wissen wirtschaftlich nutzbar ist, hängt nicht davon ab, ob dieses Wissen bereits an anderen Orten oder in einer Vorausschau beruflich genutzt wird oder werden kann[61]. Entscheidend ist vielmehr, ob ein Vorgang vorliegt, der eine Verbindung des Wissens zu einer wirtschaftlichen Betätigung schon konkret herstellt. Erst dann ist die Verbindung zum „Recht der Wirtschaft“ vollzogen.

Dies soll mit einem Beispiel erläutert werden, welches an den Gegenstand dieser Untersuchung angelehnt ist, nämlich die Vermittlung von Wissen bezüglich des Fußballspielens. Es werden „Fußballschulen“ angeboten, in denen Jugendliche unabhängig von Verein und Schule trainiert werden und fußballerische Fertigkeiten vermittelt bekommen[62]. Eine solche „Fußballschule“ steht in keinerlei

59 Zum Kompetenztitel Nr. 12 „Arbeitsrecht“ siehe ausführlich Kapitel 6.2.3.3.

60 Michel, S. 1459.

61 So auch Kormann, S. 112, der sagt, dass es nicht genügen könne, wenn ein Beruf später in der Wirtschaft ausgeübt wird.

62 Zu unterscheiden sind dabei grundsätzlich zwei Arten von Fußballschulen. Zum einen gibt es Ferienschulen, in denen Jugendliche in ihren Schulferien Fußballkurse besuchen können,

Verbindung zu einem Verein der Bundesliga, so dass die sportliche Betätigung von vorne herein auf das Fußballspielen in dieser „Fußballschule" beschränkt ist und keinen Bezug zu einer wirtschaftlichen Tätigkeit eines Bundesligavereins aufweist. Auch wenn man berücksichtigt, dass man das Fußballspielen inzwischen als Beruf ausüben kann[63], fehlt bei dieser Vermittlung von fußballspezifischem Wissen noch jeder Bezug zur Wirtschaft. Betreibt aber nun ein Bundesligaverein, der das Fußballspielen als wirtschaftliches Unternehmen betreibt, ein solches Fußballzentrum (wie jetzt mit den NLZ), dann erfolgt eine Verbindung zwischen dem fußballerischem Wissen, welches vermittelt wird, und der wirtschaftlichen Betätigung des Vereins. Dieser will dann das vermittelte Wissen wirtschaftlich nutzen, in dem er den Spieler nach Beendigung der Ausbildungszeit in seiner Lizenzspielermannschaft einsetzen will[64]. Im Gegensatz dazu wollen die oben erwähnten Fußballschulen nicht das vermittelte Wissen, sondern nur die Vermittlung des Wissens wirtschaftlich nutzen. Durch die Aufnahme des Nachwuchsspielers macht dagegen das Wirtschaftsunternehmen „Fußballverein" deutlich, dass es das vermittelte Wissen später für seine wirtschaftliche Betätigung zu nutzen beabsichtigt. Das Wirtschaftsunternehmen erwirbt praktisch „Anwartschaften" auf berufliche Qualifikationen der Auszubildenden[65]. Die Tatsache, dass der Bundesligaverein Lizenzspieler als Arbeitnehmer beschäftigt und beabsichtigt, geeignete Nachwuchsspieler später als Arbeitnehmer unter Vertrag zu nehmen, stellt den von Michel geforderten „generellen Bezug der Institution zum Arbeitsrecht" her[66]. Dies lässt sich auf den gesamten Wirtschaftsbereich übertragen. Ein Unternehmen, welches Ausbildungsgänge organisiert, weil es Nachwuchsarbeitskräfte für seinen Betrieb heranbilden will, möchte das vermit-

so zum Beispiel die „Burdenski"- Ferienschule. Daneben gibt es nun auch Fußballschulen, die während des ganzen Jahres ein Fußballtraining anbieten, welches neben der Schule und sogar neben der Mitgliedschaft in einem Fußballverein durchgeführt wird, so in der Fußballschule Cloppenburg, deren Ziel die breite Förderung der Kinder und Jugendlichen unabhängig von ihrer Leistungsstärke und Vereinszugehörigkeit ist. Ebenso bietet das Fußballleistungszentrum Reinhold Hintermaier ein vereinsbegleitendes Training an.

63 Siehe dazu unten unter 1.

64 Dies entspricht der Situation in der übrigen Wirtschaft, wenn der Arbeitgeber nach Abschluss der Ausbildung die Arbeitskraft des ehemaligen Auszubildenden für seine ökonomischen Zwecke nutzen will (Fangmann, S. 984).

65 Anwartschaft im weiteren und nicht im rechtstechnischen Sinne, als tatsächliche Aussicht auf ein später zu erwartendes Amt oder Recht (Köbler/Pohl, S. 27, Stichwort „Anwartschaft"). Hier handelt sich um die Aussicht des Ausbildenden mit dem Auszubildenden später einen Arbeitsvertrag abschließen zu können, ohne dass allerdings darauf ein rechtlicher Anspruch bestünde.

66 Siehe Michel, S. 1459.

telte Wissen in der Regel nach Beendigung des Ausbildungsganges nutzen[67]. Es erwirbt also quasi Anwartschaften. Dabei liegt der Hauptbetriebszweck des Unternehmens nicht in der Ausbildung an sich[68]. Durch das Anbieten des Ausbildungsganges bringt das Unternehmen zum Ausdruck, dass es das vermittelte Wissen später wirtschaftlich nutzen will. Dadurch wird die konkrete Verbindung zur Wirtschaft hergestellt.

Bei Ausbildungsgängen, die von Trägern angeboten werden, die neben dem Ausbildungszweck keinen anderen Produktions- oder Dienstleistungszweck verfolgen, fehlt dieser Wirtschaftsbezug. Alle diese Träger, seien es öffentliche, gemeinnützige oder private, haben gemeinsam, dass sie das vermittelte Wissen nach Ende des Ausbildungsganges nicht wirtschaftlich weiter verwerten. Dies ist auch bei Beginn des Ausbildungsganges allen Beteiligten bekannt. Ob nun das im Ausbildungsgang vermittelte Wissen später von einem Betrieb wirtschaftlich genutzt wird, ist im Verlauf des Ausbildungsganges nicht sicher[69] und bedarf vor allem noch einer Willensentscheidung eines wirtschaftlichen Betriebes, der die vorhandene Qualifikation nutzen will. Erst dann entsteht ein konkreter Bezug zur Wirtschaft, der dann die Regelungsbefugnis des Bundes nach der Nr. 11 „Recht der Wirtschaft" eröffnet. Bei Ausbildungsgängen dagegen, die von Unternehmen veranstaltet werden, welche die Qualifikation später für ihren Produktions- oder Dienstleistungsprozess nutzen wollen, liegt eine solche Willens-

---

67 Siehe auch Hueck/Nipperdey, S. 84, wonach bei einem Schüler sich die Tätigkeit im Lernen erschöpft und deshalb die Tätigkeit für den Ausbildenden keinen eigenen wirtschaftlichen Wert hat.

68 Siehe auch Breitmeier/Frädrich, BB 1982, S. 1737, die herausheben, dass Wirtschaftsbetriebe einen über die Berufsbildung hinausgehenden Betriebszweck verfolgen. Dagegen erschöpft sich die Arbeit der berufsbildenden Schulen und sonstigen Berufsbildungseinrichtungen in der Vermittlung von Bildung im weitesten Sinne. Auch Fredebeul (1983), S. 971, weist auf einen über die Berufsbildung hinausgehenden Betriebszweck hin, ohne aber dieser Tatsache eine Bedeutung für den Geltungsbereich des BBIG zu geben. Allerdings prüfen sowohl Breitmaier/Frädrich als auch Fredebeul nur insgesamt den Anwendungsbereich des BBiG, ohne dass sie dies vom Ansatzpunkt der Reichweite des Art. 74 GG aus untersuchen. Lediglich Fredebeul weist allgemein auf die umfassende Anlage des Gesetzes hin (Fredebeul (1983), S. 970). Daraus folgt aber, wie oben dargelegt, eine von Art. 74 GG ausgehende Prüfung.

69 Siehe auch BVerfGE 26, 251 f.; das BVerfG weist darauf hin, dass vor Abschluss der Ausbildung eine spätere Tätigkeit in der Wirtschaft noch gar nicht sicher ist. Allerdings ging das BVerfG davon aus, dass für die Frage der Zulässigkeit der Verfassungsbeschwerde, die Ausbildung daraufhin deutet, dass eine spätere Berufstätigkeit in der Wirtschaft geplant ist. Das BVerfG bejaht deshalb die Betroffenheit der Auszubildenden im Rahmen der Zulässigkeit der Verfassungsbeschwerde.

entscheidung schon vor, wenn der Auszubildende in den Ausbildungsgang aufgenommen wird[70]. Schon hier liegt dann der konkrete Wirtschaftsbezug vor[71].

Der soeben aufgeführte Ansatzpunkt kann hergeleitet werden aus der „Ingenieur"-Entscheidung des BVerfG[72]. Dort hat das BVerfG gesagt, dass der Bund bei einem Bezug zur Wirtschaft Berufsbilder fixieren, den Inhalt der beruflichen Tätigkeit und die Voraussetzungen für die Berufsausübung (Ausbildung und Prüfung) normieren kann[73]. Zunächst spricht das BVerfG nicht von Berufen allgemein, sondern von Berufen „in der Wirtschaft"[74]. Dies zeigt, dass ein über dem allgemeinen Berufstatbestand hinausgehender Wirtschaftsbezug erforderlich sein muss. Dementsprechend führt eine Regelung bezüglich einer Befugnis zum Führen einer Berufsbezeichnung für sich alleine nicht zu einem Bezug zum „Recht der Wirtschaft"[75]. Erst eine berufsordnende Gesamtregelung (Berufsausbildung, Prüfung) würde demnach einen Bezug zur Wirtschaft herstellen[76].

Dementsprechend reicht es auch nicht alleine aus, wenn berufliche Inhalte im Ausbildungsgang vermittelt werden, um einen Bezug zur Wirtschaft herzustel-

---

70 Dies auch unter dem Gesichtspunkt, dass bei jeder Ausbildung noch nicht sicher ist, ob der Auszubildende das Ausbildungsziel erreicht, und ob die Beschäftigungsstruktur des Betriebes eine anschließende Übernahme ermöglicht. In der Aufnahme in den Ausbildungsgang liegt aber eine grundsätzliche Bereitschaft des Betriebes zur Übernahme und damit zur Einbeziehung in die wirtschaftliche Tätigkeit des Betriebes oder Unternehmens.

71 Auch Friauf deutet den hier geforderten organisatorischen Bezug zu einer sonstigen wirtschaftlichen Betätigung des Unternehmens an, ohne allerdings diesen Gedanken weiterzuverfolgen oder näher auszuführen.; siehe Friauf (1974), S. 18: „Die Grenze der Bundeskompetenz nach Art. 74 Nr. 11 GG ist nach alledem jedenfalls dann überschritten, wenn die normativ geregelten (Aus-) Bildungsgänge organisatorisch aus ihrem Bezug zur Wirtschaft und zugleich inhaltlich aus ihrer konkreten Berufsbezogenheit gelöst werden."

72 Die „Ingenieur"-Entscheidung des BVerfG (BVerfGE 26, 246 ff.) dient der Literatur unter anderem als Grundlage für die Begründung der Bundeskompetenz im Bereich der Berufsbildung; siehe Friauf (1974), S. 13, Knopp/Kraegeloh, § 1 Rd. 2.

73 BVerfGE 26, 255.

74 BVerfGE 26, 255.

75 BVerfGE 26, 256.

76 Siehe auch Hesse, S. 452, der darauf hinweist, dass bei Ausbildungssystemen, die institutionell verselbständigt sind, wie etwa bei Fach- und Hochschulen, die sozio-ökonomischen Handlungschancen eines Berufes (wie etwa die Arbeitskraftverfeinerungschancen) sich nicht so deutlich hervorheben. Erst durch Verklammerungen durch Ausbildungs- und Berufssysteme, wie zum Beispiel Prüfungsordnungen, tritt diese Bedeutung hervor. Diese Aussage von Hesse belegt, dass die Ausbildung in selbständigen Ausbildungsformen, ohne dass ein Produktions oder Dienstleistungsprozess angeschlossen ist, noch keinen konkreten Bezug zur Arbeitswelt und damit zur wirtschaftlichen Betätigung eines Betriebes aufweist.

len. Es müssen darüber hinaus noch weitere Anhaltspunkte vorliegen. Das BVerfG hat einen solchen Bezug zur Wirtschaft erst darin gesehen, wenn die konkrete Berufsaufnahme in der Wirtschaft betroffen ist, was erst bei umfangreichen Regelungen über die Berufsausübung der Fall ist[77]. Die Aufnahme in einen Ausbildungsgang, der von einem Betrieb mit sonstigem Produktions- oder Dienstleistungsprozess angeboten wird, ist ein erster Schritt in Richtung konkreter wirtschaftlicher Berufsausübung. Die Aufnahme in einen Ausbildungsgang, der von einem Träger angeboten wird, der ansonsten keinen sonstigen Produktions- oder Dienstleistungsprozess betreibt, ist dagegen kein erster konkreter Schritt in Richtung wirtschaftlicher Berufsausübung. Diesen Trägern geht es nur um die Vermittlung, nicht aber um die Verwertung des Wissens. In welcher Form dieses Wissen dann von einem Betrieb wirtschaftlich genutzt wird, ist zu diesem Zeitpunkt noch offen. Deshalb fehlt es in Bezug auf Regelungen für solche Ausbildungsgänge an einem konkreten Wirtschaftsbezug. Bezüglich letzterer Ausbildungsgänge fehlt es bei öffentlichen und gemeinnützigen Trägern an einem Wirtschaftsbezug. Bei privaten Trägern ist der Bund auf Regelungen beschränkt, die die Teilnahme am wirtschaftlichen Verkehr betreffen. Rein inhaltliche Regelungen - namentlich über fachliche und didaktische Fragen -, die vom erwerbswirtschaftlichen Aspekt der Einrichtung losgelöst sind, gehören als solche nicht zum Recht der Wirtschaft im Sinne der Zuständigkeitszuweisung. Sie fallen damit aus der Bundeskompetenz heraus[78]. Folgt man der so aufgestellten Abgrenzungskriterien kommt man zu folgenden Ergebnissen: Die traditionelle Ausbildung direkt am Arbeitsplatz und die Ausbildung in einer im Betrieb angesiedelten Lehrwerkstatt unterfallen, wie allgemein anerkannt, der Bundeskompetenz und damit dem BBiG, da der wirtschaftliche Bezug durch die Aufnahme in den Betrieb des Wirtschaftsunternehmens gegeben ist. Ebenso kann eine klare Zuordnung von Schulformen getroffen werden, die nach überwiegender Ansicht der Kompetenz der Länder unterfallen sollen, wie z. B. Berufsschulen oder Berufsfachschulen[79]. Da der öffentliche Träger keinen sonstigen Produktions- oder Dienstleistungsprozess betreibt, unterfallen die beruflichen Ausbildungsgänge nicht dem Kompetenztitel „Recht der Wirtschaft". Für die im Schrifttum umstrittenen Formen von außer- und überbetrieblichen Ausbildungsstätten würde dies folgendes bedeuten: Berufliche Lehrgänge, Berufsförderungswerke und

77 BVerfGE 26, 256.

78 Siehe so Friauf (1975), S. 43 f. für das Fernschulwesen. Die dort aufgeführten Grundsätze lassen sich allgemein auf private Träger von Ausbildungsgängen übertragen. Es ist allerdings zu prüfen, inwieweit sich Regelungen wirklich aufteilen lassen, so dass sich inhaltliche Fragen wirklich von Regelungen der wirtschaftlichen Betätigung trennen lassen.

79 Darunter können alle Formen beruflicher Schulen gezählt werden, die von der Kultusministerkonferenz aufgezählt wurden, siehe 6.1.1.

Rehabilitationzentren unterfallen nicht der Nr. 11 „Recht der Wirtschaft", soweit sie öffentliche oder gemeinnützige Träger haben. Bei privaten Trägern hat der Bund die Kompetenz aus der Nr. 11 für Regelungen, die den wirtschaftlichen Verkehr betreffen. Soweit hier Regelungen für notwendig erachtet werden, sind diese von den Ländern zu bestimmen.

Überbetriebliche Ausbildungsstätten[80] fallen unter die Bundeskompetenz, soweit wirtschaftliche Unternehmen für die Gründung und Organisation der Ausbildungsstätte verantwortlich sind[81]. Ziel der überbetrieblichen Ausbildungsstätten muss es sein, Nachwuchsarbeitskräfte für die bei der Organisation beteiligten Unternehmer zu gewinnen. Darin liegt der Akt, mit dem ein konkreter Wirtschaftsbezug hergestellt wird. Die Folge ist, dass eine Bundeskompetenz zu bejahen ist.

In gleicher Weise sind auch außerbetriebliche Ausbildungsstätten zu beurteilen, bei denen zwar kein Ausbildungsvertrag mit einem Dienstleistungs- oder Produktionsbetrieb besteht, aber ein solcher Betrieb sich indirekt als Träger der Ausbildungsstätte, zum Beispiel über eine Stiftung oder einen eingetragenden Verein, darstellt[82]. Hier muss eine Zuordnung zum Bereich der Wirtschaft erfolgen, wenn einerseits die Bestimmungsmacht im Wesentlichen bei dem Dienstleistungs- oder Produktionsbetrieb liegt[83], und wenn Nachwuchsarbeitskräfte für diesen Betrieb herangebildet werden sollen.

Die Ausbildungsstätte, auf der die viel beachtete Entscheidung des BAG bezüglich der Verkehrsfliegerschule basierte, kann den hier dargelegten Grundsätzen zugeordnet werden. Der dortige Träger der Fliegerschule betreibt sowohl die Ausbildungsstätte als auch ein Luftfahrtunternehmen, in denen der größte Teil der Flugschüler später einen Arbeitsvertrag erhalten sollen[84]. Auch wenn Ausbildungsstätte und Dienstleistungsprozess organisatorisch getrennt sind[85], ist hier ein Bezug zur Wirtschaftstätigkeit des Betriebes des Luftfahrtunternehmens

80 Siehe zur Unterscheidung zwischen über- und außerbetrieblichen Ausbildungsstätten bei Kormann, S. 106 ff.: In der Hauptsache besteht der Unterschied darin, dass bei einer außerbetrieblichen Ausbildungsstätte kein Ausbildungsvertrag mit einem Betrieb besteht, der neben der Ausbildung einen anderen Primärzweck (Dienstleistung oder Produktion) verfolgt.
81 Siehe Oetker (1985), S. 1739 f., der eine Übersicht gibt über mögliche Formen der überbetrieblichen Ausbildung, so auch Frädrich, S. 128.
82 Siehe Kormann, S. 113.
83 So auch Kormann, S. 113.
84 Siehe BAG, AP BBiG § 1 Nr. 1.
85 Siehe BAG, AP BBiG § 1 Nr. 1.

gegeben, weil eine dortige Anstellung den Auszubildenden in Aussicht gestellt wird. Der Träger betreibt die Fliegerschule, um Nachwuchsarbeitskräfte für seinen eigenen Dienstleistungsbetrieb zu gewinnen. Aufgrund des wirtschaftlichen Bezugs ist eine Bundeskompetenz gegeben und damit das BBiG anzuwenden. Dies hat das BAG auch so richtig gesehen, in dem es grundsätzlich geprüft hat, welche Ausbildungsform gem. § 1 BBiG vorliegt[86]. Eine andere Frage ist dann, ob das BAG die Anwendung der §§ 3-18 BBiG trotz Bejahens eines Berufsausbildungsverhältnisses im Sinn des § 1 II BBiG zutreffend abgelehnt hat[87], weil es die §§ 3-18 BBiG nur für Ausbildungsverhältnisse direkt im Produktions- und Dienstleistungsprozess anwenden will. Der grundsätzlichen Öffnung des Anwendungsbereiches des BBiG ist aber aufgrund des Vorliegens der Bundeskompetenz zuzustimmen.

Der 3. Senat des BAG hat sich der obigen Entscheidung des 5. Senats angeschlossen und auf schulische Ausbildungsverhältnisse von Berufsberatungsanwärtern der Bundesanstalt für Arbeit das BBiG nicht angewendet[88]. Da allerdings auch hier nach Beendigung der Ausbildung eine Beschäftigung für die Bundesanstalt für Arbeit als Arbeitgeber geplant war[89], ist ein konkreter Wirtschaftsbezug auch hier gegeben, der zum Bejahen der Bundeskompetenz führt und damit ist auch das BBiG einschlägig.

Zusammenfassend ist festzuhalten, dass ein Ausbildungsgang, der von einem Unternehmen angeboten wird, welches neben dem Ausbildungszweck noch einen weiteren Produktions- oder Dienstleistungsprozess verfolgt, aufgrund des Bezugs zur Wirtschaft der Bundeskompetenz gem. Art. 74 Nr. 11 GG untersteht. Die übrigen Ausbildungsgänge fallen nicht unter das „Recht der Wirtschaft“. Zu prüfen wäre diesbezüglich, ob nicht eine Kompetenz des Bundes aus der Nr. 12 „Arbeitsrecht“ herzuleiten ist.

Folgt man der hier dargestellten Abgrenzung von Bundes- und Länderkompetenz, dann erscheinen auch die in § 1 V und § 2 I BBiG getroffenen Regelungen sinnvoll. In § 1 V BBiG kommt zum Ausdruck, dass grundsätzlich jeder Lernort möglich ist, sei es ein Betrieb, eine berufsbildende Schule oder eine sonstige Ausbildungsstätte. Die Abgrenzung zu der in § 2 I BBiG klarstellend aufgeführ-

---

86 Siehe BAG, AP BBiG § 1 Nr. 1.
87 Siehe dazu im Einzelnen die Prüfung unten unter 6.2.
88 BAG, AP TVG § 1 Ausbildungsverhältnisse Nr. 1, wobei in der Entscheidung nicht ausdrücklich gesagt wird, ob generell das BBiG nicht anzuwenden ist oder nur, wie der 5. Senat, die §§ 3-18 BBiG.
89 BAG, AP TVG § 1 Ausbildungsverhältnisse Nr. 1.

ten Länderkompetenz folgt nicht aus der Art der Wissensvermittlung, sondern vielmehr aus der Tatsache, wer den Ausbildungsgang anbietet, und vor allem, aus welchem Grund der Ausbildungsgang angeboten wird. Dies führt dann zutreffend zur Ablehnung der institutionellen, der Rechtsfigur des Lernorts folgenden Kompetenzabgrenzung[90].

6.1.7. Gesetzgebungskompetenz nach Art. 74 Nr. 12 GG für Arbeitsrecht"

Teilweise wird die Gesetzgebungskompetenz für den Bund für das BBiG aus Art. 74 Nr. 12 GG hergeleitet[91]. Auch wird in manchen Kommentaren der Literatur nur in Bezug auf den vertragsrechtlichen Teil (§§ 3-18 BBiG) die Kompetenz aus dem Arbeitsrecht heraus begründet und für den übrigen Teil aus dem „Recht der Wirtschaft"[92]. Gem. Art. 74 Nr. 12 GG wird dem Bund die Gesetzeskompetenz für das Arbeitsrecht zugewiesen. Unter Arbeitsrecht im Sinne von Art. 74 Nr. 12 GG ist das Sonderrecht der unselbständigen, abhängigen Arbeitnehmer zu verstehen[93]. Wenn die Bundeskompetenz für die berufliche Bildung aus dem Arbeitsrecht hergeleitet wird, dann muss das zu beurteilende Ausbildungsverhältnis mit einem Arbeitsverhältnis vergleichbar sein, also arbeitsrechtlichen Charakter haben[94].

Die Grenzziehung des Kompetenzbereiches „Arbeitsrecht" für den Bund folgt vor allem der traditionsreichen Berufsausbildung direkt am Arbeitsplatz im Produktions- und Dienstleistungsprozess. Dementsprechend bejaht Friauf eine arbeitnehmerähnliche Stellung nur in einer betrieblichen Berufsausbildung, weil nur diese in einem abhängigen Arbeitsverhältnis erfolgt[95]. Deshalb klammert Friauf Ausbildungen in außer- oder überbetrieblichen Ausbildungsstätten und in

---

90 So auch Friauf, Richter und Michel; siehe Darstellung bei Michel, S. 1458.

91 So Musa, Teil 1, S. 6, Musa hält dabei nur Art. 74 Nr. 12 GG für gegeben, weil er das „Recht der Wirtschaft" als lediglich sachbezogen und nur die Gesetzkompetenz aus dem Arbeitsrecht für notwendigerweise personenbezogen ansieht; Friauf (1974), S.19: Friauf geht in seiner Zusammenfassung von beiden Kompetenznormen aus ;Ipsen, S. 12 und S. 14

92 So Herkert, § 1 Rd. 1 b; Hardenacke, III 3; Wohlgemuth, § 1 Rd. 1; nicht ganz eindeutig bei Knopp/Kraegeloh, § 1 Rd. 2, auf die sich zwar Wohlgemuth bezieht, aber dort wird letztlich keine Trennung zwischen den einzelnen Teilen des BBiG vorgenommen. Eine Aufteilung in einen privatrechtlichen und öffentlich-rechtlichen Kompetenzteil des Arbeitsrechts innerhalb des BBiG ist aber nicht sachgemäß, da das Arbeitsrecht sich gerade dadurch auszeichnet, dass es sowohl privatrechtliche als auch öffentlich-rechtliche Regelungen enthält, siehe so Fratzky, S. 39, Musa I, S. 6 und MKS, Art. 74, Rd. 808.

93 BVerfGE 7, 342 (350); siehe so auch Friauf (1974), S. 14; Musa I, S. 6; Ipsen, S. 12.

94 Vgl. Friauf (1974), S. 14.

95 Friauf (1975), S. 16.

Berufsschulen aller Art aus Nr. 12 aus[96]. Musa und Ipsen stellen auf die arbeitsrechtliche Stellung des Auszubildenden ab[97]. Nach Musa fallen deshalb der berufsbegleitende Unterricht in Berufsschulen, die Ausbildung in Berufsfachschulen und Ingenieurschulen und die Hochschulstudien nicht unter Nr. 12, sondern unter die Kulturhoheit der Länder[98]. Auf die Grenzfälle von außer- und überbetrieblichen Ausbildungsstätten geht Musa nicht näher ein. Obwohl Richter die berufliche Ausbildung insgesamt der Kulturhoheit der Länder zuordnen will[99], bejaht er für die arbeitsrechtliche Stellung des Ausbildenden eine Bundeskompetenz nach Nr. 12, dies unabhängig davon, ob Auszubildende als Arbeitnehmer anzusehen sind oder nicht, weil im Arbeitsrecht eine weitgehende Einbeziehung der Auszubildenden erfolgt ist, z. B. im Tarifvertragsrecht[100], Betriebsverfassungsrecht (§ 5 BetrVG) und Arbeitsgerichtsgesetz (§ 5 ArbGG). Allerdings trennt Richter das Ausbildungsverhältnis in eine arbeitsrechtliche und eine ausbildungsrechtliche Seite[101]. Michel unterscheidet zunächst zwischen außerschulischen und schulischen Rechtsbeziehungen. Innerhalb der außerschulischen Rechtsbeziehungen trennt er dann die dienstvertraglichen Rechtsbeziehungen, die er unter Nr. 12 „Arbeitsrecht" unterordnet[102]. Natzel unterstellt solche Ausbildungsverhältnisse der Nr. 12, die einem Arbeitsverhältnis nahe stehen, ohne ein solches zu sein[103]. Auch Wiedemann stellt bei der Einordnung von Berufsausbildungsverhältnissen als Arbeitsverhältnisse auf die Einbettung in die Betriebsorganisation ab[104].

Zusammenfassend ist zu sagen, dass zum einen zwischen betrieblicher, außer- und überbetrieblicher Ausbildung sowie zum anderen zwischen arbeitsvertraglichen, dienstvertraglichen und ausbildungsvertraglichen Rechtsbeziehungen unterschieden wird. Vor dem Hintergrund, dass immer mehr Ausbildungsgänge aus dem Produktions- und Dienstleistungsprozess ausgegliedert werden, fehlt aber eine genaue Abgrenzung zum Beispiel zwischen einer Ausbildung in einer Lehrwerkstatt innerhalb eines Produktions- oder Dienstleistungsbetriebes und einer überbetrieblichen Ausbildungsstätte. Bei den Auffassungen von Musa und Ipsen ist zu beachten, dass diese vor Inkrafttreten des BBiG 1969 erschienen.

96 Friauf (1974), S. 14 .
97 Musa I, S. 6 f.; Ipsen, S. 12 und 14.
98 Musa II, S. 2.
99 Richter, S. 101.
100 Siehe so auch BAG, AP TVG § 1 Nr.1.
101 Richter, S. 98.
102 Michel, S. 1455.
103 Natzel, S. 34 f.
104 Siehe Anmerkung von Wiedemann zu BAG AP TVG § 1 Ausbildungsverhältnis Nr. 1.

Das BBiG stellt nunmehr in § 6 II BBiG klar, dass der Auszubildende keine Dienste schuldet, sondern ihm nur Verrichtungen (nicht Arbeit!) übertragen werden dürfen, die dem Ausbildungsziel dienen. Die rechtliche Einordnung des Ausbildungsverhältnisses musste daher nach Inkrafttreten des BBiG 1969 neu beurteilt werden[105].

6.1.8. Stellungnahme zum Kompetenzbereich des Bundes nach Art. 74 Nr. 12 GG

Neben der Nr. 11 „Recht der Wirtschaft" kann der Bund bei bestimmten Ausbildungsgängen noch den Kompetenztitel aus Art. 74 Nr. 12 GG in Anspruch nehmen. Soweit aber in der Literatur auf den konkreten Lernort „Betrieb" abgestellt wird, um nur dort eine mit einem Arbeitsverhältnis vergleichbare Stellung des Auszubildenden zu bejahen, ist dem nicht zuzustimmen. Wenn ein Auszubildender einer überbetrieblichen Ausbildungsstätte im wesentlichem keinen anderen Rechten und Pflichten als ein Auszubildender innerhalb einer einem Betrieb untergeordneten Lehrwerkstatt unterliegt, ist nicht ersichtlich, warum nur eines der beiden Ausbildungsformen als ein arbeitsrechtlich ähnliches Verhältnis zu bezeichnen ist[106].

Die Abgrenzung darf sich auch hier nicht nach dem Lernort richten, sondern muss sich nach den konkret vorhandenen Vertragsbeziehungen der Ausbildungsparteien richten.

Natzel hat zutreffend die Unterschiede zwischen einem Arbeitsverhältnis und einem Ausbildungsverhältnis herausgearbeitet[107]. Es kommt aber letztlich nicht auf die rechtstheoretische Bezeichnung eines Ausbildungsverhältnisses als vollständig eigenes Rechtsverhältnis oder als nur partielles Arbeitsverhältnis an. Um eine Zugehörigkeit zum Kompetenztitel „Arbeitsrecht" zu bejahen, müssen die wesentlichen Pflichten der Parteien eines Ausbildungsverhältnisses mit denen eines Arbeitsverhältnisses vergleichbar sein[108]. Auszugehen ist von den Wesensmerkmalen eines Arbeitsverhältnisses. Ein Arbeitsvertrag ist vom Ursprung her ein schuldrechtlicher Austauschvertrag von abhängiger Arbeit gegen Ent-

---

105 Siehe insbesondere Natzel, S. 125 ff..
106 Vgl. in diesem Sinne: BAG, AP ArbGG 1979 § 5 Nr. 45 und BAG, NZA 2001, 1248 ff..
107 Natzel, S. 105.
108 Fredebeul (1983), S. 974 hat zum Beispiel die These aufgeworfen, dass die Teilnahme an Bildungsmaßnahmen auch entgeltfähige und entgeltbedürftige Arbeit sein könnte. Da die Wirtschaft ein eigenes Interesse an den Bildungsmaßnahmen hat, ist dieser Gedanke nicht ganz abwegig.

gelt[109]. Arbeit und Entgelt stehen dabei in einem Gegenseitigkeitsverhältnis[110]. In einem Ausbildungsverhältnis bestehen aber Arbeit und Vergütung nur als Nebenpflicht. Hauptpflichten sind auf der Seite des Auszubildenden das Lernen und auf der Seite des Ausbilders die Vermittlung des Wissens zum Erreichen des Ausbildungszieles[111]. Um eine Kompetenz aus dem Kompetenztitel „Arbeitsrecht“ zu bejahen, muss man eine Nähe des Ausbildungsverhältnisses zu einem Arbeitsverhältnis bejahen können. Daher darf man die Wesensmerkmale eines Arbeitsvertrages nicht vollständig vernachlässigen. Entscheidend ist dabei nicht, wo und wie die Ausbildung erfolgt: ob in Betrieb, Schule oder sonstiger Einrichtung, ob überwiegend praktisch, innerhalb eines laufenden Produktions- oder Dienstleistungsprozesses oder überwiegend theoretisch, systematisch geordnet oder lehrplanmäßig außerhalb eines solchen Prozesses[112]. Maßgeblich ist statt dessen, wie für das Vorliegen eines Arbeitsverhältnisses auch, welche vertraglichen Rechte und Pflichten die Parteien des Ausbildungsvertrages für die Durchführung des Ausbildungsverhältnisses begründet haben[113]. Mit diesen Kriterien als Hintergrund sind die zu beurteilenden Vertragsverhältnisse aufzuteilen in solche, die einem Arbeitsverhältnis nahe stehen und solche, die einem Schulverhältnis nahe stehen[114]. Es ist demnach bei den einzelnen Ausbildungsgängen zu schauen, inwieweit die gegenseitigen Rechte und Pflichten der Vertragsparteien mehr einem Arbeitsverhältnis oder mehr einem traditionellen Schulverhältnis ähneln. Dabei ist zwischen drei Verhältnissen zu entscheiden, nämlich dem öf-

---

109 Siehe Fratzky, S. 9: „Damals (1869, Gewerbeordnung für den norddeutschen Bund) war das Verhältnis des Austausches von Leistung und Gegenleistung der Ausgangspunkt für die nähere Bestimmung des Standorts des Rechts zwischen Arbeitgebern und Arbeitnehmern und in dessen Beziehung wurde nichts anderes als ein synallagmatischer Vertrag gesehen, bei dem Arbeit gegen Geld getauscht wurde.“, siehe auch Staudinger, Vorbemerkung zu § 611 BGB, Rd. 1 f.: Arbeitsvertrag ist ein Unterfall des Dienstvertrages, durch den jemand Dienste gegen Entgelt zusagt; vgl. näher unter 5.2.3..

110 ErfK/Preis,§ 611 BGB, Rd. 577 und 912.

111 Siehe Natzel, S. 127 und 128; ausführlich oben 5.2.3.

112 So BAG, AP ArbGG 1979 § 5 Nr. 45 für die Frage der Rechtswegzuständigkeit für „zur Berufsausbildung Beschäftigte“ gem. § 5 I ArbGG; die dort aufgestellten Grundsätze können übertragen werden, weil es auch dort um die grundsätzliche Frage der Nähe eines Ausbildungsverhältnisses zu einem Arbeitsverhältnis ging.

113 BAG,AP ArbGG 1979 § 5 Nr. 45.

114 Siehe auch Michel, S. 1459, der eine Einteilung vornimmt in die (auch rechtliche) Welt der Schule einerseits und der Wirtschaft bzw. der Arbeit andererseits. Nach Michel führt dies letztlich zu einer institutionellen Trennung in den schulischen und den außer-schulischen Bereich. Eine solche Einteilung in einen schulischen und außerschulischen Bereich findet sich natürlich auch bei der obigen Abgrenzung innerhalb des Art. 74 Nr. 11 „Recht der Wirtschaft“ und gibt die Kompetenzabgrenzung zwischen Bund und Ländern wieder.

fentlichen Schulverhältnis, dem Privatschulverhältnis (eingeschlossen dem Verhältnis zu einer freien Unterrichtseinrichtung) und dem Ausbildungsverhältnis, welches einem Arbeitsverhältnis nahe steht.

Das Schulverhältnis mit einer öffentlichen Schule ist ein gesetzlich geordnetes öffentlich-rechtliches Rechtsverhältnis[115]. In einem solchen Schulverhältnis hat zwar auch jede Seite ihre Rechte und Pflichten, denen die Pflichten und Rechte der anderen Seite entsprechen[116]. Die Einzelheiten ergeben sich allerdings nicht aus einer privatrechtlichen Vereinbarung, sondern aus den Schulgesetzen und den sie konkretisierenden Vorschriften der Schulverwaltung. Man kann deshalb nicht davon sprechen, dass die gegenseitigen Pflichten in einem Austauschverhältnis stehen, wie dies bei einem Dienstvertrag oder Arbeitsvertrag der Fall ist. Eine Nähe zu einem Arbeitsverhältnis ist abzulehnen. Dementsprechend sind berufliche Bildungsgänge in öffentlichen Berufsschulen oder Berufsfachschulen nicht unter die Bundeskompetenz des Art. 74 Nr. 12 GG „Arbeitsrecht" unterzuordnen.

Etwas anders liegen die Verhältnisse bei einem Ausbildungsgang, der von einem privaten Träger innerhalb einer Privatschule oder innerhalb einer freien Unterrichtseinrichtung angeboten wird. Die Rechtsbeziehungen der Schule zu Schülern richten sich nach Privatrecht. Der Schulvertrag ist als Vertrag des bürgerlichen Rechts nach zivilrechtlichen Maßstäben zu beurteilen[117]. Dabei ist von einem dienstvertraglichen Charakter auszugehen[118].

Allerdings kann in der Regel nicht davon gesprochen werden, dass das Vertragsverhältnis eine Nähe zu dem aus dem Dienstvertrag entwickeltem Institut des „Arbeitsverhältnisses" aufweist. Der Dienstvertrag ist ein Vertrag, durch den jemand Dienste gegen Entgelt zusagt[119]. Bei einem Arbeitsvertrag erfolgt das Erbringen der vereinbarten Arbeitsleistung in einer abhängigen Stellung. Um aber eine Nähe zu einem Arbeitsverhältnis begründen zu können, muss der Schüler bzw. Auszubildende zumindest teilweise als Dienstnehmer anzusehen sein. Dies ist nicht der Fall, wenn der Schüler oder in seiner Vertretung seine Eltern ein Entgelt für den Unterricht zahlen. In einem solchen Fall ist der Schü-

---

115 Heckel/Avenarius, S.296, 24.111.

116 Heckel/Avenarius, S.296, 24.12.

117 Heckel/Avenarius, S.147, 13.432.

118 Siehe BGH, NJW 1984, 2093, der die schulische Ausbildung und die erzieherische Betreuung der Schüler durch Lehrer und Erzieher in einer Internatsschule als Dienstvertrag ansieht; vgl. auch Frädrich, S. 126 ff.

119 Staudinger, Vorbemerkung zu § 611 BGB, Rd. 1.

ler in der Hauptsache Dienstgeber und kann für sein Entgelt die Ausbildung als Gegenleistung verlangen[120]. Eine gleichzeitige Stellung als Dienstnehmer und Arbeitnehmer ist nicht anzunehmen, so dass in diesen Fällen eine Nähe zu einem Arbeitsverhältnis auszuschließen ist[121]. Nach diesen Gesichtspunkten kann die Ausbildung in der Fliegerschule, die dem Urteil des BAG zugrunde lag[122], nicht dem Arbeitsrecht zugeordnet werden. Der Auszubildende ist hier Dienstgeber. Er kann aufgrund des Ausbildungsvertrages gegen sein Entgelt die versprochene Ausbildung als Dienstleistung verlangen.

Es bleiben die Ausbildungsgänge, in denen sich aufgrund eines Privatvertrages der Auszubildende zum Lernen verpflichtet und dafür eine Vergütung erhält. Der Auszubildende unterwirft sich dabei einem umfassenden Weisungsrecht des Ausbilders nach Ort und Art der von ihm zu verrichtenden Tätigkeiten. Hauptpflicht des Auszubildenden ist das Lernen, die des Ausbildenden das Vermitteln von Wissen und Fertigkeiten. Trotzdem verschwinden hier die Elemente eines Arbeitsverhältnisses nicht völlig. Der Auszubildende verrichtet die ihm übertragenden Tätigkeiten nicht selbständig, wie ein Schüler oder Student, sondern innerhalb des Weisungsrechts des Ausbilders und damit in seinem Dienst. Wegen des Weiterbestehens von arbeitsvertraglichen Elementen ist es sachgemäß solche Ausbildungsgänge dem Arbeitsrecht zuzuordnen[123]. Da der Auszubildende kein Entgelt an den Ausbilder für das Vermitteln des Wissens und der Fertigkeiten zahlt, erscheint er auch nicht als Dienstgeber.

Ein solches ist in der Praxis bei betrieblichen Ausbildungsgängen zu beobachten, in denen ein Betrieb einen Ausbildungsgang mit einem abhängigen Ausbildungsverhältnis durchführt, der entweder direkt im zugehörigen Produktions- oder Dienstleistungsprozess oder in einer angeschlossenen Lehrwerkstatt durchgeführt wird. Dies sind die Fälle der klassischen Berufsausbildung, die in der Literatur unter den Kompetenztitel „Arbeitsrecht“ gem. Art. 74 Nr. 12 GG zugeordnet werden. Das Vorhandensein eines gesonderten Produktions- oder Dienstleistungsprozesses ist aber keine notwendige Voraussetzung, um ein arbeitsrechtlich ähnliches Vertragsverhältnis anzunehmen[124]. Es kommt lediglich auf die gegenseitigen Rechte und Pflichten der Parteien aus dem vereinbarten Ver-

---

120 Vgl. in diesem Sinne auch Frädrich, S. 153.

121 So MünchArbR/Richardi, § 29 S.40, Rd. 1: In einem konkreten Arbeitsvertrag kann nicht jemand zugleich Arbeitgeber und Arbeitnehmer sein.

122 Siehe BAG, AP BBiG § 1 Nr. 1.

123 In diesem Sinne hat daher das BAG in einem solchen Fall auch die Anwendung der §§ 3-18 BBiG bejaht (BAG, NZA 2001, 1248 ff.).

124 BAG, NZA 2001, 1248 ff.; BAG, AP ArbGG 1979 § 5 Nr. 45.

tragsverhältnis an[125]. Das Motiv des Ausbildenden für die Ausbildung spielt dabei keine Rolle.

Der Inhalt eines Arbeitsverhältnisses kann jede entgeltliche Tätigkeit sein, auch wenn sie für den Arbeitgeber keinen wirtschaftlichen Gewinn bringt[126]. Dementsprechend ist es auch bei einem arbeitsähnlichen Ausbildungsverhältnis nicht entscheidend, ob der Ausbildende den Ausbildungsprozess für einen gesonderten Produktions- oder Dienstleistungsbetrieb nutzen will und daher die Ausbildungsstätte in diesen Produktions- oder Dienstleistungsbetrieb eingegliedert ist. Auch in einem normalen Arbeitsverhältnis ist die Art der Verwertung der Arbeitsleistung durch den Arbeitgeber nicht Voraussetzung für die Einordnung, ob ein Arbeitsverhältnis vorliegt[127]. Dementsprechend kann auch ein öffentlicher oder gemeinnütziger Träger einen Ausbildungsgang mit arbeitsrechtlichem Charakter anbieten, ohne dass ein gesonderter Produktions- oder Dienstleistungsprozess vorhanden sein muss[128]. Auch die ausschließliche Betätigung als Ausbildender reicht aus, wenn die auf einem Privatvertrag beruhenden Rechte und Pflichten der Parteien dem eines Arbeitsverhältnisses ähneln und den Auszubildenden nicht als Schüler, Student oder Benutzer der Ausbildungsstätte erscheinen lassen. Wenn der Auszubildende sich einem umfangreichen Weisungsrecht des Ausbildenden unterzieht und die Teilnahme an Veranstaltungen nicht lediglich Ausdruck einer allgemeinen Hausordnung erscheint oder als Voraussetzung für eine Prüfung gilt, sondern sich als Ausdruck des einzelvertraglich vereinbarten Weisungsrechts des Ausbildenden darstellt, dann liegt ein hier arbeitsähnliches Vertragsverhältnis vor. Dies gilt unter der Voraussetzung, dass der Auszubildende von seiner Seite aus kein Entgelt zu leisten hat und deshalb nicht selber als Dienstgeber erscheint[129]. Die Zahlung eines Entgelts durch den Ausbildenden

125 BAG, NZA 2001, 1248 ff.; BAG, AP ArbGG 1979 § 5 Nr. 45.

126 Jagenlauf, S. 1357; Hager, S. 31; Zmarzlik/Anzinger, § 1 Rd. 23.

127 Siehe zum Beispiel bei Schaub, § 8 Rd. 10 ff., Voraussetzungen des Arbeitnehmerbegriffes; Schaub führt dabei die drei Wesensmerkmale eines Arbeitnehmerverhältnisses auf: zu verrichtende Arbeit, privatrechtlicher Vertrag und persönliche Abhängigkeit bei dem Erbringen der Arbeitsleistung. In welcher Form der Arbeitgeber das Arbeitsergebnis verwertet, wird nicht als Voraussetzung zur Bejahung eines Arbeitnehmerverhältnisses genannt.

128 Von diesem Ergebnis ausgehend, ist auch der Ansicht bei MKS, Art. 74, Rd. 811, zu widersprechen, dass jedes Arbeitsverhältnis zwingend auch dem „Recht der Wirtschaft" zuordnen ist.

129 Siehe BGH, NJW 1993, 326 ff.; so lag hier kein arbeitnehmerähnliches Verhältnis vor, da der Auszubildende seinerseits ein Entgelt bezahlt hat und das Ausbildungsverhältnis als Schulverhältnis ausgestaltet war. Der Auszubildende tritt in einem solchen Fall als Dienstgeber auf. Eine Bundeskompetenz gem. Art. 74 Nr. 11 GG war ebenfalls nicht gegeben, da die stattlich anerkannte Tanzschule als Berufsfachschule die Kurse nicht in Hinblick darauf

ist dabei keine Voraussetzung für die Annahme eines arbeitsähnlichen Verhältnisses, da dies auch keine Voraussetzung für die Annahme eines Arbeitsverhältnisses ist[130]. Daher spielt es auch keine Rolle, ob sich die Zahlung einer Vergütung im Einzelfall als ein Entgelt des Ausbildenden oder aber sich als eine Unterhaltszahlung durch den Träger des Ausbildungsganges selber oder der öffentlichen Hand als eine Art Ausbildungsförderung darstellt[131]. Nach dem soeben ausgeführten Sachverhalt fallen daher neben betrieblichen Ausbildungsgängen und den dazugehörigen, in einer betrieblichen Lehrwerkstatt durchgeführten, auch solche Ausbildungsgänge unter den Kompetenztitel „Arbeitsrecht", die zwar als ausschließlicher Ausbildungsbetrieb gegründet wurden, deren vereinbarte Rechte und Pflichten aus dem privatrechtlichen Vertragsverhältnis aber einem Arbeitsverhältnis ähneln und sich daher im wesentlichem nicht von einer betrieblichen Ausbildung unterscheiden. Solche außer- und überbetrieblichen Ausbildungsstätten fallen somit über Nr. 12 unter die Bundeskompetenz[132].

6.1.9. Zusammenfassung zum Kompetenzbereich nach Art. 74 Nr. 11 und 12 GG

Die Zugehörigkeit eines Ausbildungsganges zum Kompetenztitel „Recht der Wirtschaft" wird dadurch bewirkt, dass der Träger der Ausbildungsstätte neben der Ausbildungsstätte noch einen sonstigen Produktions- oder Dienstleistungsprozess betreibt, für den er im Anschluss an die Ausbildung das vermittelte Wissen der Auszubildenden verwerten kann. Daher fallen neben den klassischen betrieblichen Ausbildungsgängen auch solche außer- und überbetrieblichen Ausbildungsgänge unter Nr. 11, deren Träger daneben, auch organisatorisch getrennt, einen Produktions- oder Dienstleistungsprozess betreiben, in den der Auszubildende nach Abschluss der Ausbildung eingegliedert werden kann. Nicht einzubeziehen sind Ausbildungsgänge von öffentlichen, gemeinnützigen oder privaten Trägern, deren ausschließliche Betätigung in dem Anbieten von

---

durchführte, die Arbeitskraft der Auszubildenden nach Abschluss der Kurse als Arbeitnehmer für einen eigenen Dienstleistungsbetrieb zu nutzen. Daher konnte ein Entgelt für die Ausbildung verlangt werden, da die §§ 5, 10 BBiG nicht zu beachten waren. Siehe zur Frage, ob Ausbildungsstätten, die unter die Bundeskompetenz fallen, ein Entgelt verlangen dürfen, unter 6.2.5.

130 MünchArbR/Richardi, § 23, S. 333, Rd. 60 und Schaub, § 8 Rd. 37.

131 Siehe auch Gedon/Spiertz, § 3 Rd. 25: Hier wird darauf hingewiesen, dass auch Dritte, zum Beispiel das Arbeitsamt, die Vergütung übernehmen können und dennoch ein Berufsausbildungsvertrag nach §§ 3 ff. BBiG anzunehmen ist.

132 Deshalb ist Fredebeul im Ergebnis zuzustimmen, wenn er Ausbildungsverträge mit überbetrieblichen Ausbildungsstätten unter das BBiG zuordnet, siehe Fredebeul 1982, S. 1493 ff..

Ausbildungsgängen liegt, ohne dass eine Absicht vorliegt, das vermittelte Wissen auch für einen Produktions- oder Dienstleistungsbetrieb zu nutzen. Ein Ausbildungsgang gehört dann zum Kompetenztitel „Arbeitsrecht“, wenn die gegenseitigen Rechte und Pflichten mit einem Arbeitsverhältnis vergleichbar sind. Irrelevant dabei ist der Grund, warum der Ausbildungsgang aus Sicht des Ausbildenden angeboten wird. Der Auszubildende darf nicht als Dienstgeber oder als Schüler, Student oder Benutzer der Ausbildungsstätte erscheinen.

6.1.10. Reichweite des BBiG aufgrund der Bundeskompetenz gem. Art. 74 GG

Bei der Festlegung der Reichweite des BBiG konnte und wollte der Gesetzgeber so weit gehen, wie die Bundeskompetenz reicht[133]. Kann man daher einen Ausbildungsgang entweder unter Art. 74 Nr. 11 „Recht der Wirtschaft“ oder Nr. 12 „Arbeitsrecht“ zuordnen, dann ist auch der sachliche Geltungsbereich des BBiG gem. § 1 V BBiG und § 2 I BBiG eröffnet[134].

6.1.11. NLZ und Kompetenzreichweite aus Art. 74 Nr. 11 und 12 GG

Nach den vorangestellten Grundsätzen kann man für die NLZ einen konkreten Berufsbezug für eine Zuordnung zu Art. 74 Nr. 11 GG „Recht der Wirtschaft“ bejahen. Ebenso ist die Vergleichbarkeit mit einem unselbständigen, abhängigen Arbeitnehmerverhältnis denkbar.

Für die Zuordnung zum „Recht der Wirtschaft“ kommt es letztlich nicht darauf an, ob man als Dienstleistungs- und Produktionsprozess eines Bundesligavereins nur die Lizenzligamannschaft ansieht, oder ob man die A- und B-

---

133 Siehe BT-Drucksachen V/4260, S. 4, zu § 2; Fredebeul (1982), S. 1493, Nr. III b).

134 Die Bundeskompetenz für einen Ausbildungsgang kann sowohl aus dem „Recht der Wirtschaft“ als auch aus dem „Arbeitsrecht“ begründet werden. Siehe MKS, Art. 70 Rd. 54: „ Die kompetenzielle Zuordnung kann freilich ergeben, dass ein Gesetz in Teile zerlegt werden kann und muss, die jeweils verschieden Kompetenzmaterien unterfallen, so dass sich die Gesetzgebungszuständigkeit für das Gesetzwerk insgesamt additiv aus mehreren Kompetenztiteln ergibt (Kompetenzmix, Mosaikkompetenz). Mehrfachzuständigkeiten, die sich auf diese Weise einstellen, sind verfassungsrechtlich prinzipiell unproblematisch, soweit sie nur im Zuständigkeitsbereich ein und desselben Kompetenzträgers verbleiben. Das Grundgesetz fordert vom Gesetzgeber nicht, dass er seine Gesetze so Maß schneidert, dass die darin enthaltenen Normen immer nur einem einzigen Kompetenztitel zugeordnet werden können. Dem Bund stehen seine Kompetenztitel kumulativ zur Verfügung, er kann daher seine Gesetzgebungszuständigkeit auch aus mehreren Gegenständen eines Kompetenzkataloges und sogar aus unterschiedlichen Gesetzgebungssparten ableiten und kombinieren.“

Juniorenmannschaft eines NLZ darin mit einbezieht. Nicht entscheidend ist ebenfalls, ob man dies als schulische Ausbildung betrachtet. Letztlich ist erheblich, ob das in einem NLZ vermittelte fußballerische Wissen[135] einen konkreten Berufsbezug aufweist. Bei einem NLZ ist sowohl ein allgemeiner Berufsbezug als auch ein konkreter Berufsbezug zur Wirtschaft gegeben.

Ziel der Förderverträge ist es, Nachwuchsspieler für den Lizenzspielerbereich auszubilden[136]. Dafür werden die Spieler fußballpraktisch[137] und fußballtheoretisch[138] ausgebildet und den Spielern wird diesbezüglich fußballerisches Wissen vermittelt. Die Spieler betreiben dies mit dem Ziel, später einmal Lizenzspieler zu werden. Die Vereine gehen noch einen Schritt weiter. Sie wollen die Spieler nicht nur in Hinblick darauf ausbilden, dass diese überhaupt Lizenzspieler werden, sondern konkret mit dem Ziel, Lizenzspieler für den eigenen Lizenzspielerbereich zu erhalten[139]. Der Zweck ist damit auf einen konkreten Arbeitsplatz gerichtet, der zur wirtschaftlichen Betätigung des Vereins beitragen soll. Um dieses Ziel zu erreichen werden in die Verträge Optionsklauseln eingebaut, die sicherstellen sollen, dass der Spieler auch nach der Zeit in dem NLZ noch dem Verein zur Verfügung steht[140]. Damit ist ein konkreter Berufsbezug zu bejahen, der zu einem wirtschaftlichen Bezug führt. Daher fällt auch ein NLZ unter das „Recht der Wirtschaft", da die Ausbildung in einem NLZ zu einem konkreten Beruf führen soll und damit die wirtschaftliche Betätigung des Vereins unterstützt werden soll. Der Bezug zum wirtschaftlichen Betrieb ist bei den NLZ noch aus einem weiteren Grund gegeben: Um eine Spiellizenz zu erhalten, muss ein Bun-

---

135 Dies gilt, wenn man später den persönlichen Geltungsbereich bejaht, also eine Ausbildung im Sinne des BBiG stattfindet.

136 Siehe Informationen zum Juniorenkonzept von Bayer 04 Leverkusen: Präambel und Ziele der Juniorenabteilung: Nr. 1: „Optimale und individuell ausgerichtete Förderung der talentiertesten Juniorenspieler mt dem Ziel, Spieler für den Kader der Bayer-Lizenzmannschaft auszubilden" (Anlage 2).

137 Praktisch in dem Sinne, dass mit dem Spielern auf dem Platz trainiert wird und am Punktspielbetrieb der jeweiligen Juniorenliga teilgenommen wird.

138 Theoretisch in dem Sinne, dass auch einzel- und mannschaftstaktische Inhalte den Spielern mündlich erklärt werden.

139 Zitat aus der Präambel der Juniorenabteilung von Bayer 04 Leverkusen: „ 1. Optimale und individuell ausgerichtete Förderung der talentiertesten Juniorenspieler mit dem Ziel, Spieler für den Kader der Bayer 04 - Lizenzmannschaft auszubilden" (Anlage 2).

140 Mustervertrag des DFL für Jugendliche in NLZ: § 6 Nr. 2: Der Vertrag endet am ... (drei Jahre Vertragslaufzeit).; Nr. 3: Verein/Gesellschaft und Spieler verpflichten sich, den Vertrag für weitere ... (zwei) Jahre zu den seitherigen Bedingungen fortzusetzen, falls die jeweils andere Vertragspartei dies wünscht (Anlage 1).

desligist gem. § 7 Nr. 4 b) Lizenzspielerstatut DFL[141] ein NLZ unterhalten. Damit dient ein NLZ direkt der Aufrechterhaltung der wirtschaftlichen Betätigung der Lizenzligamannschaft bzw. des Vereins. Auch die von Natzel und Michel aufgeführten Grenzen, der von Friauf dargestellten Berufsbezogenheit, sprechen nicht gegen die Einbeziehung von NLZ in den Kompetenztitel „Recht der Wirtschaft". Das NLZ ist ein Teil des Wirtschaftsunternehmens „Fußballverein". Es dient dazu, Spieler, d. h. Arbeitskräfte für die Lizenzligamannschaft zu gewinnen. Damit unterstützt das NLZ den arbeitstechnischen Zweck des Vereins und verfolgt keinen eigenen arbeitstechnischen Zweck, wie dies bei außerbetrieblichen Ausbildungsstätten, Berufsbildungswerken, Berufsförderungswerken oder Rehabilitationszentren der Fall ist[142]. Mit einem NLZ wird keine eigenständige Schule oder Unterrichtseinheit aufgebaut, deren alleiniger Betriebszweck die Ausbildung der Spieler ist. Übergeordneter Betriebszweck bleibt der sportliche Erfolg der Lizenzligamannschaft, in der gleichen Weise wie bei einer Lehrwerkstatt übergeordneter Betriebszweck die Gewinnmaximierung des Produktions- oder Dienstleistungsbetriebes bleibt. Diese enge Verbindung führt zu einem engen Berufsbezug zwischen dem NLZ und dem späteren möglichen Arbeitsplatz als Lizenzspieler in der Bundesligamannschaft des Vereins. Für diese enge Verbindung zwischen NLZ spricht ebenso, dass zumeist das NLZ in der Organisation dem Verein oder der für die Lizenzligamannschaft zuständigen Tochtergesellschaft zugeordnet ist[143]. So existiert eine gemeinsame Entscheidungsstruktur für das NLZ und die Lizenzligamannschaft innerhalb des Managements des Vereins/Tochtergesellschaft[144]. Darüber hinaus sind NLZ und Lizenzspielerbetrieb des Vereins nicht völlig getrennt, so dass die Situation durchaus mit einer betrieblichen Lehrwerkstatt zu vergleichen ist. Zunächst gibt es nach der Jugendordnung des DFB die Möglichkeit, A-Junioren in der Seniorenmannschaft ein-

---

141 www.bundesliga.de/intern/ligastatu/.

142 Siehe so die Beurteilung bei der Problematik zu § 5 I BetrVG: Dort wird die Unterscheidung, ob Auszubildende als zur Berufsausbildung Beschäftigte zum Kreis der Arbeitnehmer im Sinne von § 5 I BetrVG zählen, danach getroffen, ob die Ausbildungsstätte einen eigenen arbeitstechnischen Zweck verfolgt. Die Auszubildenden sind hierbei selber Gegenstand des Betriebszwecks. Errichten Betriebe/Unternehmen Lehrwerkstätten oder Ausbildungszentren, in denen Auszubildende die nach dem Ausbildungsvertrag geschuldete Berufsausbildung erfahren, dann ist dies als betriebliche Berufsausbildung zu bewerten; siehe ausführlich unter 7.5.

143 So wird z. B. bei Bayer Leverkusen der Vertrag mit dem Nachwuchsspieler mit der für die Lizenzmannschaft verantwortlichen GmbH abgeschlossen.

144 Siehe Fragebogen Verein Frage 15, wonach bei 16 von 17 Vereinen sich die Entscheidungsträger der Lizenzspielerabteilung die letztendliche Entscheidung bei wichtigen Fragen bezüglich der NLZ vorbehalten.

zusetzen[145]. Dementsprechend hat zum Beispiel Bayer Leverkusen im Juni 2001 mehrere A-Junioren in der Lizenzligamannschaft eingesetzt[146]. Im Gesamtbild liegt ein Vergleich zu einer betrieblichen näher als zu einer außer- oder überbetrieblichen Ausbildungsstätte, da das NLZ einen unmittelbaren Kontakt zur Lizenzligamannschaft als Ort des Dienstleistungsprozesses eines Bundesligavereins hat und organisatorisch dem Bundesligaverein untergeordnet ist, sowie zum Erhalt der Spiellizenz für die Bundesliga erforderlich ist[147].

Ebenso sind Fallkonstellationen zum Recht der Wirtschaft zu zählen, in denen das NLZ im Verein verbleibt, während die Lizenzspielerabteilung in einer Kapitalgesellschaft organisiert wird[148]. Betrachtet man die Strukturen genauer, sieht man eine enge Verflechtung zwischen Verein und Kapitalgesellschaft. Der Verein muss an der Kapitalgesellschaft gem. § 8 Nr. 4 Satzung DFL[149] mehrheitlich beteiligt sein[150]. Die Gelder zur Finanzierung des NLZ und die Vergütungen der Spieler werden weiterhin von der Lizenzspielerabteilung zur Verfügung gestellt werden[151]. Die talentiertesten Spieler sollen für die eigene Lizenzspielermann-

---

145 Siehe § 6 Nr. 2 Jugenordnung DFB (www.dfb.de/dfb-info/interna/jugendordnung).

146 kicker vom 28.05.2001 S. 36: So spielten mehrere A-Junioren bei einem Freundschaftsspiel von Bayer Leverkusen im Mai 2001 in den USA in der Lizenzligamannschaft mit, weil dort Spieler fehlten. Auch ein Freundschaftsspiel unterstützt den Betriebszweck einer Lizenzligamannschaft, da hierdurch auch das Image verbessert wird und neue Sponsoren gewonnen werden können.

147 Vgl. auch 6.2.

148 Siehe Fragebogen Verein Frage 2: Ein Verein gliedert innerhalb der Jugendabteilung nur die A-Juniorenmannschaft in die Kapitalgesellschaft ein. Ein zweiter Verein gab an, dass das NLZ voraussichtlich im Verein verbleiben soll.

149 www.bundesliga.de/intern/ligastatu/.

150 Die Verknüpfung zwischen Mutterverein und Kapitalgesellschaft soll kurz am Beispiel Hertha BSC Berlin dargestellt werden (Quelle: kicker-sportmagazin vom 28.02.2002: Die Mitgliederversammlung des Muttervereins wählt einen sechsköpfigen Aufsichtsrat und beruft ihn ab, ebenso bestimmt sie die fünf einfachen Mitglieder für den Beteiligungsausschuss. Der Aufsichtsrat wiederum bestellt das vierköpfige Präsidium. Der Beteiligungsausschuss, dem der komplette Aufsichtsrat, das komplette Präsidium sowie fünf einfache Mitglieder angehören, kontrolliert die Geschäftsführung der Kommanditgesellschaft auf Aktien (KGaA). In der KGaA sind die Lizenzspielerabteilung, die erste Amateurmannschaft sowie die erste A-Jugend-Mannschaft vereint. In dem Mutterverein verbleiben die restlichen Jugendmannschaften. Zwischen KGaA und Mutterverein besteht ein Kooperationsvertrag. Der Mutterverein ist zu 100 % Inhaber der GmbH die bezüglich der KGaA haftet und diese leitet. Der Mutterverein besitzt 100 % der Aktien der KGaA.

151 So hat der SC Freiburg für sein NLZ 21 Millionen DM investiert (kicker-sportmagazin vom 27.08.2001 S. 16). Eine Summe, die ein gemeinnütziger Verein ohne die Lizenzspielerabteilung wohl kaum finanzieren können dürfte. Siehe auch die Verhältnisse bei Eintracht

schaft gewonnen werden. Die von den Nachwuchsspielern ausgeübten Dienste werden im Interesse der Lizenzligamannschaft erbracht. Das Betreiben des NLZ ermöglicht dann die Lizenzerteilung der Lizenzligamannschaft der Kapitalgesellschaft[152]. Daher liegt auch eine enge Verbindung zwischen Lizenzspielerabteilung als Produktions- und Dienstleistungsprozess und NLZ als Ausbildungsstätte vor. Der Verein ist sowohl als Mehrheitseigner[153] Träger der Kapitalgesellschaft als auch Träger des NLZ. Aufgrund dieser doppelten Trägerschaft ist die Ausbildung als eine „durch" die Wirtschaft durchgeführte zu betrachten. Gem. § 7 a) Spielordnung DFL gelten Mutterverein und Tochtergesellschaft hinsichtlich Spielerberechtigung und vertragsrechtlicher Angelegenheiten als Einheit[154]. Wenn ein Verein einen wirtschaftlichen Betrieb betreibt, aber selber Ausbildungsgänge durchführt, um dafür Arbeitskräfte heranzubilden, ist dies nicht anders zu beurteilen als der umgekehrte Fall, dass ein Wirtschaftsunternehmen eine Stiftung oder einen eingetragenen Verein betreibt, in dem er Ausbildungsgänge durchführt[155]. Der Verein betreibt das NLZ und schließt die Förderverträge ab, um Lizenzspieler als Arbeitskräfte für den Wirtschaftsbetrieb „Lizenzspielerabteilung" heranzubilden. In diesen Fällen liegt daher ebenfalls ein konkreter Berufsbezug zur Wirtschaft vor, welches den Geltungsbereich des Art. 74 Nr. 11 eröffnet. Zusätzlich könnte der Geltungsbereich des BBiG über die Tatsache eröffnet sein, dass die Förderverträge als arbeitnehmerähnliches Vertragsverhältnis ausgestaltet sind. Dies könnte aus der Verpflichtung der Spieler hergeleitet werden, an allen Vereinswettkämpfen, Lehrgängen, Trainingsveranstaltungen, an allen Sportbesprechungen und sonstigen der Wettkampfvorbereitung dienenden Veranstaltungen teilzunehmen, sowie die Trainingsanforderungen jederzeit zu erfüllen[156].

Frankfurt, dessen Amateur- und Jugendmannschaften im Verein getrennt von der gegründeten Kapitalgesellschaft betrieben werden. So äußerte sich der Vizepräsident Eintracht Frankfurt e. V. (FAZ vom 13.04.2002, S. 94): „Die Amateure samt anhängigen Jugendmannschaften hängen wie elf weitere Abteilungen des Vereins am Tropf der AG" und „der Verein ist zwar die „Mutter" der AG mit allen Pflichten, doch die Tochter muss das Geld ins Haus bringen."

152 Gem. § 7 Nr. 4 b) Lizenzspielerstatut DFL muss der Verein bzw. die Tochtergesellschaft oder deren Mutterverein als Fördereinrichtung des Juniorenfußballs ein NLZ führen, wobei der Kapitalgesellschaft ein NLZ des Muttervereins zugerechnet wird (www.bundesliga.de /intern /ligastatu/).

153 Gem. § 8 Nr. 4 Satzung DFL muss der Verein an der Kapitalgesellschaft mehrheitlich beteiligt sein (www.bundesliga.de/intern/ligastatu/).

154 www.bundesliga.de/intern/ligastatu/.

155 So Kormann, S. 113.

156 Im Mustervertrag des DFL für Förderverträge heißt es: § 1 Nr. 1: Der Spieler verpflichtet sich, für den Verein/ die Gesellschaft den Fußballsport als Vertragsamateur im Sinne der Vorschriften der §§ 15 bis 15 f) der DFL-Spielordnung, die er ausdrücklich anerkennt, auszuüben.

Dies spricht für ein umfangreiches Weisungsrecht des Vereins gegenüber dem Spieler. Die Nachwuchsspieler üben den Fußballsport gegen eine monatliche Vergütung aus[157]. Als Zusatz ist den vertraglichen Regelungen angefügt, dass die Bezüge der Spieler Bruttobezüge sind. Für die Abführung von Steuern und Soziallasten sollen die jeweiligen gesetzlichen Bestimmungen gelten[158]. Der Nachwuchsspieler zahlt kein Entgelt für die Teilnahme am NLZ und kann daher auch nicht als Dienstgeber angesehen werden. Würde man die sportliche Betätigung andererseits vornehmlich als Freizeitbeschäftigung des Spielers ansehen, wäre eine Nähe zu einem arbeitnehmerähnlichem Vertragsverhältnis nicht gegeben und Art. 74 Nr. 12 GG abzulehnen.

Zusammenfassend ist zu sagen, dass für den Bereich der NLZ und für die in diesem Zusammenhang abgeschlossenen Förderverträge eine Regelungskompetenz des Bundes gem. Art. 74 Nr. 11 „Recht der Wirtschaft“ besteht. Es liegt ein konkreter Berufsbezug zur Wirtschaft vor. Eine vorliegende Ausbildung würde „durch“ die Wirtschaft erfolgen, da der Verein als Träger sowohl der wirtschaftlich betriebenen Lizenzspielerabteilung als auch des NLZ anzusehen ist. Ebenso wäre eine Regelungsbefugnis des Bundes gem. Art. 74 Nr. 12 GG „Arbeitsrecht“ gegeben, wenn die Förderverträge als arbeitnehmerähnliches, abhängiges Vertragsverhältnis ausgestaltet werden.

6.1.12. Zwischenergebnisse

Der Kompetenzbereich des Bundes ergibt sich aus Art. 74 Nr. 11 „Recht der Wirtschaft“ und/oder Nr. 12 GG „Arbeitsrecht“. Soweit Vereine mit Spielern Ausbildungsverhältnisse abschließen, fallen diese unter die Regelungskompetenz des Bundes gem. Art. 74 Nr. 11 GG „Recht der Wirtschaft“. Für den Fall, dass diese Ausbildungsverhältnisse als arbeitnehmerähnliche Vertragsverhältnisse ausgestaltet sind, wäre zusätzlich eine Regelungskompetenz des Bundes gem. Art. 74 Nr. 12 GG „Arbeitsrecht“ gegeben. Es ist im Weiteren zu prüfen, inwieweit der Gesetzgeber von seiner grundsätzlichen Regelungskompetenz Gebrauch gemacht hat.

---

§ 4 Nr. 1: Die trainingsfreie Zeit bestimmt der Trainer mit Rücksicht auf den Spielplan (Anlage 1).

157 Siehe § 5 des Mustervertrages des DFL, in dem sowohl ein monatliches Grundgehalt als auch Einsatzprämien vorgesehen sind. (Anlage 1).

158 Siehe § 5 des Mustervertrages des DFL (Anlage 1).

6.2. Regelungsumfang des BBiG

6.2.1. Problemstellung

Zum einen hat das BAG entschieden, dass betriebliche Berufsbildung im Sinne des § 1 V BBiG auch dann noch vorliegt, wenn Betriebe der Wirtschaft oder vergleichbare Einrichtungen innerbetriebliche oder außerbetriebliche Stellen zur Vermittlung einer beruflichen Bildung errichten, in denen Auszubildenden die vertraglich geschuldete Berufsausbildung erfahren, etwa Lehrwerkstätten oder Ausbildungszentren[159]. Zum anderen hat das BAG weiter entschieden, dass das BBiG nicht für solche Ausbildungen gilt, die außerbetrieblich in schulischen Bildungsstätten durchgeführt werden und bei denen die schulische Ausbildung gegenüber dem betrieblichen Ausbildungsteil im Vordergrund steht[160]. Hierzu zählen etwa die Ausbildung von Flugschülern in der Fliegerschule der Lufthansa in Bremen[161], die Mannequinausbildung an einer privaten Mannequinschule[162] und die Ausbildung eines Berufsanwärters der Bundesanstalt für Arbeit[163]/[164].

Das BAG hat ohne den generellen Geltungsbereich des BBiG zu verneinen, die §§ 3- 18 BBiG auf bestimmte Ausbildungsstätten nicht angewandt. Ausgangspunkt war die Entscheidung vom 16.10.1974[165]. Das BAG kam zu dem Schluss, dass auf die zu beurteilende Verkehrsfliegerschule[166] die §§ 3-18 BBiG nicht anzuwenden seien, weil es sich um eine schulische Ausbildung handele, welche die §§ 3-18 BBiG nicht ordnen[167]. Aus § 1 II BBiG in Verbindung mit § 3 II

159 Siehe BAG, EzA ArbGG 1979 § 5 Nr. 32; AP BetrVG 1972 § 5 Nr. 54; Leinemann/Taubert, § 1 Rd. 75.
160 Leinemann/Taubert, § 2 Rd. 6.
161 BAG, AP BBiG § 1 Nr. 1.
162 OLG Karlsruhe, EzB a. F. BBiG § 5 Nr. 7.
163 BAG, AP TVG § 1 Nr. 1.
164 Siehe insgesamt Leinemann/Taubert, § 2 Rd. 6.
165 BAG, AP BBiG § 1 Nr. 1.
166 Im vorliegenden Fall ging es um die von der Deutschen Lufthansa gegründeten Verkehrsfliegerschule, die getrennt vom sonstigen Betrieb der Fluggesellschaft betrieben wurde. Die Auszubildenden leisteten im Betrieb der Lufthansa keine Arbeit. Der Beklagte musste sich als Flugschüler mit DM 17.000 beteiligen. Die Summe wurde ihm von der Lufthansa als Darlehen gegeben. Nach Beendigung der Ausbildung war eine ratenweise Tilgung vorgesehen. Nach Beendigung der Ausbildung wurde der Beklagte von der Lufthansa eingestellt. Die Rückzahlung des Darlehens wurde bis zur Kündigung des Arbeitsverhältnisses durch den Beklagten begonnen. Die Lufthansa klagte auf Rückzahlung des restlichen Klagebetrages. (BAG, AP BBiG § 1 Nr. 1.
167 BAG, AP BBiG §1 Nr. 1.

BBiG ergebe sich, dass der vertragsrechtliche Teil nur auf betriebliche Berufsausbildungen ausgerichtet sei[168]. Das BAG hat dabei geprüft, ob die einzelnen Vorschriften, wie zum Beispiel die Zahlung einer Vergütung (§ 10 BBiG), die Vorgabe, nur ausbildungsrelevante Verrichtungen an den Auszubildenden zu übertragen (§ 6 II BBiG) oder die Verpflichtung zur Wahrung von Betriebsgeheimnissen (§ 9 Nr. 6 BBiG) nur auf betriebliche Ausbildungen passen würden[169].

Diese Auffassung wurde vom BAG bei den Ausbildungen in Krankenschwesternschulen an Krankenhäusern fortgeführt. In Verbindung mit der Gegenüberstellung von Theorie und Praxis wird darauf abgestellt, ob die Ausbildung überwiegend in den normalen Betriebsablauf des Krankenhauses eingegliedert ist. Wurde dies bejaht, wurde das BBiG angewendet[170]. Der Gemeinsame Senat der Obersten Bundesgerichte bestätigte das BAG. Danach sei das BBiG nur anwendbar, wenn im Rahmen der Gesamtausbildung die praktische Ausbildung mit arbeitsrechtlicher Ausgestaltung überwiegt, es sich mithin nicht um eine schulische oder eine sonst ausgeschlossene Ausbildung (§ 2 BBiG) handele[171].

Für die NLZ könnte dies folgendes bedeuten: Oben unter 5. wurde das Vorliegen eines Ausbildungsverhältnisses im Sinne des § 19 BBiG unter anderem damit begründet, weil im Mittelpunkt des Wirtschaftsunternehmens Bundesligaverein die Lizenzligamannschaft steht. Das Fußballspielen der Nachwuchsspieler dient damit nicht primär der Unterstützung des Produktions- oder Dienstleistungsprozesses des Unternehmens. Der Schwerpunkt liegt nach der hier vertretenen Auffassung weniger auf einer Arbeitsleistung als auf einer Ausbildungsleistung. Es stellt sich somit die Frage, ob die NLZ immer noch als dem Produktions- oder Dienstleistungsprozess eingegliedert angesehen werden können. Wäre dies zu verneinen, dürfte man, wenn man der Rechtsauffassung des BAG folge, die §§ 3 - 18 BBiG nicht auf die Förderverträge anwenden. Wenn das BAG davon spricht, dass der vertragsrechtliche Teil des 2. Teils des BBiG (§§ 3-18 BBiG) nur auf betriebliche Berufsbildung Anwendung findet, ist zunächst zu fragen, was unter betrieblicher Berufsbildung zu verstehen ist. Ausgangspunkt ist dabei wiederum der § 1 V BBiG, in dem die Lernorte der Berufsbildung beschrieben werden.

---

168 BAG, AP BBiG § 1 Nr. 1.
169 BAG, AP BBiG § 1 Nr. 1.
170 Siehe BAG, NJW 1981, 1330.
171 Beschluß des GmSOGB, AP BBiG § 14 Nr. 14.

6.2.2. NLZ als Ort der betrieblichen Ausbildung

Bei der Bestimmung des sachlichen Geltungsbereichs des BBiG ist von § 2 I GG auszugehen. Danach gilt das Gesetz für die Berufsausbildung, soweit sie nicht in berufsbildenden Schulen der Länder durchgeführt wird, die den Schulgesetzen der Länder unterstehen. § 2 II BBiG führt noch zwei weitere Ausnahmetatbestände auf[172]. Das BBiG gilt dem gemäß nicht für öffentlich-rechtliche Dienstverhältnisse und die Berufsausbildung auf Seeschiffen[173]. Nach § 107 BBiG gilt das BBiG im Bereich der Heil- und Heilhilfsberufe nur, soweit die Berufsbildung nicht bundesgesetzlich nach Art. 74 Nr. 19 GG oder durch Landesschulrecht geregelt ist[174].

§ 2 legt das Gesetz damit so an, dass die Vorschriften grundsätzlich für die Berufsbildung in allen Berufs- und Wirtschaftszweigen gelten[175]. Deswegen spricht das Gesetz dann auch umfassend von Auszubildenden und Ausbildenden[176]. Das Gesetz gilt damit mit denen in § 2 BBiG genannten Ausnahmen in allen Berufs- und Wirtschaftszweigen.

Damit sollte eine wichtige Zielrichtung des Gesetzes erfüllt werden. Mit Inkrafttreten des BBiG am 01. September 1969 wurden die verstreuten Vorschriften und Regelungen zur betrieblichen Berufsbildung erstmals zusammengefasst und kodifiziert[177]. Seit 1919 war man bemüht, ein einheitliches Gesetz für alle berufstätigen Jugendlichen in allen Wirtschaftszweigen zu schaffen[178]. Ein wesentlicher Zweck des BBiG war es, die Rechtszersplitterung im Bereich des Berufsbildungsrechts zu beseitigen und Lücken zu schließen[179]. Vertragsrecht und öffentlich-rechtliches Berufsbildungsrecht waren, wenn man vom Berliner Berufsbildungsrecht[180] absieht, gesetzlich überhaupt nicht, nur in einzelnen Ländern (z.

172 Eine weitere Einschränkung erfolgt noch durch § 73 BBiG, wonach für die Berufsbildung in Gewerben der Anlage A der HwO, die als Handwerk betrieben werden, die §§ 20 bis 49, 56 bis 59, 98 und 99 BBiG nicht gelten, insoweit gilt die HwO.

173 Siehe zur genauen Definition von Seeschiffen: Gedon/Spiertz, § 2 Rd.12; Leinemann/Taubert, § 2 Rd. 12.

174 Leinemann/Taubert, § 2 Rd. 16.

175 BT-Drucksache V/4260, S. 3, Nr. 2d.

176 BT-Drucksache V/4260, S. 3, Nr. 2d.

177 Pätzold, S. 37; siehe im Einzelnen zur geschichtlichen Entwicklung auf dem Weg zum BBiG bei Michelsen a.a.O. und Raddatz a.a.O.

178 Nolte, S. 71.

179 BT-Drucksache V/4260, S.2 Nr. 2.

180 Berliner Gesetz zur Regelung der Berufsausbildung sowie der Arbeitsverhältnisse Jugendlicher vom 04.01.1951 (in Michelsen, S. 105 ff.): Das Gesetz regelte den sachlichen Gel-

B. für die Landwirtschaft) oder nur lückenhaft geregelt, dies zum Teil in Gesetzen aus dem 19. Jahrhundert wie in der Gewerbeordnung und im Handelsgesetzbuch[181]. Durch das BBiG wurde dann eine bundeseinheitliche und fortschrittliche Regelung geschaffen, überholte alte Vorschriften wurden aufgehoben[182]. Neben den auf besonderen Gründen beruhenden Ausnahmen[183] sollte also grundsätzlich das BBiG in allen Berufs- und Wirtschaftszweigen gelten. So wurde zum Beispiel in den Beratungen zum BBiG als Grund für die Einbeziehung der Landwirtschaft gesagt, dass in diesem Bereich nunmehr nach dem ökonomischen Prinzip gehandelt werde und der Prozess der Verwissenschaftlichung und Technisierung nicht weniger intensiv sei als in den industriellen, handwerklichen und kaufmännischen Betrieben[184].

Auch im Fußballbereich ist eine Entwicklung zu verzeichnen, die von der früheren amateurmäßigen Betätigung zu einer professionalisierten Struktur im Bereich des Leistungssports geführt hat. Ausgangspunkt der Organisationsform eines Bundesligavereins war der eingetragene Idealverein gem. § 21 BBiG, wo-

---

tungsbereich sehr weitgehend in § 1 I BBiG:" Den Vorschriften dieses Gesetzes unterliegt die Berufsausbildung in den privaten und öffentlichen Betrieben des Handels, des Handwerks, der Industrie, der Landwirtschaft, des Verkehrs sowie in Banken und Versicherungen." .

181 BT-Drucksache V/4260, S. 2 Nr. 2; auf die Schwierigkeit eine einheitliche Regelung zu treffen, weist auch Fredebeul (1982) hin: Fredebeul sagt, dass der auch sachlich umfassend angelegte Anwendungsbereich des BBiG keine Selbstverständlichkeit war. Er mußte „erkämpft" werden, nachdem es lange Jahre vorher zunächst darum gegangen war, ausschließlich den Bereich der gewerblichen Wirtschaft zu regeln und dort möglichst auch nur die Ausbildung, wie es 1953 durch die Handwerksordnung für das Handwerk geschehen war und für die übrige gewerbliche Wirtschaft durch Novellierung der Gewerbeordnung geschehen sollte.".

182 BT-Drucksache V/4260, S. 2 Nr. 2.

183 Das BBiG sollte Regelungen für die Berufsausbildung in öffentlich-rechtlichen Dienstverhältnissen nicht treffen. Hierunter fallen Beamte, Richter und Soldaten. Wegen der besonderen Rechtsbeziehungen, wegen ihrer Ausrichtung auf die Wahrnehmung hoheitlicher Aufgaben und wegen der umfassenden Regelungen der dienstlichen Ausbildung und Fortbildung im Dienstrecht wurden solche Berufsbildungsverhältnisse ausgenommen (BT-Drucksache V/4260, zu § 2). Für Personen, die eingestellt werden, später als Arbeiter oder Angestellte beschäftigt zu werden, gilt das Gesetz im vollem Umfang (BT-Drucksache V/4260, zu § 2). Die zweite Ausnahme betrifft Berufsausbildungen auf Seeschiffen. Dieser Bereich wurde nicht mit in das Gesetz einbezogen, da der Gesetzgeber hier von vielfältigen Besonderheiten eines Schiffsbetriebes gegenüber den Verhältnissen in einem Landbetrieb ausging (BT-Drucksache V/4260, zu § 2).

184 Siehe Deutscher Bundestag, Ausschuss für Arbeit, Sachverständigenanhörung, S. 2.

bei die benötigten Mittel ausschließlich von den Mitgliedern stammten[185]. Durch die ausdehnende wirtschaftliche Betätigung der Vereine[186], insbesondere ab Einführung der Bundesliga, war es immer fraglicher, ob diese wirtschaftliche Betätigung noch als Nebenzweck und damit als dem ideellen Hauptzweck untergeordnet (Nebenzweckprivileg) angesehen werden kann[187], oder ob der Verein nicht als wirtschaftlicher Verein betrachtet werden muss[188].

Diesen tatsächlichen Gegebenheiten folgend ist es nunmehr für die Vereine möglich, ihre Profiabteilung in eine Kapitalgesellschaft auszugliedern, sofern sie an dieser Kapitalgesellschaft mehrheitlich beteiligt sind[189]. Begleitet wird dies dadurch, dass Lizenzvereine, die am Spielbetrieb der 1. oder 2. Bundesliga teilnehmen wollen, ihre wirtschaftliche Leistungsfähigkeit nachweisen müssen[190]. Die Organisation und die Vermarktung des Spielbetriebes durch Beschäftigung hauptamtlicher Arbeitskräfte, der Verkauf von Werberechten, Eintrittskarten und Fanartikeln in der Bundesliga, um dadurch einen größeren sportlichen Erfolg zu erreichen, ist als wirtschaftliche Betätigung nach dem ökonomischen Prinzip anzusehen[191]. Daher ist es zunächst gerechtfertigt, den Bereich des Berufsfußballs wie die Landwirtschaft auch in den Geltungsbereich des BBiG einzubeziehen. Allerdings muss dann die Frage geklärt werden, zu welchem Lernort im Sinne des § 1 V BBiG ein NLZ gezählt werden muss.

In § 1 V BBiG ist als erste Alternative der Lernort „Betrieb" genannt. Er ist auch der Lernort, auf dem die Regelungen des Berufsausbildungsverhältnisses in der Hauptsache beruhen, nämlich als Ausdruck des dualen Systems in Zusammenar-

---

185 Siehe zur historischen und wirtschaftlichen Entwicklung des Berufsfußballs ab 1874 in Deutschland bei Müller, M., S. 23; vgl. auch Heckelmann, S. 2 ff.

186 Siehe Nachweise für die steigende wirtschaftliche Betätigung der Bundesligavereine bei Heckelmann, S. 3 und Müller, S. 27 ff., die insbesondere auf den Gesamtumsatz der Bundesligavereine abstellen, der schon 1975 zum Beispiel alleine bei Bayern München 14, 46 Millionen DM) betrug.

187 Vgl. Fuhrmann, S. 12 ff.; Hemmerich, S. 26 f..

188 Der Verein, der Leistungen am Markt anbietet, wie ein Unternehmer am Wirtschafts- und Rechtsverkehr teilnimmt und planmäßig Leistungen am Markt gegen Entgelt anbietet, ist nicht als Verein im Sinne des § 21 BGB anzusehen (Fuhrmann, S. 12; Schmidt, Karsten (1983, S. 544 m. w. N.).

189 Vgl. § 4 Nr. 3 Lizenzordnung (LO) DFL (www.bundesliga.de/intern/ligastatu/); Heckelmann, S. 56; Fuhrmann/Pröpper, S. 55; Galli, S. 19; Steinbeck, S. 226 ff.

190 Vgl. § 2 Lizenzordnung (LO) DFL und Anhang IX zur LO DFL (www.bundesliga.de /intern/ligastatu/); Galli, S. 19.

191 Vgl. in diesem Sinne Raupach, S. 241 ff.; Müller, M. S. 35 ff.; Heckelmann, S. 56; Seibold, S. 138 ff.; Fuhrmann/Pröpper, S. 55 ff.; Steinbeck, S. 226 ff.

beit mit der Berufsschule[192]. Die Frage ist nun, ob ein Bundesligaverein und/oder das zugehörige NLZ ein Betrieb der Wirtschaft im Sinne des BBiG sein kann.

Eine gesetzliche Begriffsbestimmung fehlt sowohl dem BBiG als auch in übrigen gesetzlichen Bestimmungen, er wird vom Gesetz als bekannt voraus gesetzt[193]. Der Betriebsbegriff ist allerdings nicht unabhängig von den einzelnen Gesetzen zu definieren, sondern er richtet sich jeweils nach den einzelnen Zielvorstellungen des jeweiligen Gesetzes[194].

Als Ausgangspunkt ist unter einem Betrieb zunächst eine organisatorische Einheit zu verstehen, mit deren Hilfe jemand allein oder zusammen mit seinen Mitarbeitern unter Einsatz von sachlichen und immateriellen Mitteln fortgesetzt einen bestimmten arbeitstechnischen Zweck verfolgt[195]. Die Rechtsform des Betriebes ist dabei grundsätzlich ohne Belang[196]. Ein Bundesligaverein verfolgt mit Spielern, Trainern, Management und sachlichen Mitteln den Zweck, am Spielbetrieb der vom DFB und von der DFL organisierten Bundesliga teilzunehmen, um dadurch und mit Hilfe eingenommener Gelder sportlichen Erfolg zu erreichen. In anderen Bereichen wird von einer Zugehörigkeit eines Bundesligavereins zum Betriebsbegriff ausgegangen, so innerhalb des § 1 BetrVG[197] und bei der Prüfung der Anwendbarkeit des § 613 a BGB bei der Ausgliederung der Profi-Abteilungen auf Kapitalgesellschaften[198]. Geht man von den zuvor genannten drei Merkmalen aus, ist als „Einheit des Inhabers" der Verein oder nunmehr die Kapitalgesellschaft anzusehen. Die Rechtsform des Betriebes ist dabei, wie schon gesagt, grundsätzlich ohne Belang[199], so dass sowohl der eingetragene Verein im Sinne des § 21 BGB als auch die GmbH, AG und KGaA in Frage

192 Siehe BT-Drucksache V/4260, S. 2, Nr. 2 a); Greinert, S. 121.
193 Richardi, § 1 Rd. 19; Schaub, § 18, Rd. 1; Hauck/Gerlach, § 5 SGB V Rd. 92a in Bezug auf den Begriff „betriebliche Berufsbildung".
194 BVerfGE 97, 169 (184 f.).; Richardi, § 1 Rd. 19; MünchArbR/Richardi § 31 Rd. 14 ff.; Preis RdA 2000, 257 (267 ff.); Schaub § 18 Rd. 1; Konzen II, S. 80; Fitting § 1 Rd. 62.
195 BAG, AP BetrVG § 3 Nr. 1, 4, 5, 6, 7, 9; AP BetrVG § 81 Nr. 1, AP § 88 BetrVG § 88 Nr. 1; AP BetrVG 1972 § 4 Nr. 2; AP BetrVG 1972 § 1 Nr. 3; Schaub, § 18 Rd. 1; Richardi, § 1 Rd.17 m. w. N.; Götz, S. 14, Rd. 12; Herkert, § 1, Rd. 19; Konzen II, S. 79 m. w. N..
196 Für das Berufsbildungsrecht: Götz, S. 14, Rd. 13.
197 Siehe Kania, S. 121 ff. mit näheren Ausführungen zum Betriebsbegriff.
198 Siebold, Das Widerspruchsrecht der Fußballspieler gem. § 613 a BGB bei der Ausgliederung der Profi-Abteilungen auf Kapitalgesellschaften. Siebold geht allerdings ohne nähere Prüfung davon aus, dass es sich bei der Lizenzspielerabteilung eines Bundesligavereins um einen Betrieb oder einen Betriebsteil im Sinne des § 613 a BGB handelt.
199 Götz, S. 14 Rd. 13.

kommen[200]. Das zweite Kriterium wirft die Frage auf, ob in Sportvereinen, die eine Lizenzspielerabteilung unterhalten von einem gemeinsamen arbeitstechnischen Zweck auszugehen ist[201]. Die Frage wird anhand des dritten Kriteriums beantwortet, ob bei der Einheit der Organisation von einem einheitlichen Leitungsapparat für Sportverein und Lizenzspielerabteilung auszugehen ist[202].

Im Betriebsverfassungsrecht wird zwischen Betrieb (§ 1 I BetrVG) und Betriebsteilen (§ 4 BetrVG[203]) unterschieden. Betriebsteile sind räumlich und organisatorisch unterscheidbare Betriebsbereiche, die wegen ihrer Eingliederung in den Betrieb allein nicht bestehen können[204]. Sie sind in der Organisation des Gesamt- oder Hauptbetriebs eingegliedert und haben innerhalb des Betriebes eine bestimmte Aufgabe zu leisten, die sie zwar von den anderen Abteilungen erkennbar unterscheidet, die jedoch in ihrer Zielsetzung in aller Regel dem arbeitstechnischen Zweck des Gesamtbetriebs dient[205]. Weiter ist dann zwischen „einfachen" Betriebsteilen und eigenständigen Betriebsteilen zu unterscheiden. Bei „einfachen" Betriebsteilen fehlt ein eigener betriebsverfassungsrechtlicher Leitungsapparat, der die wesentlichen beteiligungspflichtigen Entscheidungen im personellen und sozialen Bereich selbständig trifft; ist ein solcher vorhanden, liegt ein eigenständiger Betriebsteil vor[206]. Eine betriebseigene Berufsfach- und Ersatzschule kann als eigenständiger Betriebsteil angesehen werden[207]. Wenn der Sinn des NLZ darin besteht, Spieler für die Lizenzspielermannschaft auszubilden, und die finanziellen Voraussetzungen der NLZ durch die Einnahmen der Lizenzligamannschaft geschaffen werden, dann indiziert dies, dass das NLZ in der hier beschriebenen Form nicht ohne den Hauptbetrieb bestehen könnte und daher als Betriebsteil zu gelten hat. Das NLZ hat eine bestimmte Aufgabe zu

---

200 Der Punkt der „Einheit des Inhabers" steht auch der gemeinsamen Wahl eines Betriebsrates aller Bundesligavereine entgegen. Dazu und zur Frage der Bildung eines Gesamt - oder Konzernbetriebsrates beim DFB, siehe Kania, S.122 ff.

201 Entweder Unterhaltung des Sportbetriebs oder Unterhaltung des Lizenzfußballbetriebs; Kania, S. 122.

202 Siehe Kania, S. 122.

203 § 4 I i. V. m. § 1 I BetrVG regelt in welchen Fällen ein Betriebsteil als selbständiger Betrieb gilt und daher auch dort ein Betriebsrat gewählt wird. Dies ist dann der Fall, wenn der Betriebsteil entweder räumlich weit vom Hauptbetrieb entfernt oder durch Aufgabenbereich und Organisation eigenständig ist (§ 4 I BetrVG).

204 Fitting, § 4 Rd. 8.

205 Vgl. BAG, AP BetrVG 1972 § 4 Nr. 13; AP BetrVG 1972 § 7 Nr. 1; AP BetrVG 1972 § 4 Nr. 8; AP BetrAVG § 1 Betriebsveräußerung Nr. 16; Fitting, § 4 Rd. 8; DKK/Trümmer, § 4 Rd. 28; ErfK/Eisemann, § 4 Rd. 2.

206 Vgl. BAG, AP KSchG 1969 § 1 Nr. 79; Fitting, § 4 Rd. 9; ErfK/Eisemann § 4 Rd. 2 f.

207 Fitting, § 4 Rd. 9.

leisten, nämlich die Förderung der jugendlichen Nachwuchsspieler. Dieses dient arbeitstechnischen Zwecken des Hauptbetriebes. Dies wird durch die schon angesprochene Voraussetzung deutlich, dass für die Lizenzerteilung das Betreiben eines NLZ notwendig ist.

Entsprechend des oben angeführten Grundsatzes, dass der Betriebsbegriff sich nach der jeweiligen Zweckrichtung des zu prüfenden Gesetzes zu richten hat, hat aber die Abgrenzung nicht nach Definitionen des BetrVG, sondern nach der Zweckrichtung des BBiG zu erfolgen, so dass damit die ausbildungstypischen Gegebenheiten entscheidend sind[208].

Innerhalb des BBiG taucht im Zusammenhang mit diesen Merkmalen des arbeitstechnischen Zwecks und der Einheit der Organisation die Frage auf, ob das NLZ mit der A- und B-Juniorenmannschaft dem gleichen arbeitstechnischen Zweck unterliegt wie die Lizenzspielerabteilung oder aber das NLZ einen eigenständigen arbeitstechnischen Zweck mit der Ausbildung von talentierten Nachwuchsspielern verfolgt. Auch die Beantwortung dieser Frage könnte mit dem Vorliegen eines einheitlichen Leitungsapparats beantwortet werden. Bedeutung gewinnt dieses Problem gerade bei der Zuordnung der NLZ zu den Lernorten gem. §§ 1 V, 2 I BBiG.

Im Rahmen des § 613a BGB wird davon ausgegangen, dass es sich bei einer Ausbildungswerkstatt größerer Unternehmen im Gegenzug zu der besonderen Fachabteilung, in der der Auszubildende seine fachspezifische Ausbildung erhält und möglicherweise später übernommen werden soll, um einen selbständigen Betriebsteil handelt, der unabhängig von der gem. § 613a BGB übergehenden Fachabteilung beim Veräußerer verbleiben kann[209]. Die Frage ist zu klären, ob es sich bei einem NLZ um einen eigenständigen Lernort handelt, der entweder der betrieblichen Berufsbildung, dem Bereich der berufsbildenden Schulen oder dem Bereich sonstiger Berufsbildungseinrichtungen zuzuordnen ist. Die Nähe zu einer betrieblichen Lehrwerkstatt eines NLZ soll durch folgenden Vergleich deutlich gemacht werden: Greinert hat eine betriebliche industrielle Lehrwerkstättenausbildung folgendermaßen beschrieben[210]:

208 Vgl. BAG, AP BBiG § 1 Nr. 1; Frädrich, S. 123 ff.; Gagel, § 60 Rd. 19 ff..
209 Siehe dazu und insbesondere der Frage, zu welcher Betriebsabteilung der Auszubildende zugeordnet wird, ausführlich bei Mehlich, S. 823 ff. und APS, § 15 BBiG, Rd. 13 ff.
210 Greinert, S. 121.

- es existiert eine eigene Ausbildungsabteilung mit hauptamtlichem Leiter und hauptberuflichen Ausbildern;
- die Ausbildung findet abseits der Produktion in Lehrwerkstätten statt;
- es erfolgt eine systematische berufspraktische Ausbildung in Form von Lehrgängen, vernetzten Lehrgängen oder Projekten;
- es gibt einen zusätzlichen theoretischen Unterricht neben dem Berufsschulunterricht; Förderung sozialer, kultureller und sportlicher Aktivitäten durch die Ausbildungsabteilung ist üblich;
- die Rekrutierung der Auszubildenden erfolgt auf der Grundlage von spezifischen Eignungstests;
- es existiert eine zusätzliche soziale Betreuung durch Sozialarbeiter oder Betriebspsychologen.

Dem gegenübergestellt sind folgende Kriterien der NLZ aufzuzählen[211]:

- es besteht eine eigenständiges Leistungszentrum;
- Training und Wettkampf finden getrennt von der Lizenzligamannschaft statt;
- es erfolgt ein leistungsorientiertes Training, eine fußballerische Grundausbildung und es wird speziell das Fußballspielen trainiert;
- es existieren eigene hauptamtliche Trainer mit spezieller Juniorentrainerausbildung, hauptamtliche ärztliche und physiotherapeutische Betreuung
- es existiert eine schulische und pädagogische Betreuung

Die Gegenüberstellung zeigt Strukturähnlichkeiten auf, insbesondere unter dem Gesichtspunkt der Intensivierung und Strukturierung der Ausbildung.

Im Bereich des Sozialrechts wird zwischen betrieblicher, außerbetrieblicher und schulischer Ausbildung unterschieden. Eine betriebliche Ausbildung ist dadurch gekennzeichnet, dass Kenntnisse und Fertigkeiten durch jeweils anfallende praktische Arbeitsaufgaben vermittelt werden, wobei dieses im laufenden Produktionsprozess vollzogen wird[212]. Eine außerbetriebliche Ausbildung findet dagegen außerhalb des laufenden Produktionsprozesses statt, wobei die Ausbildungsstätte

211 Anhang V zur Lizenzordnung (LO) der DFL „Richtlinien für die Errichtung und Unterhaltung von Leistungszentren der Teilnehmer der Lizenzligen" (www.bundesliga.de/intern/ligastatu/).

212 BSG, SozR 4100 Nr. 4 zu § 56 und Nr. 10 zu § 40; KH/Niewald, § 3 Rd. 22; Gagel/Fuchsloh, § 60 Rd. 31.

nicht für einen möglichen Eigenbedarf ausbildet[213]. Eine schulische Einrichtung liegt unter Berücksichtigung der Art der Wissensvermittlung dann vor, wenn theoretisch-abstrakt und nicht praktisch ausgebildet wird[214]. Die Abgrenzung zwischen betrieblicher/außerbetrieblicher Ausbildung auf der einen Seite und schulischer Ausbildung auf der anderen Seite spielt insbesondere bei der Zuordnung zu Förderungsmöglichkeiten nach dem SGB III und BAföG eine Rolle[215].

Der Gesetzgeber hat im BBiG nunmehr eine Dreiteilung vorgenommen. Mit der Neueinführung des § 18a BBiG[216] hat er neben der betrieblichen und der schulischen Ausbildung eine praktische Berufsausbildung normiert, die in einer sonstigen Berufsbildungseinrichtung (§ 1 V BBiG) außerhalb der schulischen und betrieblichen Berufsbildung stattfindet. In den Beratungen zu diesem Gesetz wird deutlich, dass der Gesetzgeber hiermit außerbetriebliche Einrichtungen gemeint hat, in denen ein Produktions- oder Dienstleistungsprozess nachgeahmt wird[217]. Dabei wird davon ausgegangen, dass ca. 128 000 Jugendliche eine Ausbildung in einer solchen außerbetrieblichen Einrichtung absolvieren[218].

Eine Zuordnung wird vor allem dadurch erschwert, dass das BBiG weder einen eigenen Betriebsbegriff definiert noch den Begriff der Schule im Sinne des Gesetzes erläutert[219]. Das BAG ist bisher noch zu keiner eindeutigen Abgrenzung gelangt. Es hat einerseits aufgezeigt, dass als schulische Ausbildung diejenige zu qualifizieren ist, die außerhalb des laufenden Produktions- oder Dienstleistungsprozesses vollzogen wird[220]. Es unterstreicht aber ebenso, dass die Grenzen zwischen „verschulter“ Ausbildung mit hinzutretender praxisnaher Tätigkeit einerseits und einer in die betriebliche Arbeit eingegliederten Berufsausbildung mit

---

213 KH/Niewald, § 3 Rd. 23; dort auch zu den Begriffen überbetrieblicher Ausbildung im Sinne des früheren AFG und außerbetrieblicher Maßnahme, die in Hinblick auf § 240 I SGB III außerhalb der Ausbildungsstätte und damit auch außerhalb der außerbetrieblichen Ausbildung stattfinden kann; vgl. auch Gagel/Fuchsloh, § 60 Rd. 41 ff.

214 BSG, SozR 4100 Nr. 13 zu § 40 und Nr. 3 zu § 242; KH/Niewald, § 3 Rd. 25; Gagel/Fuchsloh, § 60 Rd. 42.

215 Vgl. BSG, SozR 4100 Nr. 13 zu § 40; BVerwGE 81, 242; BVerwGE 72, 257; BVerwGE 70, 115: hier wird insbesondere auf den Schwerpunkt der Ausbildung abgestellt, ob diese im praktischen oder im theoretischen Teil liegt; KH/Niewald, § 3 Rd. 26 f.; Gagel/Fuchsloh, § 60 Rd. 21 f.

216 Gesetz vom 08.08. 2002 (Bundesgesetzblatt Teil 1 Seite 3140)

217 BT-Drucksache 14/8699; Bundesrat- Drucksache 339/02.

218 BT-Drucksache 14/8699.

219 Kormann, S. 106.

220 Siehe BAG, AP BGB § 611 Ausbildungsverhältnis Nr. 4; BAG, AP TVG § 1 Nr. 1; BAG, AP BGB § 611 Ausbildungsverhältnis Nr. 3; BAG, AP BBiG § 1 Nr. 1.

hinzutretender theoretischer Unterweisung (etwa in Lehrlingswerkstätten) andererseits im Einzelfall fließend sind und es mitunter schwierig sein kann, den rechtlichen Charakter eines Ausbildungsganges zu bestimmen[221]. Wenn man nun als eigentliche Dienstleistung eines Bundesligavereins die Wettkampfspiele der Lizenzligamannschaft in der Bundesliga ansieht, würde die Ausbildung in den NLZ außerhalb dieses Dienstleistungsprozesses stattfinden. Dann müsste geklärt werden, welche Auswirkungen dies auf die Anwendung des BBiG haben würde, da nach der Definition des BAG eine schulische Ausbildung vorliegen könnte.

In der Literatur wurde die Rechtsauffassung des BAG unterschiedlich bewertet. Breitmeier/Frädrich[222] und Kormann[223] folgten im Wesentlichen den Darstellungen des BAG, während Fredebeul eine begrenzte Anwendung der §§ 3- 18 BBiG ablehnte[224]. Breitmeier/Frädrich gehen davon aus, dass Auszubildende in Produktionsbetrieben einen anderen Schutz benötigen würden, als Auszubildende in Ausbildungsstätten, deren einziger Betriebszweck in der Berufsbildung bestehe[225]. Weiter nehme das BBiG auch für andere Ausbildungsgänge eine abgestufte Bewertung vor, da es für Umschulungen und für Vertragsverhältnisse gem. § 19 BBiG entweder die §§ 3 - 18 BBiG gar nicht oder nur eingeschränkt anwende[226].

Kormann nimmt die Entscheidung des BAG zum Anlass, eine generelle Abgrenzung der verschiedenen Lernorte zu treffen. Er unterscheidet dabei drei Lernorte: den Betrieb, die Schule und die außerbetriebliche Ausbildungsstätte[227]. Den Lernort Betrieb teilt Kormann in die Teil-Lernorte Produktionsbetrieb, Lehrwerkstätte und überbetriebliche Einrichtung ein[228]. Der Unterschied zwischen einer überbetrieblichen Unterweisung und einer außerbetrieblichen Ausbildungsstätte bestehe vor allem darin, dass bei einer überbetrieblichen Unterweisung ein Ausbildungsvertrag mit einem produzierenden Betrieb, dagegen bei einer außerbetrieblichen Ausbildungsstätte nur ein Rechtsverhältnis mit einer Institution bestehe, die ihren ausschließlichen Zweck in der Berufsbildung hat[229]. Dem Bund stehe zwar gem. Art. 74 Nr. 11 GG die Gesetzgebungskompe-

221 BAG, AP BBiG § 1 Nr. 1.
222 Siehe Breitmeier/Frädrich, BB 1982, S. 1736 ff.
223 Kormann, GewArch 1986, S. 105 ff..
224 Fredebeul, BB 1982, S. 1493 ff. und 1983, S. 968 ff.
225 Breitmeier/Frädrich, BB 1982, S. 1737, 4.
226 Breitmeier/Frädrich, BB 1982, S. 1737, 2.
227 Kormann, S. 110, III 2.
228 Kormann, S. 101, I 2 c).
229 Kormann, S. 1107, I 3 b).

tenz für außerbetriebliche Ausbildungsstätten, die durch (und nicht für) die Wirtschaft betrieben werden, wie zum Beispiel die Verkehrsfliegerschule der Lufthansa, zu. Der Gesetzgeber habe aber von seiner Gesetzgebungskompetenz für solche Ausbildungsstätten - bewusst oder unbewusst - keinen Gebrauch gemacht[230]. Daher bestehe für solche Vertragsverhältnisse, trotz der Absicht des Gesetzgebers, mit dem BBiG eine umfassende Regelung zu treffen, ein Freiraum, der nur durch allgemeine gewerberechtliche und arbeitsrechtliche Normen geschlossen werde[231].

Fredebeul hat sich gegen eine einschränkende Anwendung der §§ 3-18 BBiG ausgesprochen. Dabei stellt Fredebeul vor allem auf die Absicht des Gesetzgebers ab, eine umfassende bis an die Grenze der Verfassung gehende Regelung zu treffen[232]. Das Vertragsrecht des BBiG sei im Rahmen des Geltungsbereichs des Gesetzes anzuwenden. Das bedeutet, dass jeder Auszubildende, der einen anderen zur Berufsausbildung einstelle, mit diesem einen Berufsausbildungsvertrag abzuschließen habe[233]. Im Übrigen sei in methodischer Hinsicht theoretisches Lernen seit jeher Bestandteil auch nicht schulischer (im organisatorischen Sinne) Ausbildung in Betrieben und überbetrieblichen Lehrwerkstätten, von daher sei eine unterschiedliche Anwendung der §§ 3-18 BBiG nicht sachgemäß[234]/[235]. Die Auffassung des BAG, dass bei Ausbildungsgängen außerhalb des Produktions- und Dienstleistungsprozesses die §§ 3-18 BBiG ins Leere laufen würden, lehnt Fredebeul ab. Der Großteil der Vorschriften mache für alle Ausbildungsstätten Sinn. Insbesondere die Vergütungsregelung (§§10 I, 5 II Nr. 1 BBiG), die eine Kostenfreiheit der Ausbildung gewährleisten soll, könne aus Gründen der Gleichbehandlung nicht prinzipiell ausgenommen werden[236]. dass nicht alle vertragsrechtlichen Vorschriften des BBiG in allen Lernorten nach § 1 V BBiG unterschiedslos angewendet werden können, liege in der Natur der Sache und deute sich schon mit der Klausel des § 3 II BBiG an. Das gelte auch für die betriebliche Berufsausbildung. Wo körperliche Kräfte nicht beansprucht würden (z. B. im kaufmännischen Bereich) gäbe das Verbot nach § 6 II BBiG auch betrieblich keinen Sinn[237]. Es stellt sich nun die Frage, wo die NLZ im System der Lernorte

---

230 Kormann, S. 113, III 3 b).
231 Kormann, S. 115, III 3 c).
232 Fredebeul (1982), S. 1494, II b); (1983), S. 970, 2 b).
233 Fredebeul (1982), S. 1496, III e).
234 Fredebeul (1983), S. 972, 2 d).
235 Fredebeul ordnet dabei alle Ausbildungsgänge, die Kormann nochmals in außerbetriebliche Ausbildungsgänge aufteilt, unter den Begriff „überbetriebliche„ Ausbildungsstätte ein.
236 Fredebeul (1983), S. 971, 2 d).
237 Fredebeul (1983), S. 972, 2 d).

einzustufen sind und ob bei den NLZ und den Förderverträgen die Anwendung der §§ 3-18 einen Sinn macht. Dabei ist zunächst zu untersuchen, ob die NLZ in der hier fraglichen Konstellation bereits zum Lernort Betrieb gem. § 1 V BBiG zugeordnet werden können, wenn NLZ und Lizenzspielerabteilung in der gleichen Rechtspersönlichkeit organisiert sind.

6.2.3. Anwendbarkeit des vertragsrechtlichen Teils (§§ 3-18 BBiG) auf die NLZ

Ausgangspunkt der Prüfung soll die Konstellation sein, dass das NLZ in der gleichen Rechtspersönlichkeit wie die Lizenzspielerabteilung organisiert ist, d.h. entweder auch der Kapitalgesellschaft unterstellt oder ebenso wie die Lizenzspielerabteilung im Verein organisiert ist[238].

Folgt man der Ansicht von Fredebeul, dann sind die §§ 3-18 BBiG auf die NLZ und die Förderverträge anzuwenden. Fredebeul lässt den vertragsrechtlichen Teil auf alle Ausbildungsstätten anwenden, die unter den Geltungsbereich des Gesetzes fallen. Aber auch nach der Ansicht des BAG und den daran angelehnten Literaturstimmen sind die §§ 3-18 BBiG bei der vorliegenden Konstellation anzuwenden.

Kormann macht die Anwendung des vertragsrechtlichen Teils von einer funktionellen Zuordnung zum Lernort Betrieb abhängig[239]. Diese Zuordnung erfolgt zu den drei Teil-Lernorten des Betriebes (Produktionsbetrieb, Lehrwerkstätte und überbetriebliche Unterweisung) dann, wenn ein Vertragsverhältnis mit einem Betrieb besteht, dessen Zweck nicht nur in der Ausbildung besteht, sondern der daneben noch einen übergeordneten und primären Produktions- oder Dienstleistungsprozess betreibt[240]. Die Förderverträge werden mit dem Verein bzw. der Kapitalgesellschaft geschlossen, der auch die Lizenzspielerabteilung unterhält[241]. Damit sind Ausbildungsstätte und Produktionsbetrieb nicht getrennt or-

238 Siehe Fragebogen Verein Frage 2; von acht Vereinen, die angaben, dass ihre Lizenzspielerabteilung als Kapitalgesellschaft organisiert ist oder werden soll, gaben sechs Vereine an, dass auch das NLZ in die Kapitalgesellschaft eingegliedert ist oder werden soll. Ein Verein will nur die A-Juniorenmannschaft in die Kapitalgesellschaft eingliedern. Ein Verein gab an, dass das NLZ in dem Verein verbleiben soll, eine endgültige Entscheidung sei aber noch nicht getroffen. Bei den übrigen Vereinen verbleiben sowohl Lizenzspielerabteilung als auch NLZ im Verein.

239 Kormann, S.108 ff., II.

240 Kormann, S. 111, III 2).

241 Siehe Seite 1 Muster-Fördervertrag DFL (Anlage 1).

ganisiert. In der Regel behalten sich die Entscheidungsträger der Lizenzspielerabteilung auch die Leitungsmacht für das NLZ vor[242]. Auch der Einsatz von A-Junioren in den Seniorenmannschaften zeigt die gemeinsame Organisationsstruktur[243]. Da die Ausbildungsstätte NLZ nicht von mehreren Vereinen betrieben wird, liegt keine überbetriebliche Unterweisung vor. Dementsprechend ist ein NLZ mit einer betrieblichen Lehrwerkstatt zu vergleichen, in der innerhalb der betrieblichen Organisation, aber nicht unmittelbar im eigentlichen Produktions- oder Dienstleistungsprozess ausgebildet wird. Nach Kormann sind die §§ 3-18 auf solche Ausbildungsstätten anzuwenden. Das BAG sagt, dass die Grenzen zwischen verschulter Ausbildung mit hinzutretender praxisnaher Tätigkeit einerseits und einer in die betriebliche Arbeit eingegliederten Berufsausbildung mit hinzutretender theoretischer Unterweisung (etwa in Lehrwerkstätten) andererseits, im Einzelfall flüssig sind und es mitunter schwierig sein kann, den rechtlichen Charakter eines Ausbildungsganges zu bestimmen[244]. Das BAG und auch Breitmeier/Frädrich stellen dann vor allem darauf ab, ob ein arbeitsrechtlich ähnliches Rechtsverhältnis vorliegt, auf das die §§ 3-18 BBiG sinnvoll angewendet werden können[245].

Der Muster-Fördervertrag der DFL enthält für ein arbeitsrechtliches Abhängigkeitsverhältnis bzw. Ausbildungsverhältnis typische[246] Regelungen, wie Regelungen über ein monatliches Grundgehalt[247], Urlaubsanspruch[248] sowie Bezeichnung der Gehälter als Bruttobezüge[249]. Diese weisen auf ein arbeitsrechtlich ähnliches Vertragsverhältnis hin. Zu schauen ist nun, ob die §§ 3-18 BBiG auf die Förderverträge sinnvoll angewendet werden können.

---

242 Siehe Fragebogen Verein Frage 3, danach behalten sich 15 von 17 Vereinen in den wichtigsten Fragen, das NLZ betreffend, die letztendliche Entscheidung vor. Ein Verein gab an „nur äußerst selten“, was auf keine eigenständige Organisationsstruktur hindeutet. Ein Verein verneinte den Entscheidungsvorbehalt.

243 Siehe Fragebogen Verein Frage 15 und 16; vgl. auch § 14 Lizenzordnung Spieler DFL, der einen Einsatz in der Lizenzspielermannschaft erlaubt, ebenso § 11 2 c) Spielordnung DFL (www.bundesliga.de/intern/ligastatu/).

244 BAG, AP BBiG § 1 Nr. 1.

245 Siehe BAG, AP BBiG § 1 Nr. 1; Breitmeier/Frädrich, S.1738, 6.

246 Siehe Leinemann/Taubert, Anhang § 4: Muster-Berufsausbildungsvertrag des Bundesausschusses für Berufsbildung.

247 Muster-Fördervertrag DFL § 5 (Anlage 1); vgl. mit § 5 des Muster-Berufsausbildungsvertrages bei Leinemann/Taubert, Anhang § 4.

248 Muster-Fördervertrag DFL § 4 Nr. 2 (Anlage 1); vgl. mit § 6 Nr. 2 des Muster- Berufsausbildungsvertrages bei Leinemann/Taubert, Anhang § 4.

249 Muster-Fördervertrag DFL § 5 (Anlage 1); vgl. mit § 5 des Muster-Berufsausbildungsvertrages bei Leinemann/Taubert, Anhang § 4.

Wenn man den Fördervertrag als einen Vertrag ansieht, der im Hinblick auf die Aufnahme des Berufs des Fußballers geschlossen wird, dann macht die Einhaltung der Vertragslaufzeit keinen Sinn mehr, wenn der Nachwuchsspieler diesen Beruf gar nicht mehr ergreifen möchte. Dies führt zu einer denkbaren Anwendung der Kündigungsmöglichkeit gem. § 15 II Nr. 2 BBiG, wonach der Auszubildende nach der Probezeit das Berufsausbildungsverhältnis kündigen kann, wenn er die Berufsausbildung aufgeben oder sich für eine andere Berufstätigkeit ausbilden lassen will. § 15 II Nr. 2 BBiG will dem Auszubildenden die Möglichkeit geben, den Beruf oder die Tätigkeit, in der er ausgebildet wird, zu wechseln[250]. Mit Rücksicht auf Art. 12 I GG soll der Auszubildende nicht gezwungen werden, eine einmal begonnene Ausbildung zu beenden, wenn sich seine Einstellung zum erwählten Beruf oder Lebensweg ändert[251]. Da Auszubildenden durch die gesetzliche Regelung nicht allgemein die Möglichkeit zum Wechsel des Ausbildungsbetriebes gegeben werden soll, setzt sich ein Auszubildender Schadenersatzansprüchen aus, wenn er sein bestehendes Ausbildungsverhältnis kündigt, um seine Ausbildung in einem Konkurrenzunternehmen fortzusetzen[252]. Es wäre nicht sinnvoll, wenn ein Jugendlicher an einem Fördervertrag gebunden wäre, wenn er nicht mehr das Ziel verfolgt, den Fußballsport leistungsmäßig zu betreiben. Der Verein wäre aber auch gleichzeitig geschützt, da ein Wechsel des Spielers zu einem anderen Verein, der ihm ebenfalls einen Fördervertrag anbietet, durch § 15 BBiG ausgeschlossen wäre.

Wichtiger Punkt ist die Vergütungsregel gem. § 10 I BBiG, wonach dem Auszubildenden eine angemessene Vergütung gezahlt werden muss. Ergänzt wird dies durch § 5 II Nr. 2 BBiG, wonach eine Entschädigung für die Ausbildung nicht verlangt werden darf. Damit soll die Kostenfreiheit der Ausbildung gewährleistet werden[253]. Das BAG bemerkt hierzu, dass bei einer rein schulischen Ausbildung der Auszubildende herkömmlicherweise keine Vergütung ("Schülergehalt") verlangen könnte. Der Muster-Fördervertrag gewährt dem Nachwuchs-

---

250 BT-Drucksache V/4260, S. 11 zu § 15.

251 Gedon/Spiertz, § 15 Rd. 80; Leinemann/Taubert, § 15 Rd. 118.

252 BAG, ARSt 1967, 127 Nr. 1192; Leinemann/Taubert § 15, Rd. 119.

253 Siehe BT-Drucksache V/4260, S. 7 zu § 5 II, S. 9 zu § 10 I; Fredebeul (1983), S. 971 2 d); So hat das LG Hannover, NJW-RR 1989, 880 f., herausgestellt, dass das Verbot des § 5 II Nr. 1 BBiG bezwecke, den Jugendlichen vor finanziellen Belastungen für seine Berufsausbildung zu bewahren. Die Entscheidung des Gesetzgebers gegen das früher übliche Lehrgeld wolle gewährleisten, dass der Zugang zu einer durch das BBiG geregelten Ausbildung nicht von dem finanziellen Leistungsvermögen und –willen des Auszubildenden abhänge. Im Allgemeinen werde der Auszubildende, der am Anfang seines Berufslebens stehe, eine entsprechende Verpflichtung gar nicht erfüllen können.

spieler eine Vergütung[254]. Damit wird deutlich, dass das Interesse des Vereins an der Verpflichtung des Spielers nicht nur im unmittelbaren Ausbildungszweck besteht, sondern der Verein die fußballerische Tätigkeit des Spielers für das Betreiben seines NLZ benötigt und langfristig talentierte Spieler an sich binden möchte. Damit werden auch Dienste des Spielers entlohnt, die aber dem Ausbildungszweck untergeordnet werden[255]. Die Zahlung einer Vergütung lässt auch eine Entgeltfortzahlung im Krankheitsfall oder aus sonstigen Gründen gem. § 12 I BBiG sinnvoll erscheinen, gerade wenn man an das erhöhte Verletzungsrisiko im Fußballsport denkt. Da zudem eine Entgeltfortzahlung nach dem EntFZG auch für Nebentätigkeiten gewährt wird[256], hat dies auch gem. den §§ 12, 3 II BBiG in Verbindung mit den §§ 1 ff. EntFZG[257] für einen nebenberuflichen Ausbildungsgang gem. 19 BBiG zu gelten. Auch die Regelung des § 10 II BBiG macht Sinn. Dort sind die Folgen und der Rahmen von zulässigen Sachleistungen, die dem Auszubildenden als Teil der Ausbildungsvergütung gewährt werden, geregelt. Erfasst werden mit der Vorschrift vor allem solche Ausbildungsverhältnisse, in denen Auszubildenden vom Ausbildenden Verpflegung und Unterkunft zur Verfügung gestellt werden[258]. Weiter ist in dem § 3 Nr. 2 des Muster-Fördervertrages geregelt, dass der Verein bei auswärtigen Spielern eine sinnvolle Unterbringung und Betreuung sicherzustellen hat[259], so dass auch hier § 10 II BBiG einen Anwendungsbereich findet. Zentrale Punkte des Regelungsbereiches der §§ 3-18 BBiG sind die §§ 6 und 9 BBiG[260]. Dort werden die Hauptpflichten des Ausbildenden und des Auszubildenden beschrieben. § 6 BBiG enthält mehrere Bestimmungen über die Ausbildungspflicht, die als Hauptpflicht des Ausbildenden dem Berufsausbildungsverhältnis sein besonderes Gepräge gibt[261]. Gem. § 6 I BBiG hat der Ausbildende dafür zu sorgen, dass dem Auszubildenden die Fertigkeiten und Kenntnisse vermittelt werden, die zum Erreichen des Ausbildungszieles erforderlich sind. Da bei Vertragsverhältnissen gem. § 19 BBiG keine Ausbildungsordnungen gem. § 25 BBiG existieren, ergibt sich das Ausbildungsziel aus dem, was die Parteien mit dem Vertragsverhältnis erreichen wollen. In dem Juniorenkonzept von Bayer Leverkusen sind im Einzelnen die

---

254 Siehe § 5 des Muster-Fördervertrages (Anlage 1).

255 Siehe ausführlich zum Zweck der Ausbildungsvergütung unter 5.2.3.7.

256 Siehe ErfK/Dörner EntFZG § 1 Rd. 10, § 2 Rd. 9, § 3 Rd. 14.

257 Siehe ausführlich zu Entgeldfortzahlung im Krankheitsfall bei Ausbildungsverhältnissen bei Schröder, S. 42 ff.

258 BT-Drucksache V/4260 zu § 10 II; Leinemann/Taubert, § 10 Rd. 30.

259 Anlage 1.

260 Siehe ausführlich dazu 5.2.3.4.

261 Siehe BT-Drucksache V/4260, S. 7 zu § 6.

beabsichtigten Trainingsschwerpunkte aufgeführt[262]. Mit der Informationsbroschüre wirbt der Verein bei talentierten Jugendlichen, damit diese sich für den Verein entscheiden. Für die Nachwuchsspieler der NLZ ist die Vermittlung von fußballerischen Kenntnissen und Fertigkeiten besonders wichtig[263]. Unter diesem Gesichtspunkt macht der § 6 I BBiG Sinn. Dadurch wird gewährleistet, dass der Verein die angepriesenen qualifizierten Trainingsinhalte wirklich einhält. Gem. § 6 II 1. Halbsatz BBiG dürfen dem Auszubildenden nur solche Verrichtungen übertragen werden, die dem Ausbildungszweck dienen. Durch diese Vorschrift kann bei den Förderverträgen sichergestellt werden, dass der Verein die Juniorenmannschaft nicht nur betreibt, um die Lizenzvorgabe zu erfüllen. Dies könnte dann für den Verein ein vorstellbarer Weg sein, wenn er seinen Bedarf an Lizenzspielern ausschließlich mit dem Anwerben von Seniorenspielern von anderen Vereinen decken möchte. Dabei könnte die Gefahr entstehen, dass die altersgerechte Förderung der Spieler vernachlässigt wird und ein Training ohne die oben angesprochenen Inhalte durchgeführt wird. Aufgrund seiner vertraglichen Verpflichtung zur Teilnahme am Trainingsbetrieb müsste der Spieler damit Verrichtungen ausführen, die nicht dem Ausbildungsziel dienen. Weiter darf der Spieler gem. § 6 II 2. Halbsatz nur solche Verrichtungen ausführen, die seinen körperlichen Kräften angemessen sind. Daneben ist theoretisch denkbar, dass der Spieler auf der Grundlage der Vertragsfreiheit bestimmte Trainingsinhalte als Ausbildungsinhalte vereinbaren kann[264]. § 9 Satz 1 BBiG umschreibt die Hauptpflicht des Auszubildenden damit, dass dieser sich um den Erwerb der für die Ausbildungsziele notwendigen Kenntnisse und Fertigkeiten bemühen muss. In dem gem. § 6 BBiG aufgestellten Rahmen muss er die Weisungen des Ausbildenden befolgen (§ 9 Nr. 1 und 3 BBiG). Das durch § 9 Nr. 1 und Nr. 3 BBiG beschriebene Weisungsrecht zeichnet den Unterschied zwischen einem abhängigen Ausbildungsverhältnis von einem Schulverhältnis, in dem der Schüler als Dienstgeber erscheint und für die Ausbildung ein Entgelt bezahlt, aus. Maschmann beschreibt als taugliches Merkmal für die Unterscheidung zwischen Arbeitnehmer und einem freien Mitarbeiter die Merkmale Hierarchie und Konsens[265]. Im Rahmen eines abhängigen Arbeitsverhältnisses wird dabei dem Arbeitgeber durch den Arbeitsvertrag eine Verfügungsmacht eingeräumt, die innerhalb des Weisungsrechts keinen Raum für einen Konsens und der Frage nach

262 Siehe oben unter 5.2.1.2. und Informationen zum Juniorenkonzept von Bayer 04 Leverkusen, S. 13, Kapitel 5.4. Förderung im Rahmen der Trainingsmaßnahmen - Leistungsbereich (Anlage 2).

263 Siehe Fragebogen Nachwuchsspieler Fragen 13 bis 15.

264 Siehe ArbG Reutlingen, EzB BBiG § 28 BBiG Nr. 1, das § 19 BBiG als Ausdruck der Vertragsfreiheit bezeichnet.

265 Maschmann, NZA, Sonderbeilage zum Heft 24/2001, S. 21 ff (S. 28 III).

dem „Wie“ und „Warum“ der Arbeit einräumt, wie es bei einem freien Dienstverhältnis der Fall ist[266]. Das BAG ging bei der Verkehrsfliegerschule davon aus, dass kein abhängiges arbeitsrechtlich ähnliches Rechtsverhältnis vorlag. In den Förderverträgen wird dagegen dem Verein eine entsprechende Verfügungsmacht eingeräumt. Der Verein legt die zeitliche Terminierung, die Häufigkeit und die Inhalte der Trainings- und Spieleinheiten fest[267]. Damit finden auch § 9 Nr. 1 und § 6 BBiG einen sinnvollen denkbaren Anwendungsbereich. Es wird sichergestellt, dass der Spieler nur innerhalb des Ausbildungszieles dem Weisungsrecht folgen muss.

Oben wurde festgestellt, dass der Mittelpunkt des Wirtschaftsunternehmens „Bundesligaverein“ auf der Lizenzligamannschaft liegt. Damit ist unter anderem zu begründen, dass den Schwerpunkt der Förderverträge eine Ausbildungsleistung bildet. Das BAG hat in seinem Urteil bezüglich der Krankenschwesterschule betont, dass die praktische Tätigkeit der Auszubildenden keinen wirtschaftlichen Wert und auch keine praktisch verwertbare Leistung darstellen muss[268]. Von daher ist, um bei den Förderverträgen ein arbeitsrechtlich ähnliches Rechtsverhältnis bejahen zu können, die Einbindung der Nachwuchsspieler in die Lizenzligamannschaft als Produktions- und Dienstleistungsprozess nicht erforderlich. Bedeutung kommt auch dem § 5 I BBiG zu. In den bisher verwendeten DFL Muster-Förderverträgen ist ein beiderseitiges Optionsrecht zur Verlängerung des Vertrages nach drei Jahren um weitere zwei Jahre vorgesehen[269]. Gem. § 5 I BBiG ist eine Vereinbarung, die den Auszubildenden für die Zeit nach Beendigung des Berufsausbildungsverhältnisses in der Ausübung seiner beruflichen Tätigkeit beschränkt, nichtig. Damit soll die Entschlussfreiheit des Auszubildenden hinsichtlich seiner beruflichen Weiterentwicklung für die Zeit nach der Ausbildung geschützt werden[270]. Die Nichtigkeitsfolge nach § 5 I BBiG gilt für alle Arten von Bleibevereinbarungen, durch die der Auszubildende nach Abschluss seiner Berufsausbildung an den Ausbildungsbetrieb gebunden werden soll[271]. Dabei muss es sich nicht um ein anschließendes Arbeitsverhältnis handeln, sondern auch eine anschließende Bleibevereinbarung durch ein Ausbildungsverhältnis beschränkt den Auszubildenden in seiner beruflichen Tätig-

266 Maschmann, S. 28 III.
267 So § 1 Nr. 4 und § 4 Nr. 1 Muster-Fördervertrag DFL (Anlage 1).
268 BAG, NJW 1981, 1330.
269 Muster-Fördervertrag DFL § 6 Nr. 3 (Anlage 1).
270 BT-Drucksache V/4260 S. 6 zu § 5.
271 Leinemann/Taubert, § 5 Rd. 10 ff.; Wohlgemuth, § 5 Rd. 3 ff.

keit[272]. Von daher braucht an dieser Stelle nicht geklärt zu werden, ob die anschließende Verlängerung wiederum als Ausbildungsverhältnis (im Falle einer Eingliederung in die Amateurmannschaft) oder als Arbeitsverhältnis (im Falle einer Eingliederung in die Lizenzligamannschaft) beurteilt werden muss. Aufgrund der starken Nachfrage nach talentierten Spielern versuchen die Vereine, Spieler langfristig zu binden. Entsprechend des Schutzgedanken des § 5 I BBiG soll der Nachwuchsspieler davor geschützt werden, am Anfang seiner Ausbildungszeit schon Verpflichtungen einzugehen, deren Bedeutung und Reichweite er wegen seiner mangelnden Berufserfahrung noch nicht angemessen beurteilen kann. Die FIFA hat Nicht-Amateur-Verträge für Jugendliche unter 18 Jahren auf drei Jahre begrenzt[273]. Dem liegt wohl ein ähnlicher Rechtsgedanke wie dem § 5 I BBiG zugrunde. Eine Möglichkeit des Vereins den auf drei Jahren begrenzten Fördervertrag einseitig um zwei Jahre zu verlängern ist daher gem. § 5 I BBiG nichtig. Gem. § 5 I BBiG ist eine entsprechende Vereinbarung nur innerhalb der letzten 6 Monate vor Ablauf des Fördervertrages möglich. § 5 BBiG ist gem. § 19 BBiG ohne Einschränkung anzuwenden. Die Ausführungen zeigen, dass eine Anwendung der §§ 3-18 BBiG auf die Förderverträge nicht nur sinnvoll ist, sondern auch erforderlich, um den Schutzgedanken für die Auszubildenden zu verwirklichen.

Das BAG hat ausgeführt, dass insbesondere die Pflicht zur Wahrung von Betriebsgeheimnissen (§ 9 Nr. 6 BBiG) nur verständlich wäre, wenn man von der Vermittlung der erforderlichen Kenntnisse und Fertigkeiten im Rahmen einer betrieblichen Berufsausbildung ausgeht[274]. In einem Juniorenvertrag eines Bundsligisten wird eine derartige Verpflichtung für den Nachwuchsspieler ausgesprochen.[275] Im Sinne des BAG spricht dies dann für eine betriebliche Eingliederung, die zur Anwendung des vertragsrechtlichen Teils führt. Die Tatsache,

---

272 Leinemann/Taubert, §5 Rd. 14; Wohlgemuth, § 5 Rd. 9; zulässig sind nur Vereinbarungen im Rahmen einer Stufenausbildung gem. § 26 BBiG.

273 Siehe FIFA Reglement bezüglich Status und Transfer von Spielern Art. 35: „Spieler, die ihr 18. Lebensjahr noch nicht vollendet haben, dürfen nur Nicht-Amateur-Verträge unterschreiben, wenn deren Dauer nicht mehr als drei Jahre beträgt. Klauseln, die eine längere Dauer vorsehen, werden weder von der FIFA noch von den nationalen Schiedsgerichten für Sport anerkannt." (www.dfb.de/dfb/info/interna/:FIFA Reglement Status und Transfer von Spielern).

274 BAG, AP BBiG §1 Nr. 1.

275 Nicht veröffentlichter Vertrag von Bayer 04 Leverkusen aus dem Jahre 2000. Dort heißt es wörtlich: „Alle sportspezifischen, personellen und geschäftlichen Angelegenheiten, die als Sport- oder Vereinsgeheimnis anzusehen sind, sind vertraulich zu behandeln. Dies gilt auch für die Zeit nach der Beendigung der Spielzeit."

dass nicht alle Vorschriften des vertragsrechtlichen Teils auf die Förderverträge anzuwenden sind, kann nicht zu einer anderen Betrachtungsweise führen. Der Gesetzgeber hat für andere Vertragsverhältnisse gem. § 19 BBiG Vorschriften der §§ 3-18 BBiG modifiziert. Andere Vorschriften hat er unerwähnt gelassen, obwohl eine Anwendung auf Vertragsverhältnisse gem. § 19 BBiG zum Beispiel bei Regelungen im Zusammenhang mit Abschlussprüfungen (§§ 6 Nr. 4, 14 II BBiG) nicht passt. Fredebeul führt, wie schon erwähnt, dazu aus, dass es in der Natur der Sache liege, wenn einzelne Vorschriften nicht auf jedes Ausbildungsverhältnis anzuwenden seien[276]. Wo körperliche Kräfte nicht beansprucht würden (z. B. im kaufmännischen Bereich) gäbe das Verbot nach § 6 II BBiG auch betrieblich keinen Sinn[277]. Wenn einzelne Vorschriften für bestimmte Ausbildungsverhältnisse keine Anwendung finden, wird dadurch der zwingende Schutzgedanke gem. § 18 BBiG nicht berührt. Deshalb muss es im Sinne des BAG ausreichen, wenn die zentralen Bestimmungen sinnvoll angewendet werden können. Dies ist bei den Förderverträgen, wie gesehen, der Fall.

Zusammenfassend ist zu sagen, dass es sich im Sinne des BAG bei den Förderverträgen um arbeitsrechtlich ähnliche Rechtsverhältnisse handelt, auf welche sich die §§ 3-18 BBiG sinnvoll anwenden lassen. Wenn aber festgestellt wurde, dass sich die Vorschriften im Wesentlichen sinnvoll anwenden lassen, dann gilt dies auch unter dem Aspekt, dass es sich um eine „nebenberufliche" Ausbildungsform handelt. Das BBiG gibt im Übrigen keine Hinweise darauf, dass solche Ausbildungsformen im Rahmen der Erstausbildung gem. § 19 BBiG ausgeschlossen sein sollen[278]. Die sinnvolle Anwendung des vertragsrechtlichen Teils führt auch unter diesem Aspekt dazu, dass die Zuordnung der Förderverträge mit ihrer nebenberuflichen Ausprägung sich nicht gegen das System des BBiG richtet. Im Ergebnis führt dies dazu, dass in den Fällen, in denen das NLZ in der gleichen Rechtspersönlichkeit wie die Lizenzspielerabteilung organisiert ist, die §§ 3-18 BBiG durch die Verweisung in § 19 BBiG anzuwenden sind.

---

276 Fredebeul (1983), S. 971, 2d); im gleichen Sinne auch Gedon/Spiertz, § 19 Rd. 25, die darauf hinweisen, dass die Vorschriften der §§ 3-18 BBiG bei den unterschiedlichen, anderen Vertragsverhältnissen (sprich § 19) nur uneinheitlich anwendbar sind, da die inhaltlichen und tatsächlichen Voraussetzungen von einander abweichen.

277 Fredebeul (1983), S. 972, 2 d).

278 Siehe dazu auch oben unter 7.8.2.

6.2.4. Anwendung des vertragsrechtlichen Teils auf NLZ, die bei Bildung einer Kapitalgesellschaft im Verein verbleiben und Gesamtbewertung

Ein Verein gab an, dass trotz Bildung einer Kapitalgesellschaft für die Lizenzspielerabteilung, das NLZ eventuell dem Verein zugeordnet bleiben soll[279]. Diese Fragestellung soll vor allem auch deshalb beleuchtet werden, weil es Anlass gibt, die Rechtsauffassung des BAG zur Anwendbarkeit des vertragsrechtlichen Teils noch einmal kritisch zu betrachten, insbesondere auch einen Blick darauf zu werfen, inwieweit die betriebliche Ausbildung ausgegliedert werden kann.

Es ist zu prüfen, ob an der durchgeführten Beurteilung festgehalten werden kann, wenn das NLZ nicht der gegründeten Kapitalgesellschaft angehört, sondern dem einzelnen Verein, der gem. § 8 Nr. 2 Ligaverbandssatzung DFL[280] mehrheitlich an der Kapitalgesellschaft beteiligt sein muss, und die Förderverträge zwischen Spieler und dem eingetragenen Verein abgeschlossen werden.

6.2.4.1. Gesichtspunkte des Konzernrechts

Die Frage ist, ob zunächst im Arbeitsrecht konzernrechtliche Verflechtungen Auswirkungen auf die Rechte und Pflichten der Vertragsparteien haben können, bzw. ob der Gesetzgeber solche berücksichtigt. Dann ist zu klären, ob ein Verein und eine Kapitalgesellschaft konzernrechtlich miteinander verbunden sind.

Ausgangspunkt der Frage ist die Tatsache, dass gem. § 8 Nr. 2 Ligaverbandssatzung DFL[281] die Muttervereine verpflichtet sind, über 50 % des stimmberechtigten Kapitals an der Fußball-Kapitalgesellschaft zu halten bzw. bei Gründung einer KGaA diese über die Komplementärstellung zu beherrschen.

Der Begriff des konzernrechtlichen Unternehmens ist nicht gesetzlich definiert. Allgemein wird davon ausgegangen, dass jede natürliche oder juristische Person, die nicht nur in der Gesellschaft, sondern auch außerhalb der Gesellschaft unternehmerische Interessen verfolgt, die stark genug sind, die Besorgnis zu begründen, sie könne um ihretwillen ihren Einfluss auf die Gesellschaft ausüben,

279 Siehe Fragebogen Verein Frage 2.
280 www.bundesliga.de/intern/ligastatu/.
281 www.bundesliga.de/intern/ligastatu/.

als Unternehmen im Sinne des Konzernrechts anzusehen ist[282]. Der Konzernbegriff wird dabei nicht zwangsläufig von dem Vorliegen eines Beherrschungs- oder Gewinnabführungsvertrags abhängig gemacht[283]. Die Frage ist, ob die Unterhaltung des NLZ ein wirtschaftliches unternehmerisches Interesse beinhaltet. Grundsätzlich wird die Frage bejaht, da sowohl die Jugendfußballabteilungen als auch die Amateurfußballabteilungen eine Wirtschaftstätigkeit aufweisen[284]. Eine Einbeziehung in den konzernrechtlichen Unternehmensbegriff könnte daher fraglich sein, weil wirtschaftliche Interessen der Kapitalgesellschaft und des Vereins nicht als gegenläufig anzusehen sind[285]. Bei einer möglichen Interessenskollision zwischen den wirtschaftlichen Zielen und den ideellen Zielen des Muttervereins kann es von den Satzungsbestimmungen abhängen, ob die ideellen Ziele des Vereins bei der wirtschaftlichen Tätigkeit der Kapitalgesellschaft zu berücksichtigen sind[286].

Fraglich ist aber vor allem, welche Rechtsfolgen durch eine mögliche Konzernbindung eines Unternehmens im Arbeitsrecht entstehen können. Das Arbeitsrecht kennt zunächst keinen eigenen Konzernbegriff[287], sondern bezieht sich teilweise auf § 18 Aktiengesetz (AktG)[288]. Eine Konzernbindung eines Unternehmens berührt die gegenseitigen Pflichten aus dem Arbeitsverhältnis nicht[289]. Allerdings hat in manchen Fällen das BAG eine Haftung der Konzernobergesellschaft angenommen, dies auch ohne eines Beherrschungs- oder Gewinnabführungsvertrages, wenn das beherrschte Unternehmen dauernd und umfassend geführt wurde und keine Rücksicht auf die Belange des Unternehmens genommen wurde[290]. Im Individualrecht ist nach den unterschiedlichen Regelungsmaterien zu unterscheiden[291], wobei nach dem Zweck der gesetzlichen Norm und

282 BGHZ 95, 330 (337); 117, 187 (189); Hüffer, § 15 Rd. 8; Schmidt, K., § 31 II 1 a; Emmerich u.a., § 2 III 1; Bäune, S. 142.
283 BGHZ 107, 7; BGH, AP AktG § 303 Nr. 1.
284 Die Amateur- und Jugendabteilung des FC Schalke 04 wies zum Beispiel in der Saison 1997/98 einen Ertrag von DM 362.000 aus, dem Aufwendungen von 3,49 Mio. DM gegenüberstanden (aufgeführt bei Bäune, S. 144 m. w. N.).
285 So Bäune, S. 145f..
286 Vgl. Bäune, S. 147 ff..
287 Preis, § 11 III; MünchArbR/Richardi, § 32 Rd. 1.
288 Vgl. §§ 8 I 2, 54 I BetrVG, § 21 I 1 SprAuG, § 5 MitbestG, § 12a II TVG.
289 Preis, § 11 III; Windbichler, S. 65; MünchArbR/Richardi, § 32 Rd. 8 m. w. N..
290 BAG, AP BetrVG § 16 Nr. 29; AP BetrAVG § 1 Konzern Nr. 5; AP AktG § 303 Nr. 8; Schaub, § 32 Rd. 11; Preis, § 11 III.
291 Vgl. Preis, § 11 III; MünchArbR/Richardi, § 32 Rd. 21 ff.; Windbichler, S. 67 ff.; Konzen III, S. 572 ff..

der gesetzlichen Wertung geschaut werden muss[292]. Das Kündigungsschutzrecht ist grundsätzlich nicht konzernbezogen[293]. Allerdings kann in besonderen Ausnahmetatbeständen eine konzernbezogene Betrachtungsweise geboten sein, wenn zum Beispiel der Arbeitnehmer für den Konzernbereich eingestellt worden ist; hier muss der Arbeitgeber vor Ausspruch einer betriebsbedingten Kündigung eine Umsetzungsmöglichkeit im Konzernbereich prüfen[294]. Ein solcher Konzernbezug muss sich dabei nicht ausschließlich aus dem Arbeitsvertrag ergeben, sondern kann sich auch aus Tatbeständen der Vertrauenshaftung ergeben[295]. Da gem. § 11 Nr. 2 c) Spielordnung (SpOL) DFL die Spieler des Vereins auch in der Lizenzligamannschaft der Kapitalgesellschaft eingesetzt werden können[296], spricht dies zunächst für eine Einbeziehung beider Rechtspersönlichkeiten in die Frage, ob hier eine eigenständige außerbetriebliche Ausbildungseinrichtung vorliegt. Da aber nach der Zweckrichtung der zu prüfenden Norm zu schauen ist, muss auf die Regelungsabsichten des BBiG abgestellt werden.

6.2.4.2. Verbindung zwischen Kapitalgesellschaft und NLZ

Wenn die Gesetzgebungskompetenz des Bundes gem. Art. 74 Nr. 11 oder 12 GG zu bejahen ist[297], dann ist angesichts der bestehenden Rechtsprechung des BAG fraglich, ob die §§ 3-18 BBiG über § 19 BBiG auch auf solche Förderverträge Anwendung finden, die der Spieler mit dem Verein abschließt, der mehrheitlich an der Kapitalgesellschaft beteiligt ist.

Nach Fredebeul würde sich nichts an der obigen Einschätzung ändern, da nach seiner Ansicht auf alle Ausbildungsverhältnisse, die unter den Geltungsbereich des BBiG fallen, auch der vertragsrechtliche Teil anzuwenden ist[298]. Nach den formalen Abgrenzungskriterien von Kormann würde dies allerdings zu einer veränderten Betrachtung führen. Es besteht nunmehr kein Vertrag mit einem Betrieb, der neben dem Ausbildungszweck einen anderen Produktions- oder Dienstleistungsprozess betreibt[299]. Die Ausbildung würde dann zwar immer

---

292 Konzen II, S. 66.
293 BAG, AP KSchG 1969 § 1 Konzern Nr. 1, 4 und 6; MünchArbR/Richardi, § 32 Rd. 29; vgl. auch Konzen II, S. 85 f.
294 BAG, AP KSchG 1969 § 1 Konzern Nr. 1; MünchArbR/Richardi, § 32 Rd. 32.
295 Vgl. BAG, AP § 1 KSchG 1969 § 1 Konzern Nr. 1, ebenso Wiedemann in Anmerkung zu BAG, AP § 1 KSchG 1969 § 1 Konzern Nr. 1.
296 www.bundesliga.de/intern/ligastatu/.
297 Siehe im einzelnen oben unter 6.1.
298 Siehe Fredebeul (1982), S. 1493 ff. und (1983), S. 968 ff.
299 Siehe Kormann, S. 113.

noch „durch“ die Wirtschaft, erfolgen[300]. Der Gesetzgeber, so Kormann, hätte solche Ausbildungsverhältnisse im BBiG aber nicht geregelt[301]. Auch bei der Argumentation des BAG taucht das Merkmal der Eingliederung in den Produktions- oder Dienstleistungsbetrieb auf[302]. Sieht man nur auf die Organisationsform, bestehen Gemeinsamkeiten zwischen der Verkehrsfliegerschule abseits des Linienverkehrs der Lufthansa und dem NLZ abseits der Lizenzligamannschaft. Das BAG stellt im Schwerpunkt auf das Vorliegen einer dem Arbeitsrecht nahestehenden Rechtsbeziehung und die sinnvolle Anwendung der §§ 3-18 BBiG ab[303]. An diesem Punkt hat sich allerdings bei den NLZ nichts gegenüber der oben durchgeführten Betrachtung geändert. Die gegenseitigen Rechte und Pflichten von Verein und Spieler bleiben unverändert. Die Frage, in welcher Form der Ausbildende die Ausbildungsleistung verwertet, ändert an der Beurteilung des Rechtsverhältnisses nichts[304]. Im Unterschied zum Fall der Verkehrsfliegerschule liegt kein Schulverhältnis vor, in dem der Auszubildende durch Zahlung eines Schulentgelts als Dienstgeber auftritt.

Es liegt keine wirkliche Trennung zwischen NLZ und Lizenzspielerabteilung vor. Der Verein muss an der Kapitalgesellschaft gem. § 8 Nr. 4 Satzung DFL mehrheitlich beteiligt sein.[305] Gem. § 7 a) Spielordnung DFL gelten Mutterverein und Tochtergesellschaft hinsichtlich Spielerberechtigung und vertragsrechtlicher Angelegenheiten als Einheit.[306] Die Gelder zur Finanzierung des NLZ und die Vergütungen der Spieler werden weiterhin von der Lizenzspielerabteilung zur Verfügung gestellt werden. Die talentiertesten Spieler sollen für die eigene Lizenzspielermannschaft gewonnen werden. Die von den Nachwuchsspielern ausgeübten Dienste werden im Interesse der Lizenzligamannschaft erbracht. Das Betreiben des NLZ ermöglicht die Lizenzerteilung der Lizenzligamannschaft der Kapitalgesellschaft[307]. Gem. § 11 Nr. 2 c) Spielordnung (SpOL) DFL dürfen in Spielen einer Lizenzligamannschaft einer Kapitalgesellschaft sich bis zu drei vereinseigene (sprich des Muttervereins) Amateure und Nicht-Amateure ohne

300 Siehe Kormann, S. 113.
301 Kormann, S. 113.
302 BAG, AP BBiG § 1 Nr. 1.
303 BAG, AP BBiG § 1 Nr. 1.
304 Siehe auch unter 5.2.3.7.
305 www.bundesliga.de/intern/ligastatu/.
306 www.bundesliga.de/intern/ligastatu/.
307 Gem. § 7 Nr. 4 b) Lizenzspielerstatut DFL muss der Verein bzw. die Tochtergesellschaft oder deren Mutterverein als Fördereinrichtung des Juniorenfußballs ein NLZ führen, wobei der Kapitalgesellschaft ein NLZ des Muttervereins zugerechnet wird (www.bundesliga.de/intern/ligastatu/).

Lizenz gleichzeitig im Spiel befinden.[308] Daher liegt auch in diesen Fällen eine enge Verbindung zwischen Lizenzspielerabteilung als Produktions- und Dienstleistungsprozess und NLZ als Ausbildungsstätte vor. Das BAG hat 1999 festgestellt, dass für ein „arbeitsrechtliches Ausbildungsverhältnis“, welches das BAG in seiner „Verkehrsflieger“-Entscheidung für die Anwendung der §§ 3-18 BBiG fordert, charakteristisch sei, dass die Tätigkeit des Auszubildenden einen eigenen wirtschaftlichen Wert besitzt. Der könne darin zum Ausdruck kommen, dass der Ausbildende seinen Nachwuchs aus dem Kreis der von ihm Ausgebildeten rekrutieren möchte[309]. Die Lizenzspielerabteilung möchte aus dem Kreis der talentierten Spieler seines NLZ Lizenzspieler gewinnen. Ein zusätzlicher wirtschaftlicher Wert entsteht für die Lizenzspielerabteilung dadurch, dass die Unterhaltung eines NLZ zum Erhalt der Lizenz für die Teilnahme am Spielbetrieb der Bundesliga notwendig ist.

Die aufgezeigte enge Verbindung zwischen Verein und Kapitalgesellschaft und die gegenseitige Unterstützung spricht dafür, Lizenzspielerabteilung und NLZ im Sinne des BBiG als Einheit anzusehen, die als Ausbildender gem. § 3 I BBiG mit dem Auszubildenden einen Ausbildungsvertrag nach den Maßstäben der §§ 3-18 BBiG abzuschließen hat.

6.2.4.3. Maßgebliche Wertungsgrundsätze des BBiG

Die Auffassungen des BAG und von Breitmaier/Fädrich sind aber auch im Hinblick auf maßgebliche Wertungsgrundsätze des BBiG kritisch zu betrachten. Insbesondere ist zu klären, ob sich ein Betrieb von den Vorgaben des BBiG, speziell des vertragsrechtlichen Teils, dadurch befreien kann, dass er die Ausbildung auslagert und wie im Fall der Lufthansa eine eigenständige Verkehrsfliegerschule gründet. Der Primärzweck der Ausbildungsstätte soll ja weiterhin darin bestehen, Arbeitskräfte für den eigenen Produktions- und Dienstleistungsprozess zu gewinnen, auch wenn in der Verkehrsfliegerschule externe Flugschüler zum Beispiel der Bundeswehr ausgebildet wurden[310]. Die Frage ist, ob der Gesetzgeber solche Auszubildende von der Schutzfunktion der §§ 3-18 BBiG ausnehmen wollte. Der Schutzgedanke wird durch § 18 BBiG ausgedrückt[311], wonach Vereinbarungen, die zuungunsten des Auszubildenden vom vertragsrechtlichen Teil abweichen, nichtig sind. Die Lösung der Problematik wurde teilweise

308 www.bundesliga.de/intern/ligastatu/.
309 BAG, AP ArbGG 1979 § 5 Nr. 45.
310 BAG, AP BBiG § 1 Nr. 1.
311 Leinemann/Taubert, § 18 Rd. 1; Wohlgemuth, § 18 Rd. 1.

mit den Begriffen Rechtsfolgenverweisung und Rechtsgrundverweisung versucht[312]. Werden verweisende Vorschriften als Tatbestandsverweisung ausgelegt, so soll es erforderlich sein, dass außer dem Tatbestand der verweisenden Vorschrift auch der gesamte Tatbestand einer anspruchsbegründenden Vorschrift aus dem Abschnitt, auf den verwiesen wird, gegeben ist[313]. Wird hingegen die verweisende Vorschrift als Rechtsfolgenverweisung angelegt, so bildet sie selbst eine eigenständige Anspruchsgrundlage, in der die anspruchsbegründenden Tatbestandsmerkmale vollständig umschrieben sind[314]. Hadding hat in seiner Untersuchung über die Bedeutung der im BGB auf die §§ 812-822 BGB bestehenden Verweisungen darauf hingewiesen, dass die Unterscheidung zwischen Rechtsfolgenverweisung und Rechtsgrundverweisung nicht ausreicht, wenn es um eine Verweisung auf einen Abschnitt geht, der sowohl anspruchsbegründende Regelungen als auch rechtshindernde oder rechtsvernichtende Einwendungen bzw. Einreden als auch Regelungen zu Inhalt und Umfang von Ansprüchen enthält[315]. Hier unterscheidet Hadding zwischen Voll- und Teilverweisung. Enthält schon die verweisende Vorschrift einen Tatbestand, dem eine hinreichende anspruchsbegründende Wirkung beizumessen ist, so wird die in der Rechtsfolge hiermit verbundene Abschnittsverweisung eher als eine Teilverweisung anzusehen sein. Diese enthält dann nicht die anspruchsbegründenden Tatbestände, sondern nur die Einwendungen (Einreden) und die Vorschriften zu Inhalt und Umfang eines Anspruchs aus dem Gesetzesabschnitt, auf den verwiesen wird. Enthält schon der Tatbestand der verweisenden Vorschrift die maßgebliche Wertung, welche Merkmale für die Anspruchsbegründung ausreichen sollen, sind die anspruchsbegründenden Merkmale der Vorschrift, auf die verwiesen wurde, nicht heranzuziehen.[316] Hadding fragt danach, ob in der verweisenden Vorschrift jeweils Voraussetzungen umschrieben sind, die in keinem Fall ein systemfremdes tatbestandliches Defizit für die Begründung eines bereicherungsrechtlichen Anspruches erkennen lassen[317].

Überträgt man das zuvor Gesagte auf die hier zu behandelnde Problematik, ist zu klären, ob der Gesetzgeber einen Tatbestand geschaffen hat, der auch ohne die Einbeziehung der Voraussetzung einer betrieblichen und arbeitsrechtlich

---

312 So haben Breitmeier/Fädrich, S. 1738, 6., die Verweisung auf das Arbeitsrecht als Rechtsgrundverweisung angesehen; dagegen hat Fredebeul (1982) S. 1496, III e), nur eine Rechtsfolgenverweisung angenommen.

313 Hadding, S. 252, 2 a).

314 Hadding, S. 252, 2 b).

315 Hadding, S. 256 ff., 3.

316 Siehe so im ganzen Hadding, S. 256 f., 3 c).

317 Hadding, S. 258, 3 c).

ähnlichen Ausgestaltung des Ausbildungsverhältnisses die maßgebliche Wertung als Anspruchsbegründung enthält, welche zum Beispiel für die Rechtsfolge der Zahlung einer Vergütung gem. § 10 I BBiG ausreichen soll. Die eine Möglichkeit besteht darin, dass der Gesetzgeber, so wie das BAG der Auffassung ist, nur die betriebliche und arbeitsrechtlich ähnlich ausgestalteten Ausbildungsverhältnisse regeln wollte. Dann würde das bloße Vorliegen eines Ausbildungsverhältnisses nach den Voraussetzungen der §§ 1 II und 19 BBiG ein tatbestandliches Defizit enthalten. Die andere Möglichkeit besteht darin, dass der Gesetzgeber die arbeitsrechtlich ähnliche Ausgestaltung, so wie es in den §§ 3-18 BBiG zum Ausdruck kommt, gerade als Rechtsfolge für alle Auszubildenden, die sich in der Erstausbildung befinden, vorschreibt. Jede Vereinbarung zwischen Ausbildenden und Auszubildenden, die darauf abzielt diesen Charakter der Erstausbildung zu ändern, ist dann als nichtige Vereinbarung im Sinne des § 18 BBiG anzusehen. Darunter fallen dann auch Vereinbarungen, die das Ausbildungsverhältnis als freies Schulverhältnis ausgestalten und den Auszubildenden keine Vergütung gewähren, sondern im Gegensatz ihnen ein Schulentgelt auferlegen und sie so als Dienstgeber erscheinen lassen.

Beim Blick auf die Systematik und des Geltungsbereiches des BBiG ist von letzterer Möglichkeit auszugehen. Zu unterscheiden ist zwischen dem Tatbestand des BBiG, der eine hinreichende anspruchsbegründende Wirkung aufweist, und den Rechtsfolgen, die das BBiG für den Fall vorsieht, dass dieser Tatbestand erfüllt ist. Die Bedeutung der Begriffe „einstellen" und „beschäftigen" verdeutlicht den Unterschied zwischen Tatbestand und Rechtsfolgen im Sinne des BBiG.

Nach Fredebeul bedeutet „einstellen" im Sinne der §§ 1 II und 19 BBiG die auf beiderseitige Willensübereinstimmung beruhende Aufnahme in eine vom BBiG erfasste Ausbildungsstätte[318]. Breitmeier/Fädrich verbinden dagegen mit dem Begriff „einstellen" grundsätzlich einen arbeitsrechtlichen Aspekt, der die Eingliederung in einen Betrieb oder in eine vergleichbare Einrichtung betrifft[319]. Der Begriff „einstellen" im Gegensatz zum Begriff „beschäftigen" muss nunmehr im Anschluss an das Urteil des BAG von 1999 für das BBiG folgendermaßen und letztlich im Sinne von Fredebeul definiert werden.

§ 5 I Satz 1 ArbGG bezieht „zur Ausbildung Beschäftigte" in den Geltungsbereich des Arbeitsgerichtsgesetzes ein. Das BAG hat nunmehr herausgestellt, dass

318 Fredebeul (1982), S. 1496, III e).
319 Breitmeier/Fädrich, S. 1738, 6.

„Beschäftigte" im Sinne des § 5 I Satz 1 ArbGG grundsätzlich auch Auszubildende in berufsbildenden Schulen und sonstigen Berufsbildungseinrichtungen sein können. Weiter sei für die Stellung als Beschäftigter weder der jeweilige Lernort gem. § 1 V BBiG noch die jeweilige Lernmethode als solche ausschlaggebend. Entscheidend sei nicht, wo und wie die Ausbildung erfolge, ob im Betrieb, Schule oder sonstiger Einrichtung, ob überwiegend praktisch, innerhalb eines laufenden Produktions- oder Dienstleistungsprozesses oder überwiegend theoretisch, systematisch geordnet und lehrplanmäßig außerhalb eines solchen Prozesses[320]. Bis zu diesem Punkt stimmen auch die Tatbestandsvoraussetzungen der §§ 1 II und 19 BBiG überein, dass nämlich jeder Lernort gem. 1 V BBiG in Frage kommt. Egal ist, wie und wo ausgebildet wird. Eingestellt wird die Person, wenn sie in eine solche Ausbildungsstätte aufgenommen wird.

Nun führt das BAG weiter aus, wann das Rechtsverhältnis als Beschäftigungsverhältnis anzusehen ist. Maßgeblich dafür sei, wie für das Vorliegen eines Arbeitsverhältnisses auch, welche vertraglichen Rechte und Pflichten die Parteien des Ausbildungsvertrages für die Durchführung des Ausbildungsverhältnisses begründet haben. „Beschäftigung" liege regelmäßig dann nicht vor, wenn das Rechtsverhältnis keinerlei über einen bloßen Leistungsaustausch hinausgehenden Inhalt habe. Es fehle dann an jeder Nähe zum regulären Arbeitsverhältnis. Besucht der Auszubildende etwa eine private Schule im Bereich der Wirtschaft oder eine sonstige Bildungseinrichtung, ist aber dieser gegenüber weder zur pünktlichen und regelmäßigen Teilnahme noch zum Ablegen einer (Zwischen-) Prüfung noch zur Einhaltung von mehr als bloßen Hausordnungsregeln, sondern allenfalls zur Zahlung von Entgelt verpflichtet, so könne von einer Leistung im Dienste der Ausbildungsstätte keine Rede sein. Es handele sich umgekehrt um ein Dienstverhältnis mit dem Auszubildenden als Dienstherrn. Es schulde dann nur der Auszubildende die Lehre und nicht auch der Auszubildende das Lernen[321]. In diesen Fällen liege nach Ansicht des BAG kein Beschäftigungsverhältnis im Sinne des ArbGG vor.

Dies wäre ein Rechtsverhältnis, von dem das BAG nach seinen 1974 in der „Verkehrsflieger"-Entscheidung aufgestellten Grundsätzen ausgeht, dass es das BBiG nicht regele. Das BAG hat nun aber 1999 weiter ausgeführt, wann im Gegensatz zu dem zuvor Ausgeführten, von einem Beschäftigungsverhältnis auszugehen sei: Gehen die wechselseitigen Pflichten und Weisungen über die mit den unmittelbaren Leistungsaustausch verbundenen hinaus, ist insbesondere der

320 BAG, AP ArbGG 1979 § 5 Nr. 45.
321 So im ganzen BAG, AP ArbGG 1979 § 5 Nr. 45.

Auszubildende weitergehenden Pflichten und Weisungen unterworfen, so könne der für die Beschäftigung notwendige Bezug zum Arbeitsverhältnis gegeben sein. Das sei anzunehmen, wenn der privatrechtliche Ausbildungsvertrag eine Pflicht des Auszubildenden zum Schulbesuch festlege, deren Nichteinhaltung kündigungsbewährt sei, wenn er Ordnungs- und Verhaltensmaßregeln vorsieht, die über den Charakter einer reinen Hausordnung hinausgehen, wenn er die Teilnahme an Zwischenprüfungen vorsieht. Hier schuldet nicht nur der Auszubildende die Lehre, sondern auch - und sei es mittelbar - der Auszubildende das Lernen. Maßgebend seien die Umstände des Einzelfalls[322].

Hat das BAG 1974 ein arbeitsrechtlich ähnliches Vertragsverhältnis in Zusammenhang mit der Verkehrsfliegerschule verneint[323], so hat das BAG 1999 auch in Zusammenhang mit einer Verkehrsfliegerschule ein Beschäftigungsverhältnis nach den obigen Grundsätzen bejaht[324].

Schaut man sich nun die §§ 3-18 BBiG an, werden darin die Rechte und Pflichten den Parteien auferlegt, die das BAG 1999 für ein Beschäftigungsverhältnis als kennzeichnend angesehen hat. Dabei ist, wie das BAG sagt, der Lernort und die Lernmethode nicht entscheidend. Die Bedeutung der §§ 3-18 BBiG liegt nun darin, dass sie als Rechtsfolge das Ausbildungsverhältnis unabhängig vom Lernort oder der Lernmethode als Beschäftigungsverhältnis ausgestalten. Wer jemanden zur Erstausbildung einstellt, hat das Ausbildungsverhältnis als Beschäftigungsverhältnis auszugestalten. Dies bildet dann wiederum den Rechtsgrund dafür, gem. § 3 II BBiG arbeitsrechtliche Regelungen anzuwenden. Im Rahmen der Zweitausbildung steht es den Parteien frei, das Ausbildungsverhältnis als Beschäftigungsverhältnis oder als freies Schulverhältnis auszugestalten. §§ 1 III, IV, 46 und 47 BBiG verweisen nicht auf die §§ 3-18 BBiG. Dies geschieht nur durch die §§ 1 II und 19 BBiG. Gestalten die Parteien die Zweitausbildung als Beschäftigungsverhältnis aus, dann ist gem. § 5 I Satz 1 ArbGG der Rechtsweg zu den Arbeitsgerichten eröffnet, ohne dass es einer Verweisung durch § 3 II BBiG bedarf.

Die entscheidende anspruchsbegründende Wertung liegt nicht in dem Erfordernis einer betrieblichen, einem laufenden Produktions- oder Dienstleistungsprozess eingegliederten Ausbildung, sondern dem erhöhten Schutzbedürfnis Auszubildender in der Erstausbildung. Um dies zu gewährleisten, hat der vertrags-

322 So im ganzen BAG, AP ArbGG 1979 § 5 Nr. 45.
323 BAG, AP BBiG § 1 Nr. 1.
324 BAG, AP ArbGG 1979 § 5 Nr. 45.

rechtliche Teil die Aufgabe, den Parteien über den bloßen Leistungsaustausch hinausgehende Rechte und Pflichten aufzuerlegen. Die dem Ausbildenden zugewiesene besondere Fürsorgepflicht, äußert sich in der besonderen Verantwortung des Ausbildenden für das Erreichen des Ausbildungszieles (§ 6 I Nr. 1 BBiG) und einer finanziellen Fürsorge (§ 10 I BBiG: Zahlung einer angemessenen Vergütung; § 12 BBiG: Fortzahlung der Vergütung). Die Hauptpflicht des Auszubildenden darf weder in der Zahlung eines Entgelts (§§ 5 II Nr. 1 und 10 I BBiG) noch in der Leistung von Arbeit (§ 6 II BBiG), sondern muss im Lernen (§ 9 Satz 1 BBiG) bestehen. Gem. § 18 BBiG können die Parteien diese Beschränkung der Vertragsfreiheit nicht umgehen[325]. Die Absicht des Gesetzgebers würde ins Leere laufen, wenn ein Unternehmen durch Ausgliederung der Ausbildungsstätte, § 18 BBiG und die Vorgaben des vertragsrechtlichen Teils umgehen könnte. Diesen Rechtsgedanken hat auch das BAG aufgenommen, in dem es klarstellt, dass ein tarifgebundener Ausbilder sich seinen tarifvertraglichen Pflichten nicht dadurch entziehen kann, dass er seinen Ausbildungsbedarf durch das Dazwischenschalten eines gemeinnützigen, nicht tarifgebundenen Bildungsträger deckt[326].

Soweit der Geltungsbereich des BBiG eröffnet ist, ist daher der vertragsrechtliche Teil als Rechtsfolge bei Erfüllung der sonstigen tatbestandlichen Voraussetzungen innerhalb der Erstausbildung anzuwenden. Der in den §§ 3-18 BBiG geregelte Interessenausgleich beruht im Wesentlichen auf dem Gedanken, dass im marktwirtschaftlichen Kontext hinter der Berufsausbildung unternehmerische Interessen stehen[327]. Die Interessensgegensätze zwischen Unternehmen und Auszubildenden bestehen aber unabhängig von der Frage, ob die Ausbildungsstätte innerhalb der gleichen oder außerhalb der juristischen Person organisiert ist, in der sich auch der Produktions- oder Dienstleistungsprozess befindet. Entscheidend muss darauf abgestellt werden, ob die Ausbildungsstätte die unternehmerischen Ziele unterstützen soll. Das NLZ soll als Ausbildungsstätte aber das Wirtschaftsunternehmen „Bundesligaverein“ sowohl bei der Zuordnung zur Kapitalgesellschaft als auch bei einer Zuordnung zum Verein in gleichem Maße unterstützen. Ebenso ändert die Ausgliederung der Verkehrsfliegerschule durch die Fluggesellschaft nichts an der Zwecksetzung der Ausbildungsstätte, wenn

325 Die Notwendigkeit einer Begrenzung der Freiheit zur inhaltlichen Gestaltung kann sich aus ordnungspolitischen Erwägungen oder aus dem Bestreben ergeben, den im geschäftlichen Verkehr gerade beim Abschluss eines derartigen Vertrages - zum Beispiel bei Arbeitsverträgen - typischerweise schwächeren Teil davor zu schützen, dass ihm von dem stärkeren Teil unbillige Bedingungen aufgenötigt werden (Larenz, S. 51, § 4 II).

326 BAG, NZA 2003, 1203; vgl. auch BAGE 81, 139 (146).

327 Siehe Naendrup, S.73.

weiter in erster Linie Nachwuchsarbeitskräfte für den Flugbetrieb der Fluggesellschaft herangebildet werden sollen. Das Ausbildungssystem in Deutschland ist in der Weise organisiert, dass der Staat weder für Auszubildende noch für Unternehmen eine Ausbildungspflicht normiert hat[328]. Damit bestimmen Angebot und Nachfrage den Ausbildungsmarkt[329]. Unternehmen werden nunmehr durch die §§ 3-18 BBiG gezwungen, das Ausbildungsverhältnis in der Erstausbildung als Beschäftigungsverhältnis auszugestalten und die Kosten dafür zu tragen. Dies führt dazu, dass Unternehmen versuchen werden, die Ausbildungsplätze den tatsächlichen Bedürfnissen ihres Unternehmens und damit des Arbeitsmarktes anzupassen. Für die Auszubildenden entsteht dadurch ein Schutz, dass das Unternehmen mit dem Angebot des Ausbildungsplatzes ausdrückt, dass im Rahmen der Vorhersehbarkeit auch ein Bedarf besteht, die Ausbildung später für unternehmerische Zwecke zu verwerten. Können aber die Unternehmer durch eine Ausgliederung der Ausbildungsstätte die Kosten der Ausbildung auf die Auszubildenden abwälzen, dann besteht die Gefahr, dass über Bedarf ausgebildet wird, da ein Auszubildender in der Erstausbildung selber die Arbeitsmarktsituation noch nicht genügend einschätzen kann. Eine konsequente Anwendung der §§ 3-18 BBiG auf alle Ausbildungsverhältnisse innerhalb des Geltungsbereiches des BBiG würde dem entgegenwirken und entspricht dem Schutzzweck der §§ 3-18 BBiG.

Zum geschlossenen System der beruflichen Bildung gehört trotzdem im Sinne des BAG von 1974 der Gedanke, die innerbetriebliche Ausbildung in einem Betrieb, der nicht nur den Ausbildungszweck als Betriebszweck aufweist, einzubeziehen. Wenn man die Ansicht teilt, dass die gem. § 1 II BBiG erforderliche Berufserfahrung nur in einem laufenden Produktions- und Dienstleistungsprozess erworben werden kann[330], dann hat zumindest ein Teil der Berufsausbildung im Sinne von § 1 II BBiG in einem Betrieb stattzufinden, der neben dem Ausbildungszweck noch einen Produktions- oder Dienstleistungsprozess betreibt. Das BBiG sieht für eine solche in verschiedenen Lernorten durchgeführte Ausbildung auch entsprechende Regelungen vor, siehe §§ 4 I Nr. 3, 7 Satz 2, 12 I Nr. 1, 40 III BBiG. Zwar ist der Gesetzgeber grundsätzlich davon ausgegangen, dass

328 Siehe Ramm § 58 II 4 d), S. 413; § 58 III 3, S. 414; § 72 IV 5, S. 499.

329 Ramm, § 79 I 4, S. 537.

330 So ausdrücklich Kormann, S. 108, II 1 a); so wohl auch im Ergebnis BVerwG, DVBl. 1982, S. 703 ff.: Das BVerwG sagt, dass der Auszubildende die erforderliche Berufserfahrungen anders als Kenntnisse und Fertigkeiten nur bei Einhaltung der regulären Arbeitszeit eines Betriebes erwerben könne (S. 704 f.); a. A. Fredebeul (1982), S. 1496, III e), der der Auffassung ist, dass Berufserfahrung in allen Lernorten mit dem Erwerb von Kenntnissen und Fertigkeiten verbunden ist.

Ausgangspunkt die betriebliche Ausbildung ist und ergänzend überbetriebliche oder außerbetriebliche Ausbildungsabschnitte durchgeführt werden (§ 22 II BBiG). Allerdings hat der Gesetzgeber eine entsprechende Vorstellung nicht als zwingend vorgeschrieben. Wenn nun eine Ausbildung grundsätzlich in einer überbetrieblichen oder außerbetrieblichen Ausbildungsstätte und ergänzend, bezüglich dem Erwerb der notwendigen Berufserfahrung, in einem Betrieb durchgeführt wird, entspricht dies schon faktisch der Situation, dass Auszubildende die erforderlichen Kenntnisse und Fertigkeiten in einer Lehrwerkstatt lernen und dann am Schluss ihrer Ausbildung in den Produktions- oder Dienstleistungsprozess überwechseln. Das BBiG gibt aber keine Vorgaben, mit wem der Ausbildungsvertrag abgeschlossen werden muss, nur in seinem vertragsrechtlichen Teil gibt er die Vorgabe, welche Rechte und Pflichten den Parteien auferlegt werden.

Sieht der Ausbildungsgang keine Ausbildungszeit in einem Betrieb mit einem laufenden Produktions- oder Dienstleistungsprozess vor, dann sind die Tatbestandsvoraussetzungen der §§ 1 II, 3 I BBiG nicht gegeben. In diesem Sinne hätte das BAG 1974, bei konsequenter Anwendung des BBiG, nicht von einer Berufsausbildung im Sinne des § 1 II BBiG ausgehen dürfen[331]. In Frage wäre dann eine Ausbildung gem. § 19 BBiG gekommen. Hier ist der Erwerb von Berufserfahrung keine unverzichtbare Tatbestandsvoraussetzung, um einen Ausbildungsgang gem. § 19 BBiG und die damit verbundene Verweisung auf den vertragsrechtlichen Teil bejahen zu können. Der Schutz der noch schutzbedürftigen Jugendlichen soll nach dem Willen des Gesetzgebers durch § 28 II BBiG gewährleistet werden, wonach Jugendliche nur in anerkannten Ausbildungsberufen ausgebildet werden dürfen[332].

Es entsteht dadurch ein geschlossenes System, welches einerseits im Bereich der Berufsausbildung gem. § 1 II BBiG die betriebliche Komponente berücksichtigt, andererseits aber die gesetzgeberische Zielvorstellung von einer umfassenden Regelung auf dem Gebiet der beruflichen Bildung umsetzt. § 19 BBiG kommt dabei die von Fangmann zugeschriebene Aufgabe einer Auffangvorschrift im Bereich der beruflichen Erstausbildung zu[333].

Der Gesetzgeber hat die zuvor dargestellte Auffassung durch die Einführung des § 18a BBiG gestärkt. § 18a BBiG regelt die Wahl einer Interessenvertretung Auszubildender in außerbetrieblichen Einrichtungen, die einen Produktions- o-

---

331 BAG, AP BBiG § 1 Nr. 1.

332 Siehe im einzelnen unten unter 8.

333 Fangmann, S. 985.

der Dienstleistungsprozess nachahmen[334]. Der Gesetzgeber hat diese Regelung in den vertragsrechtlichen Teil eingebaut. Dieses macht nur Sinn, wenn der vertragsrechtliche Teil auch auf außerbetriebliche Einrichtungen Anwendung findet[335].

Der Gesetzgeber hat mit Einführung des § 18a BBiG nicht gleichzeitig auch § 19 BBiG entsprechend erweitert. Der Gesetzgeber hat damit allerdings nicht eine bewusste Entscheidung getroffen, § 18 a BBiG auf Vertragsverhältnisse gem. § 19 BBiG nicht anzuwenden. In den Gesetzesbegründungen geht der Gesetzgeber auf diese Problematik nicht ein[336]. Da der Gesetzgeber eine umfassende Beteiligungsmöglichkeit Auszubildender beabsichtigte[337], ist unter Berücksichtigung der zuvor dargestellten Grundsätze § 18 a BBiG auch auf Vertragsverhältnisse gem. § 19 BBiG anwendbar[338]

6.2.5. Zusammenfassung

Zusammenfassend ist die Prüfung in folgenden Schritten durchzuführen:

Zuerst ist zu prüfen, ob der Geltungsbereich des BBiG gem. Art. 74 Nr. 11 und 12 GG eröffnet ist, d. h. ob entweder ein konkreter beruflicher Bezug zu einem Betrieb der Wirtschaft gegeben ist oder ein arbeitsrechtlich ähnliches Verhältnis, also im Sinne des BAG 1999 ein Beschäftigungsverhältnis, vorliegt[339].

Dann ist zu schauen, ob sich der Auszubildende in der Erstausbildung oder in der Zweitausbildung befindet. Im nächsten Schritt ist bei der Erstausbildung zu schauen, ob eine Ausbildung gem. § 1 II BBiG oder § 19 BBiG von den Parteien vereinbart ist. Liegen die Voraussetzungen des § 1 II BBiG vor, haben die Par-

---

334 BT-Drucksache 14/8699; Bundesrat- Drucksache 339/02.

335 Fraglich ist allerdings, ob diese Problematik dem Gesetzgeber bewusst war, da nähere Ausführungen dazu aus den Beratungen zum Gesetzentwurf nicht zu erkennen waren; siehe BT-Drucksache 14/8359; 14/8699; Protokolle des Bundestages 14/S. 22925 ff. und 25078 ff.; Protokolle Bundesrat vom 21.06.2002, 777. Sitzung, S. 338; Bundesrat-Drucksache 339/02 .

336 Siehe BT- Drucksache 14/8359.

337 BT- Drucksache 14/8359.

338 In den Begründungen des Bundesministeriums für Bildung und Forschung für die dann später vom Bundesrat abgelehnte zuvor geplante Rechtsverordnung, auf Grundlage der Verordnungsermächtigung des § 18 b BBiG, heißt es, dass § 18 a BBiG für alle Auszubildende im Rahmen der Erstausbildung gilt. Nicht erfasst werden dagegen Umschüler und Weiterbildungsteilnehmer (BR- Drucksache 339/02).

339 Siehe im einzelnen oben unter 6.1.

teien als Rechtsfolge gem. § 3 I BBiG einen Berufsausbildungsvertrag zu schließen, der das Ausbildungsverhältnis, soweit dies von den Parteien nicht bereits vereinbart ist, als Beschäftigungsverhältnis im Sinne der §§ 3-18 BBiG ausgestaltet. Sind lediglich die Voraussetzungen des § 19 BBiG gegeben, ist das Ausbildungsverhältnis als Rechtsfolge gem. § 19 BBiG in Verbindung mit den §§ 3-18 BBiG ebenfalls als Beschäftigungsverhältnis auszugestalten. Dabei sind die im § 19 BBiG vorgesehenen Einschränkungen zu beachten.

Für die Anwendung des vertragsrechtlichen Teils ist es nicht entscheidend, an welchem Lernort und nach welcher Lernmethode die Ausbildung durchgeführt wird. Der Punkt, ob zumindest ein Teil der Ausbildung in einem Betrieb mit einem über den Ausbildungszweck hinausgehenden Produktions- oder Dienstleistungsprozess stattfindet, spielt insofern eine Rolle, als die Ausbildung den Anforderungen des § 1 II BBiG, insbesondere dem Erwerb der erforderlichen Berufserfahrung, erfüllt oder ob im anderen Fall von einer Ausbildung im Sinne des § 19 BBiG auszugehen ist. § 19 BBiG kommt dabei die Aufgabe einer Auffangvorschrift zu.

Geht man nach der angeführten Prüfungsreihenfolge vor, ist bei den NLZ auch dann die Anwendung des vertragsrechtlichen Teils zu bejahen, wenn das NLZ dem Verein zugeordnet ist, während die Lizenzspielerabteilung in einer gesonderten Kapitalgesellschaft organisiert ist.

Der Geltungsbereich des BBiG ist eröffnet. Auf jeden Fall liegt bei den zwischen Verein und Spieler vereinbarten Rechten und Pflichten ein arbeitsrechtlich ähnliches Verhältnis vor, welches die Bundeskompetenz gem. Art. 74 Nr. 12 GG begründet. Daneben ist aber auch ein konkreter beruflicher Bezug zur Wirtschaft gegeben, da das NLZ mittelbar von der Lizenzspielerabteilung begründet und unterhalten wird und die Lizenzspielerabteilung als Wirtschaftsunternehmen angesehen werden muss[340]. Damit ist ebenfalls eine Bundeskompetenz gem. Art. 74 Nr. 11 GG eröffnet. Da die Spieler im Alter von 15-19 Jahren noch keine andere Berufstätigkeit ausgeübt haben, sind die Förderverträge als Erstausbildung einzustufen[341]. Bei den Förderverträgen liegt keine Berufsausbildung gem. § 1 II BBiG vor[342]. Es sind aber die Tatbestandsvoraussetzungen des § 19 BBiG gegeben[343]. Als Rechtsfolge ist das Vertragsverhältnis nach den Maßgaben der §§ 19,

340 Siehe im einzelnen oben unter 6.1.
341 Siehe im einzelnen oben unten 2.
342 Siehe im einzelnen oben unter 4.
343 Siehe im einzelnen oben unter 5.

3-18 BBiG als Beschäftigungsverhältnis auszugestalten. Bei den Förderverträgen ist das Vertragsverhältnis von den Parteien weitgehend schon als ein solches Beschäftigungsverhältnis ausgestaltet. Die Tatsache, dass ein NLZ weiter im Verein und nicht in einer möglicherweise für die Lizenzspielerabteilung gegründeten Kapitalgesellschaft organisiert ist, ist für die Anwendung des vertragsrechtlichen Teils (§§ 3-18 BBiG) nicht entscheidend. Die maßgebliche anspruchsbegründende Wertung liegt in der Tatsache, dass die Spieler zum Zwecke der Vermittlung von beruflichen Kenntnissen, Fertigkeiten oder Erfahrungen in das NLZ aufgenommen werden und weder eine Freizeitbeschäftigung noch ein Arbeitsverhältnis vorliegt[344]. Der Lernort und die Lernmethode sind dabei unerheblich. Das Vertragsverhältnis ist als Beschäftigungsverhältnis auszugestalten, weil nur so die Zweckrichtung des Gesetzgebers erfüllt wird und der Vertragspartner der Spieler, der Verein oder die Kapitalgesellschaft, eine Fürsorgepflicht und erhöhte Verantwortung für das Erreichen des Ausbildungszieles gem. den §§ 3-18 BBiG zugewiesen bekommt.

Im Ergebnis ergibt sich daher in der Anwendung des vertragsrechtlichen Teils des BBiG (§§ 3-18 BBiG) aufgrund der Verweisung durch § 19 BBiG keine andere Betrachtungsweise, als wenn die NLZ der Rechtspersönlichkeit zugeordnet sind, der auch die Lizenzspielerabteilung angehört.

344 Siehe im einzelnen oben unter 5.2.3.

7. Systematische Auslegung des § 19 BBiG

7.1. Einführung

Die Untersuchung hat festgestellt, dass die Förderverträge nach ihrem Wortlaut unter § 19 BBiG subsumiert werden können. Die historische Auslegung ergab, dass der Gesetzgeber mit § 19 BBiG keine Beschränkung auf einzelne Vertragsverhältnisse, wie Volontäre oder Praktikanten, beabsichtigte, sondern allgemein Vertragsverhältnisse regeln wollte, deren Schwerpunkt auf der Erstausbildung liegen, aber dennoch nicht unter § 1 II BBiG unterzuordnen sind. Da dies bei den Förderverträgen zutrifft, sprechen die Zielsetzungen des historischen Gesetzgebers nicht gegen eine Einbeziehung der Förderverträge in den § 19 BBiG. Weiter hat sich gezeigt, dass auf den Ausbildungsgang auch unter Berücksichtigung des sachlichen Geltungsbereiches gem. §§ 1 V, 2 I BBiG die Vorschriften des vertragsrechtlichen Teils Anwendung finden.

Die nun folgende systematische Auslegung soll prüfen, ob diese Auslegung des § 19 BBiG sich mit den anderen Normen und den Normzwecken des BBiG, mit anderen im Wertezusammenhang des Ausbildungsrechts stehenden Gesetzen und ihren Zwecken, schließlich der Verfassung, vor allem ihren Grundrechen, verträgt[1]. Mit einzubeziehen sind dabei die Werteentscheidungen des europäischen Rechts auf dem Gebiet der beruflichen Ausbildung. Die tatsächliche oder rechtliche Entwicklung einer bis dahin eindeutigen und vollständigen Regelung kann diese lückenhaft, ergänzungsbedürftig und zugleich ergänzungsfähig werden lassen; mit dem Wandel gesellschaftspolitischer Anschauungen wandelt sich auch der Norminhalt[2]. Die seit der Einführung des BBiG im Jahre 1969 eintretende Professionalisierung des Fußballsports in den obersten Spielklassen hat zu einer Einbeziehung der vertraglichen Regelungen zwischen Verein und Spieler in den Bereich des Arbeitsrechts geführt. Dies spiegelt sich in einer Vielzahl von gerichtlichen Entscheidungen und rechtswissenschaftlichen Beiträgen wieder, die entsprechende rechtliche Probleme mit Hilfe arbeitsrechtlicher Vorschriften lösen. Von diesem Gesichtspunkt her muss dann auch die Frage gestellt werden, ob die Förderverträge nicht an Hand des BBiG beurteilt werden müssen und der Regelungsbereich des § 19 BBiG nicht um entsprechende Vertragsgestaltungen ergänzt werden muss.

---

1 Siehe Raisch, S. 149, 6.3., mit der Begründung, dass die systematische Auslegung zur Einheit der Rechtsordnung führen soll.
2 Raisch, S. 157.

Da nun festgestellt wurde, dass die Einbeziehung der Förderverträge in § 19 BBiG nach der Wortauslegung und der historischen Auslegung zu bejahen ist, geht es um die Frage, ob nicht mittels einer restriktiven Auslegung als Unterfall der systematischen Auslegung, der Geltungsbereich des § 19 BBiG in der Art einzuschränken ist, dass die Förderverträge davon nicht mehr erfaßt werden[3]. Frage ist, ob der eigentliche Sinngehalt des § 19 BBiG, gemessen am Wertezusammenhang des BBiG, anderer ausbildungsregelnder Gesetze, den Grundrechten sowie europäischen Rechtsmaßstäben, enger ist, als es die allgemeine Wortauslegung und die Absicht des historischen Gesetzgebers vermuten lassen[4]. Die Einbettung in den Geist des gesamten Normsystems, die Einheit der Rechtsordnung ist es, die dann eine restriktive Auslegung und eine Nichteinbeziehung der Förderverträge in das BBiG rechtfertigen würde[5].

Im Folgenden soll nun geklärt werden, ob die Aufnahme der Förderverträge in den Geltungsbereich des § 19 BBiG den Werteaussagen des Gesetzgebers in anderen rechtlichen Regelungen widersprechen würde. Dabei ist vor allem darauf abzustellen, ob ein Ausbildungsgang ohne eine abschließende Prüfung und neben dem Besuch einer Schule oder dem Absolvieren einer anderen Berufsausbildung dennoch als Ausbildung im Sinne der Rechtsordnung angesehen werden kann.

7.2. EU-Recht

In den Beschlüssen des Rates vom 02.04.1963[6] zur beruflichen Ausbildung heißt es in dem Ersten Grundsatz, dass jedem einzelnen eine angemessene Ausbildung bei freier Wahl des Berufs, der Ausbildungsstätte sowie des Ausbildungs- und Beschäftigungsorts zu ermöglichen ist. Dies bedeutet zunächst einmal, dass einer Person, die den Beruf des Fußballers ergreifen möchte, auch die Möglichkeit eingeräumt werden muss, eine Ausbildung dafür zu absolvieren. Es muss ihr demnach frei stehen mit einem potentiellen Ausbildenden einen Ausbildungsvertrag zu schließen. Eine Verweisung des Gesetzgebers auf einen Arbeitsvertrag mit einer damit verbundenen Verpflichtung zur Leistung von Arbeit würde diesem Grundsatz widersprechen. Auch eine Beschränkung auf eine Vereinsmitgliedschaft würde dem Grundsatz der Möglichkeit einer angemessenen Ausbildung entgegen laufen.

---

3 Siehe Raisch, S. 162, 6.7.
4 So allgemein Raisch, S. 163.
5 Raisch, S. 164.
6 Beschluss 63/266/EWG, ABl. Nr. 63 vom 20.04.1963, S. 1338/63.

Ergänzend wird im Zweiten Grundsatz unter d) angeführt, dass jedem die Möglichkeit eingeräumt werden muss, die zur Ausübung einer bestimmten Berufstätigkeit notwendigen fachlichen Kenntnisse und Fertigkeiten sowie die höchstmögliche Ausbildung zu erwerben. Dem Nachwuchsspieler muss demnach die Möglichkeit gegeben werden, die für die Ausübung des Berufs des Fußballers notwendigen Kenntnisse und Fertigkeiten zu erwerben.

Aus Sicht der Vereine sagt der Zweite Grundsatz unter b), dass durch rechtzeitige Schaffung geeigneter Ausbildungseinrichtungen zu gewährleisten ist, dass in den einzelnen Wirtschaftsbereichen die benötigten Arbeitskräfte zur Verfügung stehen. Dem Wirtschaftsunternehmen „Bundesligaverein" muss demnach die Möglichkeit eröffnet werden, durch geeignete Einrichtungen Arbeitskräfte für seinen Lizenzspielerbereich auszubilden. Die Eröffnung von NLZ und das Abschließen von Ausbildungsverträgen sollen dafür sorgen, dass dem Unternehmen auch in Zukunft geeignete Arbeitskräfte zur Verfügung stehen.

Allerdings spricht der Zweite Grundsatz unter c) davon, dass eine auf der Grundlage der allgemeinen Schulbildung so umfassend gestaltete Berufsausbildung entstehen soll, dass sie die harmonische Entwicklung der Persönlichkeit fördert und den Erfordernissen des technischen Fortschritts, neuen Produktionsmethoden sowie der sozialen und wirtschaftlichen Entwicklung gerecht werden soll. Solche Elemente sollen durch die für § 1 II BBiG erforderliche Grundbildung und durch anerkannte Ausbildungsberufe gem. § 25 BBiG erreicht werden. Eine Ausbildung, die wie bei Anlernverhältnissen und eben bei Förderverträgen nur auf eine bestimmte Berufstätigkeit abzielt, erfüllt solche allgemeinen Grundsätze nicht.

In der hier vorliegenden Konstellation kann aber beides erreicht werden. Durch den Besuch einer allgemeinbildenden bzw. berufsbildenden Schule oder dem Absolvieren einer Berufsausbildung werden Voraussetzungen geschaffen, die dem Jugendlichen berufliche Perspektiven auch abseits des Berufs des Fußballers ermöglichen. Durch die begleitende „nebenberufliche" Ausbildung zum Fußballer kann der Jugendliche die Voraussetzungen zum Ergreifen seines Wunschberufs wahrnehmen und der Wirtschaftsbereich Fußball erhält die Möglichkeit geeignete Arbeitskräfte heranzubilden.

Bliebe die Frage, ob sich beide Bereiche miteinander vereinbaren lassen. Zum einen versuchen die Vorgaben für die NLZ sicherzustellen, dass der Jugendliche seinen Verpflichtungen für Schule oder eine andere Berufsausbildung nachkommt[7]. Zum anderen ist dies nicht ein Problem der Qualifizierung und Einordnung des Vertragsverhältnisses als Ausbildungsverhältnis. Auch bei einem Arbeitsverhältnis oder einer Freizeitbeschäftigung besteht die Gefahr, dass der Jugendliche seine übrigen Pflichten sowie seine schulischen und beruflichen Ziele vernachlässigt. Bei einem Arbeitsverhältnis müssten dann noch das Jugendarbeitsschutzgesetz und das Arbeitszeitgesetz beachtet werden. Dieser Schutz ist aber auch bei einem Ausbildungsverhältnis eröffnet[8].

Letztlich lassen sich grundsätzlich die Ziele des europäischen Rates für die berufliche Ausbildung durch die vorliegende Konstellation bei den Förderverträgen erreichen. In Bezug auf das Ermöglichen einer Ausbildung für einen gewählten Beruf, ist es sogar erforderlich, dass ein Spieler, der Berufsfußballer werden möchte, ein Ausbildungsverhältnis eingehen kann, um erforderliche Kenntnisse und Fertigkeiten zu erwerben. Die Grundsätze der EU sprechen demnach für eine Einfügung der Förderverträge in das System des Berufsbildungsrechts.

7.3. Art. 12 I GG

Innerhalb der Grundrechte ist bei dem Stichwort „Ausbildung" an Art. 12 I GG zu denken. Zum Schutzbereich des Art. 12 I GG gehört auch die freie Wahl der Ausbildungsstätte. Dabei ist allerdings die Reichweite des Begriffs „Ausbildungsstätte" umstritten. Die Rechtsprechung des BVerwG nimmt hier einen engen Schutzbereich an. Das BVerwG zählt zu den Ausbildungsstätten solche Einrichtungen, die berufsbezogene Fähigkeiten vermitteln und die ein Bewerber durchlaufen haben muss, um nach Ablegung der Prüfung den gelernten Beruf ergreifen zu können[9]. Bei der Betrachtung der beiden Entscheidungen des BVerwG[10] muss man auf drei Gesichtspunkte hinweisen.

---

7 Gem. Nr. 2 f) der Richtlinien muss das NLZ über Einrichtungen verfügen, in denen eine schulische und pädagogische Betreuung möglich ist. (Anhang V der Lizenz-Ordnung-www.bundesliga.de/intern/ligastatu/). Ein entsprechender Absatz ist im jetzigen Muster-Fördervertrag in § 3 Nr. 2 eingebaut (Anlage 1). Gem. § 3 Nr. 3 soll die sportliche Beanspruchung mit den schulischen Anforderungen koordiniert werden. Bei den Informationen zum Juniorenkonzept von Bayer 04 Leverkusen heißt es auf Seite 19: Bei allen fußballerischen Interessen und Neigungen der Bayer 04-Junioren liegt es in der Verantwortung des Bayer 04 Trainer- und Betreuerteams herauszustellen, dass Schule grundsätzlich die „Nummer 1" ist (Anlage 2).

8 Siehe § 1 I Nr. 4 JArbSchG und § 2 II ArbZG.

9 BVerwGE 91, 24 (32); 96 136 (140).

10 BVerwGE 91, 24 (32); 96 136 (140).

Das in den beiden Entscheidungen zu beurteilende Rechtsverhältnis eines Privatdozenten bei einer Hochschule wurde zwar nicht als Ausbildungsverhältnis, aber auch nicht als Arbeitsverhältnis und auch nicht als Beamtenverhältnis, sondern als Rechtsverhältnis eigener Art bezeichnet[11]. Dies rechtfertigte sich insbesondere daraus, dass mit Einräumung einer Lehrbefugnis für den Privatdozenten keine Vereinbarung von gegenseitigen wesentlichen Verpflichtungen verbunden war, wie dies auch bei einem Ausbildungsverhältnis der Fall ist[12]. Das BVerwG stellte nämlich fest, dass die unentgeltliche Titellehre des Privatdozenten nur eine Obliegenheit und keine Pflicht darstelle[13]. Von daher war es gerechtfertigt, im vorliegenden Fall nicht von einem Ausbildungsverhältnis auszugehen. Eine Abgrenzung, mittels der Forderung nach einem vorgeschriebenen Ausbildungsgang verbunden mit einer Prüfung, wäre für das Bejahen einer Ausbildungsstätte im Sinne von Art. 12 I GG daher nicht notwendig gewesen. Zweitens konnte das BVerwG auch ohne weitere Konsequenzen eine Einbeziehung in den Begriff „Ausbildungsstätte" ablehnen, da das BVerwG den Grundrechtsschutz des Art. 12 I GG dennoch gewährte. Nach dem BVerwG fällt in diesen Schutzbereich auch die Wahrnehmung von Chancen, die den Bewerber der erstrebten Berufsaufnahme in erheblicher Weise näher bringen; in diesem Rahmen nehmen an der durch Art. 12 I GG geschützten Eigenverantwortung für freiheitliche, selbstbestimmte Berufsentscheidungen auch die Entscheidungen darüber teil, was auf dem Weg zur Berufsaufnahme nützlich und sinnvoll ist[14]. Nach diesen Kriterien fallen die Förderverträge unter den Grundrechtsschutz des Art. 12 I GG, da die Teilnahme an den NLZ mit den Förderverträgen auf dem Weg zum Beruf des Fußballers als sinnvoll und nützlich angesehen werden muss[15]. Drittens ist darauf hinzuweisen, dass in den Entscheidungen des BVerfG, auf die das BVerwG bei der Abgrenzung des Begriffs „Ausbildungsstätte" verweist[16], keine derartige Abgrenzung getroffen wird. Das BVerfG hat lediglich vorgeschriebene Ausbildungsgänge mit Prüfungen als subjektive Zulassungsbeschränkungen im Sinne

---

11 BVerwGE 96, 140.

12 Siehe §§ 6 und 9 BBiG, wonach sich bei einem Ausbildungsverhältnis der Ausbildende zur Vermittlung von Kenntnissen, Fertigkeiten und Erfahrungen und der Auszubildende zum Lernen verpflichtet.

13 BVerwGE 96, 144, mit der Ausführung, dass erst nach zwei aufeinander folgenden Semestern, ohne dass der Privatdozent der Lehrverpflichtung von einer wöchentlichen Stunde nachkommt, die Lehrbefugnis entzogen werden kann, ohne dass dies allerdings Einfluss auf die Lehrbefähigung hat.

14 BVerwGE 91, 33.

15 Siehe Fragebogen Verein Fragen 10 und 11 und Fragebogen Nachwuchsspieler Fragen 12 bis 15.

16 Siehe BVerwGE 91, 32.

des Art. 12 I bezeichnet[17]. Das BVerfG führte aber an anderer Stelle aus, dass Art. 12 I GG dem einzelnen ein Abwehrrecht gegen Freiheitsbeschränkungen im Ausbildungswesen gebe[18]. Weiter sei die Ausbildung die Vorstufe einer Berufsaufnahme, beide seien integrierte Bestandteile eines zusammengehörenden Lebensvorganges[19]. Diese Entwicklung zeige sich besonders deutlich im Bereich des Ausbildungswesens, das sich insoweit trotz des im Übrigen bestehenden engen Zusammenhangs mit der Berufswahl von diesem unverkennbar abhebe[20].

Die Literatur geht grundsätzlich von einer weiten Auslegung aus. Ausbildungsstätten liegen danach auch dann vor, wenn eine bestandene Abschlussprüfung für das Ergreifen des angestrebten Berufes nicht rechtlich nötig ist, sondern eine spätere Aufnahme des Berufes lediglich fördert[21]. Art. 12 I GG schütze über den Wortlaut hinaus nicht nur die freie Wahl der Ausbildungsstätte, sondern die gesamte Freiheit der berufsbezogenen Ausbildung. Staatliche Eingriffe seien nicht deshalb weniger rechtfertigungsbedürftig, weil sie keine rechtlichen, sondern nur faktische Nachteile für eine spätere Berufsausübung mit sich bringen[22]. Das Grundrecht enthalte ein Abwehrrecht gegen Freiheitsbeschränkungen im Ausbildungsbereich[23]. Wegen der extensiven Abgrenzung der berufsbezogenen Ausbildung decke das Grundrecht viele Bereiche des so genannten „Rechts auf Bildung" ab[24]. Ausbildung und Ausbildungsstätten dienen der Vorbereitung auf einen Beruf und der Weiterentwicklung beruflicher Fähigkeiten[25]. Unter einer Ausbildungsstätte sei jede Einrichtung zu verstehen, die Kenntnisse und Fähigkeiten für einen oder mehrere Berufe vermittelt und damit über das Angebot allgemeiner Bildung hinausgeht[26]. In Hinblick auf die verstärkte Durchlässigkeit der Ausbildungseinrichtungen sei die enge Interpretation des BVerwG abzuleh-

---

17 Siehe BVerfGE 13, 97 ff.; 19, 330 ff.; 33, 303 ff.; 47, 330 ff.; siehe auch BVerfGE 41, 251 und 73, 280, auch hier stellt das BVerfG nicht explizit die Forderung auf, dass ein vorgeschriebener Ausbildungsgang mit einer Prüfung Voraussetzung für den Begriff „Ausbildungsstätte" sein soll.

18 BVerfGE 33, 303 (329).

19 BVerfGE 33, 330, siehe auch Scholz, S. 265.

20 BVerfGE 33, 331.

21 Siehe Jarass/Jarass, Art. 12 Rd. 54; Dreier/Wieland, Art. 12 Rd. 55; MKS/Manssen, Art. 12 Rd. 57; Denninger/Rittstieg, Art. 12 Rd. 112; v. Münch/Gubelt, Art. 12 Rd. 26; Sachs/Tettinger, Art. 12 Rd. 67.

22 MKS/Manssen, Art. 12 Rd. 57.

23 Jarass/Jarass, Art. 12 Rd. 54.

24 Jarass /Jarass, Art. 12 Rd. 54.

25 Denninger/Rittstieg, Art. 12 Rd. 112.

26 Dreier/Wieland, Art. 12 Rd. 55.

nen[27]. Auch das sportrechtliche Schrifttum geht von einer weiten Auslegung des Begriffs „Ausbildungsstätte" aus und bezieht auch solche beruflichen Ausbildungsgänge mit ein, die nicht rechtlich vorgeschrieben sind und bei denen keine Prüfung erforderlich ist[28]. Krogmann führt aus, dass wie durch die weite Auslegung des Berufsbegriffs die Aufnahme individueller und untypischer Tätigkeiten in den Schutzbereich von Art. 12 I GG ermöglicht werden solle, sich auch die grundrechtliche Anerkennung einer Berufsausbildung allein danach richten müsse, ob die Tätigkeit ihrer tatsächlichen Ausgestaltung nach als Ausbildungs- und Lernvorgang in Hinblick auf einen späteren Beruf angesehen werden könne. Nur auf diese Weise könne der Offenheit des Berufsbegriffs auch im Hinblick auf die Berufsausbildung hinreichend Rechnung getragen werden[29].

Der Auffassung in der Literatur ist in Hinblick auf eine enge Anlehnung an die Rechtsprechung des BVerfG zuzustimmen. Ein Ausbildungsgang hebt sich nicht nur dann von der Berufswahl und der Berufsausübung ab, wenn der Ausbildungsgang vorgeschrieben ist und eine Prüfung verlangt wird, sondern auch schon dann, wenn die Ausbildungsleistung in den Mittelpunkt des Vertragsverhältnisses gestellt wird. Weiter führt die Vorgabe einer Ausbildung und einer Prüfung erst in dem Moment für den Bewerber zu einer Einschränkung, wenn er den betreffenden Beruf ergreifen will und nicht die vorgeschriebene Ausbildung und die bestandene Prüfung vorweisen kann. Deshalb fällt dies eher in den Bereich der Berufswahl. Werden aber Voraussetzungen für eine Ausbildung aufgestellt, wie zum Beispiel das Bestehen der Ersten juristischen Staatsprüfung für die Aufnahme in den juristischen Vorbereitungsdienst, dann ist der Bereich Ausbildung betroffen. In dem Maße, wie der Schutzbereich Beruf nicht durch Regelungen, sondern durch den tatsächlichen Lebensvorgang der Schaffung einer dauernden Lebensgrundlage gebildet wird, wird der Schutzbereich Ausbildung durch den tatsächlichen Vorgang gebildet, dass berufsrelevante Kenntnisse und Fähigkeiten vermittelt werden sollen. Regelungen und Beschränkungen stellen dann einen Eingriff in diesen Schutzbereich dar. Dies entspricht dann auch den Wertungen, die das BVerfG für den Bereich Ausbildung im Sinne des Art. 12 I GG aufgestellt hat, wenn es dem einzelnen ein Abwehrrecht gegen Freiheitsbeschränkungen im Ausbildungswesen gibt[30]. Unter diesem Gesichtspunkt sind auch die Förderverträge ohne vorgeschriebenen Ausbildungsgang und ohne Prüfung zum Ausbildungswesen zu zählen, soweit sie sich von einem Arbeitsver-

27 V. Münch/Gubelt, Art. 12 Rd. 26.
28 Siehe Krogmann, S. 42 f.; Steiner, S. 20 ff.; PHBSportR/Fritzweiler, 1/6.
29 Krogmann, S. 42 f.
30 BVerfGE 33, 329.

hältnis als Lizenzspieler in der Art abheben, dass hier nicht die Arbeitsleistung, sondern der Lernzweck für berufsrelevante Kenntnisse und Fähigkeiten der Nachwuchsspieler im Vordergrund steht. Art. 12 I GG gibt dann dem Spieler ein Abwehrrecht gegen Freiheitsbeschränkungen, die seine Möglichkeiten, berufsrelevante Kenntnisse und Fähigkeiten im Hinblick auf die Ergreifung des Berufs des Fußballers zu erwerben, unzulässig eingrenzen. Entsprechend seiner weiten Auslegung des Begriffs „Ausbildungsstätte" bejaht Krogmann grundsätzlich die Möglichkeit, sportliche Betätigung im Vorfeld einer beruflichen Laufbahn in den Schutzbereich des Art. 12 I GG einzubeziehen[31]. Dabei stellt er zunächst darauf ab, ob eine spätere Betätigung im Spitzenbereich als Amateur oder als Profi erfolgen kann[32]. Dementsprechend wird eine berufliche Ausbildung in den Sportarten Kunstturnen und Fechten verneint[33]. Dies entspricht dem Ergebnis, welches diese Untersuchung oben bei der Unterscheidung des Zweckinteresses eines Nachwuchsfechters und eines Nachwuchsfußballers erzielt hat, nämlich dass der Nachwuchsfechter auf dem Gebiet des Fechtens im Gegensatz zum Nachwuchsfußballer nicht eine spätere berufliche Tätigkeit anstrebt[34]. Bei Sportarten, in denen eine spätere professionelle Ausübung möglich ist, unterscheidet Krogmann danach, ob eine gezielte Vorbereitung auf eine berufliche Laufbahn betrieben wird. Findet die Teilnahme am regelmäßigen Training unter qualifizierter Anleitung sowie entsprechenden Wettkämpfen trotz großem Ehrgeiz nur sehr vage im Hinblick auf eine spätere berufliche Karriere statt, würde es nach Ansicht Krogmanns zu weit führen, hier grundsätzlich von beruflicher Ausbildung zu sprechen und den Schutz des Berufsgrundrechts auf diese Form des Sports auszudehnen[35]. Wird allerdings gezielt auf eine spätere berufliche Laufbahn vorbereitet und damit der Ausbildungscharakter von Training und Wettkampf in den Vordergrund gestellt, bejaht Krogmann in entsprechenden Einzelfällen das Vorliegen einer beruflichen Ausbildung im Sinne des Art. 12 I GG[36]. Krogmann nimmt eine entsprechende Zielgerichtetheit einer sportlichen Laufbahn schon dann an, wenn im Kinder- und Jugendbereich Trainingslager und Sichtungswettkämpfe veranstaltet werden, bei denen Talente für spätere Spitzensportgenerationen in Augenschein genommen werden[37]. Als Beispiel nennt Krogmann die

31 Krogmann, S. 43.
32 Krogmann, S. 43.
33 Krogmann, S. 43.
34 Siehe oben unter 5.2.3.7.
35 Krogmann, S. 43.
36 Krogmann, S. 43 und 44 mit dem Beispiel Boxsport: Dort habe sich nach den Erfolgen deutscher Sportler in den vergangenen Jahren der Trend dahingehend entwickelt, den nichtprofessionellen Bereich gezielt als Vorbereitung für eine Profikarriere zu nutzen.
37 Krogmann, S. 44.

Sportschule des niederländischen Fußballclubs Ajax Amsterdam[38]. Die Einführung der NLZ und die vertragliche Bindung der Jugendlichen mit den Förderverträgen stellen eine weitere Intensivierung der von Krogmann angeführten Trainingslager und Sichtungswettkämpfen dar. Die Jugendlichen sollen gezielt auf eine spätere Profilaufbahn vorbereitet werden[39]. Auch Fritzweiler versteht den Schutzbereich des Art. 12 I GG in ähnlicher Weise[40]. Die Ausbildung als Vorstufe zur Berufsaufnahme falle unter Art. 12 I GG, da die Teilnahme am Training und die Spielpraxis in einer Amateurspielgruppe Ausbildung zum späteren Beruf des lizenzierten Fußballers sei[41]. Dabei sei kein förmlicher Ausbildungsgang vorausgesetzt, vielmehr genüge es, wenn eine bestimmte Tätigkeit mit der gesellschaftlichen Anschauung als Ausbildung- und Lernvorgang für einen bestimmten Beruf angesehen werde. Zu dieser Gruppe gehörten zum Beispiel talentierte in Repräsentativspielen schon eingesetzte Jugendspieler, die sich an einen Lizenzverein vertraglich binden[42]. Aufgrund der Rechtsprechung des BVerfG gewährt auch Steiner dem Fußballamateursport in bestimmten Fällen den Schutz des Art. 12 I GG unter dem Gesichtspunkt der Ausbildung als Vorstufe der Berufsaufnahme, beide als integrierte Bestandteile eines zusammengehörenden Lebensvorganges[43]. Die Verbindung zum Amateurfußball werde nun durch die Annahme hergestellt, dass zumindest für einige Amateurspielgruppen die Teilnahme am Training und die Spielpraxis Bestandteile einer Ausbildung zum späteren Beruf des lizenzierten Fußballers sind[44]. Dabei fordert Steiner nicht das Vorliegen einer vorgeschriebenen Ausbildung, sondern lässt es aus verfassungsrechtlicher Sicht genügen, wenn eine bestimmte Tätigkeit nach der sozialen Anschauung als Ausbildungs- und Lernvorgang für einen bestimmten späteren Beruf angesehen werde[45]. Aufgrund der Vielzahl der Fußballer, die im Amateurbereich später dann nicht Fußballprofi werden, nimmt Steiner einen abgrenzbaren Kreis von Spielern, die sich im Vorfeld des bezahlten Fußballs bewegen, heraus. Zum einen sollen das Spieler sein, die mehrfach in Verbandsspielen der Lizenzspielermannschaft verwendet wurden und auf diese Weise für das laufende Spieljahr die Spielberechtigung für alle Amateurmannschaften des Ver-

---

38 Krogmann, S. 44, Fußnote 96.
39 Siehe Präambel und Trainingsplan in „Informationen zum Juniorenkonzept von Bayer 04 Leverkusen", S. 2 und 13 ff. (Anlage 2).
40 PHBSportR/Fritzweiler 1/6.
41 PHBSportR/Fritzweiler 1/6.
42 PHBSportR/Fritzweiler 1/6.
43 Steiner, S. 20.
44 Steiner, S. 20.
45 Steiner, S. 20, Anmerkung 32.

eins, die in Konkurrenz spielen, verlieren[46]. Zum anderen vor allem die hochtalentierten Jugendspieler, die sich an einen Lizenzverein vertraglich binden[47]. Dabei spricht Steiner von der Verpflichtung zur regelmäßigen Teilnahme am Training und am Spiel für die Amateurmannschaft sowie zum exklusiven Abschluss eines möglichen Profivertrages mit diesem Verein und als Gegenleistung, die nicht offen genannt wird, die Gewährung von Vorteilen durch den Verein[48]. Damit spricht Steiner die Praxis an, die als Vorstufe zu den hier behandelten Förderverträgen angesehen werden muss und sich nun in Form der NLZ und der Förderverträge offiziell statuiert hat. Das sportrechtliche Schrifttum hat also schon vor Einführung der NLZ und der Förderverträge die intensive Förderung von Nachwuchsspielern im Spitzenbereich als Ausbildung im Hinblick auf den Beruf des Fußballers im Sinne des Art. 12 I GG angesehen. Entsprechend muss dies erst recht für die jetzigen Förderverträge der NLZ gelten.

Aufgrund der oben dargestellten Grundsätze und der hier vom Verfasser vertretenen Auffassung, dass der Schwerpunkt der Förderverträge nicht auf der Erbringung einer Arbeitsleistung, sondern auf dem Ausbildungscharakter liegt, ist es sachgerecht die Förderverträge als berufsbezogene Einrichtung und als Ausbildungsstätte im Sinne von Art. 12 I GG anzusehen. Dementsprechend spricht die Wertung des Art. 12 I GG nicht gegen eine Einbeziehung der Förderverträge in das Rechtssystem der beruflichen Ausbildung.

7.4. Sozialrecht

Im Sozialversicherungsrecht findet die berufliche Ausbildung in den verschiedenen Gesetzen Berücksichtigung. § 3 SGB I definiert die Grundposition des Gesetzgebers in der Förderung beruflicher Bildung. Dabei wird in § 3 I SGB I die Erstausbildung geregelt[49]. Dort heißt es, dass wer an einer Ausbildung teilnimmt, die seiner Neigung, Eignung und Leistung entspricht, hat ein Recht auf individuelle Förderung seiner Ausbildung, wenn ihm die hierfür erforderlichen Mittel nicht anderweitig zur Verfügung stehen. Voraussetzung für die Förderung ist eine Ausbildung, also die Teilnahme an einer schulischen oder beruflichen Bildungsmaßnahme, mit der erstmals die Qualifikation für einen Beruf erworben wird[50]. Weiter wird für erforderlich gehalten, dass die Ausbildung den Neigun-

---

46 Steiner, S. 21.
47 Steiner, S. 20/21.
48 Steiner, S. 21.
49 So Hauck/Haines, § 1 SGB I Rd. 3 aus dem Umkehrschluss des § 3 II Nr.2 SGB I, da dort von beruflicher Weiterbildung die Rede ist.
50 Hauck/Haines, § 3 SGB I Rd. 4.

gen, der Eignung und der Leistung des Einzelnen entspricht. Die Ausbildung soll in dem Sinne sinnvoll sein, als sie von der Person selber als passend und erstrebenswert angesehen wird[51]. Aufgrund der Tatsache, dass den Beruf des Fußballers nur derjenige ergreifen kann, der ein besonderes Talent aufweist, dürfte dem Nachwuchsspieler grundsätzlich der Anspruch des § 3 I SGB I zustehen. Dies gilt in dem Fall, dass wie bei den Förderverträgen aufgezeigt, die Ausbildung in Hinblick auf eine spätere mögliche berufliche Tätigkeit als Lizenzspieler erfolgt.

Blickt man in das Sozialversicherungsrecht, muss man sich zunächst der Definition des Begriffs „Beschäftigung" zuwenden. Gem. § 7 II SGB IV gilt auch als Beschäftigung der Erwerb beruflicher Kenntnisse, Fertigkeiten oder Erfahrungen im Rahmen betrieblicher Berufsbildung. Damit verwendet der Gesetzgeber eine ähnliche Formulierung wie in § 19 BBiG. Gem. § 25 SGB III sind Personen, die gegen Arbeitsentgelt oder zu ihrer Berufsausbildung beschäftigt sind, versicherungspflichtig. Aufgrund dieser Formulierungen und den Zielsetzungen der Gesetze wird der Umfang der Definition weit verstanden. Im Hinblick auf die Erstausbildung werden Vertragsverhältnisse gem. § 19 BBiG ebenfalls als Beschäftigung im Sinne dieser Vorschriften angesehen[52].

Für den § 7 II SGB IV hat Seewald den umfassenden Charakter der begrifflichen Definition „zum Erwerb beruflicher Kenntnisse, Fertigkeiten oder Erfahrungen im Rahmen betrieblicher Berufsbildung" herausgestellt. Danach würden alle Tätigkeiten umfasst, die den Erwerb der für die Berufsarbeit erforderlichen Kenntnisse, Fertigkeiten und Erfahrungen dienen, insoweit bestehe ein innerer Zusammenhang zwischen beruflicher Arbeit, ihren Anforderungen an den Menschen und den berufsqualifizierenden Berufsmaßnahmen, die praxisnah zu den notwendigen Befähigungen führen sollen[53]. Mit den beruflichen Kenntnissen, Fertigkeiten und Erfahrungen würden entsprechend den heutigen Vorstellungen die denkbaren Ziele einer zeitgemäßen Berufsqualifikation umfassend genannt; es fallen darunter sämtliche Fähigkeiten, die im Berufsleben gebraucht werden und für berufliche Arbeit eingesetzt werden können[54]. Angesichts der Vielfältigkeit beruflicher Tätigkeiten und der dazu erforderlichen Fähigkeiten fielen wohl nahezu sämtliche Maßnahmen zum Erwerb oder Erweiterung beruflicher Kennt-

---

51 Hauck/Haines, § 3 SGB I Rd. 4.

52 Siehe GK-SGB III (Ambs)/Wagner, § 25 Rd. 26; Gagel/Fuchs SGB III, § 25, Rd. 35; Hauck/Sehnert SGB IV, § 7 Rd. 40 ff.; GK-Sozialversicherung/Knopp, Bd. 2, § 7 SGB IV Nr. 3; KK/Seewald, § 7 SGB IV Rd. 168; Niesel, § 25 Rd. 35.

53 KK/Seewald, § 7 SGB IV Rd. 146.

54 KK/Seewald, § 7 SGB IV Rd. 149.

nisse in den Rahmen der Berufsbildung[55]. Der Gesetzgeber hat damit im Sozialversicherungsrecht gezeigt, dass er im Bereich der beruflichen Bildung von einer umfassenden Einbeziehung aller Ausbildungsgänge ausgeht, die berufliche Kenntnisse, Fertigkeiten oder Erfahrungen vermitteln sollen. Dadurch wird auf die umfassende Zielsetzung auch im BBiG Bezug genommen[56]. Als leitender Gesichtspunkt wird dabei die soziale Schutzbedürftigkeit der betreffenden Person und die Verwirklichung ihrer sozialen Rechte (§ 2 II SGB I) herausgestellt[57]. In Hinblick auf die Zwecksetzung des Gesetzes muss als weitere Voraussetzung gegeben sein, dass bei der Ausbildung als Beschäftigungsverhältnis ein betrieblicher Zusammenhang besteht[58]. Es wird aber lediglich auf einen betrieblichen Zusammenhang abgestellt, der auch bei Lehrgängen, bei entsprechenden Bildungsstätten oder in anderen Betrieben stattfinden kann[59].

Im Rahmen der Arbeitsförderung (SGB III) werden gem. § 60 SGB III nunmehr nur noch anerkannte Ausbildungsberufe gefördert[60], soweit es sich um eine Erstausbildung handelt[61]. Auch hier kann aber die Ausbildung betrieblich oder außerbetrieblich sein. Außerbetrieblich heißt aber nicht „außerhalb des Betriebes“, sondern es soll eine Abgrenzung zu denen nach dem BAföG geförderten Ausbildungen gezogen werden[62]. Dies sind gem. § 2 BAföG schulische Ausbildungsgänge an allgemeinbildenden Schulen, Berufsfachschulen oder Hochschulen[63]. Betriebliche Berufsausbildung ist dadurch gekennzeichnet, dass Kenntnisse und Fertigkeiten durch anfallende praktische Arbeitsaufgaben vermittelt werden[64]. Darunter wird eine Ausbildung innerhalb des laufenden Produktionsprozesses verstanden[65]. Insbesondere muss danach geschaut werden, wo der Schwerpunkt der Ausbildung liegt[66], wobei der Name der Einrichtung nur Indizwirkung haben kann[67].

---

55 KK/Seewald, § 7 SGB IV Rd. 149.
56 KK/Seewald, § 7 SGB IV Rd. 150.
57 KK/Seewald, § 7 SGB IV Rd. 152.
58 KK/Seewald, § 7 SGB IV Rd. 161.
59 KK/Seewald, § 7 SGB IV Rd. 162.
60 KH/Niewald, S.107; Erlenkämper u. a., S. 197.
61 BSG, SozR 4100 § 40 Nr. 12.
62 KH/Niewald, S. 108.
63 Siehe BSG, SozR 3-4100 § 40 Nr. 13; KH/Niewald, S. 108; vgl. auch Erlenkämper u. a., S. 151 mit weiteren Beispielen für den Begriff der Schule im Sinne des BAföG.
64 BSG, SozR 4100 3 56 Nr. 4 und § 40 Nr. 10.
65 KH/Niewald, S. 108.
66 Vgl. BSG, SozR 4100 § 40 Nr. 13; GmSOGB, SozR 7310 BBiG § 14 Nr. 1; BAGE 33, 213; KH/Niewald, S. 109.
67 BSG, SozR 4100 § 40 Nr. 13.

Kennzeichen der außerbetrieblichen Ausbildung ist dagegen, dass sie zwar von ihrem Ablauf her einer betrieblichen Ausbildung entspricht, aber nicht in der herkömmlichen Form in einem Betrieb stattfindet, sondern in einer von einem Einzelbetrieb unabhängigen Ausbildungsstätte (z. B. Lehrwerkstatt, Lehrfirma)[68]. Die Ausbildungsstätte bildet nicht für einen möglichen Eigenbedarf aus, denn sie nimmt nicht als Produzent am Wirtschaftsleben teil[69], außer der produzierten Ausbildungsleistung. Die zuvor dargestellte Begriffsdefinition würde einen Fördervertrag nicht als gem. § 60 SGB III förderungswürdige Maßnahme darstellen.

In der gesetzlichen Krankenversicherung (SGB V) sind gem. § 5 I Nr. 1 SGB V Arbeiter, Angestellte und zu ihrer Berufsausbildung Beschäftigte, die gegen Arbeitsentgelt[70] beschäftigt sind, versicherungspflichtig. Der Gesetzgeber hat aber die Krankenversicherungspflicht in der Berufsausbildung umfassend gestaltet, indem er gem. § 5 I Nr. 10 SGB V auch die zu ihrer Berufsausbildung mit einbezieht, die ohne Arbeitsentgelt beschäftigt werden. Auch hier gilt im Hinblick auf § 7 SGB IV der weitergehende Begriff, der nicht nur Berufsausbildungsverhältnisse gem. § 1 II BBiG, sondern auch Vertragsverhältnisse gem. § 19 BBiG einbezieht[71]. Aber auch hier wird zwischen betrieblicher und außerbetrieblicher Ausbildung unterschieden. Ausbildungsmaßnahmen in sonstigen, außer- oder überbetrieblichen Ausbildungseinrichtungen werden nach der Rechtsprechung des BSG nicht von der Versicherungspflicht im Sinne des § 5 I Nr. 1 SGB V erfaßt[72]. Nunmehr werden aber diese Auszubildende durch § 5 I Nr. 4a SGB V gleichgestellt. Als außerbetriebliche Ausbildungsstätten gelten auch hier Betriebe, deren einziger Betriebszweck die Vermittlung von Ausbildung ist[73]. Nach diesen dargestellten Grundsätzen in der Krankenversicherung sind die Nachwuchsspieler mit einem Fördervertrag gem. § 5 I Nr. 1 SGB V versicherungspflichtig, da sie nach der hier vertretenen Auffassung zu der Berufsausbildung beschäftigt werden und ihre Ausbildung als betriebliche gilt, weil der übergeordnete Betriebszweck der Erfolg der Lizenzligamannschaft ist und nicht die alleinige Vermittlung von Ausbildungsinhalten. Zudem erhalten die Nachwuchsspieler auch eine Vergütung im Sinne des § 5 I Nr. 1 SGB V[74].

---

68 KH/Niewald, S. 108.
69 KH/Niewald, S. 108.
70 Arbeitsentgelt ist nicht wörtlich zu nehmen, sondern als Ausbildungsvergütung zu verstehen, vgl. so Hauck/Gerlach, § 5 SGB V Rd. 92d.
71 Vgl. BSG, SozR 2200 § 1232 Nr. 26; Hauck/Gerlach, § 5 SGB V Rd. 92b.
72 BSG, SozR 3-2600 § 1 Nr. 7; Hauck/Gerlach, § 5 SGB V Rd. 92e und 141 .
73 BSG, SozR 3-2600 § 1 Nr. 7.
74 Vgl. Hauck/Gerlach, § 5 SGB V Rd. 92d.

Die zuvor dargestellten Grundsätze gelten ebenfalls in der gesetzlichen Rentenversicherung gem. § 1 Nr. 1 SGB VI[75]. Auszubildende in einer außerbetrieblichen Einrichtung werden gem. § 1 Nr. 3a SGB VI einbezogen. In der gesetzlichen Unfallversicherung gilt gem. § 2 Nr. 2 SGB VII ebenfalls ein umfassender Begriff der einzubeziehenden beruflichen Bildung sowohl bezüglich des Ausbildungsumfanges als auch des Lernortes[76], so dass die Nachwuchsspieler mit einem Fördervertrag als Auszubildende aufzufassen sind.

7.5. Betriebsverfassungsgesetz (BetrVG)

Gem. § 5 I BetrVG gehören die zu ihrer Ausbildung Beschäftigten zu den Arbeitnehmern im Sinne des BetrVG. Dabei spielt es für das BetrVG keine Rolle, ob man im Berufsausbildungsverhältnis ein Arbeitsverhältnis oder ein besonders ausgestaltetes Ausbildungsverhältnis sieht[77]. Notwendig ist jedoch, dass der zu seiner Berufsausbildung Beschäftigte in vergleichbarer Weise wie die sonstigen Arbeitnehmer in den Betrieb eingegliedert ist[78]. Der Begriff der Berufsausbildung wird allerdings im BetrVG weiter verstanden als gem. § 1 II BBiG. Es werden auch die Vertragsverhältnisse gem. § 19 BBiG umfaßt. Betriebsverfassungsrechtlich spielt der Unterschied zwischen einer Ausbildung gem. § 1 II BBiG und § 19 BBiG keine Rolle; denn erfolgt der Abschluss eines besonderen Ausbildungsvertrages, so gehört der Betreffende betriebsverfassungsrechtlich zu den zu ihrer Berufsausbildung Beschäftigten, auch wenn es sich aus der Sicht des BBiG nicht um eine Berufsausbildung im Sinne dieses Gesetzes handelt[79]. Zu den zu ihrer Berufsausbildung Beschäftigten gehören deshalb Umschüler und Teilnehmer an berufsvorbereitenden Maßnahmen für jugendliche Arbeitslose, die in einem Betrieb ausgebildet werden, der von der Arbeitsverwaltung hierfür Förderungsmittel erhält[80]. Notwendig ist aber auch hier, dass sie in vergleichbarer Weise wie die sonstigen Arbeitnehmer in den Betrieb eingegliedert sind, es sich also um eine betriebliche Berufsbildung handelt[81].

---

75 Vgl. Hauck/Klattenhoff, § 1 SGB VI Rd. 25 ff. m. w. N.

76 Vgl. Hauck/Riebel, § 2 SGB VII Rd. 25 ff.

77 BAG, AP BetrVG 1972 § 5 Ausbildung Nr.8; Richardi, § 5 Rd. 64; ErfK/Eisemann, § 5 Rd. 10.

78 BAG, AP BetrVG 1972 § 5 Ausbildung Nr.8.

79 Richardi, § 5 Rd. 65; ErfK/Eisemann, §5 Rd. 10.

80 BAG, AP BetrVG 1972 § 5 Nr. 25.

81 BAG, AP BetrVG 1972 § 5 Ausbildung Nr.8 unter Aufgabe von BAG, AP BetrVG 1972 § 5 Nr. 33; BAG, AP BetrVG 1972 § 5 Nr. 36; BAG, AP BetrVG 1972 § 5 Ausbildung Nr. 5; Richardi, § 5 Rd. 66.

Fraglich war, inwieweit der Auszubildende durch seine Mitarbeit den Betriebszweck über seine reine Ausbildung hinaus fördern musste. Während das BAG dies zunächst nicht voraussetzte[82], sah dies das BVerwG anders und verneinte eine Zugehörigkeit zu Belegschaft, wenn die Betreffenden nicht für den Bedarf der öffentlich-rechtlichen Körperschaft ausgebildet werden[83]. Das BAG hat nunmehr seine Rechtsprechung geändert. Er unterscheidet zwischen betrieblicher Ausbildung und Ausbildung in „reinen" Ausbildungsbetrieben. Arbeitnehmer im Sinne des § 5 I BetrVG sind danach zur Berufsausbildung Beschäftigte, wenn sich ihre Ausbildung im Rahmen des arbeitstechnischen Zwecks eines Produktions- oder Dienstleistungsbetriebs vollzieht und sie deshalb in vergleichbarer Weise wie die sonstigen Arbeitnehmer in den Betrieb eingegliedert sind[84]. Kein Arbeitnehmer im Sinne des BetrVG ist daher ein Auszubildender in einem reinen Ausbildungsbetrieb[85]. Die Folge der Rechtsprechung war, dass der Gesetzgeber gem. § 18a BBiG für solche Einrichtungen eine Interessenvertretung der Auszubildenden eingeführt hat[86].

Wenn man bei Nachwuchsspielern unter dem Aspekt, dass der Verein zur Aufrechterhaltung des Spielbetriebes der Lizenzligamannschaft darauf angewiesen ist, ein NLZ zu unterhalten, sagt, dass sie daher auch den Betriebszweck fördern und daher das NLZ nicht ein reiner Ausbildungsbetrieb ist, dann sind die Nachwuchsspieler auch Arbeitnehmer im Sinne des § 5 I BetrVG. Würde man entgegen der hier vertretenen Auffassung eine außerbetriebliche Einrichtung annehmen, käme die Wahl einer Interessenvertretung nach § 18a BBiG in Betracht.

Dass der Gesetzgeber auch im BetrVG von einem weiten Verständnis des Begriffs der beruflichen Bildung ausgeht, zeigen insbesondere die §§ 96 ff. BetrVG. Zweck der Regelung ist es, den Betriebsrat an allen Maßnahmen zu beteiligen, die für die berufliche Zukunft, vor allem für die Bewahrung des Arbeitsplatzes und den beruflichen Aufstieg wesentlich sind[87]. Zunächst werden von dem Begriff der Berufsbildung im Sinne der §§ 96 ff. BetrVG alle Maßnahmen gem. § 1 I BBiG umfaßt, also Berufsausbildung, berufliche Fortbildung und berufliche

---

82 BAG, AP BetrVG 1972 § 5 Nr. 33; AP BetrVG 1972 § 5 Nr. 36; AP BetrVG 1972 § 5 Ausbildung Nr. 5.

83 BVerwG vom 23.10.1984 (6 P 15.84), zitiert bei Richardi, §5 Rd. 67.

84 Richardi, § 5 Rd. 68.

85 BAGE 74, 8 ff.; BAG, AP BetrVG 1972 § 5 Nr. 54; BAG, AP BetrVG 1972 § 5 Ausbildung Nr. 11; Richardi, § 5 Rd. 68; ErfK/Eisemann, §5 Rd. 10.

86 Gesetz vom 08.08.2002 (Bundesgesetzblatt Teil I S. 3140).

87 HSG/Glaubitz, § 96 Rd. 4.

Umschulung[88] . Der gesetzliche Normzweck, die Berücksichtigung der Belegschaftsinteressen bei der innerbetrieblichen Qualifikation der Mitarbeiter zur Deckung eines zukünftigen Personalbedarfs[89], erfordert es aber darüber hinaus, alle Maßnahmen einzubeziehen, die den Betreffenden diejenigen Kenntnisse und Erfahrungen verschaffen sollen, die zur Ausübung ihres Arbeitsplatzes und ihrer beruflichen Tätigkeit dienen[90]. Grundsätzlich ist davon auszugehen, dass es keinen juristisch-technischen Begriff der Berufsbildung gibt[91]. Das BAG hat weiter ausgeführt, dass Berufsbildung alle Maßnahmen sind, die dem Arbeitnehmer gezielt Kenntnisse und Erfahrungen vermitteln, die ihn zur Ausübung einer bestimmten Tätigkeit erst befähigen[92]. Daher werden auch Ausbildungen im Sinne des § 19 BBiG erfaßt[93], sowie alle betrieblichen Lehrgänge[94], Seminare, Bildungsprogramme, Veranstaltungen zum Zweck des Erfahrungsaustausches, Besuche von Ausstellungen, Messen, Kongressen und Traineeprogrammen[95].

Gegenstand der Regelungen der §§ 96 ff. BetrVG sind grundsätzlich in Zusammenhang mit der betrieblichen Tätigkeit stehende Maßnahmen[96]. Der Begriff der betrieblichen Berufsbildung ist nicht räumlich, sondern funktional zu verstehen. Entscheidend ist nicht der Ort der Bildungsmaßnahme, sondern ob der Arbeitgeber Träger oder Veranstalter der Maßnahme ist und die Maßnahme für seine Ar-

---

88 BAG, AP BetrVG 1972 § 98 Nr. 2; AP BetrVG 1972 § 98 Nr. 7; AP BetrVG 1972 § 96 Nr. 1; Fitting, § 96 Rd. 12 ff.; Richardi, § 96 Rd. 6; Schaub, § 239, Rd. 2; Löwisch/Kaiser, § 96 Rd. 1; Kraft, S. 459.

89 ErfK/Hanau/Kania, § 96 BetrVG Rd. 3; Richardi, § 96 Rd. 1.

90 BAG, AP BetrVG 1972 § 98 Nr. 9; AP BetrVG 1972 § 98 Nr. 7; AP BetrVG 1972 § 99 Nr. 106; Fitting, § 96 Rd. 6; Richardi, § 96 Rd. 7, Kraft, S. 459; Alexander, S. 1057 ff.; a. A. Eich, 2156, der Vertragsverhältnisse gem. § 19 BBiG als sonstige Bildungsmaßnahme im Sinne von § 98 VI BetrVG auffasst.

91 Siehe zu § 56 I BetrVG 1952: BAG, AP BetrVG 1952 § 56 Berufsausbildung Nr. 1; Alexander, S. 1058; Hammer, S. 247.

92 BAG, AP BetrVG 1972 § 98 Nr. 5.

93 BAG, NZA 92, 808; Richardi, § 96 Rd. 6; ErfK/Hanau/Kania, § 96 BetrVG Rd. 7; Fitting, § 96 Rd. 14; MünchArbR/Matthes, § 351 Rd. 14; DKK/Buschmann, § 96 Rd. 7, a. A. Eich, S. 2155, der der Auffassung ist, dass Vertragsverhältnisse gem. § 19 BBiG nicht unter den Begriff der Berufsbildung gefasst werden können; siehe auch HSG/Glaubitz, § 96 Rd. 5, der zwar Vertragsverhältnisse gem. § 19 BBiG dazu zählt, aber nicht dann, wenn die Vermittlung der beruflichen Kenntnisse und Fertigkeiten nur durch die faktische Einbeziehung in den Betriebsablauf geschieht.

94 BAG, AP BetrVG 1972 § 97 Nr. 1.

95 ErfK/Hanau/Kania, § 96 BetrVG Rd. 7; Fitting, § 96 Rd. 10; Schaub, § 239, Rd. 2; DKK/Buschmann, § 96 Rd. 7.

96 Siehe zur Reichweite bei der Ermittlung des Berufsbildungsbedarfs gem. § 96 I 2 BetrVG bei Fitting, § 96 Rd. 36 und Konzen II, S. 91.

beitnehmer durchführt[97]. Der Arbeitgeber ist Veranstalter, wenn er auf Inhalt und Organisation der Maßnahme einen beherrschenden Einfluss hat[98]. Selbst wenn ein Dritter die Maßnahme durchführt, setzt das Mitbestimmungsrecht des § 98 BetrVG dort an, wo der Arbeitgeber eine eigenständige Entscheidung trifft, also Vertragsbeziehungen mit dem Dritten regelt[99]. Ein Mitbestimmungsrecht scheitert allerdings an einer fehlenden Gestaltungsmacht des Arbeitgebers[100]. Schwierig kann die Abgrenzung zwischen mitbestimmungsfreier Einweisung nach § 81 I BetrVG und betrieblicher Berufsbildung gem. § 98 BetrVG sein. Hier ist vor allem fraglich, ob eine Einweisung des Arbeitgebers in den konkreten Arbeitsplatz eine berufliche Bildungsmaßnahme, die dem Arbeitnehmer auch in seinem weiteren beruflichen Werdegang nützlich ist, notwendig ausschließt[101]. In seiner Entscheidung vom 05.11.1985 hat der BAG ausgeführt, dass eine Abgrenzung zwischen Berufsbildungsmaßnahme gem. § 96 ff. BetrVG und einer Einweisung gem. § 81 I BetrVG zu erfolgen hat[102]. Kraft hat vor allem darauf abgestellt, welchen beruflichen Vorteil der Arbeitnehmer auf dem Arbeitsmarkt erhält[103]. Das BAG sieht als Berufsbildung die Maßnahmen an, die dem Arbeitnehmer gezielt Kenntnisse und Erfahrungen vermitteln, die ihn zur Ausübung einer bestimmten Tätigkeit erst befähigen, während sich Einweisungsmaßnahmen nur auf den Einsatz an einem konkreten Arbeitsplatz beziehen, für den die erforderlichen Erfahrungen und Kenntnisse bereits vorhanden sein müssen[104]. Geht von man von einem so weiten Verständnis der beruflichen Bildung aus, wäre es widersprüchlich, wenn der Gesetzgeber in dem Gesetz zur Berufsbildung, dem BBiG, in dem er eine umfassende Regelung zur beruflichen Bildung schaffen wollte, ein Ausbildungsverhältnis in der Art, wie oben bei den Förderverträgen dargestellt, nicht einbeziehen wollte. Eine Maßnahme der Einweisung nach § 81 I BetrVG liegt nicht vor. Die Förderverträge, die hier zu prüfen sind, stellen ein eigenständiges Vertragsverhältnis dar. Eine Einweisung auf einen späteren Arbeitsplatz als Lizenzspieler kann schon deshalb nicht angenommen werden, weil ein späterer Vertrag als Lizenzspieler nach Beendigung des Fördervertrages un-

97 Fitting, § 98 Rd. 6.; Fabricius/Raab, § 98 Rd. 21.

98 BAG, AP BetrVG 1972 § 98 Nr. 8; AP BetrVG 1972 § 97 Nr. 1; Fitting, § 98 Rd. 6; HSG/Glaubitz, § 98 Rd. 6.

99Siehe BAG, AP BetrVG 1972 § 98 Nr. 9; Fitting, § 98 Rd. 6; Fabricius/Raab, § 98 Rd. 21 und 26; DKK/Buschmann, § 98 Rd. 3a.

100 BAG, AP BetrVG 1972 § 98 Nr. 9; NZA 1991, 388; AP Nr. 8 zu § 98 BetrVG 1972.

101 Vgl. Hammer, S. 245 ff.; Alexander, S. 1057 ff.; Kraft, S. 457 ff..

102 BAG, AP BetrVG 1972 § 98 Nr. 2; zustimmend Fitting, § 96 Rd. 21; kritisch Alexander, S. 1058 ff.

103 Kraft, S. 459 f..

104 BAG, AP BetrVG 1972 § 98 Nr. 5.

sicher ist. Insbesondere die Ergebnisse der bei den Nachwuchsspielern und Vereinen durchgeführten Umfrage ergeben aber, dass die bei einem Fördervertrag vermittelten Kenntnisse und Fertigkeiten für den weiteren beruflichen Werdegang des Spielers von erheblichem Nutzen sind[105]. Kommt man zu der Ansicht, dass bei den Förderverträgen der Ausbildungszweck überwiegt und der Fördervertrag daher als Ausbildungsverhältnis im Sinne des § 19 BBiG einzuordnen ist, so wäre dann auch eine Berufsbildungsmaßnahme nach den §§ 96 ff. BetrVG gegeben.

7.6. Arbeitsgerichtsgesetz (ArbGG)

Der Gesetzgeber versteht auch im ArbGG den Begriff „Berufsausbildung" umfassend. § 5 I 1 ArbGG bezieht zu ihrer Berufsausbildung Beschäftigte in den Geltungsbereich des jeweiligen Gesetzes ein. Allgemein werden auch hier darunter im Rahmen der Erstausbildung nicht nur Ausbildungsgänge verstanden, die unter § 1 II, III und IV BBiG fallen, sondern auch solche, die unter § 19 BBiG unterzuordnen sind, wie Praktikanten, Volontäre, aber vor allem auch Anlernlinge[106]. Auch Auszubildende in berufsbildenden Schulen und sonstigen Berufsbildungseinrichtungen sind daher zu ihrer Berufsausbildung Beschäftigte[107], Umschüler[108], Teilnehmer am berufsvorbereitenden Lehrgängen[109], und Rehabilitanden[110]. Ausschlaggebend ist der Inhalt des Ausbildungsvertrages, deshalb können auch Auszubildende in sonstigen Berufsbildungseinrichtungen (§ 1 V BBiG) unter § 5 I 1 ArbGG fallen[111]. Das BAG hat vor allem darauf abgestellt, ob ein Beschäftigungsverhältnis vorliegt, unabhängig in welcher Ausbildungsstätte, betrieblicher oder außerbetrieblicher, die Maßnahme durchgeführt wird[112].

---

105 Siehe Anhang Fragebogen Nachwuchsspieler Fragen 12 f. und Fragebogen Verein Frage 10.

106LAG Köln, ZTR 1998, 568; Grunsky, § 5 Rd. 13; Hauck/Helml, § 5 Rd. 13; Germelmann, § 5 Rd. 10.

107BAG, AP ArbGG 1979 § 5 Nr. 45; ErfK/Koch, § 5 ArbGG Rd. 3.

108BAG, AP ArbGG 1979 § 5 Nr.32; LAG Köln, NZA-RR 1998, 135.

109ErfK/Koch, § 5 ArbGG Rd. 3; Germelmann, § 5 Rd. 10.

110LAG Rheinland Pfalz, MDR, 1999, 552.

111BAG, AP ArbGG 1979 § 5 Nr. 45; Germelmann, § 5 Rd. 9; vgl. auch BAG, AP BetrVG 1972 § 5 Ausbildung (überbetriebliches Ausbildungszentrum) Nr. 8; AP ArbGG 1979 § 5 Nr. 32 (sonstige Bildungseinrichtung im Sinne von § 1 V BBiG); AP BetrVG 1972 § 5 Nr. 4 und AP BetrVG 1972 § 5 Nr. 54 (jeweils berufliche Rehabilitation).

112BAG, AP ArbGG 1979 § 5 Nr. 45; siehe ausführlich zu dieser Entscheidung oben 6.2.3.

Die Förderverträge sind, wie die obige Prüfung ergeben hat, als Beschäftigungsverhältnisse ausgestaltet, so dass sie ebenfalls unter § 5 I ArbGG fallen.

7.7. Zwischenergebnis

In den vorherigen Ausführungen ist deutlich geworden, dass der Gesetzgeber in den übrigen ausbildungsrelevanten Gesetzen, einen umfassenden Ausbildungsbegriff statuiert. Zu einer beruflichen Ausbildung im Sinne des Grundgesetzes, des Sozialversicherungsrechts, des Betriebsverfassungsrechts und des Arbeitsgerichtsgesetzes sind im Rahmen des Geltungsbereiches der einzelnen Gesetze alle die Vertragsverhältnisse zu zählen, bei denen der Schwerpunkt auf der Ausbildungsleistung liegt.

Weiter wurde gezeigt, dass die Förderverträge unter einen solchen Ausbildungsbegriff unterzuordnen sind, weil hier berufliche Kenntnisse, Fertigkeiten und Erfahrungen in Hinblick auf den Beruf des Fußballers vermittelt werden sollen.

Das zuvor Aufgeführte spricht für eine Einbeziehung der Förderverträge unter das BBiG. § 19 BBiG kommt dann die Aufgabe einer Auffangvorschrift zu, die im Rahmen der Erstausbildung Ausbildungsverhältnisse regelt, die nicht unter § 1 II BBiG fallen. Widersprüchlich wäre es, wenn man einerseits Förderverträge unter den Begriff „Berufsausbildung" anderer Gesetze unterordnet, aber nicht in das BBiG einbezieht, welches die berufliche Bildung umfassend regeln soll.

7.8. Systematik des BBiG

Im Folgenden soll ausgeführt werden, ob sich aus der Systematik des BBiG eine Wertung des Gesetzgebers gewinnen ließe, die gegen eine Einbeziehung der Förderverträge sprechen und eine teologische Reduktion rechtfertigen würde.

7.8.1. Prüfung

Gegen eine Einbeziehung der Förderverträge könnte vorgetragen werden, dass der Beruf des Fußballers sich nicht erlernen ließe. Es gäbe keine Kenntnisse und Fähigkeiten, die sich am Ende des Ausbildungsganges in Form einer Prüfung abfragen ließen, um zu überprüfen, ob wirklich Kenntnisse und Fähigkeiten vermittelt und vom Auszubildenden erlernt wurden. Prüfung ist das Verfahren, in dem ermittelt und entschieden wird, ob die Person (Prüfling) eine Leistung (Prüfungsleistung) erbracht hat, die bestimmten, und zwar zuvor festgesetzten,

Anforderungen genügt und gegebenenfalls die Qualität beurteilt[113]. Die nach § 34 I 1 BBiG vorgeschriebenen Abschlussprüfungen sollen den nach den individuellen Leistungen abgestuften Nachweis der während der Berufsausbildung erreichten beruflichen Qualifikation erbringen[114]. Die Verpflichtung zur Durchführung von Abschlussprüfungen bezieht sich allerdings nur auf staatlich anerkannte Ausbildungsberufe[115]. Der Auszubildende muss zeigen, dass er über die im Ausbildungsberufsbild des anerkannten Ausbildungsberufes (§ 25 II Nr. 3 BBiG) vorgeschriebenen Fertigkeiten und Kenntnisse der Berufsausbildung in dem von ihm gewährten Ausbildungsberuf verfügt[116]. Damit gilt die Prüfungsforderung nicht für Berufsausbildungen gem. § 1 II BBiG, die nicht gem. § 25 I BBiG staatlich anerkannt sind. Für Ausbildungsverhältnisse gem. § 19 BBiG ergibt sich dies aus der Rechtsfolge des § 19 BBiG, wonach der öffentlichrechtliche Teil des BBiG (§§ 20 ff.) keine Anwendung findet[117].

Insbesondere in Spielsportarten zeigen sich die Schwierigkeiten, eine objektive Leistungsbeurteilung vorzunehmen. Ausbildungsgänge für Trainer mit abschließenden Prüfungen zeigen zwar, dass grundsätzlich fußballerische Fertigkeiten und Kenntnisse auch abgefragt werden können[118]. Aufgrund der hohen Komplexität des Spieles kann es aber bei der Beurteilung von Spielleistungen zu großen Differenzen kommen. Eine objektive Messung einzelner Leistungskomponenten und des gesamten Spielverhaltens ist aufgrund unkontrollierbarer Variablen in einem Spiel und der Abhängigkeit von Mit- und Gegenspielern außerordentlich schwierig[119]. Zwar können einzelne Fähigkeiten des Spielers auch gemessen werden[120]. Allerdings hängt die Entscheidung, ob ein Nachwuchsspie-

---

113 Ramm, § 60 I 1 a), S. 419.

114 Gedon/Spiertz, § 34 Rd. 5; Wohlgemuth, § 34 Rd. 3.

115 Gedon/Spiertz, § 34 Rd. 5; Wohlgemuth, § 34 Rd. 4; BT-Drucksache V/4260, S. 16 zu § 34.

116 Gedon/Spiertz, § 34 Rd. 5.

117 BT-Drucksache, V/4260, S. 12 zu § 19 BBiG, siehe auch Ramm, § 72 II 16 b) bb), S. 495, der feststellt, dass weder ein Praktikums- noch ein Volontärverhältnis mit einer Prüfung abgeschlossen werden.

118 Vgl. Prüfungsordnung für die Erteilung der DFB-Fußball-Lehrer-Lizenz: „III. Prüfung: Nr. 10: Fußballspezifische Prüfung“ (www.dshs-.de/dfb/:und Prüfungsordnung für den FLL; vgl. auch Fachbereich Sport der Universität Mainz: Prüfung für Dipl. Sportlehrer im Fach Fußball: „D1.5. Leistungserfassung: Praxisprüfung bestehend aus sechs Prüfungsgegenständen: 1) Ballbehandlung , 2) Voll- und Innenspannstoß, 3) Ballkontrolle, 4) Dribbling, 5) Spielhandeln in der Situation 2:1 + Torwart, 6) Spiel in Gleichzahl“.

119 Vgl. zur Problematik der individuellen Leistungserfassung im Sportspiel: Kuhn, S. 7 ff. und Steinhöfer, S. 7 f.

120 Zu den unterschiedlichen Testmöglichkeiten siehe bei Kuhn, S. 16 ff. m. w. N..

ler das Ziel eines Fördervertrages (Abschluss eines Lizenzspielervertrages) erlangt, von einer gesamten Spielleistung ab, die von mehreren Beobachtern oft unterschiedlich bewertet werden[121].

Zu berücksichtigen ist weiter, dass die zwingende Durchführung einer Prüfung in einem Ausbildungsgang auch immer einen Eingriff in die Berufsfreiheit darstellt, der nur dann gerechtfertigt ist, wenn ein legitimer Zweck gegeben ist[122], zum Beispiel mögliche Gefahren für die Allgemeinheit vorzubeugen, die mit einer unsachgemäßen Ausübung des Berufes verbunden sein können[123]. Dabei wird ein gewisser Überschuss an Ausbildungs- und Prüfungsanforderungen toleriert, wenn grundsätzlich die Prüfungsvoraussetzungen zulässig sind[124] und der Überschuss durch den Zuwachs an beruflichen Chancen und sozialem Ansehen aufgewogen wird[125].

Geht man von diesen Grundsätzen aus, erfordert eine verfassungsmäßige Rechtfertigung schon eine Unterscheidung in welchen Berufen eine Prüfung notwendig ist, um die Allgemeinheit vor Gefahren zu schützen. Sind nämlich keine Gefahren für die Allgemeinheit zu befürchten, wäre auch das zwingende Erfordernis einer Prüfung nicht verfassungsgemäß, da unverhältnismäßig[126]. Demgemäß ist es auch geboten, Ausbildungsgänge ohne abschließende Prüfung in ein umfassendes Berufsbildungsgesetz einzugliedern.

Bei den Förderverträgen ist das berufliche Ziel nicht, lediglich bestimmte Fußballkenntnisse zu erwerben, sondern einen Lizenzspielervertrag abzuschließen[127]. Die positive Entscheidung eines Vereins hängt aber von einer komplexen Spielerbewertung ab, die kaum in objektive Kriterien zusammenzufassen ist[128]. Selbst wenn ein Spieler den Beruf ohne ausreichende fußballerische Kenntnisse

121 Vgl. Kuhn, S. 7 f., der darauf hinweist, dass bei einem Test die Teilnehmer eines Trainerlehrganges bei einem UEFA-Pokalspiel bei der Bewertung nur sehr wenig Übereinstimmung aufwiesen.
122 Vgl. BVerfGE 25, 236 (247); M/D/Scholz, Art. 12 Rd. 336; HStR/Breuer, § 148 Rd. 38; siehe ausführlich 8.2.
123 BVerfGE 25, 236 (247);
124 Vergl. BVerfGE 13, 97 (117 f.); 25, 236 (246 f.); 73, 301 (330 f.); 80, 1 (24).
125 BVerfGE 54, 301 (320).
126 Vgl. BVerfGE 13, 97 (117 f.); 25, 236 (246 f.); 73, 301 (330 f.); 80, 1 (24).; siehe im Einzelnen zu den verfassungsrechtlichen Anforderungen eines Grundrechtseingriffs im Ausbildungsbereich unter 8.2.
127 Vgl. Fragebogen Nachwuchsspieler Fragen 8 ff..
128 Vgl. Fußnote 450.

und Fertigkeiten ausüben würde, wären Gefahren für die Allgemeinheit wohl kaum zu belegen, so dass eine gesetzliche Vorgabe für das Absolvieren einer Prüfung im Bereich der Förderverträge auch verfassungsrechtlich nicht zu begründen wäre. Anders sieht es im Bereich von Sportlehrern und Fußballlehrern aus, die mit Ihrer beruflichen Tätigkeit Einfluss auf die ihnen anvertrauten Schüler nehmen. Von ihnen sind bestimmte Kenntnisse und Fertigkeiten zu erwarten[129].

Nach dem zuvor Ausgeführten ist es sachgemäß, wenn der Gesetzgeber eine vorgeschriebene Prüfung nicht zu einem zwingenden Erfordernis aller beruflichen Ausbildungen gemacht hat, und deshalb Raum auch für solche beruflichen Bildungsgänge bleibt, die sich wie im Bereich des Profifußballs nicht dazu eignen, das vermittelte Wissen im Hinblick auf die spätere berufliche Ausübung in Form einer Prüfung abzufragen. Letztlich hängt die sportliche Leistung gegenüber traditionellen Berufen verstärkt auch von einer physischen und psychischen Belastbarkeit des Sportlers und seinem Talent ab[130]. Der Aussagewert wäre aber im Bereich des Fußballs nur sehr gering, da die sportliche Leistung im Wettkampf vor allem vom Talent und der physischen und psychischen Belastbarkeit des Sportlers abhängt und eine individuelle objektive Spielerbewertung nur schwer möglich ist[131]. Dies ändert aber nichts an der Tatsache, dass auch in diesem Bereich berufliche Kenntnisse und Fertigkeiten vermittelt werden können, die die beruflichen Chancen des Spielers wesentlich erhöhen können[132]. Auch bei dem Beruf des Journalisten wird gesagt, dass er im eigentlichen Sinne nicht erlernbar sei. Die erforderliche spezielle journalistische Begabung könne weder mit noch so großem Fleiß noch mit einem erfolgreichen Studienabschluss oder durch andere Qualifikationen erworben werden[133]. Dennoch wird ein Redaktionsvolontariat, in welchem nach der Eignung des Bewerbers geschaut wird, als ein Vertragsverhältnis angesehen, in welchem berufliche Kenntnisse und Fertigkeiten gem. § 19 BBiG erworben werden können[134].

---

129 Vgl. Prüfungsordnung für die Erteilung der DFB-Fußball-Lehrer-Lizenz: „III. Prüfung: Nr. 11: Lehrpraktische Prüfung“ (www.dshs-koeln.de/dfb/:Ausbildungs-und Prüfungsordnung für den FLL).

130 Siehe Bauer, S. 16.

131 Bauer, S. 16; vgl. Fußnote 450.

132 Siehe Fragebogen Verein Fragen 10 bis 12 und Fragebogen Nachwuchsspieler Fragen 12 bis 14.

133 Berger-Delhey in Anmerkungen zum Urteil des BAG, EzA BeschFG 1985 § 1 Nr. 13.

134 Vgl. BAG, AP BetrVG 1972 § 78 a Nr. 10; Berger-Delhey in Anmerkungen zum Urteil des BAG, EzA BeschFG 1985 § 1 Nr. 13.

Die fehlende zwingende Vorgabe einer Prüfung für alle Ausbildungsgänge im Bereich des BBiG spricht demnach trotz der Besonderheiten im Bereich des Fußballs, bezüglich der fehlenden Eignung des Abfragens von fußballerischem Wissen und Können, nicht gegen eine Einbeziehung entsprechender Ausbildungsgänge in den Geltungsbereich des BBiG.

7.8.2. „nebenberuflicher" Ausbildungsgang

Zu fragen ist, ob ein nebenberuflicher Ausbildungsgang mit den Zielsetzungen des BBiG nicht im Widerspruch steht. Das BVerwG, wie oben schon angesprochen, hat eine nebenberufliche Berufsausbildung im Sinne des § 1 II BBiG abgelehnt. Die Frage ist also, ob dies auch für einen Ausbildungsgang im Sinne des § 19 BBiG zu gelten hat.

Das BVerwG hat in seiner Entscheidung vom 25.02.1982 festgestellt, dass eine Berufsausbildung, die neben dem Besuch einer allgemeinbildenden Schule stattfinden soll, nicht den Erwerb der erforderlichen Berufserfahrungen in einem gesonderten Ausbildungsgang gewährleiste und deshalb mit § 1 II BBiG unvereinbar sei[135]. Nach dem BVerwG erfüllt eine solche Berufsausbildung nicht die Erfordernisse eines geordneten Ausbildungsganges und der Vermittlung der erforderlichen Berufserfahrung, die § 1 II BBiG aufstellt. Der Auszubildende soll die im Betrieb geltende Arbeitszeit einhalten, wie dies auch nach Abschluss der Ausbildung von ihm erwartet werde[136]. Dadurch soll verhindert werden, dass eine die Arbeitswirklichkeit außer Betracht lassende Ausbildung oder eine Ausbildung in der Art einer Nebentätigkeit betrieben werde[137]. Dementsprechend könne ein unregelmäßiges Hospitieren im Betrieb oder eine Praktikantentätigkeit nicht als geordneter Ausbildungsgang angesehen werden[138]. Weiter führte das BVerwG aus, dass das Schulsystem Deutschlands so ausgestaltet sei, dass die Unterrichtsgestaltung die Arbeitskraft des Schülers regelmäßig voll in Anspruch nehme[139]. Beide Ausbildungsgänge würden sich dementsprechend gegenseitig ausschließen[140]. Ein solches Nebeneinander von Schul- und Berufsausbildung sei mit dem Ziel der Berufsausbildung und einem geordneten Ausbildungsgang unvereinbar[141]. Im Sinne des BVerwG muss dies dann auch für

135 BVerwG, DVBl. 1982, 703 ff..
136 BVerwG, DVBl. 1982, 705.
137 BVerwG, DVBl. 1982, 705.
138 BVerwG, DVBl. 1982, 705.
139 BVerwG, DVBl. 1982, 705.
140 BVerwG, DVBl. 1982, 705.
141 BVerwG, DVBl. 1982, 706.

den Fall gelten, dass zwei geordnete Ausbildungsgänge nebeneinander durchgeführt werden sollen. Von diesem Ausgangspunkt aus erscheint es fraglich, ob es mit der Zielrichtung des BBiG in Übereinstimmung zu bringen ist, wenn die Förderverträge neben dem Besuch einer allgemeinbildenden oder berufsbildenden Schule bzw. neben dem Absolvieren einer sonstigen anerkannten Berufsausbildung durchgeführt werden.

Zu einem anderen Vertragsverhältnis gem. § 19 BBiG, welches der Gesetzgeber in seiner redaktionellen Überschrift nicht als Ausbildungsverhältnis bezeichnet, bestehen allerdings gewichtige Unterschiede. Im Gegensatz zu § 1 II BBiG stellt § 19 BBiG nicht die Forderung auf, dass das Vertragsverhältnis in einem geordneten Ausbildungsgang durchgeführt werden muss. Dementsprechend führte das BVerwG lediglich aus, dass eine unregelmäßige Praktikantentätigkeit keinen geordneten Ausbildungsgang darstelle, aber nicht, dass eine nebenberufliche Praktikantentätigkeit im Ganzen aus dem Geltungsbereich des BBiG herauszunehmen sei. Selbst für den Fall, dass der Begriff „Erfahrung“ in den §§ 1 II und 19 BBiG in der gleichen Weise zu verstehen ist, stellt § 19 BBiG mit dem Wort „oder“ klar, dass es ausreicht, wenn die einzustellende Person nur Kenntnisse oder nur Fertigkeiten oder nur Erfahrungen erwerben will. Bei § 1 II BBiG müssen dagegen alle drei Komponenten zusammen vorliegen. Das BVerwG hat angeführt, dass der Auszubildende die für die Ausübung einer qualifizierten beruflichen Tätigkeit notwendigen fachlichen Fähigkeiten und Kenntnisse, auch soweit er sie für die Abschlussprüfung braucht, auch ohne Einhaltung einer regelmäßigen täglichen Arbeitszeit und ohne Mitwirken an den täglichen Betriebsabläufen, erwerben kann[142].

Die Berufsausbildung gem. § 1 II BBiG und andere Vertragsverhältnisse gem. § 19 BBiG haben zudem unterschiedliche Zielsetzungen, die es rechtfertigen ein Vertragsverhältnis gem. § 19 BBiG auch als Nebentätigkeit durchzuführen. Eine Berufsausbildung gem. § 1 II BBiG soll insbesondere im Zusammenhang mit einer Anerkennung gem. § 25 BBiG die Gewähr dafür bieten, dass der Auszubildende darauf seine berufliche Laufbahn aufbauen und die Anforderungen und die Änderungen seiner Berufstätigkeit bewältigen kann[143]. Dafür stellt der Gesetzgeber insbesondere im öffentlich-rechtlichen Teil (§§ 20 ff.) umfangreiche Anforderungen auf. So dürfen gem. §§ 20 und 22 BBiG nur geeignete Personen und Ausbildungsstätten ausbilden.

---

142 BVerwG, DVBl. 1982, 704.

143 Siehe BT-Drucksache V/4260, S. 4 zu § 1; Wohlgemuth, § 1 Rd. 4.

Diese Anforderungen gelten ausdrücklich für Vertragsverhältnisse gem. § 19 BBiG nicht[144]. Die Zielrichtung für die Schaffung des § 19 BBiG war eine völlig andere. Hier wollte man vor allem Unklarheiten bezüglich der rechtlichen Stellung solcher Vertragsverhältnisse beseitigen und sicherstellen, dass diese Vertragsverhältnisse ebenfalls unter das BBiG fallen[145]. Nur so kann man der gesamten Zielrichtung des BBiG gerecht werden, wonach alle Bereiche der beruflichen Bildung einbezogen und Lücken geschlossen werden sollen[146]. Dies macht nur Sinn, wenn man alle Vertragsverhältnisse einbezieht, bei denen der Schwerpunkt auf einer Ausbildungsleistung liegt und damit kein Arbeitsverhältnis vorliegt. Damit werden für solche Vertragsverhältnisse die vertragsrechtlichen Vorschriften für anwendbar erklärt. Stellen Parteien eine Ausbildungsleistung in den Mittelpunkt des Vertragsverhältnisses, müssen die §§ 3 - 18 BBiG beachtet werden, sofern es sich um eine Erstausbildung handelt. Die Tatsache, dass das Vertragsverhältnis nebenberuflich durchgeführt werden soll, ändert nichts daran, dass es sich um einen Teil der beruflichen Bildung handelt, der damit in das BBiG einzuordnen ist. Dieses Ergebnis entspricht der Aussage des BAG, dass die Vermittlung von beruflichen Kenntnissen, Fertigkeiten oder Erfahrungen im Sinne von § 19 BBiG in sehr unterschiedlicher Form, Intensität und Zeitdauer erfolgen kann[147].

7.9. Teleologische Betrachtung

Anhand einer abschließenden Betrachtung der Rechtsfolgen einer Bejahung der Anwendung des § 19 BBiG auf die Förderverträge der NLZ, soll noch einmal geschaut werden, ob die Einbeziehung der Förderverträge als „nebenberuflicher" Ausbildungsgang neben dem Besuch einer allgemeinbildenden Schule oder dem Absolvieren einer anerkannten Berufsausbildung als systemfremde Eingliederung in das System der beruflichen Bildung, wie es der Gesetzgeber mit dem BBiG geschaffen hat, anzusehen ist und daher der Zielrichtung des BBiG widersprechen würde.

Man wird erkennen, dass die Rechtsfolgen in einem angemessenen Verhältnis zu der Tatsache stehen, dass der Ausbildungsgang nur nebenberuflich ausgeübt wird. Ebenso werden die ordnungspolitischen Ziele nicht berührt, die der Gesetzgeber insbesondere mit der Schaffung eines anerkannten Ausbildungsberufes

---

144 BT-Drucksache V/4260 S. 12 zu § 19.
145 BT-Drucksache V/4260 S. 12 zu § 19.
146 BT-Drucksache V/4260 S. 2.
147 BAG, AP BetrVG 1972 § 78 a Nr. 10;

gem. §§ 1 II, 25 BBiG erreichen wollte. Bei der Betrachtung der Rechtsfolgen ist im BBiG zwischen dem vertragsrechtlichen Teil (§§ 3-18 BBiG) und dem ordnungspolitischen Teil (§§ 20 ff. BBiG) zu unterscheiden. Der Gesetzgeber schreibt mit der bloßen Anwendung des vertragsrechtlichen Teils nur vor, dass das Ausbildungsverhältnis als Beschäftigungsverhältnis auszugestalten ist. Der Gesetzgeber trifft aber keine Regelungen über die Eignung der Ausbildungsstätte und des Ausbilders (§§ 20-24 BBiG) oder über Prüfungen (§§ 34-43 BBiG). Die Festlegung des Ausbildungszieles bleibt den Parteien überlassen. Damit nimmt der Gesetzgeber keinen Einfluss auf die Qualität des Ausbildungsganges. Grundlage dieser nur eingeschränkten und nur auf die Rechtsbeziehungen der Parteien bezogenen Regelung ist, dass mit einem Ausbildungsgang nach § 19 BBiG kein anerkannter Berufsbildungsabschluss erworben werden kann[148]. Da mit der Anwendung kein anerkannter Berufsabschluss verliehen wird, ist es möglich, die Förderverträge, auch als nebenberuflicher Ausbildungsgang in den Bereich der beruflichen Bildung einzubeziehen, ohne dabei die Gesetzessystematik des BBiG zu unterlaufen. Mit der Anwendung des § 19 BBiG werden Mindestnormen festgelegt. Solche, der Disposition der Parteien entzogenen Vertragsinhalte, finden sich in zahlreichen Schuldverträgen, gerade im Arbeitsrecht, aufgrund der Tatsache, dass der Gesetzgeber nicht von gleich starken Vertragspartnern ausgeht[149].

Das leitende Prinzip aller ausbildungsrelevanten Regelungen, auch außerhalb des BBiG, ist die Schutzbedürftigkeit des Auszubildenden[150]. Die Schutzbedürftigkeit des Auszubildenden wurzelt in der Abhängigkeit des Auszubildenden[151]. Die Abhängigkeit kann noch verstärkt werden, wenn auf den Ausbilder als Unternehmer durch die freie Konkurrenz Druck ausgeübt wird, sich des Auszubildenden voll als billige Arbeitskraft zu bedienen[152]. Dementsprechend soll auch § 19 BBiG einen Schutz für Auszubildende gewähren, die einen Ausbildungsgang absolvieren, der nicht in einem geordneten Ausbildungsgang gem. § 1 II BBiG besteht. Auch diese sollen ausbildungs- und arbeitsrechtlich durch die Geltung der §§ 3-18 BBiG geschützt werden[153].

148 BT-Drucksache V/4260 zu § 19: Nur der rechtliche Status soll gewährleistet werden, es soll keine Anwendung des ordnungsrechtlichen Teils erfolgen, was alleine zur staatlichen Anerkennung des Ausbildungsganges führen könnte.

149 Larenz, S. 51, § 4 II.

150 Siehe Ramm, § 58 II 5, S. 413 und § 70 II 1, S. 471; Leinemann/Taubert, § 18 Rd.1; Wohlgemuth, § 18 Rd. 1.

151 Ramm, § 70 II 1, S. 472.

152 Ramm, § 70 II 1, S. 472.

153 So Fangmann, S. 985.

Die Schutzbedürftigkeit entstammt den ökonomischen Zielen des ausbildenden Betriebes. Aus diesem Grund werden auch Praktikanten, deren Rechtsverhältnisse nach § 19 BBiG zu beurteilen sind, als in hohem Maße schutzbedürftig angesehen[154]. Dies gilt vor allem hinsichtlich des möglichen Missbrauchs des Ausbildungszwecks[155]. Den Schutz der ausbildungs- und arbeitsrechtlichen Vorschriften genießen die Praktikanten aus gleichem Grund wie sonstige Berufsauszubildende[156]. Die Festsetzung von Mindestnormen für die Förderverträge ist aufgrund der unterschiedlichen Interessenlagen des Wirtschaftsunternehmen „Bundesligaverein" einerseits und des Nachwuchsspielers andererseits gerechtfertigt[157]. Auf der einen Seite steht der Nachwuchsspieler, der mit dem Abschluss des Fördervertrages seine beruflichen Chancen auf den Abschluss eines Lizenzspielervertrages wahrnehmen möchte[158]. Dafür ist ein Teil der Spieler bereit, den Heimatort und das Elternhaus zu verlassen[159]. Ebenfalls gehen sie mit den Förderverträgen längere Bindungen ein[160].

Auf der anderen Seite steht das Wirtschaftsunternehmen „Bundesligaverein". Interessenschwerpunkt ist nicht mehr die Befriedigung der Freizeitinteressen der aktiven Fußballer, sondern der sportliche Erfolg der Lizenzligamannschaft. Dieses Ziel soll mit ökonomischen Mitteln erreicht werden[161]. Ziel ist es, talentierte Spieler nach Ende des Fördervertrages als Arbeitnehmer für die Lizenzspielermannschaft zu gewinnen. Als Beleg für das Schutzbedürfnis der Spieler soll folgende Aussage eines Vereinsverantwortlichen angeführt werden: „Wir werden eine Zäsur machen, die unabhängig von laufenden Verträgen ist. Da wird es auch junge Spieler und alle, die uns nicht weiterhelfen, treffen"[162]. Zwischen diesen unterschiedlichen Interessen versucht der vertragsrechtliche Teil, einen Ausgleich zu schaffen. Die Interessensgegensätze entsprechen den übrigen Wirtschaftsbereichen, nämlich einerseits das Heranbilden von Nachwuchsarbeitskräften, andererseits die Wahrnehmung von beruflichen Chancen in einem Alter,

---

154 Fangmann, S. 987.
155 Fangmann, S. 987.
156 Fangmann, S. 987.
157 Siehe auch bei Ramm, § 70 I 2, wonach bei allen Ausbildungen die Interessenlagen gleich seien.
158 Siehe Fragebogen Nachwuchsspieler Frage 8.
159 Siehe Fragebogen Nachwuchsspieler Frage 3 und 5.
160 Nach den momentan verwendeten Musterverträgen bindet sich der Spieler durch die Optionsklausel für bis zu fünf Jahre (siehe Muster-Fördervertrag DFL § 6 Nr. 3 - Anlage 1).
161 Siehe im einzelnen oben unter 6.2.2.
162 Holger Hieronymus, damaliger Manager vom Hamburger SV, im kicker vom 31.01.2002, S. 18.

in dem der Auszubildende am Anfang seiner beruflichen Orientierung steht. Die Entwicklung der systematischen Ausbildung talentierter Nachwuchsfußballer, insbesondere die frühe vertragliche Bindung der Spieler an den Verein, bestand 1969 bei Einführung des BBiG noch nicht. Da das Gesetz aber auch die Voraussetzungen dafür bieten sollte, sich neuen Formen der beruflichen Bildung anzupassen[163], ist es geboten, die Förderverträge als Vertragsverhältnisse gem. § 19 BBiG in den Regelungsbereich des BBiG einzubeziehen. Die Angemessenheit ist gewahrt, da zwar einerseits wegen der Schutzbedürftigkeit der Nachwuchsspieler die §§ 3-18 BBiG mit den in § 19 BBiG festgelegten Beschränkungen zur Anwendung kommen, andererseits der ordnungsrechtliche Teil, mit dem der Gesetzgeber eine Anerkennung der Ausbildung und einen gesteigerten Einfluss auf die einzelne Ausgestaltung und Qualität des Ausbildungsganges vornimmt, durch § 19 BBiG ausgeschlossen ist.

7.10. Berufsausbildungsvorbereitungsverhältnis

Den umfassenden Geltungsbereich des BBiG hat der Gesetzgeber nunmehr durch Art. 9 des 2. Gesetzes für moderne Dienstleistungen am Arbeitsmarkt[164] bestätigt. Zur Berufsbildung gehört gem. § 1 Ia BBiG auch die Berufsausbildungsvorbereitung. Sie dient dem Ziel, an eine Berufsausbildung in einem anerkannten Ausbildungsberuf oder eine gleichwertige Berufsausbildung heranzuführen (§ 1a BBiG). Einzelheiten der Berufsausbildungsvorbereitung werden in einem dem Dritten Teil des BBiG, der sich mit der Ordnung der Berufsbildung beschäftigt, angefügten Abschnitt 8 geregelt[165]. Nach § 50 I BBiG richtet sich die Berufsausbildungsvorbereitung an lernbeeinträchtigte oder sozial benachteiligte Personen, deren Entwicklungsstand eine erfolgreiche Ausbildung in einem anerkannten Ausbildungsberuf oder eine gleichwertige Berufsausbildung nicht erwarten lässt[166]. Im Zentrum der Maßnahmen stehen damit die Vermittlung von Grundlagen für den Erwerb beruflicher Handlungsfähigkeit, die neben dem Erlernen fachspezifischer Fertigkeiten auch die Verbesserung der bildungsmäßigen Voraussetzungen (wie etwa das Nachholen des Hauptschulabschlusses) und eine Verstärkung sozialer Kompetenzen (Team-/Kommunikationsfähigkeit) umfassen kann[167]. Gem. §§ 50 ff. BBiG können Anbieter solcher Berufsvorbereitungsmaßnahmen Bildungsträger und Betriebe sein[168].

---

163 BT-Drucksache V/4260, S. 2 Nr. 2.
164 BGBl. Teil I 2003, S. 4621.
165 Vgl. Natzel, I., S. 719.
166 Natzel, I., S. 719.
167 Vgl. Gesetzesbegründung: BT-Drucksache 15/26, S. 30; Natzel, I., S. 719.
168 Natzel, I., S. 720.

In den Gesetzesbegründungen wird das zu Grunde liegende Vertragsverhältnis „Qualifizierungsvertrag" genannt[169], ohne dass der Begriff in das BBiG aufgenommen wird[170]. Unabhängig von der Frage, ob ein solches Vertragsverhältnis als ein Vertragsverhältnis gem. § 19 BBiG[171] einzuordnen ist oder, ob man die §§ 3-18 BBiG darauf nicht anwendet[172], zählt der Gesetzgeber ein solches Berufsausbildungsvorbereitungsverhältnis zum Bereich der beruflichen Bildung, welcher durch das BBiG geregelt wird.

Es widerspricht daher nicht den gesetzgeberischen Zielen, wenn ein Ausbildungsverhältnis wie ein Fördervertrag, der dem Wortlaut des § 19 BBiG entspricht, auch in den persönlichen Geltungsbereich des BBiG fällt.

7.11. Zusammenfassung der Systematik des BBiG

Der Blick auf die Systematik des BBiG hat gezeigt, dass die Einbeziehung der Förderverträge den Grundaussagen des BBiG nicht widersprechen würde. Der denkbare und sinnvolle Abschluss eines Ausbildungsganges mittels einer Prüfung ist vom BBiG nur für anerkannte Ausbildungsberufe gem. § 34 BBiG vorgeschrieben. Für einen Ausbildungsgang gem. § 19 BBiG und damit auch für einen Fördervertrag ist dies keine Voraussetzung. Die Tatsache, dass ein großer Teil der Förderverträge als „nebenberuflicher" Ausbildungsgang durchgeführt wird, spricht ebenfalls nicht gegen eine Einbeziehung in das BBiG. Die Vermittlung von beruflichen Kenntnissen, Fertigkeiten oder Erfahrungen im Sinne von § 19 BBiG kann in sehr unterschiedlicher Form, Intensität und Zeitdauer, was im Einzelnen von den Vertragsparteien festzulegen ist, erfolgen.
Die Anwendung des vertragsrechtlichen Teils (§§ 3-18 BBiG) über § 19 BBiG hat unabhängig von der Frage zu erfolgen, ob die Ausbildung direkt oder außerhalb eines Produktions- und Dienstleistungsprozesses erfolgt. Für den Fall, dass der Geltungsbereich des BBiG über Art. 74 Nr. 11 GG gegeben ist, weil die Ausbildung „durch" und nicht lediglich „für" die Wirtschaft erfolgt, ist das Ausbildungsverhältnis gem. den §§ 3-18 BBiG als Beschäftigungsverhältnis auszugestalten. Ein Dienstleistungs- oder Produktionsbetrieb kann diese Vorgabe des BBiG nicht dadurch umgehen, dass er die Ausbildung auf eine andere juristische Person ausgliedert, solange die Ausbildungsstätte in erster Linie Nachwuchsarbeitskräfte für den Dienst- oder Produktionsbetrieb ausbilden soll. Für eine Aus-

169 BT-Drucksache 15/26, S. 30.
170 Natzel, I. , S. 720.
171 So die Gesetzesbegründung: BT- Drucksache 15/26, S. 30.
172 So BAG, AP BetrVG § 5 Nr. 25 mit zust. Anm. Natzel, B.; Natzel, I., S. 720.

bildungsstätte, für die der Geltungsbereich lediglich über Art. 74 Nr. 12 GG eröffnet ist, weil sie von sich aus, das Ausbildungsverhältnis als Beschäftigungsverhältnis ausgestaltet, ist der vertragsrechtliche Teil des BBiG anzuwenden, weil eine sinnvolle Anwendung der §§ 3-18 BBiG aufgrund der Parteienvereinbarungen gegeben ist. Für die Förderverträge bedeutet dies, dass die §§ 3-18 BBiG über § 19 BBiG sowohl Anwendung finden, wenn das NLZ dem Verein bzw. der Kapitalgesellschaft zugeordnet ist, in dem auch die Lizenzspielerabteilung organisiert ist, als auch in dem Fall, in dem das NLZ im Verein verbleibt, während die Lizenzspielerabteilung in einer Kapitalgesellschaft organisiert wird. In beiden Fällen erfolgt die Ausbildung im Interesse des Wirtschaftsunternehmens „Bundesligaverein“, da für die Lizenzspielerabteilung Nachwuchsarbeitskräfte herangebildet werden. Aufgrund der unterschiedlichen Interessen des Vereins als zukünftiger Verwerter der Ausbildungsleistung und des Spielers als Auszubildender ist es gerechtfertigt, den vertragsrechtlichen Teil anzuwenden. Insbesondere die Tatsache, dass der Staat einen solchen Ausbildungsgang nicht anerkennt und keinen Einfluss auf die Qualität der Ausbildung nimmt, lässt die Anwendung des vertragsrechtlichen Teils über § 19 BBiG als angemessen erscheinen. Die Einbeziehung der Förderverträge als Vertragsverhältnis gem. § 19 BBiG in das BBiG steht nicht im Widerspruch zu Werteaussagen des BBiG und anderen mit dem Ausbildungsrecht in Verbindung stehenden Gesetzen. Im europäischen Recht, im Grundgesetz, im Sozialrecht und im sonstigen Arbeitsrecht wird unter Rücksichtnahme des jeweiligen Regelungszweckes ein weitgehender Ausbildungsbegriff verfolgt, der grundsätzlich alle Vertragsverhältnisse einbezieht, bei denen die Ausbildungsleistung im Mittelpunkt steht. Eine Beschränkung auf traditionelle oder nur anerkannte Ausbildungsberufe erfolgt nicht. Aufgrund der Tatsache, dass bei den Förderverträgen nach der hier vertretenen Ansicht die Ausbildungsinteressen sowohl des Vereins als auch des Spielers im Vordergrund stehen, sind die Förderverträge den Regelungen des BBiG zu unterwerfen. Dies folgt insbesondere aus der Zielrichtung des BBiG, eine umfassende Regelung auf dem Gebiet des Berufsbildungsrechts zu erreichen.

8. Zulässigkeit eines Ausbildungsganges für Jugendliche außerhalb eines anerkannten Ausbildungsberufes

8.1. Problemstellung

Das BBiG gilt grundsätzlich für Erwachsene und Jugendliche im gleichen Maße[1]. Für Jugendliche unter 18 Jahren gibt es aber in § 28 II BBiG eine gesonderte Regelung. Gem. § 28 II BBiG dürfen Jugendliche unter 18 Jahren in anderen als anerkannten Ausbildungsberufen nicht ausgebildet werden, soweit die Berufsausbildung nicht auf den Besuch weiterführender Bildungsgänge vorbereitet[2]. Würde man diesen Paragraphen auf die Förderverträge anwenden, die mit Jugendlichen unter 18 Jahren abgeschlossen werden, wären diese gem. § 134 BGB nichtig[3]. Die Frage ist aber, ob § 28 II BBiG auf Verträge gem. § 19 BBiG überhaupt und in welchem Umfang anzuwenden ist.

Gem. § 19 BBiG wird nur der vertragsrechtliche Teil (§§ 3-18 BBiG) für anwendbar erklärt. Der ordnungsrechtliche Teil (§§ 20 ff. BBiG) ist damit vom Wortlaut des § 19 BBiG ausgeschlossen. Die Gesetzesmaterialien bestätigen dies, indem herausgestellt wird, dass die Nichtanwendung des öffentlich-rechtlichen Teils des BBiG, vornehmlich aus gesellschafts- und bildungspolitischen Gründen gewollt ist[4]. Dabei wird § 28 BBiG ausdrücklich erwähnt[5]. § 28 II BBiG würde auch ohne die Einbeziehung von Vertragsverhältnissen gem. § 19 BBiG einen Sinn machen, da der Gesetzgeber durch das BBiG sowohl bloße Berufsausbildungen gem. § 1 II BBiG als auch anerkannte Berufsausbildungen gem. §§ 1 II, 25 BBiG geschaffen hat. Für bloße Berufsausbildungen gem. § 1 II BBiG würde dann § 28 II BBiG einen Geltungsbereich finden. § 28 II BBiG verwendet nur den Begriff „Berufsausbildung", wobei dieser Begriff gem. § 1 II BBiG nicht Vertragsverhältnisse gem. § 19 BBiG umfaßt.

Andererseits würde der § 28 II BBiG an Bedeutung und Zweckerreichung einbüßen, wenn man ihn nicht auf alle Vertragsverhältnisse gem. § 19 BBiG anwenden würde. Auch wäre die Ausnahme des § 28 II 2. Halbsatz BBiG, die in

---

1 Natzel (1982), S. 97.
2 SG Itzehoe, NZS 2001, 160; siehe auch LAG Düsseldorf, EzB a. F. BBiG § 28 Nr. 10, wonach § 28 II BBiG nicht für Erwachsene über 18 Jahre gilt.
3 So in der Rechtsfolge ArbG Reutlingen, EzB a. F. BBiG § 28 Nr. 1; ErfK/Schlachter, § 28 Rd. 3; Leinemann /Taubert, § 28 Rd. 10; a. A. LAG Schleswig-Holstein, EzB a. F. BBiG § 28 Nr. 3: Nichtigkeit gem. § 138 BGB.
4 BT-Drucksache V/4260, S. 12 zu § 19 BBiG.
5 BT-Drucksache V/4260, S. 12 zu § 19 BBiG.

den Gesetzesmaterialien beispielhaft mit Praktika angegeben wurde, nicht erforderlich gewesen, wenn § 28 II BBiG durch § 19 BBiG ausgeschlossen wäre. Auch im zuständigen Ausschuss für Arbeit und Sozialordnung wurde bei der Frage der Regelung des § 19 BBiG darauf hingewiesen, dass einer Verwässerung der Regelungen des BBiG durch § 19 BBiG mittels der Anwendung des § 28 II BBiG entgegen gewirkt würde[6].

Die Rechtsprechung hat Anlernverträge an § 28 II BBiG gemessen und diese für nichtig erklärt[7]. Die Literatur subsumiert nur teilweise Anlernverträge unter § 28 II BBiG[8]. Wohlgemuth und Jagenlauf weisen darauf hin, dass, soweit für nicht anerkannte Anlernberufe und sonstige Tätigkeiten ausgebildet wird, es sich nicht um eine Berufsausbildung im Sinne des § 28 II BBiG handele[9]. Allerdings definiert Jagenlauf Vertragsverhältnisse, die nicht unter § 1 II BBiG fallen allgemein als Arbeitsverhältnisse, für die die Vorschriften des BBiG nicht gelten sollen[10]. § 19 BBiG erwähnt Jagenlauf nicht. Die Bezeichnung als Arbeitsverhältnis könnte daher kommen, dass die Gesetzesmaterialien in den Begründungen zu § 19 BBiG die Personen, die unter § 19 BBiG fallen sollen, als Arbeitskräfte bezeichnet[11]. Jagenlauf geht aber von Vertragsverhältnissen aus, bei denen keine Arbeitsleistung vereinbart wurde[12], so dass wohl auch er von Vertragsverhältnissen im Sinne des § 19 BBiG spricht. Im Ergebnis hält Jagenlauf die Vertragsverhältnisse, bei denen der Schwerpunkt auf dem Erwerb bestimmter Kenntnisse und Fertigkeiten liegt, aber keine Berufsausbildung gem. § 1 II BBiG gegeben ist, auch für Jugendliche unter 18 Jahren für möglich. Herkert führt aus, dass bei einer etwaigen gem. § 28 II BBiG unzulässigen Ausbildung § 99 I Nr. 9 und § 23 II Satz 2 BBiG einschlägig seien[13]. Es könne aber auch ein Rechtsverhältnis nach § 19 BBiG gegeben sein[14]. Daraus ist zu schließen, dass Herkert ein

---

6 Siehe Protokolle, Deutscher Bundestag, 5. Wahlperiode, 1965, Ausschuss für Arbeit, Protokoll Nr. 90 S. 6 und siehe Protokolle, Deutscher Bundestag, 5. Wahlperiode, 1965, Ausschuss für Arbeit, Protokoll Nr. 1, S. 12 und 13; siehe auch Haase, § 28 zu 1, wonach § 28 II BBiG eine Einschränkung des § 19 BBiG darstelle.

7 ArbG Reutlingen, EzB a. F. BBiG § 28 Nr. 1; LAG Schleswig-Holstein, EzB a. F. BBiG § 28 Nr. 3.

8 Leinemann/Taubert, § 28 Rd. 8 ff., spricht allgemein nur von Ausbildungen; Haase, § 28 zu 1, hält kurzfristige Anlernverhältnisse für unzulässig; Gedon/Spiertz, § 19 Rd. 19, hier wird § 28 nur bei Anlernverhältnissen genannt.

9 Wohlgemuth, § 1 Rd. 5; Jagenlauf, BB 1970, 1357.

10 Jagenlauf, BB 1970, 1357.

11 BT-Drucksache V/4260, S. 12 zu § 19 BBiG.

12 Jagenlauf, BB 1970, 1357.

13 Herkert, § 28 Rd. 11; Wohlgemuth, § 28 Rd. 5.

14 Herkert, § 28 Rd. 11.

Rechtsverhältnis gem. § 19 BBiG nicht dem § 28 II BBiG unterwirft. Bei unzulässigen Rechtsverhältnissen gem. § 28 BBiG wird auch eine Umwandlung in ein Rechtsverhältnis gem. § 19 BBiG vorgeschlagen[15]. Auch dies spricht dafür, Vertragsverhältnisse gem. § 19 BBiG nicht unter Ausbildungsverhältnisse im Sinne des § 28 BBiG zu subsumieren.

Insgesamt werden auch verfassungsrechtliche Bedenken gegen die Vorschrift des § 28 II BBiG ausgesprochen[16]. Der Gesetzgeber hat die Regelung als verfassungskonforme Regelung bezeichnet und als Parallele zu den Regelungen in den Schulpflichtgesetzen angesehen. Der Anspruch auf eine vollständige und grundlegende Berufsausbildung sei ein so überragendes Rechtsgut, dass ihm gegenüber ein entsprechendes Vorgehen gerechtfertigt erscheint[17].

Bei den Förderverträgen stellt sich die Frage, ob ein Regelungsbedürfnis besteht, da die Jugendlichen fast ausschließlich eine allgemeinbildende oder berufsbildende Schule besuchen oder eine andere anerkannte Berufsausbildung absolvieren[18]. Es gibt aber auch Jugendliche, die sich ausschließlich auf das Fußballspielen konzentrieren[19].

8.2. Verstoß gegen Art. 12 I GG

Es ist zu fragen, ob ein Verbot des Abschlusses eines Fördervertrages mit einem Jugendlichen unter 18 Jahren gegen die Berufswahlfreiheit des Art. 12 I GG verstoßen würde.

8.2.1. Schutzbereich des Art. 12 I GG

Art. 12 I GG enthält zunächst ein für das Arbeits- und Wirtschaftsleben zentrales Freiheitsrecht, das dem Einzelnen die freie Entfaltung seiner Persönlichkeit zur materiellen Sicherung seiner individuellen Lebensgestaltung ermöglicht[20]. Dabei umfaßt das zentrale Tatbestandsmerkmal „Beruf" nicht lediglich gesellschaftlich

15 Wohlgemuth, § 28 Rd. 5.
16 Siehe Kurzprotokoll der 7. Sitzung des Unterausschusses „Berufsbildungsgesetz" des Ausschusses für Arbeit (Nr. 44 der Gesetzesmaterialien) vom 11.12.1968 S. 14; Bundesrat Drucksache 355/1/69 Nr. 7 zu § 28 II; siehe auch Weber, § 28 Anm. 2; Schieckel, § 28, Anm. 3).
17 BT-Drucksache V/4260 S. 15 zu § 28.
18 Siehe Fragebogen Nachwuchsspieler Frage 7.
19 Siehe Fragebogen Nachwuchsspieler Frage 7, wonach 9 von 310 Spieler neben dem Fußballspielen keinen anderen Bildungsgang absolvieren.
20 BVerfGE 63, 266 (286); 81, 242 (254), ständige Rechtsprechung.

oder rechtlich vorgeprägte Berufsbilder, sondern ist als ein weit auszulegender, prinzipiell offener Begriff zu verstehen[21]. Gemeinhin wird Beruf als jede auf eine gewisse Dauer angelegte, der Erschaffung und Erhaltung einer Lebensgrundlage dienenden Tätigkeit definiert[22]. Teilweise wird noch darauf abgestellt, dass die geschützte Betätigung wirtschaftlich sinnvoll sein muss[23], wobei dieses Merkmal bei Profi-Fußballern unstreitig sein dürfte. Die Freiheit der Berufswahl soll unbeeinflusst von fremdem Willen erfolgen können[24]. Sie stellt einen wahrnehmbaren Akt der Selbstbestimmung dar[25]. Die Freiheit der Berufswahl umfaßt dabei insbesondere auch die erstmalige Ergreifung eines Berufes sowie die Wahl eines Zweit- oder Nebenberufes[26].

Die Ausübung des Fußballsports gegen Entgelt wird als Beruf angesehen[27]. Auch eine nebenberufliche Ausübung des Fußballsports gegen Entgelt ist daher ebenso unter den Schutzbereich des Art. 12 I GG einzuordnen[28]. Dementsprechend hat auch der EuGH die Tätigkeit von Halbprofis als Zugehörigkeit zum Wirtschaftsleben im Sinne von Art. 2 EGV gezählt[29]. Die Ausübung des Fußballsports gegen Entgelt, auch von Jugendlichen, ist daher grundsätzlich unter den Schutzbereich des Art. 12 I GG zu zählen. Dabei kommt es, wie soeben dargelegt, nicht darauf an, ob die Tätigkeit ausschließlich oder als nebenberufliche Tätigkeit ausgeübt wird, da beides von dem Schutzbereich des Art. 12 I GG umfaßt ist. Aber auch unter dem Aspekt der Einordnung des Vertragsverhältnisses als Ausbildungsverhältnis ist der Schutzbereich des Art. 12 I GG eröffnet.

---

21 BVerfGE 7, 377 (397); 14, 19 (22); 68, 272 (281); 78, 179 (193); 80, 70 (85); BVerwGE 91, 24 (31); 96, 293 (296); 96, 302 (307); BVerwG, DVBl. 1994, 760 (761); M/D/Scholz, Art. 12 Rd. 18; ausführlich zum Berufsbegriff Fröhler/Mörtel, GewArch 1979, 105 ff..

22 BVerfGE 7, 377 (397); 50, 290 (362); 54, 301 (313); BVerwGE 1, 92 (93); 22, 286 (287); 96, 136 (140); 96, 293 (296); 96, 302 (307); 97, 12 (22); BVerwG, GewArch 1997, 287 (289); M/D/Scholz, Art. 12 Rd. 18; Jarass/Jarass, Art. 12 Rd. 4; siehe auch ausführlich oben unter 1.

23 BVerfGE 7, 377 (397); 14, 19 (22); 68, 272 (281); E. Stein, S. 316; unklar VG Düsseldorf, GewArch 1990, 207 (208) und SBK, Art. 12 Rd. 6.

24 BVerfGE 13, 181 (185); 58, 358 (363f.).

25 BVerfGE 7, 377 (403); 13, 181 (185); 43, 291 (363); 58, 358 (363f.); vgl. v. Münch/Gubelt, Art. 12 Rd. 37 m. w. N..

26 BVerfGE 21, 173 (179); 80, 70 (85f.); 87, 287 (316); BVerfG (K), NVwZ-RR 1994, 153 und NJW 1995, 951: BVerwGE 21, 195 f.; BGHZ 97, 204 (208).

27 Siehe ausführlich unter 1; siehe auch in diesem Sinne die Entscheidung des EuGH, NJW 1996, 505 ff. (Bosman-Urteil); BAGE 63, 232 (240); BAG, SpuRt 1997, 94 (96) (Kienass-Urteil); dazu Anmerkung Arens, SpuRt 1997, 126; Bergermann, S. 110 ff..

28 Ebenso Westermann, S. 51.

29 EuGH, NJW 1996, 505 ff. (Bosman-Urteil); Sachs/Tettinger, Art. 12 Rd. 7 d.

Aus Sicht des BVerfG bildet der Art. 12 GG ein einheitliches Grundrecht der Berufsfreiheit, das auch die Vorstufe der Berufsausbildung umfaßt[30]. Im Ausbildungsbereich schützt Art. 12 I 1 GG in seiner traditionellen Abwehrfunktion die freie Wahl des Ausbildungsziels und der konkreten Ausbildungsstätte sowie - über den Wortlaut hinaus - alle während der Ausbildung erforderlichen Tätigkeiten, insbesondere die Teilnahme am Unterricht oder an Prüfungen[31]. Maßnahmen des zweiten Bildungsweges sind ebenfalls in den Schutzbereich des Art. 12 I GG einbezogen worden[32]. Als materieller Maßstab für berufsbezogene Prüfungen begründet die Ausbildungsfreiheit zudem Anforderungen an das Verfahrensrecht[33].

Der freie Zugang zu Ausbildungsstätten ist insbesondere im Zusammenhang mit dem Zugang zu öffentlichen Ausbildungseinrichtungen problematisiert worden[34]. Dabei ist herausgestellt worden, dass das Grundrecht der freien Wahl der Ausbildungsstätte grundsätzlich auf den freien Zugang zu Ausbildungseinrichtungen ausgerichtet ist[35]. Wenn man dementsprechend ein Förderzentrum als Ausbildungsstätte ansieht[36], ist der Schutzbereich des Art. 12 I GG eröffnet. Art. 12 I GG schützt im Rahmen der Gewährleistung wirtschaftlicher Freiheiten auch die Vertragsfreiheit[37], so dass das Verbot des Abschlusses eines Ausbildungsvertrages ebenfalls in den Schutzbereich fällt.

8.2.2. Eingriff

Beeinträchtigungen der Berufsfreiheit ergeben sich vorzugsweise durch Regelungen, die sich final auf die berufliche Betätigung beziehen und sie unmittelbar zum Gegenstand haben[38]. Hierzu gehören Maßgaben zur Aufnahme bestimmter beruflicher Betätigungen, zum Beispiel Vorschriften, die für die Aufnahme eines Berufes oder für die Fortsetzung einer Berufsausbildung das Bestehen einer Prüfung zum Nachweis beruflicher Kenntnisse und Fähigkeiten verlangen (Eingrif-

---

30 BVerfGE 7, 377 (401f.); 33, 303 (329 f.); 92, 140 (151); M/D/ Scholz, Art. 12 Rd. 14; Sachs/Tettinger, Art. 12 Rd. 8.
31 BVerfG (K), DVBl. 1996, 1367 (1368); Jarass/Jarass, Art. 12 Rd. 72.
32 BVerfGE 41, 251 ff..
33 BVerfGE 84, 34 (45 ff.); 84, 59 (72); BVerwGE 92, 132 (133).
34 Siehe im einzelnen Sachs/Tettinger, Art. 12 Rd. 131 ff..
35 BVerfGE 33, 303 (331).
36 Siehe ausführlich unter 7.3.
37 M/D/Scholz, Art. 12 Rd. 398.
38 BVerfGE 13, 181 (185).

fe in die Freiheit der Berufswahl)[39]. Im Sportbereich sind Eingriffe in die Berufsfreiheit in Mannschaftssportarten, insbesondere bei Vereinswechsel unter Zahlung einer Ablösesumme und im Doping-Bereich bei auszusprechenden Wettkampfsperren[40], problematisiert worden. So wird ein Berufssportler unzulässig in seinem beruflichen Fortkommen und damit in seiner Berufsfreiheit behindert, wenn sein Vereinswechsel nach Maßgabe von Regelungen des betreffenden Sportverbandes von einer beachtlichen Transferentschädigung abhängig gemacht wird. Das BAG hat in Fällen innerdeutscher Transfers im Lichte von Art. 12 GG entsprechende Vorschriften als Eingriff in die Berufsfreiheit des Art. 12 GG eingestuft, soweit sie sich auch auf Fälle erstreckten, in denen ein den Verein wechselnder Profisportler nicht mehr arbeitsvertraglich an seinen bisherigen Verein gebunden war[41]. Ebenso ist die Verhängung von Wettkampfsperren grundsätzlich bei Berufssportlern als Eingriff in die Berufsfreiheit gesehen worden[42]. Vorgeschriebene Transferentschädigungen beim Wechsel vom Amateurbereich ins Profilager waren nicht Gegenstand einer bisherigen BAG–Entscheidung. Aber auch hier wird davon ausgegangen, dass Art. 12 GG in vergleichbarer Weise zur Geltung gebracht werden muss, da in diesen Fällen die erstmalige Aufnahme eines neuen Berufs als „Profisportler" in Frage steht[43].

Soweit Bewerbern der Zugang zu staatlich monopolisierten berufsbezogenen Ausbildungsstätten durch subjektive Vorgaben erschwert oder verwehrt wird[44], handelt es sich zunächst um eine Beeinträchtigung des Grundrechts auf freie Wahl der Ausbildungsstätte im Sinn seiner traditionellen Abwehrfunktion. Als Eingriffe in die Berufsfreiheit erweisen sich daher insbesondere Kapazitätsrestriktionen in Verbindung mit entsprechenden Studienzulassungsbeschränkungen (Numerus clausus) im Hochschulwesen[45]. Der Ausschluss eines Teilnehmers von Maßnahmen des zweiten Bildungsweges ist ebenfalls als Eingriff in den Schutzbereich des Art. 12 I GG zu bewerten[46]

---

39 Sachs/Tettinger, Art. 12, Rd. 71.

40 Vgl. auch Bergermann, S. 113 ff.

41 BAGE 63, 232 (240); BAG, SpuRt 1997, 94 (96) (Kienass-Urteil); dazu Anmerkung Arens, SpuRt 1997, 126.

42 Siehe Steiner, NJW 1991, 2729 (2736); Rechtsausschuss des Deutschen Leichtathletik-Verbandes, NJW 1992, 2588 (2592); Bergermann, S. 113.

43 Sachs/Tettinger, Art. 12 Rd. 79 c; Arens, SpuRt 1997, 126 (127).

44 Z.B. Verfassungstreue bei Bewerbern zum Vorbereitungsdienst: BVerfGE 39, 334 (371 f.); 46, 43 (52); BVerwGE 62, 267 (271); BVerfG, NJW 1982, 784 (785); Vorbildung: BVerwGE 64, 142 (144).

45 Siehe im einzelnen Sachs/Tettinger, Art. 12, Rd. 131 ff.

46 BVerfGE 41, 251 ff..

Das Verbot der Fortführung einer Berufstätigkeit in Abhängigkeit des Lebensalters ist ebenfalls als Eingriff in die Berufsfreiheit anzusehen[47]. Demgemäß ist auch grundsätzlich das Verbot der Aufnahme einer beruflichen Ausbildung in Abhängigkeit vom Lebensalter in gleichem Maße zu bewerten. Insbesondere durch die Regelungen des dritten Teils des BBiG „Ordnung der Berufsbildung" findet durch den Gesetzgebung eine Steuerung der beruflichen Bildung statt, in dem umfangreiche Regelungen bei der Durchführung der Ausbildung getroffen werden[48]. Dies stellt einen Teil der Berufslenkung des Gesetzgebers dar[49].

Sieht man, wie oben ausgeführt, ein Nachwuchsleistungszentrum als Ausbildungsstätte im Sinne des Art. 12 I GG an, so bedeutet das Verbot des § 28 II BBiG für Jugendliche unter 18 Jahren einen Eingriff in ihre freie Wahl der Ausbildungsstätte. Würde man den Nachwuchsspielern gem. § 28 II BBiG untersagen, mit den Vereinen einen Ausbildungsvertrag im Sinne des § 19 BBiG abzuschließen, bliebe dem Jugendlichen nur die Möglichkeit, entweder mit dem Verein einen Arbeitsvertrag zu schließen oder das Fußballspielen weiter lediglich auf vereinsrechtlicher Basis zu betreiben. Damit wäre es dem Spieler verwehrt, dem Verein durch den Fördervertrag als Schwerpunkt der Vereinspflichten qualifizierte, auf seine fußballerische Entwicklung ausgerichtete Trainingsinhalte als Ausbildungsleistung aufzuerlegen.

Im Rahmen eines Vertragsverhältnisses könnte er lediglich seine Arbeitsleistung und nicht seine Bereitschaft zum Lernen zum Mittelpunkt des Vertragsverhältnisses machen. Damit könnte er die Vorstufe für den Abschluss eines Lizenzvertrages nicht so gestalten, wie er dies für sinnvoll hielte. Dies stellt einen Eingriff in die freie Wahl der Ausbildungsstätte, zumindest aber in die von der Rechtsprechung zugebilligte Gewähr für freiheitliche und selbst bestimmte Berufsentscheidungen dar[50].

---

47 Vgl. BVerfGE 9, 338 (344); 64, 72 (82); BAG DB 1993, 443; Hufen NJW 1994, 2921.
48 Vgl. Pitschas, S. 160.
49 Pitschas, S. 407.
50 BVerwGE 91, 24 ff.; 96, 136 ff.; ebenso BSGE 71, 122 (125); siehe auch Hege, S. 112, wonach das Verbot eines Ausbildungsganges als Mittel der Einwirkung auf ein Individuum ein Eingriff großer Intensität darstellt.

8.2.3. Zulässigkeit des Eingriffs (verfassungsrechtliche Rechtferti - gung)

8.2.3.1. Regelungsvorbehalt gem. Art. 12 I 2 GG

Gem. Art. 12 I 2 GG kann die Berufsausübung durch Gesetz oder aufgrund eines Gesetzes geregelt werden. Dem Regelungsvorbehalt liegt die verfassungspolitische Erwägung zugrunde, dass Beeinträchtigungen der Berufsfreiheit nur auf der Grundlage einer parlamentarischen Entscheidung zulässig sein sollen, die sich der Gründe für und gegen eine Beeinträchtigung bewusst ist; nur unter dieser Prämisse kann ein gerechter Ausgleich zwischen der Berufsfreiheit als Ausdruck des Schutzes menschlicher Persönlichkeit und den Belangen der Allgemeinheit gewährleistet werden[51]. Die in Art. 12 I 2 GG verankerte Regelungsbefugnis setzt in ihrer ersten Variante ein Gesetz im formellen Sinn voraus[52]. Zu dessen Erlass ist der nach der bundesstaatlichen Kompetenzordnung jeweils zuständige Bundes- oder Landesgesetzgeber befugt[53]. Allein dem zuständigen Gesetzgeber obliegt die eigenverantwortliche Prüfung und Entscheidung, wie weit und gegenüber welchen Gemeinschaftsinteressen das Freiheitsrecht des Einzelnen zurückzutreten hat[54]. Der Regelungsvorbehalt des Art. 12 I 2 GG gilt auch im Ausbildungsbereich[55].

Wie oben schon ausgeführt, ist der § 28 II BBiG mit Einführung des Berufsbildungsgesetzes im Jahre 1969 vom nach Art. 74 GG zuständigen Gesetzgeber mit eingefügt worden. Dabei hat sich der Gesetzgeber auch mit dem § 28 II BBiG auseinandergesetzt[56]. Damit ist die grundsätzliche Forderung nach einer parlamentarischen Entscheidung, die sich der Gründe für und gegen eine Beeinträchtigung der Berufsfreiheit bewusst ist[57], erfüllt.

Im Hinblick auf die allgemeinen rechtsstaatlichen Anforderungen an Eingriffsgesetze müssen diese hinreichend klar, bestimmt und vollständig sein, wobei an den Grad der Bestimmtheit und Erkennbarkeit gesetzlicher Beschränkungen der

---

51 Sachs/Tettinger, Artikel 12 Rd. 81 m. w. N.

52 BVerwGE 94, 269 (277); Dreier/Wieland, Art. 12 Rd. 91; Sachs/Tettinger, Art. 12 Rd. 83; M/D/Scholz, Art. 12, Rd. 305; v. Münch/Gubelt, Art. 12 Rd. 73;

53 BVerfGE 7, 377 (443); 29, 327 (333); 40, 371 (378); 47, 285 (313); Sachs/Tettinger, Art. 12 Rd. 83.

54 BVerfGE 33, 125 (159); 47, 285 (313); 76, 171 (184 f.).

55 BVerfGE 33, 303 (336); BVerwG, NJW 1978, 2258.

56 Siehe BT-Drucksache V/4260, S. 12 zu § 19 BBiG; BT-Drucksache V/4260, S. 15 zu § 28.

57 Vgl. Sachs/Tettinger, Art. 12, Rd. 81.

Berufswahl strengere Anforderungen zu stellen sind als bei bloßen Berufsausübungsregelungen[58]. Die Anforderungen sind höher je intensiver der Grundrechtseingriff ist[59]. Hier bestehen Bedenken, ob eine Anwendung des § 28 II BBiG auf andere Vertragsverhältnisse gemäß § 19 BBiG durch eine hinreichend bestimmte gesetzliche Regelung im Sinne des Art. 12 I 2 GG gedeckt ist, da § 19 BBiG nur die §§ 3- 18 BBiG für anwendbar erklärt.

Ein rechtsstaatlichen Anforderungen genügendes gesetzliches Verbot muss in seinen Voraussetzungen und in seinem Inhalt so klar formuliert sein, dass die davon Betroffenen die Rechtslage erkennen und ihr Verhalten danach bestimmen können[60]. Der Gesetzgeber muss seinen Grundgedanken, das Ziel seines gesetzgeberischen Wollens, vollkommen deutlich machen[61]. Zwar kann der gesetzgeberische Wille auch durch Auslegung ermittelt werden[62], allerdings darf das Verbot nicht nur unvollkommen und lückenhaft aus Sinn und Zweck einer Reihe von gesetzlichen Vorschriften gewonnen werden[63]. Das Verbot muss sich vielmehr in seinem vollen Umfang als Ausdruck einer gesetzlichen Regelungsabsicht nachweisen lassen[64]. Dabei kann der Gesetzgeber auch weite und daher auslegungsbedürftige Rechtsbegriffe sowie Generalklauseln verwenden[65]. Es ist aber erforderlich, dass bei starken Eingriffen mit herkömmlichen juristischen Methoden klare Ergebnisse erzielt werden können[66]. Bei der Frage, ob § 28 II BBiG auf Vertragsverhältnisse anwendbar ist, ergibt sich das Problem dadurch, dass der Gesetzgeber durch seine Wortwahl in § 28 II BBiG nicht eindeutig zum Ausdruck gebracht hat, welche Ausbildungsverhältnisse von dem Verbot des § 28 II BBiG umfaßt sein sollen und eine Anwendung durch den Wortlaut des § 19 BBiG ausgeschlossen ist.

Die Ausnahmeregelung des § 28 II 2. Halbsatz BBiG spricht dafür, grundsätzlich alle Vertragsverhältnisse, bei denen die Ausbildung den Schwerpunkt bildet, einzubeziehen. Ansonsten wäre die Ausnahme für Ausbildungsverhältnisse, die auf weiterführende Bildungsgänge vorbereiten, nicht erforderlich gewesen.

---

58 BVerfGE 54, 237 (247); 87, 287 (317); Sachs/Tettinger, Art. 12 Rd. 84 und Art. 20 Rd. 128; v. Münch/Gubelt, Art. 12 Rd. 73.
59 BVerfGE 86, 288 (311).
60 BVerfGE 54, 237 (247).
61 BVerfGE 54, 237 (247); 17 306 (314).
62 BVerfGE 34, 293 (301); vgl. auch BVerfGE 82, 209 (224) und 87, 287 (316).
63 BVerfGE 34, 293 (302).
64 BVerfGE 34, 293 (302).
65 BVerfGE 48, 210 (222); BVerwG, GewArch 1997, 288.
66 BVerfGE 87, 287 (318); BVerwG, GewArch 1997, 288.

Geht man allerdings von dem klaren Wortlaut des § 19 BBiG aus, ist § 28 II BBiG nicht heranzuziehen, da nur die §§ 3-18 BBiG für anwendbar erklärt werden. Dies wurde auch in den Gesetzesbegründungen noch einmal so herausgestellt[67]. Eine notwendige Klarheit für eine mögliche Einschränkung der Ausbildungsfreiheit durch ein Verbot des Abschlusses eines Vertragsverhältnisses gem. § 19 BBiG durch einen Jugendlichen gem. § 28 II BBiG ist somit nicht gegeben. Strenge Anforderungen an die Klarheit, Bestimmtheit und Vollständigkeit der gesetzlichen Grundlage sind aber ein Gebot der Rechtsstaatlichkeit[68]

Eine Ausweitung des § 28 II BBiG auf Vertragsverhältnisse gem. § 19 BBiG käme weiter durch richterliche Rechtsfortbildung in Betracht[69]. Ohne gesetzliche oder vorkonstitutionelle gewohnheitsrechtliche Normen sind ordentliche Gerichte allerdings nicht befugt, Regelungen, auch wenn sie diese im Interesse der Allgemeinheit für wünschenswert oder gar für notwendig halten, selbst durch Entwicklung eigener Rechtssätze vorzunehmen, wenn letztere das Recht der freien Berufswahl einschränken würden[70] . Grundsätzlich darf nicht ein neuer Grundrechtseingriffstatbestand geschaffen werden, der einer ausdrücklichen gesetzlichen Regelung bedurft hätte[71]. Den Gerichten ist es untersagt, die gesetzgeberische Entscheidung im Wege der Auslegung zu unterlaufen und das Grundrecht über das vom Gesetzgeber vorgesehene Ausmaß hinaus einzuschränken[72] . Im Jahre 1982 hatte das BVerfG über die Verfassungsmäßigkeit des kommunalen Vertretungsverbotes nach §§ 24, 30 Gemeindeordnung Nordrhein-Westfalen zu entscheiden. Dabei wurde festgestellt, dass eine Ausweitung des Verbotes auf Sozietätsmitglieder des Gemeinderates angehörenden Rechtsanwalts und auf Kollegen in Bürogemeinschaft nicht vom Wortlaut der Vorschrift gedeckt ist und dann auch nicht durch richterliche Rechtsfortbildung erweitert werden darf[73]. Entsprechendes hat auch hier zu gelten. Eine Anwendung des § 28 II BBiG auf Vertragsverhältnisse gem. § 19 BBiG ist, wie oben festgestellt, vom Wortlaut der §§ 19, 28 II BBiG nicht gedeckt. Für eine Ausweitung des § 28 II BBiG sind keine ausreichenden Anhaltspunkte im Gesetzestext vorhanden, um einen Ein-

---

67 BT-Drucksache V/4260, S. 12 zu § 19 BBiG.

68 BVerfGE 34, 293 (302).

69 Vgl. grundsätzlich BVerfGE 34, 293 (301); 76, 171 (184 ff.); 76, 196 (205 ff.); BGHZ 124, 224 (229 f.); M/D/Scholz, Art. 12 Rd. 316; Sachs/Tettinger, Art. 12 Rd. 95, Schlaich/Korioth, Rd. 292 ff..

70 BGHZ 124, 224 (229 f.).

71 Schlaich/Korioth, Rd. 292.

72 BVerfGE 71, 122 (136); 108 (115 ff.).

73 BVerfGE 61,68 (73 f.).

griff in die Berufsfreiheit zu rechtfertigen[74]. Eine Ausweitung durch richterliche Rechtsfortbildung kommt daher nicht in Betracht[75].

8.2.3.2. Verhältnismäßigkeitsprüfung

Trotz der vorherigen Feststellung einer fehlenden eindeutigen und klaren gesetzlichen Grundlage, um einen Eingriff zu rechtfertigen, soll im folgenden im wesentlichen dargestellt werden, an welchen weiteren Grundsätzen ein Verbot eines Ausbildungsverhältnisses in einem nicht anerkannten Ausbildungsberuf zu messen wäre. Die Prüfung erfolgt in mehreren Schritten. Zunächst ist die Art des Eingriffs und der legitime Zweck heraus zu arbeiten, den das Verbot erreichen soll. Daran schließt sich die Frage an, ob der Zweck erreicht werden kann und ob der Zweck möglicherweise mit einem weniger belastenden Mittel ebenso erreicht werden könnte. Dies bedeutet insbesondere nach der vom Bundesverfassungsgericht entwickelten Stufentheorie, ob bei einer Einschränkung der Berufswahl der Zweck auch mit einer Regelung, die die Berufsausübung beschränkt, erreicht werden kann[76]. Entsprechendes gilt grundsätzlich, wenn statt einer objektiven Zugangsbeschränkung eine subjektive Zugangsregelung ausreichen würde, um den gewollten Zweck zu erreichen. Abschließend ist dann noch die Verhältnismäßigkeit im engeren Sinne zu prüfen, also ob die Folgen des Verbotes in einem angemessenen Verhältnis zu dem zu erreichenden Zwecke stehen[77].

Ausgangspunkt ist die vom BVerfG 1958 im Apotheken-Urteil[78] entwickelte 3-Stufen-Theorie. Danach hat sich die verfassungsrechtliche Rechtfertigung der gesetzlichen Regelung des Gesetzgebers bei steigender Intensität der Grundrechtsbeeinträchtigung an entsprechend höherwertigen Gemeinwohlbelangen auszurichten[79]. Allerdings hat das BVerfG in den darauf folgenden Jahren die Stufen-Theorie weiter spezifiziert, ausgebaut und sukzessiv in eine umfassende Verhältnismäßigkeitsprüfung überführt[80]. Insbesondere ist auf das Übermaßver-

---

74 Vgl. BVerfGE 34, 293 (302).
75 Anders im Ergebnis ArbG Reutlingen, EzB a. F. § 28 BBiG Nr. 1 und LAG Schleswig-Holstein, EzB a. F. § 28 BBiG Nr. 3, ohne allerdings auf aufgeführte Problemstellung einzugehen.
76 Vgl. BVerfGE 7, 377 (405 ff.).
77 Vgl. zum Prüfungsaufbau insbesondere bei Pieroth/Schlink, § 21 II Rd. 861; Ipsen, JuS 1990, S. 637.
78 BVerfGE 7, 377 ff.
79 BVerfGE 7, 377 (405 ff.).
80 Sachs/Tettinger, Art. 12 Rd. 109.

bot abzustellen[81]. Es ist daher innerhalb des Übermaßverbotes eine Verhältnismäßigkeitsprüfung im engeren Sinne, im Sinne einer Prüfung der Geeignetheit, Erforderlichkeit und Proportionalität des Eingriffs, zu vollziehen[82]. Die Zumutbarkeit einer grundrechtsbeschränkenden Maßnahme entscheidet sich dann nach einer Abwägung zwischen der Schwere des Eingriffs und dem Gewicht der ihn rechtfertigenden Gründe[83].

§ 28 II BBiG ist demnach an den Kriterien Geeignetheit, Erforderlichkeit und Proportionalität zu messen, wobei unter Bezug auf die vom BVerfG entwickelte Stufen-Theorie bei steigender Intensität der Grundrechtsbeeinträchtigung entsprechend höherwertige Gemeinwohlbelange vorhanden sein müssen.

8.2.3.2.1. Art des Eingriffs

Nach der vom BVerfG entwickelten Stufen-Theorie werden Berufsausübungsregelungen bereits durch vernünftige Erwägung des Gemeinwohls legitimiert[84]. Größere Anforderungen sind an Eingriffe mittels Berufswahlregelungen zu messen. Dabei ist zwischen subjektiven und objektiven Berufszugangsvoraussetzungen zu unterscheiden, wobei an objektive Berufszugangsvoraussetzungen größere Anforderungen zu stellen sind als an subjektive Zugangsvoraussetzungen[85].

Subjektive Berufszugangsvoraussetzungen sind solche, die eine Berufsaufnahme an das Vorliegen persönlicher Eigenschaften, Fähigkeiten oder Leistungsnachweise knüpfen[86]. Dem gegenüber stehen objektive Berufszulassungsvoraussetzungen, die sich nicht an persönlicher Qualifikation, sondern an allgemeinen Kriterien orientieren[87]. Für die Unterscheidung zwischen subjektiven Berufszugangsvoraussetzungen und objektiven Berufszulassungsvoraussetzungen sind nicht deren tatsächliche Auswirkungen entscheidend. Dementsprechend gelten

---

81 BVerfGE 28, 243 (260 f.).
82 BVerfGE 19, 330 (337); 46, 120 (138); 30, 292 (316); 76, 196 (207 ff.); 80, 1 (29); 86, 28 (39); 87, 287 (321); Sachs/Tettinger, Art. 12, Rd. 110 und 114; Stern, Staatsrecht III/II, Seite 801 ff.; ebenso Pitschas, S. 541 für die Reichweite der Berufslenkung durch den Staat.
83 BVerfGE 85, 248 (261).
84 BVerfGE 7, 377 (405 f.); 16, 286 (297); 65, 116 (125); 70, 1 (28); 77, 308 (332); 78, 155 (162); 81, 70 (84); 85, 248 (259); 93, 362 (369).
85 Sachs/Tettinger, Art. 12, Rd. 106.
86 BVerfGE 80, 1 (23 f.), 19, 330 (337); 34, 71 (77); 39, 344 (370); 46, 34 (54); siehe auch Sachs/Tettinger, Art. 12, Rd. 103, Fußnote 396 m. w. N..
87 BVerfGE 7, 377 (415 f.); 87, 287 (316, 321); BVerwGE 51, 235 (238 f.); BVerwG, NJW 1996, 1608 (1609).

Höchstaltersgrenzen als subjektive Voraussetzungen, auch wenn sie dem Einfluss der Betroffenen entzogen sind[88]. Es wird aber auch gefordert, Regelungen, die an das Lebensalter anknüpfen, an den weitergehenden Kriterien objektiver Berufszulassungsregelungen zu messen[89]. Auch das BVerfG hat bestätigt, dass subjektive Zulassungsbeschränkungen gleichermaßen wie objektive Zulassungsbeschränkungen wirken können[90]. In solchen Fällen soll dann auch der Abwägungsmaßstab korrigiert werden[91]. Dementsprechend wäre auch bei § 28 II BBiG, trotz der grundsätzlichen Einordnung aufgrund der starren Altersgrenze von 18 Jahren als subjektive Zulassungsbeschränkung, im Ergebnis danach zu schauen, welchen Intensitätsgrad der Eingriff letztlich für die Nachwuchsspieler aufweist.

8.2.3.2.2. Zweck und Geeignetheit des Verbotes

Der Gesetzgeber hat bei der Begründung des § 28 II BBiG nicht ausdrücklich einen Zweck der Regelung benannt. Es wird lediglich angeführt, dass der Anspruch des Jugendlichen auf eine vollständige und grundlegende Berufsausbildung als ein so überragendes Rechtsgut angesehen wird, dass das Verbot des § 28 II BBiG als gerechtfertigt erscheint[92]. Weiter wird in der Regelung eine Parallele zur Schulpflicht gesehen[93].

Dem Gesetzgeber ist bei der Festlegung eines legitimen Zweckes ein weiter Einschätzungs- sowie Gestaltungsspielraum zuzugestehen[94]. Auch Gesichtspunkte der Zweckmäßigkeit sollen ausreichen[95]. Die Zahl der akzeptierten Gemeinwohlinteressen wird dabei als sehr groß angesehen[96]. Nur wenigen Erwägungen

88 BVerfGE 9, 338 (345); 64, 72 (82); 80, 257 (264 f.); 86, 28 (39); BVerfG (K), NJW 1993, 1575 f.; NVwZ 1997, 1207 (1208).
89 So Hufen, NJW 1994, S. 2921.
90 BVerfGE 75, 246 (278 ff.); Hufen, NJW 1994, S. 2921.
91 HStR/Breuer, § 148 Rd. 10, 35 m. w. N..
92 BT-Drucksache V/4260 S. 15 zu § 28 II; siehe auch Benner (1977), S. 20, der den durch § 28 II zu verwirklichenden Bildungsanspruch des Jugendlichen und die für das Wirtschafts-Gesellschaftssystem existenswichtige Frage der notwendigen Qualifizierung des Fachkräftepotentials als Rechtfertigung der Regelung ansieht.
93 BT-Drucksache V/4260 S. 15 zu § 28 II.
94 BVerfGE 39, 210 (225 f.); 46, 246 (257); 51, 193 (208); 53, 135 (145); 77, 84 (106); 77, 308 (332).
95 BVerfGE 7, 377 (406); 23, 50 (56); 28, 21 (31); 77, 308 (332).
96 BVerfGE 7, 377 (406); 45, 354 (358 f.); 93, 362 (370 f.); 95, 173 (184); BVerwG, GewArch 1998, 64 f.; Sachs/Tettinger, Art. 12, Rd. 102, Fußnote 319 m. w. N..

wurde die Anerkennung als sachgerecht seitens des BVerfG verweigert[97]. Schutzwürdig sind dabei nicht nur absolute, d. h. allgemein anerkannte und von der jeweiligen Politik des Gemeinwesens unabhängige Gemeinschaftswerte (wie zum Beispiel die Volksgesundheit). Der Gesetzgeber kann auch Gemeinschaftsinteressen zum Anlass von Berufsregelungen nehmen, die ihm nicht in diesem Sinne vorgegeben sind, die sich vielmehr erst aus seinen besonderen wirtschafts-, sozial- und gesellschaftspolitischen Vorstellungen und Zielen ergeben, die er also erst selbst in den Rang wichtiger Gemeinschaftsinteressen erhebt[98]. In solchen Fällen kann das BVerfG die Berufsregelungen nicht schon deshalb beanstanden, weil die ihnen zugrunde liegenden politischen Auffassungen umstritten sind. Das Gericht ist insoweit auf die Prüfung beschränkt, ob die öffentlichen Interessen, deren Schutz die gesetzliche Regelung dient, überhaupt Gemeinschaftswerte von so hohem Rang darstellen können, dass sie eine Einschränkung der freien Berufswahl rechtfertigen. Den Anschauungen des Gesetzgebers hierüber darf es die Anerkennung nur versagen, wenn sie offensichtlich fehlsam oder mit der Wertordnung des Grundgesetzes unvereinbar sind[99].

Je intensiver der Eingriff in die Berufsfreiheit ist, desto größer muss die Bedeutung der Gemeinwohlbelange sein. Bei Einschränkungen der Berufsausübung reichen zweckmäßige Gesichtspunkte aus; bei subjektiven Zulassungsbeschränkungen sind dagegen wichtige Gemeinschaftsgüter und bei objektiven Zulassungsbeschränkungen überragend wichtige Gemeinschaftsgüter als zu erreichender Zweck erforderlich[100]. Einfach gesetzlich konstituierte Gemeinwohlbelange sollen dabei für die Annahme eines überragend wichtigen Gemeinschaftsgutes nicht ausreichen[101].

Demgemäß hat das BVerfG auch den Jugendschutz grundsätzlich als schützenswertes Gemeinschaftsgut anerkannt[102]. Das verfassungsrechtlich bedeutsame Interesse an einer ungestörten Entwicklung der Jugend berechtigt den Gesetzgeber zu Regelungen, durch welche der Jugend drohende Gefahren abgewehrt werden[103]. Demgemäß wird der Jugendschutz als ein Rechtsgut von hohem

97 BVerfGE 41, 378 (396 f.); 65, 116 (128.); 86, 28 (44); 76, 196 (207 f.); 82, 12 (28); 93, 326 (370); 94, 372 (399); 86, 28 (42).
98 BVerfGE 13, 97 (107 ff.).
99 Siehe so im gesamten: BVerfGE 13, 97 (107 ff.).
100 BVerfGE 7, 377 (405 ff.); vgl. auch HStR/Breuer, § 148 Rd. 20 ff.
101 HStR/Breuer, § 148 Rd. 51.
102 BVerfGE 30, 336 (350 f.); 47, 109 (116 ff.); beide Entscheidungen betrafen Regelungen der Berufsausübung.
103 BVerfGE 30, 336 (347).

Range angesehen[104]. Der Jugendschutz, der in Art. 5 II GG ausdrücklich erwähnt ist, genießt vor allem aufgrund des in Art. 6 II 1 GG verbrieften elterlichen Erziehungsrechts Verfassungsrang[105]. Geht man von diesen Grundsätzen aus, ist es dem Gesetzgeber zuzubilligen, dass er das Ziel verfolgt, den Jugendlichen ihren beruflichen Lebensweg nur auf eine vollständige und grundlegende Berufsausbildung aufbauen zu lassen, und nicht auf eine Spezialausbildung, dessen Nutzen er aufgrund seines Alters und seiner Unerfahrenheit nicht genügend einschätzen kann[106]. Da hier der Schutz der Jugend erreicht werden soll, sind intensive Eingriffe in die Berufsfreiheit grundsätzlich denkbar. Der Gesetzgeber sieht, wie ausgeführt, einen Anspruch der Jugendlichen auf eine vollständige und grundlegende Berufsausbildung als ein überragendes Rechtsgut an. Im Rahmen der umfassenden Verhältnismäßigkeitsprüfung ist zunächst zu schauen, ob die Regelung des § 28 II BBiG geeignet sein kann, den vom Gesetzgeber beabsichtigten Zweck zu erfüllen. Der Staat garantiert keinen Ausbildungsplatz in einem anerkannten Ausbildungsberuf[107], so wie der Staat jedoch bei der Schulpflicht einen Schulplatz garantieren muss[108]. Auch die Verfassung begründet keinen Anspruch auf einen nach Ausbildungsgang, Ausbildungsort und Ausbildungsstätte bestimmten betrieblichen Ausbildungsplatz[109]. Art. 12 GG kennt kein drittwirkendes Recht auf Ausbildung, Lehre oder Zugang zu privaten Ausbildungsstätten[110]. Im dualen System der Berufsausbildung, wie sie insbesondere das BBiG voraussetzt, hat der Staat kein Monopol hinsichtlich der Ausbildungsplätze[111]. Im Berufsbildungsbericht 2003 wird festgestellt, dass zum Stichtag 30.09.2002 den 23.383 noch nicht vermittelten Bewerbern lediglich 18.005 noch unbesetzte Ausbildungsplätze gegenüberstanden[112]. Dies belegt, dass der Staat einem Jugendlichen keinen Ausbildungsplatz in einem anerkannten Ausbildungsberuf

104 BVerfGE 47, 109 (117).

105 BVerfGE 83, 130 (139); so auch Sachs/Bethge, Art. 5 Rd. 160; MKS/Starck, Art. 5 Absatz 1, 2 Rd. 187.

106 So hält auch das BSG die Beschränkung des § 28 II BBiG im Sinne eines vorrangigen Jugendschutzes für denkbar, BSGE 71, 122 (125).

107 Vgl. BVerfGE 33, 303 ff.; Hauck/Haines, § 3 SGB I Rd. 4; Ramm, § 72 II 5, S. 499, da der Staat den Arbeitgebern keine Ausbildungspflicht auferlegt hat.

108 BVerfG NVwZ 1997, 781; Sachs/Schmitt-Kammler, Art. 7 Rd. 11; vgl. auch Seipp/Bach G II, III 1, wonach der allgemeinen Schulpflicht die Pflicht des Staates und der Gemeinden gegenüber steht, durch Bereitstellen der erforderlichen Schulen dafür zu sorgen, dass die Schulpflichtigen eine Schule besuchen können (Beschulungspflicht).

109 Dreier/Wieland, Art. 12 Rd. 167; MKS/Manssen, Art. 12 Rd. 12 m. w. N.

110 M/D/Scholz, Art. 12, Rd. 67; Pitschas, S. 407.

111 MKS/Manssen, Art. 12 Rd. 12; vgl. auch Pitschas, S. 80 ff.

112 Siehe www.berufsbildungsbericht.info unter: Berufsbildungsbericht 2003/2. Ausbildungssituation 2002.

garantieren kann. Weiter besteht keine allgemeine Ausbildungspflicht[113], da eine Ausbildungsnotwendigkeit nicht allgemein rechtlich anerkannt ist[114]. Es gibt weder im Handwerk noch in anderen Wirtschaftszweigen eine Verpflichtung zur Bereitstellung von Ausbildungsplätzen und zur Aufnahme von Auszubildenden[115]. Dem Jugendlichen ist es freigestellt, ein Arbeitsverhältnis einzugehen, soweit die Vorschriften des Jugendarbeitsschutzgesetzes eingehalten werden.

Demgemäß schreibt § 28 II BBiG nicht vor, dass der Jugendliche eine anerkannte Berufsausbildung absolvieren muss. Es steht ihm frei, entweder eine allgemeinbildende bzw. berufsbildende Schule zu besuchen oder ein Arbeitsverhältnis einzugehen. Der Zweck liegt daher nicht darin, dass § 28 BBiG sicherstellen soll, dass überhaupt eine „anerkannte Berufsausbildung" erfolgt[116]. Der Zweck soll nach Ansicht des Arbeitsgerichts Reutlingen [117] darin liegen, dass der Gesetzgeber den Jugendlichen vor die Wahl stellen will, entweder einen anerkannten Ausbildungsberuf zu ergreifen und die mit einer solchen Ausbildung verbundenen Erschwernisse auf sich zu nehmen, oder eben auf eine Berufsausbildung ganz zu verzichten und Berufe zu ergreifen, die keine spezielle Ausbildung erfordern, und nur untergeordnete Tätigkeiten betreffen. Dies würde die Konsequenz der Anwendung des § 28 II BBiG darstellen. Gleichzeitig würde es aber dem eigentlichen Zweck, dem Jugendschutz, gerade zuwiderlaufen. Wie das Arbeitsgericht Reutlingen selber ausführt, wäre die Konsequenz, wenn kein Ausbildungsplatz in einem anerkannten Ausbildungsberuf zur Verfügung steht, dass die Jugendlichen auf Berufe zurückgreifen müssten, die keine Ausbildung erfordern, also einfache Tätigkeiten darstellen. Bei der sofortigen Aufnahme einer beruflichen Tätigkeit besteht aber eine größere Gefahr, dass es sich nur um eine kurzfristige Beschäftigungsmöglichkeit handelt, als wenn ein Wirtschaftsbetrieb eine Ausbildung durchführt. Durch die Vergütungspflicht des § 5 I BBiG ist der Betrieb gezwungen, eine Investition vorzunehmen. Eine solche wird er aber nur tätigen, wenn er der Auffassung ist, dass er den Auszubildenden anschließend beschäftigen kann. Damit besteht eine konkrete Beschäftigungsmöglichkeit für den Jugendlichen, die dem Jugendlichen durch § 28 II BBiG genommen werden würde. Weiter wird gesagt, dass die Regelung im Ergebnis nicht einen bestimmten Ausbildungsgang verbieten, sondern in erster Linie eine vollständige und grundlegende Berufsausbildung der Jugendlichen, die sich grundsätzlich für eine

113 Ramm, § 58 III, S. 414.
114 Ramm, § 58 II, S. 413.
115 Pitschas, S. 406 m. w. N.; AK/Rittstieg, Art.12 Rd. 146; siehe zur besonderen Verantwortung der Arbeitgeber zur Berufsausbildung: BVerfGE 55, 274 (312 ff.).
116 A. A. Ramm, § 58 II, S. 412.
117 ArbG Reutlingen, EzB a. F. BBiG § 28 Nr. 1.

Ausbildung interessieren, garantieren soll[118]. Die Gesetzesmaterialien sprechen insoweit von einer Parallele zur Schulpflicht[119]. Sinn und Zweck der Schulpflicht ist es allerdings nicht, etwas zu verbieten, sondern einen gewissen Bildungs- und Ausbildungsstand der Bevölkerung sicherzustellen[120]. Die Verfassungsmäßigkeit der Schulpflicht wird damit begründet, dass die Schulpflicht das Äquivalent für das individuelle soziale Grundrecht auf das Existenzminimum darstellt, das im Anspruch auf Sozialhilfe (§ 1 BSHG) realisiert ist[121]. Der Sozialstaat erzwingt vom Einzelnen, sich den für seine Existenzsicherung unerlässlichen allgemeinen Standard zu verschaffen[122]. Er stellt damit eine ähnliche Wechselbeziehung her, wie sie zwischen der lebenslangen elterlichen Unterhaltsgewährung und der elterlichen Erziehung besteht[123]. Der Anspruch auf schulische Bildung und Erziehung erstreckt sich mindestens auf das, was allgemein Gegenstand der Schulpflicht ist[124]. Besteht aber, wie oben dargestellt, kein Anspruch auf einen Ausbildungsplatz in einem anerkannten Ausbildungsberuf, kann in der Regelung des § 28 II BBiG auch keine Parallele zur Schulpflicht gesehen werden. Da also weder eine Parallele zur Schulpflicht noch eine Garantie eines Mindeststandards einer Ausbildung angenommen werden kann, bleibt als möglicher Zweck lediglich eine Warnfunktion. Der Gesetzgeber will den Jugendlichen davor schützen, eine nicht anerkannte Ausbildung in der irrigen Annahme zu absolvieren, dass er damit den Anforderungen des weiteren Berufslebens im Hinblick auf die nötige berufliche Mobilität und breite Chancenvielfalt gerecht wird[125]. Dem Jugendlichen soll dadurch ein Schutz vor beruflicher Fehlplanung gegeben werden[126]. Entsprechend dieses Ziels hat der Gesetzgeber dann

118 So Gedon/Spiertz, § 28 Rd. 20.
119 BT-Drucksache V/4260 S. 15 zu § 28 II.
120 Fetzer, S. 95, 4.2.
121 Ramm, § 58 III, S. 414.
122 Ramm, § 58 III, S. 414.
123 Ramm, § 58 III, S. 414.
124 Niehues, Rd. 365 (S. 171); Theuersbacher, NVwZ 1999, 840.
125 Siehe auch bei Hardenacke, S. 148, wonach Jugendliche deshalb nur in anerkannten Ausbildungsberufen ausgebildet werden dürfen, damit sie eine größtmögliche Gewähr für eine spätere berufliche Anpassungsfähigkeit (soziale Sicherung) und für einen beruflichen Aufstieg (Chancengleichheit) haben.
126 Der Bundesrat wollte diese Zweckrichtung aufgrund der verfassungsrechtlichen Bedenken dadurch erreichen, dass er Ausbildungen in nicht anerkannten Ausbildungsberufen nicht verbietet, sondern dass in den Berufsausbildungsvertrag der ausdrückliche Hinweis der fehlenden Anerkennung aufgenommen wird und der nach Landesrecht zuständigen Behörde angezeigt wird. Der so zuständigen Behörde sollte bei einer Gefährdung des Jugendlichen die Möglichkeit gegeben werden, geeignete Maßnahmen zu ergreifen. Im Übrigen sollte der Schutz durch die arbeitsrechtlichen Jugendschutzgesetze und die Möglichkeit vormund-

in § 28 II BBiG eine Ausnahme in der Form geschaffen, dass ein Ausbildungsgang, der auf weiterführende Bildungsgänge vorbereitet, zulässig ist. Hier sieht der Gesetzgeber wegen des weiterführenden Bildungsganges nicht die Gefahr, dass der Auszubildende seinen beruflichen Werdegang auf einer Spezialausbildung aufbaut. Zulässig ist dann auch ein Ausbildungsgang, wenn der Jugendliche schon eine anerkannte Berufsausbildung abgeschlossen hat[127].

Es ist also davon auszugehen, dass die Regelung des § 28 II BBiG nicht eine Ausbildung in einem anerkannten Ausbildungsberuf, sondern lediglich einen Schutz vor beruflicher Fehlplanung bezwecken kann. Bei der Frage der Geeignetheit ist zunächst zu prüfen, ob die Maßnahme vertretbar erscheint[128]. Auf dieser Prüfungsebene ist nur erforderlich, dass der vom Gesetzgeber verfolgte Zweck durch die Maßnahme gefördert werden kann[129]. Das Verbot des Abschlusses eines Ausbildungsvertrages in einem nicht anerkannten Ausbildungsberuf fördert den Zweck, Fehlplanungen in Hinblick auf den Nutzen einer Ausbildung für den späteren Berufsweg zu verhindern, so dass eine grundsätzliche Geeignetheit der Maßnahme nicht zu verneinen ist. Es stellt sich aber die Frage, ob zur Zweckerreichung nicht ein milderes Mittel zur Verfügung gestanden hätte, also ob das vollständige Verbot von bestimmten Ausbildungsverträgen erforderlich bzw. notwendig ist.

8.2.3.2.3. Notwendigkeit

Ob eine Maßnahme erforderlich bzw. notwendig ist, entscheidet sich danach, ob nicht eine andere Maßnahme zur Verfügung steht, die für die Betroffenen weniger belastend ist, aber gleichfalls geeignet ist, den Zweck der Regelung zu erreichen[130]. Im Rahmen der Stufentheorie des BVerfG bedeutet dies, dass eine Maßnahme dann nicht notwendig ist, wenn eine Regelung auf der nächst niedrigeren Stufe ebenfalls geeignet ist[131]

---

schaftsgerichtlicher Maßnahmen genügend gewährleistet sein. (Siehe Bundesrat Drucksache 355/1/69 Nr. 7 zu § 28 II). Letztlich blieb es bei der jetzigen Formulierung.

127 So Ramm, § 58 II, S. 412; wobei allerdings aufgrund der Ausbildungszeiten von zwei bis drei Jahren im Anschluss an die Vollzeitschulpflicht ein solcher Fall wohl eher die Ausnahme sein dürfte.

128 BVerfGE 57, 139 (159); MKS/Manssen, Art. 12 Rd. 127.

129 BVerfGE 25, 1 (17); MKS/Manssen, Art. 12 Rd. 129; vgl. auch HStR/Breuer, § 148 Rd. 14 ff.; v. Münch/Gubelt, Art. 12 Rd. 49; Hufen, NJW 1994, 2918 f.

130 Pieroth/Schlink, § 21 II Rd. 850; MKS/Manssen, Art. 12 Rd. 131 f..

131 Vgl. BVerfGE 7, 377 (405 ff.).

Es wurde bereits ausgeführt, dass § 28 II BBiG aufgrund seiner Abhängigkeit vom Alter eine subjektive Zulassungsbeschränkung enthält. Es ist daher zunächst danach zu fragen, ob nicht eine Regelung auf der Ebene der Beschränkung der Berufsausübung zu einem ähnlichem Ergebnis kommen würde. Wie bereits oben angeführt[132], wollte der Bundesrat diese Zweckrichtung aufgrund der verfassungsrechtlichen Bedenken dadurch erreichen, dass er Ausbildungen in nicht anerkannten Ausbildungsberufen nicht verbietet, sondern dass in den Berufsausbildungsvertrag der ausdrückliche Hinweis der fehlenden Anerkennung aufgenommen wird und der nach Landesrecht zuständigen Behörde angezeigt wird. Der so zuständigen Behörde sollte bei einer Gefährdung des Jugendlichen die Möglichkeit gegeben werden, geeignete Maßnahmen zu ergreifen. Im Übrigen sollte der Schutz durch die arbeitsrechtlichen Jugendschutzgesetze und die Möglichkeit vormundschaftsgerichtlicher Maßnahmen genügend gewährleistet sein[133]. Der Bundesrat wollte damit Regelungen treffen, die auf der Berufsausübungsebene liegen, nämlich lediglich die Aufnahme von Hinweispflichten in Ausbildungsvertrag und Anzeigepflichten. Der Bundesrat versucht daher die Ausbildungsverantwortung innerhalb der bestehenden Vorschriften zunächst den Eltern unter Berücksichtigung der allgemeinen Aufsicht des Staates zuzuweisen[134].

Es stellt sich zunächst die Frage, inwieweit die gesetzgeberische Entscheidung, ob ein milderes Mittel vorhanden und gleichfalls geeignet ist, nachzuprüfen bzw. inwieweit hier dem Gesetzgeber ebenfalls eine Einschätzungsprärogative zuzubilligen ist[135]. Der Eingriff kann intensiver sein, je wahrscheinlicher die Verletzung eines Gemeinschaftsgutes ist[136]. Das BVerfG hat demgemäß weiter ausgeführt, dass bei einer Einschränkung durch eine objektive Zulassungsbeschränkung an den Nachweis der Notwendigkeit besonders strenge Anforderungen zu stellen sind und diese im allgemeinen nur die Abwehr nachweisbarer und höchstwahrscheinlicher schwerer Gefahren für ein überragend wichtiges Gemeinschaftsgut rechtfertigen können[137]. Die Freiheit der Berufswahl darf nur eingeschränkt werden, wenn der Schutz besonders wichtiger Gemeinschaftsgüter es zwingend erfordert[138]. Allerdings wird ein Überschuss von Ausbildungs-

132 Vgl. Fußnote 126.
133 Bundesrat Drucksache 355/1/69 Nr. 7 zu § 28 II.
134 Siehe ausführlich Abgrenzung der elterlichen und staatlichen Befugnisse im Ausbildungsbereich unter 8.2.3.2.4..
135 Vgl. insbesondere Hufen, NJW 1994, 2919; M/D/Scholz, Art. 12 Rd. 319 ff..
136 Vgl. BVerfGE 7, 377 (378); M/D/Scholz, Art. 12 Rd. 320.
137 BVerfGE 7, 377 (378).
138 BVerfGE 7, 377 (378).

und Prüfungsanforderungen, wenn er sich „in vernünftigen Grenzen" hält, in bestimmten Fällen hingenommen[139]. Es wird kritisch angemerkt, dass sich das BVerfG nach dem grundsätzlichen „Apothekerurteil"[140] aus der strengen Kontrolle, ob nicht ein milderes Mittel zur Verfügung steht, zurückgezogen hätte[141]. Das BVerfG hat aber auch später in einem Fall, in dem es eine andere mildere Maßnahme als ebenso geeignet angesehen hat, eine Verletzung des Erforderlichkeitsgrundsatzes gesehen[142]. In diesem Fall hat das BVerfG es als milderes Mittel gesehen, wenn der Verbraucherschutz schon durch eine Kennzeichnungspflicht von Lebensmittel über deren Inhalte erreicht werden kann. Einen weitergehenden Eingriff in Form eines Verkehrsverbotes der Lebensmittel war daher nicht notwendig[143].

Grundsätzlich ist dem Gesetzgeber ein Prognosespielraum zuzubilligen, ob seine Maßnahme geeignet ist[144]. Überprüft werden kann die Maßnahme dahingehend, ob sie im angemessenen Verhältnis zur Größe der Gefahr und zur Wahrscheinlichkeit ihres Eintritts steht[145]. Um also das Verbot des § 28 II GG rechtfertigen zu können, muss unter Berücksichtigung des starken Eingriffs hier auf der Ebene der Berufswahl die Gefahr der beruflichen Fehlplanungen zumindest wahrscheinlich sein und ebenso muss wahrscheinlich sein, dass der Zweck durch eine Regelung lediglich auf der Ebene der Berufsausübung nicht erreicht werden kann. Es besteht die Möglichkeit, dass eine Hinweispflicht im Ausbildungsvertrag auf die fehlende Anerkennung der Ausbildung und eine Mitteilungspflicht an die zuständigen Behörden der Jugendwohlfahrt, einen ausreichenden Schutz für die weitere Entwicklung der Jugendlichen bewirkt. Eine solche Lösung berücksichtigt im stärkeren Maße die Ausbildungsverantwortung der Eltern im Sinne des Art. 6 II GG und ist auch unter diesem Gesichtspunkt als milderes Mittel anzusehen[146]. Wenn das BVerfG schreibt, dass die Freiheit der Berufswahl nur eingeschränkt werden darf, wenn es zwingend erforderlich ist, dann ist nicht ersichtlich, warum ein vollständiges Verbot bestimmter Ausbildungsverträge zwingend erforderlich ist. Der Staat unterhält Förderprogrammen für Jugendliche, die keinen Ausbildungsplatz in einem anerkannten Ausbildungsberuf

139 BVerfGE 13, 97 (117 f.); 25, 236 (248); 54, 301 (330 f.); 73, 301 (320); 80, 1 (24).
140 „Apothekerurteil" gleich BVerfGE 7, 377 ff..
141 Hufen, NJW 1994, 2919; vgl. BVerfGE 13, 237 (241) und 14, 105 (112).
142 BVerfGE 53, 135 (145 ff.).
143 BVerfGE 53, 135 (145 ff.).
144 BVerfGE 53, 135 (145); vgl. auch LRH, Art. 12 Rd. 426 f..
145 BVerfGE 25, 1 (17).
146 Vgl. nähere Prüfung unter 8.2.3.2.4..

erhalten haben[147]. Es ist nicht ersichtlich, warum der Staat in Fällen, in denen lediglich ein Ausbildungsvertrag in einem nicht anerkannten Ausbildungsberuf abgeschlossen werden kann, nicht auch unterstützend eingreifen kann, zum Beispiel in Form von begleitenden berufsbildenden Maßnahmen. Auch bei einer solchen Vorgehensweise könnte der weitere berufliche Werdegang des Jugendlichen gegen berufliche Fehlplanungen geschützt werden. Da der Staat keinen Ausbildungsplatz in einem anerkannten Ausbildungsberuf garantiert, schafft er durch das Verbot nicht neue Ausbildungsplätze, sondern erhöht nur die Bewerberzahl für solche Ausbildungsplätze. Berücksichtigt man, dass nicht genügend Ausbildungsplätze in anerkannten Ausbildungsberufen zur Verfügung stehen und, dass der Jugendliche ohne weitere fachliche Beratung trotz des Verbotes des § 28 II BBiG einen Arbeitsplatz einnehmen kann, liegen keine Anhaltspunkte vor, die belegen können, dass das Verbot des § 28 II BBiG eine berufliche Fehlplanung des Jugendlichen eher verhindern kann als eine Hinweispflicht im Ausbildungsvertrag oder eine Benachrichtigungspflicht an eine zu bestimmende Behörde[148]. Entsprechende Hilfen bei der Berufsplanung sind grundsätzlich im bestehendem Recht in § 1631a BGB oder § 11 SGB VIII vorgesehen[149]. Bei Zweifel über die Berufsaussichten des Jugendlichen ist nach Zweckrichtung des § 1631a BGB ein Berufsberater einzuschalten[150].

Im Ergebnis ist davon auszugehen, dass nicht ersichtlich ist, warum der Jugendschutz nicht auch durch das vom Bundesrat vorgeschlagene mildere Mittel der Hinweispflicht im Berufsausbildungsvertrag und einer Mitteilung an die zuständigen Behörden gewährleistet ist. Eine erforderliche Wahrscheinlichkeit für Notwendigkeit für das Verbot des § 28 II BBiG ist daher abzulehnen.

---

147 Vgl. www.berufsbildungsbericht.info unter Berufsbildungsbericht 2003: 1. Neue Herausforderungen für die duale Berufsausbildung: Einrichtung von berufsvorbereitenden Maßnahmen (Grundausbildungslehrgänge) für Jugendliche, die keinen betrieblichen Ausbildungsplatz gefunden haben.

148 Zum Beispiel das Jugendamt als Behörde des Trägers der öffentlichen Jugendhilfe gem. § 69 III SGB VIII.

149 Vgl. zu § 1631a BGB: MK/Hinz, § 1631a Rd. 1 ff; Soergel/Strätz, § 1631a Rd. 1 ff.; zu § 11 SGB VIII: LPK-SGB VIII/Staffan, § 11 Rd. 17.

150 Soergel/Strätz, § 1631a Rd. 8.

8.2.3.2.4. Verhältnismäßigkeitsprüfung im engeren Sinne

Als letzter Punkt ist noch eine Verhältnismäßigkeitsprüfung im engeren Sinn durchzuführen, soweit sich nicht schon vorher eine Verfassungswidrigkeit der Maßnahme ergeben hat[151].

Der Zweck der Maßnahme muss umso wertvoller sein, je intensiver der Eingriff ist. Eine grundsätzliche Einordnung findet durch die bereits dargestellte Stufentheorie des BVerfG statt. Nach der vom BVerfG entwickelten Stufen-Theorie werden Berufsausübungsregelungen bereits durch vernünftige Erwägung des Gemeinwohls legitimiert[152]. Größere Anforderungen sind an Eingriffe mittels Berufswahlregelungen zu messen. Dabei ist zwischen subjektiven und objektiven Berufszugangsvoraussetzungen zu unterscheiden, wobei an objektive Berufszugangsvoraussetzungen größere Anforderungen in Hinblick auf die Belange des Gemeinwohls zu stellen sind als an subjektive Zugangsvoraussetzungen[153].

Bei Berufssportlern ist die Frage der Verhältnismäßigkeit bzw. des Übermaßverbots vor allem bei der Frage der Zulässigkeit von Doping-Sperren zu berücksichtigen. Dabei wird gesagt, dass die Geeignetheit und Erforderlichkeit von Sperren, beispielsweise wegen Dopings, regelmäßig dann zu bejahen sind, weil mittels Sperre Gesundheit und Chancengleichheit, also überragende Güter des internationalen Sportinteresses, geschützt werden sollen[154]. Die auszusprechende Sperre muss angemessen sein und darf nicht übermäßig sein. So hat der DLV-Rechtsausschuss ausgeführt, dass eine 4-jährige Wettkampfsperre wegen eines erstmaligen Doping-Verstoßes unangemessen sei und damit gegen das Verhältnismäßigkeitsprinzip verstoße. Eine Sperre von solcher Dauer bedeute für den Spitzensportler regelmäßig ein Berufsverbot[155]. Eine 2-jährige Sperre sei das Höchstmaß dessen, was noch innerhalb der grundrechtlich-rechtsstaatlichen Grenzen liege[156]. Bei der umfassenden Verhältnismäßigkeitsprüfung ist die Zumutbarkeit einer grundrechtsbeschränkenden Maßnahme sodann aus einer Ab-

---

151 Vgl. Pieroth/Schlink, § 21 II Rd. 858 und 861.

152 BVerfGE 7, 377 (405f.); 16, 286 (297); 65, 116 (125); 70, 1 (28); 77, 308 (332); 78, 155 (162); 81, 70 /84); 85, 248 (259); 93, 362 (369).

153 Sachs/Tettinger, Art. 12, Rd. 106.

154 PHBSportR/Summerer, 3/257.

155 Vgl. auch Bergermann, S. 113 m. w. N..

156 PHBSportR/Summerer, 3/257, Rechtsausschuss des Deutschen Leichtathletik-Verbandes, NJW 1992, 2588, bestätigt durch das OLG München, SpuRt 1996, 138; ebenso Steiner, NJW 1991, 2736; vgl. aber auch Buchberger, SpuRt 1996, 161.

wägung zwischen der Schwere des Eingriffs und dem Gewicht der ihn rechtfertigenden Gründe zu ermitteln[157]. Die Prüfung der Angemessenheit hat grundsätzlich im Rahmen der Stufentheorie des BVerfG stattzufinden[158]. Beschränkungen zur Aufnahme einer Ausbildung sind als Beschränkung der Berufswahlfreiheit anzusehen[159]. Die Altersgrenze als Kriterium des Eingriffs wird dem Risikobereich des Bewerbers zugerechnet und daher als subjektive Zulassungsbeschränkung bewertet[160]. Eine subjektive Zulassungsbeschränkung ist nur durch den Schutz wichtiger Gemeinschaftsgüter gerechtfertigt[161]. Es ist aber auch hier zu schauen, ob die Eingriffsintensität nicht der einer objektiven Zulassungsbeschränkung gleicht und deshalb ein ähnlicher Bewertungsmaßstab heranzuziehen ist[162]

Wenn man die Schwere des Eingriffs ins Verhältnis zu dem beabsichtigten Zweck des Gesetzgebers stellt, muss gefragt werden, welche Folgen, ein Verbot für die Jugendlichen hätte. Sie hätten dann nicht die Möglichkeit, Ausbildungsinhalte zum Gegenstand des Vertragsverhältnisses zu machen. Die weitere fußballerische Betätigung könnte dann entweder nur auf vereinsrechtlicher Basis oder nur im Rahmen eines Arbeitsverhältnisses stattfinden. Dann ist der Jugendliche aber darauf angewiesen, dass der Verein von sich aus, Trainingsinhalte so gestaltet, dass sie zur Förderung und Ausbildung des jugendlichen Fußballspielers dienlich sind. Wenn man aber davon ausgeht, dass eine optimale Förderung eines jugendlichen Fußballspielers im Alter zwischen 15 und 18 Jahren Voraussetzung für eine spätere, erfolgreiche berufsmäßige Ausübung des Sports darstellt, könnte dies schwerwiegende Nachteile für die weitere berufliche Zukunft des Nachwuchsspielers bedeuten.

Auf der anderen Seite steht das wichtige Gemeinschaftsgut, Jugendliche davor zu schützen, Ausbildungsgänge ohne eine ausreichende Zukunftsperspektive zu absolvieren. Insbesondere im Hinblick auf die Ungewissheit der späteren berufsmäßigen Ausübung des Fußballsports muss der Gesetzgeber Vorsorge treffen, dass die Jugendlichen dann auf dem Arbeitsmarkt ohne eine genügend qualifizierte Ausbildung nicht vermittelt werden können. Entscheidet sich der Jugendliche dafür, sich ausschließlich auf den Fußballsport zu konzentrieren, besteht die Gefahr, dass im Falle des sportlichen Scheiterns mangels anderweitiger

157 BVerfGE 85, 248 (261).
158 Grundlegend BVerfGE 7, 377 (406 ff.) (Apothekenurteil).
159 Siehe BVerfGE 33, 337.
160 MKS/Manssen, Art. 12 Rd. 134 f..
161 BVerfGE 7, 377 (406 ff.); 13, 97 (107); 19, 330 (337); 25, 236 (247).
162 BVerfGE 75, 246 (278 ff.); Hufen, NJW 1994, S. 2921.

beruflicher Perspektiven der Sozialstaat für seinen Unterhalt aufzukommen hat. Allerdings ist zu bemerken, dass die Allgemeinheit durch das Verbot keinen Gewinn an qualifizierter Ausbildung hat, da dem Jugendlichen durch den Staat kein Ausbildungsplatz in einem anerkannten Ausbildungsberuf garantiert werden kann. Das Verbot hat lediglich zur Folge, dass der Jugendliche seinen Vertragspartner nicht verpflichten kann, Ausbildungsinhalte zum Schwerpunkt des Vertragsverhältnisses zu machen. Im Rahmen der Zumutbarkeit wäre dies möglicherweise hinzunehmen, wenn der Jugendschutz in Form einer qualifizierten Ausbildung des Jugendlichen anderweitig durch den Staat sichergestellt werden würde.

Soweit der Zugang zu bestimmten Berufen im Rahmen der HwO von einem Befähigungsnachweis abhängig gemacht wird, wird dies als angemessen angesehen, weil dadurch der Leistungsstandard des Handwerks als hohes Gemeinschaftsgut erhöht wird[163]. Durch das Verbot bestimmter Ausbildungsverträge wird aber keine Erhöhung des Ausbildungsstandards der Jugendlichen insgesamt erreicht, weil zusätzliche qualifizierte Ausbildungsplätze nicht geschaffen werden. Bei der Vermeidung einer bloßen abstrakten Gefahr späterer beruflicher Nachteile des einzelnen Jugendlichen, könnte fraglich sein, ob dies in einem angemessenen Verhältnis zu einem Verbot des Abschlusses eines Ausbildungsvertrages, die dem Jugendlichen durch den Erwerb beruflicher Kenntnisse Vorteile auf dem Arbeitsmarkt verschaffen kann, steht.

Das Verbot des § 28 II GG schränkt nicht nur die Berufsfreiheit des Jugendlichen ein, sondern greift zudem in das nach Art. 6 II GG manifestierte Elternrecht ein. Das Bildungssystem für Jugendliche in Deutschland weist den Staat, die Eltern und die Jugendlichen selber als Träger auf[164]. Der Staat übernimmt dabei die Rolle des Regelsetzenden, Beratenden und Fördernden[165]. In dem Bereich der Regelsetzung hat der Staat darauf verzichtet, die Ausbildungsnotwendigkeit zu normieren. Wäre dies geschehen, könnte der Jugendliche nur unter verschiedenen Ausbildungsgängen wählen[166]. Der Jugendliche kann somit zurzeit entscheiden, ob er nach Erfüllung der Schulpflicht sich überhaupt ausbilden lassen will. Gem. § 28 II BBiG hat der Gesetzgeber die Ausbildungsfreiheit nur dahingehend beschränkt, dass sich der Jugendliche, wenn er sich für eine Ausbildung entscheidet, sich nur in einem anerkannten Ausbildungsberuf ausbilden

---

163 Vgl. BVerfGE 13, 97 ff.; BVerwGE 25, 66 (68 ff.); M/D/Scholz, Art. 12 Rd. 342.
164 Siehe ausführlich Ramm, § 79, S. 535 ff.
165 Ramm § 79 III 2, S. 539.
166 Ramm, § 58 IV 4 d), S. 413.

lassen darf. Bei Wegfallen des Verbotes obläge es grundsätzlich den Eltern, diese Entscheidung zu treffen. Das Verhältnis von Elternverantwortung und Eigenverantwortung des Minderjährigen einerseits und Staatsverantwortung andererseits ist nicht eindeutig; im GG stehen die Positionen der Eltern (Art. 6 GG)[167], des Kindes (Art. 2 GG) und der (nur über Gesetzesvorbehalt zu begründenden) staatlichen Ausbildungsverantwortung (Art. 12 I GG) unvermittelt nebeneinander[168]. Der Staat tritt dem Individuum gegenüber als Sozialstaat auf[169]. Das Gegenüberstellen von freiheitsbeschränkenden und freiheitsfördernden Grundrechten führt dazu, dass innerhalb des Art. 12 I GG eine Abwägung zwischen dem Freiheitsgrundrecht des Art. 12 I GG und dem Sozialstaatsprinzip zu erfolgen hat[170]. Wenn der Staat einerseits die Existenzsicherung des Individuums zu gewährleisten hat, muss dem Staat auch die Möglichkeit gegeben werden, Maßnahmen zu ergreifen, die eine möglichst große Selbständigkeit des Individuums ermöglicht, die ihn von der Hilfe des Staates unabhängig existieren lässt[171]. Die EU hat das Ziel, anerkannte und qualifizierte Berufsabschlüsse für Jugendliche zu erreichen, ebenfalls in seine Richtlinie zur beruflichen Ausbildung aufgenommen[172]. Andererseits ist durch die Verfassung in Art. 6 II 1 GG festgelegt worden, dass die Pflege und Erziehung des Kindes zuvörderst den Eltern obliegt[173]. Die Rolle des Staates stellt sich als Wächteramt dar[174]. Das Elternrecht des Grundgesetzes gewährt den Eltern ein Abwehrrecht gegen staatliche Eingriffe und lässt Maßnahmen des Staates nur im Rahmen seines Wächteramtes zu[175]. Die Grenzen des Elternrechts liegen dort, wo die Eltern das Kindeswohl gefährden[176]. Der Gesetzgeber hat unter diesen Voraussetzungen die Aufgabe, die Abgrenzung zwischen Elternrecht zur Erziehung und der Elternpflicht, für das Wohl des Kindes zu sorgen, zu treffen[177]. Bis zu der auch von § 28 II BBiG auf-

167 Vgl. auch Pitschas, S. 407 m. w. N.; Ipsen, JuS 1990, 99.

168 Ramm, § 58 IV 5, S. 415.

169 Ramm, § 79 I 3 c), S. 536.

170 Vgl. Hege, S. 145 f., so auch Pitschas, S. 578 f. und 581.

171 In diesem Sinne ist wohl auch der allgemeine Hinweis des Gesetzgebers zu § 28 II BBiG auf die Schulpflicht zu verstehen (BT-Drucksache V/4260, S. 12 zu § 19 BBiG).

172 Siehe Entschließung des Rates vom 11.06.1993 über Berufsbildung in den neunziger Jahren (93/C 186/02) (Amtsblatt EG vom 08.07.1993-Nr. C 180/3), bei Schieckel, BBiG, Band 1, Europarecht Nr. 5.

173 HStR/Zacher, § 134 Rd. 5; Güllermann, MDR 1975, 795; die Grenze zwischen Kindern und Erwachsenen wird grundsätzlich durch die Volljährigkeit (§ 2 BGB) gezogen, vgl. HStR/Zacher, § 134 Rd. 56 ff..

174 HStR/Zacher, § 134 Rd. 5.

175 BVerfGE 56, 363 (382 f.).

176 HStR/Zacher, § 134 Rd. 10.

177 Vgl. HStR/Zacher, § 134 Rd. 44 ff..

genommenen Volljährigkeitsgrenze ist gerade die Ausbildung des Jugendlichen ein wesentliches Element der Erziehung[178]. Die Eltern haben dabei das Recht, die Erziehung des Kindes nach ihren eigenen Vorstellungen frei zu gestalten und genießen soweit Vorrang vor anderen Erziehungsträgern[179].

Bei dieser Ausformung hat der Gesetzgeber richterliche Interventionsmöglichkeiten auch im Bereich der beruflichen Ausbildung durch §§ 1631a, 1666 BGB geschaffen. Nach § 1631a BGB ist seitens der Eltern bei ausbildungsrelevanten Entscheidungen Rücksicht auf Eignung und Neigung der Kinder zu nehmen. Bei Zweifeln ist Beratung seitens geeigneter Personen einzuholen. Hintergrund ist der, dass falsche Entscheidungen schwerwiegende Folgen für das Kind haben können[180]. Die Regelung des § 1631a BGB umfaßt auch eine fehlende berufliche Perspektive[181]. Das BVerfG hat herausgestellt, dass generelle Verbote nur dann geboten sind, wenn individuelle Maßnahmen nicht ausreichend erscheinen[182]. Der Staat hat zunächst unterstützend einzugreifen[183]. Das Wächteramt des Staates soll äußerste Grenzen des Elternrechts ziehen und Missbrauch verhindern[184]. Je schwerer der Eingriff in das Elternrecht wiegt, desto mehr ist zu fragen, ob der Eingriff unerlässlich ist[185]. Nicht jedes Versagen oder Nachlässigkeit berechtigt den Staat, die Eltern von der Erziehung auszuschalten, vielmehr muss er stets dem grundsätzlichen Vorrang der Eltern Rechnung tragen[186]. Bei § 1631a BGB wird die Eingriffsschwelle für das Einschreiten des Staates dann überschritten, wenn das Kindeswohl nachhaltig und schwer beeinträchtigt zu werden droht[187]. So befugt zum Beispiel eine Schulabmeldung durch die Eltern, wenn sie die Wünsche und Neigungen des Kindes und den Rat der Schule und des Berufsberaters ohne andere Anhaltspunkte missachtet, zum Einschreiten des

178 HStR/Zacher, § 134 Rd. 60.
179 BVerfGE 24, 119 (143).
180 Erman/Michalski, § 1631a Rd. 7a.
181 MK/Huber, § 1631a Rd. 2 ff.; Strätz, FamRZ 1975, 549.
182 BVerfGE 7, 320 (322 ff.); 24, 119 (145); HStR/Zacher, § 134 Rd. 76 m. w. N.; kritisch AK/Richter, Art. 6 Rd. 35.
183 BVerfGE 24, 119 (145)
184 HStR/Zacher, § 134 Rd. 93.
185 BVerfGE24, 119 (145).
186 BVerfGE 60, 79 (94).
187 Vgl. Palandt/Diederichsen, § 1666 Rd. 15 ff.; Erman/Michalski, § 1631a Rd. 7a; Soergel/Strätz, § 1631a Rd. 12, diese Kommentierung berücksichtigt noch § 1631a a. F., durch das Gesetz zur Reform des Kindschaftsrechts werden gerichtliche Maßnahmen bei Gefährdung des Kindeswohls auch in Hinblick auf § 1631a nunmehr durch § 1666 BGB geregelt.

Gemeinwesens zum Wohl des Kindes[188]. Eine schwere Beeinträchtigung kann allerdings durch positive Gesichtspunkte der Entscheidung wieder aufgewogen werden[189]. Auch dies spricht gegen generelle Verbote, die die Entscheidung der Eltern einengen. Im Gegensatz zu § 28 II BBiG stellen sich die Gefahren bei anderen Verboten, die dem Jugendschutz dienen, wie zum Beispiel dem Verbot der Kinderarbeit nach dem Jugendarbeitsschutzgesetz[190], weitaus konkreter dar, um eine Beschränkung des Elternrechts aus Art. 6 II GG und damit auch einen Eingriff der Berufsfreiheit der Jugendlichen zu rechtfertigen.

Die vorherigen Ausführungen haben aufgezeigt, dass das Verbot des § 28 II BBiG sowohl in die Berufsfreiheit des Jugendlichen als auch in das sich aus Art. 6 II GG ergebende Elternrecht eingreift. Die Vermeidung schwerwiegender Gefahren für die berufliche Entwicklung der Jugendlichen liegt nicht auf der Hand, da das Verbot nicht zu einer Verbesserung der beruflichen Ausbildung führt. Die Jugendlichen werden nicht zu einer qualifizierten Ausbildung geleitet, sondern es wird nur die Vermittlung beruflicher Kenntnisse verhindert.

Im Hinblick auf die Förderverträge ist zu sagen, dass die Eltern zunächst sehr viel besser als der Staat beurteilen können, ob der jugendliche Spieler das Talent und die Neigung hat, die Chance eines Fördervertrages in Hinblick auf eine spätere Karriere als Lizenzspieler nutzen zu können. Das Angebot des Vereins zeigt auch hier, dass diesbezügliche Hoffnungen nicht unbegründet sind. Ein Verbot eines solchen Fördervertrages durch § 28 II BBiG erscheint daher insbesondere als generelle, ohne den Einzelfall zu berücksichtigende Regelung als übermäßig. Gefahren könnten effektiver durch die schon bestehenden, individuellen gesetzlichen Möglichkeiten, zum Beispiel durch §§ 1631a, 1666 BGB, begegnet werden.

Im Ergebnis ist daher auch unter diesem Gesichtspunkt von einer Verletzung des Übermaßverbotes auszugehen.

---

188 OLG Karlsruhe, FamRZ 1974, 661 f.; vgl. auch OLG Köln, FamRZ 1973, 265 und LG Kassel, FamRZ 1970, 597sowie Kramer, JZ 1974, 90 ff., Lüderitz, AcP 178 (1978), 263 ff und Güllermann, MDR 1975, 793 ff.: zur Frage, wann das Kindeswohl schwer und nachhaltig beeinträchtigt zu werden droht.

189 BayObLG, FamRZ 1982, 634 (636).

190 Siehe zu Zielen des Jugendarbeitsschutzgesetzes bei Zmarzlik/Anzinger, Einführung Rd. 1 ff.; Schaub, § 161 Rd. 1 ff.; ErfK/Schlachter, JArbSchG § 1 Rd. 1.

8.2.4. Verfassungskonforme Auslegung

Es stellt sich die Frage, ob trotz der oben ausgeführten verfassungsmäßigen Bedenken die Norm des § 28 II BBiG aufrechterhalten bleiben kann. Dabei ist an die Möglichkeit der verfassungskonformen Auslegung, der Teilnichtigkeit oder der Teilnichtigkeit ohne Normtextreduzierung zu denken[191].

Eine verfassungskonforme Auslegung hat sich danach zu richten, dass im Hinblick auf Art. 20 II GG in den Grenzen der Verfassung das Maximum dessen aufrechtzuerhalten ist, was der einfache Gesetzgeber gewollt hat; dies fordert eine verfassungskonforme Auslegung der Norm, soweit diese durch den Wortlaut des Gesetzes gedeckt ist und die prinzipielle Zielsetzung des Gesetzgebers wahrt[192]. Lässt eine Norm mehrere Auslegungen zu, die teils zu einem verfassungswidrigen, teils zu einem verfassungsgemäßen Ergebnis führen, so ist die Norm verfassungsgemäß und muss verfassungskonform ausgelegt werden[193]. Voraussetzung ist, dass die gesetzgeberische Grundentscheidung, Wertung und der gewollte Zweck der gesetzlichen Regelung nicht verändert werden[194]. Weiter muss sie sich im Rahmen des Wortlautes halten[195].

Bei einer Teilnichtigkeit erfolgt eine Reduzierung des Wortlautes. Bei einer Teilnichtigkeit ohne Normtextreduzierung wird die Norm für bestimmte, im Normtext nicht gesondert ausgewiesene Fallkonstellationen für nichtig erklärt[196].

Eine Anwendung für Vertragsverhältnisse gem. § 19 BBiG scheidet aufgrund des Wortlautes des § 19 BBiG und der Positionierung des § 28 II BBiG im öffentlich-rechtlichen Teil (§§ 20 ff. BBiG) aus. Da sich eine verfassungskonforme Auslegung nicht dem Wortlaut der Regelung widersprechen darf, scheidet eine solche für Fälle des § 19 BBiG aus. Eine Anwendung für Vertragsverhältnisse gem. § 1 II BBiG, die nicht für anerkannte Ausbildungsberufe abgeschlossen wurden, scheitert an der oben dargestellten Notwendigkeit. Eine Anwendung des § 28 II BBiG in Form einer bloßen Hinweispflicht kommt nicht in Frage, da ein solches vom Gesetzgeber bewusst nicht gewollt war und ebenfalls nicht vom Wortlaut des § 28 II BBiG umfaßt wäre. Eine Aufrechterhaltung durch eine ver-

191 Vgl. Schlaich/Korioth Rd. 384 ff. und Rd. 440 ff..
192 Siehe so beispielhaft BVerfGE 86, 320 m. w. N..
193 BVerfGE 64, 229 (242); 69, 1 (55); 74, 297 (345 ff.); 88, 203 (331).
194 Vgl. BVerfGE 64, 229 (241); Schlaich/Korioth, Rd. 449.
195 BVerfGE 63, 131 (147), wonach der eindeutige Wortlaut eine verfassungskonforme Auslegung ausschließt.
196 Schlaich/Korioth, Rd. 386.

fassungskonforme Auslegung oder eine bloße Teilnichtigkeit mit oder ohne Normtextreduzierung scheidet daher aus.

8.3. Ergebnis für Förderverträge

Als Ergebnis für die Förderverträge bleibt festzuhalten, dass die Förderverträge unabhängig davon, ob sie neben dem Besuch einer allgemeinbildenden oder berufsbildenden Schule oder dem Absolvieren einer anerkannten Berufsausbildung abgeschlossen werden oder daneben keine weitere berufliche oder schulische Ausbildung erfolgt, zulässig sind.

8.4. Rechtsfolgen im Falle der Nichtigkeit des Fördervertrages

Folgt man entgegen der hier vertretenen Ansicht[197], dass Ausbildungsverträge mit Jugendlichen unter 18 Jahren doch dem Verbot des § 28 II BBiG unterliegen, so sind diese gem. § 134 BGB nichtig[198]. Nach § 134 BGB ist ein Rechtsgeschäft, das gegen ein gesetzliches Verbot verstößt, nichtig, wenn sich aus dem Gesetz nichts anderes ergibt. § 134 BGB gilt für alle Rechtsgeschäfte und Verträge aller Art[199]. Ob eine Rechtsnorm ein Verbot enthält, ergibt in der Regel der Sinn und Zweck der Rechtsvorschrift und ergibt sich nicht unmittelbar aus § 134 BGB[200]. Sofern eine ausdrückliche Bestimmung fehlt, kommt es darauf an, ob es mit dem Sinn und Zweck des Verbotsgesetzes unvereinbar wäre, die durch das Rechtsgeschäft getroffene rechtliche Regelung hinzunehmen und bestehen zu lassen[201]. Ohne Bedeutung für die Nichtigkeit als Folge der Verbotsverletzung ist die Kenntnis des Verbotes durch die Beteiligten[202]. Gem. § 28 II BBiG dürfen Jugendliche unter 18 Jahren in anderen als anerkannten Ausbildungsberufen nicht ausgebildet werden. Die Formulierung „dürfen nicht“ muss nicht unbe-

197 So wie im Ergebnis ArbG Reutlingen, EzB a. F. BBiG § 28 Nr. 1; LAG Schleswig-Holstein, EzB a. F. BBiG § 28 Nr.3.
198 So in der Rechtsfolge ArbG Reutlingen, EzB a. F. BBiG § 28 Nr. 1; ErfK/Schlachter, § 28 Rd. 3; Leinemann /Taubert, § 28 Rd. 10; a. A. LAG Schleswig-Holstein, EzB a. F. BBiG § 28 Nr. 3: Nichtigkeit gem. § 138 BGB, dort ging es allerdings in der Hauptsache um das Missverhältnis zwischen Vergütung und geleisteter Arbeit des Auszubildenden.
199Erman/Palm, § 134 Rd. 7.
200 BGHZ 37, 258 (261); 37, 363 (365 f.); 78, 263 (265); für das BBiG: OLG Hamm, NJW 1983, 2708.
201 BGHZ 85, 39 (43).
202 BGHZ 37, 363 (366); MK/Mayer-Maly/Armbrüster, § 134 Rd. 111.

dingt auf ein Verbotsgesetz im Sinne des § 134 BGB hindeuten[203]. Richtet sich das Verbot nicht nur gegen die Art und Weise des Abschlusses, sondern gegen den Inhalt des Rechtsgeschäfts, greift § 134 BGB ein[204]. Dies gilt insbesondere dann, wenn sich das Verbot gegen beide Vertragspartner richtet[205] und es sich nicht um eine Ordnungsvorschrift handelt, die nur die Art und Weise der Vornahme missbilligt[206].

§§ 18 und 5 I 1 BBiG regeln ausdrücklich, dass für Auszubildende nachteilige Vereinbarungen nichtig sind[207]. Eine solche ausdrückliche Regelung findet sich in § 28 II BBiG nicht. Dennoch ist von der Nichtigkeit des Vertrages auszugehen[208]. Der vom Gesetzgeber verfolgte Zweck, eine Ausbildung in einem nicht anerkannten Ausbildungsberuf zu verhindern[209], kann nur dadurch erreicht werden, wenn das Ausbildungsverhältnis aufgehoben wird. Es handelt sich auch nicht nur um eine bloße Ordnungsvorschrift, sondern nach der Absicht des Gesetzgebers soll eine solche Ausbildung grundsätzlich verhindert werden.

Ebenso wie bei einem normalen Arbeitsverhältnis ist bei einem Ausbildungsverhältnis in der Rechtsfolge danach zu unterscheiden, ob der Ausbildungsvertrag schon in Vollzug gesetzt wurde oder nicht. Wenn noch kein Leistungsaustausch stattgefunden hat, gelten die allgemeinen bürgerlich-rechtlichen Vorschriften, insbesondere die Vorschriften über die ungerechtfertigte Bereicherung[210]. Es tritt also eine ex tunc Wirkung ein[211]. Ist das Ausbildungsverhältnis bereits vollzogen worden, besteht wie im Arbeitsrecht ein so genanntes fehlerhaftes Ausbildungsverhältnis, auch faktisches Ausbildungsverhältnis genannt[212]. Hier kann sich ei-

---

203 BGH, NJW 1992, 2021 (2022); Palandt/Heinrichs, § 134 Rd. 6a; a. A Erman/Palm, § 134 Rd. 9.
204 Erman/Palm, § 134 Rd. 11; Jauernig/Jauernig, § 134 Rd. 9 f..
205 Jauernig/Jauernig, § 134 Rd. 11.
206 BGHZ 75, 366 (368); Palandt/Heinrichs, § 134 Rd. 8.
207 So auch BAGE 39, 226 (227); BAG, NJW 74, 1155.
208 So in der Rechtsfolge ArbG Reutlingen, EzB a. F. BBiG § 28 Nr. 1; ErfK/Schlachter, § 28 Rd. 3; Leinemann /Taubert, § 28 Rd. 10; Wohlgemuth, § 28 Rd. 5; Herkert, § 28 Rd. 11;
209 Siehe unter 8.2.3.2.3..
210 Vgl. BAGE 39, 226 (229); LAG Frankfurt, AR-Blattei, D, Einstellung, Entscheidung 10; Schaub, § 35 Rd. 33; Preis, § 23 II 1.
211 So für die Anfechtung bei einem Ausbildungsverhältnis: Leinemann/Taubert, § 3 Rd. 78; vgl. auch MünchArbR/Natzel, § 178 Rd. 18.
212 Für ein Ausbildungsverhältnis Leinemann/Taubert, § 3 Rd. 78; für das Arbeitsrecht: BAG, AP BGB § 123 Nr. 2; AP HGB § 63 Nr. 32; AP BGB § 123 Nr. 49; Preis, § 23 II 1; Schaub, § 35 Rd. 34 m. w. N.; vgl. auch Eckert, Rd. 42 ff. zur Reichweite der Anwendung der §§ 812 BGB; kritisch Beuthien, S. 161 ff.; Walker, JA 1985, 138 ff..

ne Partei nur für die Zukunft durch einseitige Erklärung lösen[213]. Das BAG hat ein in Vollzug setzen dann angenommen, wenn der Arbeitnehmer beim Arbeitgeber erschienen ist, seinen Arbeitsplatz zugewiesen bekommen und die Arbeit aufgenommen hat[214].

Das BAG hat hierzu ausgeführt[215]: „Kennzeichen des faktischen Arbeitsverhältnisses ist, dass eine rechtsgültige Grundlage für die Beschäftigung des Arbeitnehmers nicht besteht. Dann fehlt dem Arbeitsverhältnis der Bestandsschutz, es kann ohne Einhaltung einer Frist aufgelöst werden; für die Vergangenheit wird es aber, wenn in Vollzug gesetzt, wie ein fehlerfrei zustande gekommenes Arbeitsverhältnis behandelt. Eine Rückabwicklung der erbrachten Leistungen kommt nicht in Betracht, es bestehen nur Erfüllungsansprüche. Hat der Arbeitnehmer seine Arbeitsleistung erbracht, kann er die ursprünglich vereinbarte Vergütung verlangen. Es sind aber auch arbeitsrechtliche Schutznormen ohne Einschränkung anzuwenden."

Grundsätzlich bleibt der Vertrag trotz einer nichtigen Klausel des Arbeitsvertrages aufrechterhalten, wenn im Übrigen ein sinnvoller Vertrag verbleibt[216]. Bei Verstößen gegen öffentlich-rechtliche Schutznormen, die sich gegen den Vertragsschluss insgesamt richten, ist der gesamte Vertrag für nichtig zu erklären[217]. Insbesondere ist nach dem Schutzzweck der Norm zu schauen[218]. Ein Verstoß gegen § 28 II BBiG führt daher auch zu einer Nichtigkeit des gesamten Ausbildungsverhältnisses, da eine Aufrechterhaltung des Vertragsverhältnisses ohne die gegenseitigen ausbildungstypischen Hauptpflichten sinnlos wäre. Eine Umdeutung in ein Arbeitsverhältnis ist nicht möglich[219]. Dies würde den grundsätzlichen Unterschieden zwischen einem Ausbildungsverhältnis und einem Arbeitsverhältnis zu wider laufen. Erst über eine Änderung der Vertragsinhalte könnten die Parteien entsprechende gültige Vertragsabsprachen treffen. Ist der Auszubildende in der Vergangenheit entgegen den vertraglichen Absprachen nicht ordnungsgemäß ausgebildet worden, sondern mit einfachen Hilfstätigkei-

---

213 Vgl. BAG, AP BGB § 125 Nr. 2.

214 BAG, AP HGB § 63 Nr. 32; Preis, § 23 II 1; Schaub, § 35 Rd. 32.

215 BAG, AP LohnFG § 1 Nr. 66..

216 BAG, AP BGB § 620 Befristeter Arbeitsvertrag Nr. 60; BGH, MDR 60, 612; BGHZ 40, 235; Preis, § 23 II 2; Schaub § 35 Rd. 33.

217 Vgl. BAG, AP MSchG 1968 § 8 Nr. 1; BSGE 11, 130; Preis, § 23 II 2; Eckert, Rd. 46 ff.

218 Siehe insbesondere Eckert, Rd. 46 ff..

219 So auch ArbG Herne, ARSt 1968, 79; MünchArbR/Natzel, § 178 Rd. 17; Herkert, § 3 Rd. 39; Leinemann/Taubert, § 4 Rd. 83; a. A. ArbG Wilhelmshaven, EzB a. F. BGB § 611 BGB Haftung des Arbeitgebers Nr. 1.

ten beschäftigt worden, hat er nach § 612 BGB Anspruch auf Zahlung des Hilfsarbeiterlohnes[220]. Sollte der Jugendliche mit einem Fördervertrag nur in der Lizenzligamannschaft eingesetzt worden sein, wäre ihm dann eine dementsprechende angemessene Vergütung gem. § 612 BGB zu zahlen. Wurde der Auszubildende dagegen, wie im Fördervertrag vorgesehen, ausgebildet und mit den Tätigkeiten eines Auszubildenden beschäftigt, hat er für die Vergangenheit nur Ansprüche auf Zahlung der Ausbildungsvergütung[221]. Im Sozialversicherungsrecht gilt das faktische Arbeitsverhältnis als ein Fall des Arbeitsverhältnisses gem. § 7 I SGB IV, so dass dadurch eine Verknüpfung des Sozialrechts an das Arbeitsrecht vorgenommen wird[222].

Gem. I (Präambel) Nr. 2 Lizenzordnung Spieler (LOS) DFL[223] muss der Spieler als so genannter Nicht-Amateur ohne Lizenz neben seinem Vertragsverhältnis noch Mitglied des Vereins sein. Für die Förderverträge gelten gem. Nr. 4 des Anhangs V zur Lizenzordnung DFL[224] die allgemeinen Vorschriften für Nicht-Amateure ohne Lizenz der Lizenzordnung DFL. Da es hier um zwei verschiedene Rechtsverhältnisse geht, hat die Nichtigkeit des Fördervertrages keine Auswirkung auf die Vereinsmitgliedschaft[225]. Dementsprechend sieht die Spielordnung des DFB vor, dass ein Nicht-Amateur ohne Lizenz trotz Beendigung des Vertragsverhältnisses sich bei seinem bisherigen Verein vereinsrechtlich abmelden muss[226]. Allerdings hat gem. § 22 Nr. 6 Spielordnung DFB die vorzeitige rechtswirksame Vertragsbeendigung, gleich aus welchem Grund, das sofortige

---

220 LAG Hamm, DB 1965, 1599; LAG Berlin, ARSt 1966, 68; Herkert, § 3 Rd. 39; MünchArbR/Natzel, § 178 Rd. 17; Stahlhacke, DB 1966, 940 (943); Leinemann/Taubert, § 4 Rd. 83.

221 ArbG Wilhelmshaven, EzB a. F. BGB § 611 Haftung des Arbeitgebers Nr. 1; Herkert, § 3 Rd. 39; MünchArbR/Natzel, § 178 Rd. 17; Leinemann/Taubert, § 4 Rd. 83.

222 KK/Seewald, § 7 SGB IV Rd.139; durch diese Verknüpfung wird auch in diesem Bereich die Unterscheidung zwischen Beschäftigungsverhältnis und Arbeitsverhältnis nicht mehr nötig, vgl. KK/Seewald, § 7 SGB IV Rd. 139 und Hauck/Sehnert, § 7 SGB IV Rd. 26.

223 Siehe www.bundesliga.de/intern/ligastatu/.

224 Siehe www.bundesliga.de/intern/ligastatu/.

225 Vgl. BGH, ZIP 89, 1190 (1191); AP GmbHG § 38 Nr. 1: für Trennung von Organstellung und Angestelltenvertrag bei juristischen Personen; Preis, § 8 II 4 c) ff.); Schaub, § 14 Rd. 25; vgl. auch zur Abgrenzung von Diensten aufgrund eines Arbeitsvertrages oder einer Vereinsmitgliedschaft BAG, NZA 2002, 1412 ff.; AP ArbGG 1953 § 5 Nr. 1; AP BetrVG 1972 § 5 Nr. 1 und 2; AP ArbGG 1979 § 5 Nr. 22.

226 § 23 Nr. 11 i. V. m. § 16 Nr. 1.1 Spielordnung DFB; § 22 Lizenzordnung DFL (Siehe www.bundesliga.de/intern/ligastatu/) verweist auch für Verträge mit Nicht-Amateuren ohne Lizenz auf die §§ 22 ff. Spielordnung DFB (www.dfb.de/dfb-info/interna/spielordnung).

Erlöschen der Spielerlaubnis zur Folge[227]. Die Einfügung des Zusatzes „gleich aus welchem Grund“ deutet auf die Absicht hin, das Erteilen der Spielerlaubnis nach einer Veränderung des Status des Spielers neu zu prüfen. Daher ist auch bei einer Nichtigkeit des Fördervertrages davon auszugehen, dass der Spieler eine Spielerlaubnis gem. den §§ 10 ff. Spielordnung DFB neu beantragen muss[228].

227 www.dfb.de/dfb-info/interna/spielordnung.
228 www.dfb.de/dfb-info/interna/spielordnung.

9. Zusammenfassung

Die Untersuchung sollte der Tatsache Rechnung tragen, dass die Talentförderung im Spitzenbereich des deutschen Fußballs in den vergangenen Jahren durchgreifende Änderungen erfahren hat. Verein und Nachwuchsspieler schließen neben der Vereinsmitgliedschaft Verträge ab. Der Spieler verpflichtet sich gegen ein monatliches Entgelt das Fußballspielen für den Verein auszuüben. Dabei werden vertragliche Laufzeiten vereinbart, die über die Höchstdauer der gesetzlichen Kündigungsfristen bei einer Vereinsmitgliedschaft (gem. § 39 BGB zwei Jahre) hinausgehen. Die Prüfung, wie solche Förderverträge einzuordnen sind, wurde ausgehend vom dem für die berufliche Ausbildung in Deutschland maßgebenden Berufsbildungsgesetz durchgeführt. Im Ergebnis ergab sich dabei, dass sowohl der sachliche als auch der persönliche Geltungsbereich des BBiG eröffnet ist, und die Förderverträge als „anderes Vertragsverhältnis“ gem. § 19 BBiG angesehen werden können. Als Rechtsfolge sind die §§ 3-18 BBiG (vertragsrechtlicher Teil) mit denen in § 19 BBiG angeführten Einschränkungen anzuwenden. Damit erfolgt eine begrenzte Zuordnung der Förderverträge zum Berufsbildungsgesetz.

Im Einzelnen ergab die Prüfung folgendes:

Das BBiG umfaßt grundsätzlich alle Berufs- und Wirtschaftszweige. Ein Bundesligaverein wird heutzutage wie ein Unternehmen anderer Berufs- und Wirtschaftszweige geführt. Die unternehmerischen Ziele sollen durch das Einhalten des ökonomischen Prinzips erreicht werden. Ebenso bedient man sich anderer vereinsfremder Personen, um das unternehmerische Ziel des sportlichen Erfolgs zu erreichen. Die angesprochenen vereinsfremden Personen, zu einem großen Teil Spieler, versuchen andererseits, mit dem Fußballspielen berufliche Chancen zu nutzen. Diese dargestellten Zielsetzungen des Vereins auf der einen und des Spielers auf der anderen Seite machen es erforderlich, einen Verein oder die von ihm kontrollierte Kapitalgesellschaft in gleicher Weise wie andere Wirtschaftsunternehmen gem. § 2 BBiG dem Berufsbildungsgesetz zu unterwerfen.

Es ist aufgezeigt worden, dass die Entwicklung von Regelungen für einzelne Berufe bei den Zünften über Regelungen für bestimmte Bereiche (Gewerbeordnung, Handelsgesetzbuch, Handwerksordnung) zu einem BBiG führte, welches nicht bestimmte Berufe regelt, sondern vielmehr bestimmte Ausbildungsformen. Da das BBiG neben Berufsausbildungsverhältnissen (§ 1 II) auch Fortbildungs- und Umschulungsverhältnisse (§ 1 III und IV) sowie andere Vertragsverhältnisse (§ 19) regelt, ist es auch nicht auf bestimmte anerkannte Ausbildungsberufe beschränkt. Daher ist es sachgemäß, den weiten verfassungsrechtlichen Berufsbegriff des Art. 12 I GG auch für den Begriff „Beruf“ innerhalb des BBiG heranzuziehen, da insbesondere das BBiG keine eigene Legaldefinition vornimmt. Das Ausüben des Fußballsports gegen ein regelmäßiges Entgelt kann Beruf im Sinne des Art. 12 I GG sein. Die Folge ist, dass eine Ausbildungsform mit Zielrichtung einer berufsmäßigen Betätigung des Fußballsports grundsätzlich vom BBiG geregelt werden kann. Voraussetzung ist, dass die Vorgaben erfüllt werden, die das BBiG für die unterschiedlichen Ausbildungsverhältnisse aufstellt.

Ein Umschulungs- oder ein Fortbildungsverhältnis gem. § 1 III, IV BBiG ist nicht gegeben, da die Spieler im Alter von ca. 15-19 Jahren in der Regel noch keine andere Berufstätigkeit ausgeübt haben.

Ein Fördervertrag kann keine Berufsausbildung im Sinne des § 1 II BBiG darstellen. Es werden keine Kenntnisse und Fertigkeiten vermittelt, die eine breite berufliche Grundbildung gewähren, weil die innerhalb der Förderverträge in Frage kommenden Kenntnisse und Fertigkeiten nur für den Beruf „Fußballer“ zu verwenden sind. Weiter dürfte mangels einer Vollzeitausbildung die gem. § 1 II. Satz 2 BBiG geforderte Berufserfahrung nicht in dem geforderten Maße vermittelt werden. Insgesamt scheidet demnach die Annahme einer Berufsausbildung gem. § 1 II BBiG aus. Dies hat auch zur Folge, dass eine Anerkennung der Berufsausbildung gem. § 25 I BBiG nicht in Frage kommt. Die Förderverträge können allerdings nach seinem Wortlaut unter § 19 BBiG subsumiert werden. Die Spieler werden eingestellt, um berufliche Kenntnisse, Fertigkeiten oder Erfahrungen zu erwerben. Die aufgrund des Vertragsverhältnisses vermittelten fußballerischen Fähigkeiten stellen zumindest berufliche Kenntnisse und Fertigkeiten dar, die in Hinblick auf eine spätere berufliche Tätigkeit als Lizenzspieler vermittelt werden. Es liegt kein Berufsausbildungsverhältnis gem. § 1 II BBiG vor. Die Abgrenzung zwischen einem Freizeit-, einem Arbeits- und einem Ausbildungsverhältnis ergibt, dass der Schwerpunkt der Förderverträge auf Vereinsseite und Spielerseite auf einer Ausbildungsleistung liegt. Damit liegt auch kein Arbeitsverhältnis vor. Die Voraussetzungen des § 19 BBiG sind daher ausgehend von seinem Wortlaut gegeben.

Der historische Gesetzgeber wollte den rechtlichen Status der Ausbildenden in der Erstausbildung regeln, die nicht unter § 1 II BBiG fallen. Somit bekommt § 19 BBiG den Charakter einer Auffangvorschrift, die wesentlich dazu beiträgt, die umfassende Regelungsabsicht des Gesetzgebers auf dem Gebiet der beruflichen Bildung zu verwirklichen.

Lernorte des BBiG können gem. § 1 V BBiG betriebliche Ausbildungsstätten, berufsbildende Schulen und sonstige Ausbildungsstätten sein. Gem. § 2 I BBiG wird die Grenze des sachlichen Geltungsbereiches nicht durch die institutionelle Form des Lernortes berufsbildende Schule gesetzt, sondern durch die verfassungsmäßige Grenze des Kompetenzbereiches des Bundes für die Gesetzgebung eines berufsübergreifenden Berufsbildungsgesetzes. Der Kompetenzbereich des Bundes ergibt sich aus Art. 74 Nr. 11 „Recht der Wirtschaft" und/oder Nr. 12 GG „Arbeitsrecht". Soweit Vereine mit Spielern Ausbildungsverhältnisse abschließen, fallen diese unter die Regelungskompetenz des Bundes gem. Art. 74 Nr. 11 GG „Recht der Wirtschaft". Die Tatsache, dass die Vereine später beabsichtigen, die Nachwuchsspieler als Arbeitnehmer mit einem Lizenzspielervertrag zu beschäftigen, bedeutet einen konkreten Berufsbezug zum „Recht der Wirtschaft". Für den Fall, dass diese Ausbildungsverhältnisse als arbeitnehmerähnliche Vertragsverhältnisse ausgestaltet sind, wäre zudem eine Regelungskompetenz des Bundes gem. Art. 74 Nr. 12 „Arbeitsrecht" gegeben.

Der vertragsrechtliche Teil des BBiG (§§ 3-18 BBiG) ist aber sowohl in dem Fall auf die Förderverträge anzuwenden, wenn das NLZ dem Verein bzw. der Kapitalgesellschaft zugeordnet wird, in dem auch die Lizenzspielermannschaft unterhalten wird als auch in dem Fall, wenn das NLZ in dem Verein verbleibt und die Lizenzspielermannschaft in eine Kapitalgesellschaft ausgegliedert wird. Der Lernort und die Lernmethode sind dabei nicht entscheidend. Maßgeblicher Punkt ist, dass ein Bundesligaverein mit einem Nachwuchsspieler ein Ausbildungsverhältnis abschließt, in der Hoffnung so später Lizenzspieler für seine Bundesligamannschaft gewinnen zu können. Die Anwendung des vertragsrechtlichen Teils stellt sich dann als die Rechtsfolge dar, die das BBiG an ein Ausbildungsverhältnis als Erstausbildung knüpft.

Sonstige Regelungen des BBiG und anderer mit dem Ausbildungsrecht zusammenhängender Gesetze sprechen für eine Einbeziehung der Förderverträge in das BBiG. Aufgrund der in sonstigen Ausbildungsgängen entsprechend bestehenden gegenüberstehenden Interessen der Vereine und der Spieler ist die Anwendung der §§ 3-18 BBiG zum Ausgleich dieser und zum Schutz der Spieler gerechtfertigt. Der Verein versucht mit den Förderverträgen die ökonomischen Ziele der Lizenzspielerabteilung zu unterstützen. Der Spieler versucht berufliche Chancen wahrzunehmen, um im Anschluss möglichst mit einem Lizenzspielervertrag den Beruf des Fußballers ergreifen zu können.

Im Ergebnis sind damit gem. § 19 BBiG die §§ 3-18 BBiG mit denen in § 19 BBiG aufgeführten Einschränkungen auf die Förderverträge anzuwenden. Der ordnungsrechtliche Teil des BBiG mit den §§ 20 ff. ist dagegen von der Anwendung ausgenommen. Insbesondere die begrenzte Anwendung des BBiG lässt eine Einbeziehung der Förderverträge in die gesetzliche Regelung der beruflichen Bildung als angemessen erscheinen.

Sofern ein Fördervertrag mit einem Jugendlichen unter 18 Jahren abgeschlossen wird, ist ein solcher trotz § 28 II BBiG zulässig. Nach dem Wortlaut des § 28 II BBiG dürfen Jugendliche nur in anerkannten Ausbildungsberufen ausgebildet werden, soweit die Berufsausbildung nicht auf den Besuch weiterführender Bildungsgänge vorbereitet. Ein solches Verbot stellt allerdings einen Eingriff in die gem. Art. 12 I GG geschützte Ausbildungsfreiheit dar. Da § 19 BBiG nur die § 3 –18 BBiG für anwendbar erklärt, fehlt es für ein Verbot eines Fördervertrages an der erforderlichen Bestimmtheit der Regelung, um einen Eingriff in die Berufsfreiheit rechtfertigen zu können. Im Weiteren bestehen erhebliche Bedenken gegen die Verhältnismäßigkeit des Eingriffs. Eine Hinweispflicht im Fördervertrag auf die fehlende Anerkennung der Ausbildung könnte im gleichen Maße dazu führen, dass der Jugendliche vor einer beruflichen Fehlplanung geschützt wird.

10.
Anhang Umfrageergebnisse

Im 2. Halbjahr 2001 führte der Verfasser in Zusammenarbeit mit der Deutschen Fußball Liga (DFL) eine Umfrage bei den Lizenzvereinen der 1. Fußball-Bundesliga und deren Nachwuchsleistungszentren durch.

Die Umfrage bestand aus zwei Fragebögen. Der erste Fragebogen war an die Leitung der NLZ der Vereine gerichtet. Der zweite Fragebogen richtete sich an die Nachwuchsspieler.

17 der 18 Vereine schickten den ausgefüllten Fragebogen zurück. Bei den NLZ wurde der Fragebogen an die Spieler verteilt, die in den A- und B-Juniorenmannschaften der betreffenden Vereine spielten. Insgesamt wurden hier 310 Fragebögen zurück gesandt.

Die Ergebnisse der Auswertung, auf die in der Untersuchung Bezug genommen wurde, sind auf den folgenden Seiten aufgeführt.

Auswertung: Fragebogen Nachwuchsspieler

Frage 1:

Wie alt sind Sie?

2	x	14 Jahre
54	x	15 Jahre
112	x	16 Jahre
76	x	17 Jahre
65	x	18 Jahre
1	x	ohne Antwort

Frage 2:

In welcher Mannschaft spielen Sie?

150	x	B-Junioren
157	x	A-Junioren
3	x	ohne Antwort

Frage 3:

Wo wohnen Ihre Eltern?
(Ausgangspunkt Verein)

9	x	im Ausland
43	x	mehr als 200 km entfernt
85	x	50 bis 200 km entfernt
71	x	bis 50 km entfernt
100	x	in derselben Stadt

Bei den Spielern mit Vertrag gegen Entgelt betrug der Anteil der Spieler mit einer Entfernung mehr als 200 km 20 %, bei Spielern ohne Vertrag und Entgelt dagegen 5 %.

48 % der Spieler mit Vertrag gegen Entgelt wohnen in der derselben Stadt oder in einer Entfernung bis zu 50 km, während 72 % der Spieler ohne Vertrag und Entgelt in der derselben Stadt oder in einer Entfernung bis zu 50 km wohnen.

Frage 4:

Haben Sie neben der Vereinsmitgliedschaft noch einen Vertrag mit Ihrem Verein geschlossen und erhalten Sie für Ihr Fußballspielen ein monatliches Entgelt?

109	x	nein
195	x	ja
6	x	ohne Antwort

Frage 5:

Wo wohnen Sie?

201	x	Eltern
7	x	Pflegefamilie
70	x	Internat des Vereins
32	x	sonstige Unterkunft

Frage 6:

Seit wie vielen Jahren Spielen Sie in Ihrem jetzigen Verein?

48	x	0 Jahre
61	x	1 Jahre
51	x	2 Jahre
44	x	3 Jahre
29	x	4 Jahre
12	x	5 Jahre
21	x	6 Jahre
4	x	7 Jahre
14	x	8 Jahre
4	x	9 Jahre
6	x	10 Jahre
6	x	11 Jahre
1	x	12 Jahre
3	x	13 Jahre
0	x	14 Jahre
1	x	15 Jahre

Frage 7:

Was machen Sie noch außerhalb des Fußballspielens?

249	x	Schule
40	x	Berufsausbildung
2	x	Arbeitsverhältnis
7	x	sonstiges
2	x	ohne Antwort

Frage 8:

Wie wollen Sie später den Fußballport ausüben?

278	x	als Fußballprofi
17	x	neben einem anderen Beruf, aber gegen Bezahlung
6	x	als Fußballprofi oder neben einem anderen Beruf, aber gegen Bezahlung
0	x	als reine Freizeitbeschäftigung
7	x	weiß nicht
2	x	ohne Antwort

Frage 9:

Ist Fußballprofi Ihr Traumberuf?

299	x	ja
10	x	nein
1	x	ohne Antwort

Frage 10:

Haben Sie außer dem Fußball noch andere Berufswünsche?

182	x	ja
124	x	nein
4	x	ohne Antwort

Bei den Spielern mit Vertrag gegen Entgelt besaßen 45 % keine anderen Berufswünsche, bei den Spielern ohne Vertrag gegen Entgelt besaßen 35 % keine anderen Berufswünsche.

Frage 11:

Wie hoch schätzen Sie die Wahrscheinlichkeit ein, dass Sie Fußballprofi werden?

155	x	mittelmäßig
102	x	hoch
44	x	gering
2	x	sicher
7	x	ohne Antwort

39 % der Spieler mit Vertrag gegen Entgelt schätzen die Wahrscheinlichkeit als hoch oder sicher ein, dagegen sind bei den Spielern ohne vertrag gegen Entgelt 27 %.

Frage 12:

Um Fußballprofi zu werden, wie schätzen Sie die Wichtigkeit ein, während der A- und B-Juniorenzeit in einem Leistungszentrum eines Bundesligavereins zu spielen?

172	x	sehr wichtig
72	x	unverzichtbar
46	x	wichtig
14	x	eher unwichtig
0	x	eher schädlich
6	x	ohne Antwort

Frage 13:

Weshalb ist die Aufnahme in ein Leistungszentrum eines Vereins für Sie besonders wichtig? (mehrere Antworten möglich)

302	x	weil ich fußballerische Fertigkeiten lerne, die ich brauche, um später Profi zu werden

73	x	damit mein Name bei den Bundesliga-vereinen bekannt wird
12	x	wegen des Verdienstes, welchen ich für mein Fußballspielen in dem NLZ bekomme
3	x	ohne Antwort

Frage 14:

Welche Bedeutung haben für Sie, für das Ziel Profi zu werden, die fußballerischen Fertigkeiten, welche Ihnen im Leistungszentrum vermittelt werden?

164	x	wichtig
117	x	unverzichtbar
21	x	nützlich
3	x	weniger wichtig
0	x	weiß nicht
5	x	ohne Antwort

Frage 15:

Glauben Sie, dass die fußballerischen Fertigkeiten, welche Ihnen im Leistungszentrum vermittelt werden, auch in der A- und B-Juniorenmannschaft eines Amateurvereins erlernen könnten?

133	x	nein
81	x	ja
90	x	weiß nicht
6	x	ohne Antwort

Frage 16:

Warum wollen Sie Fußballprofi werden?

Spaß am Fußball

171	x	stärkster Beweggrund
50	x	starker Beweggrund
13	x	mittlerer Beweggrund
7	x	schwächerer Beweggrund
28	x	schwächster Beweggrund

Gute Verdienstmöglichkeit

41	x	stärkster Beweggrund
80	x	starker Beweggrund
106	x	mittlerer Beweggrund
31	x	schwächerer Beweggrund
11	x	schwächster Beweggrund

Ansehen im Familien- und Bekanntenkreis

20	x	stärkster Beweggrund
19	x	starker Beweggrund
24	x	mittlerer Beweggrund
77	x	schwächerer Beweggrund
129	x	schwächster Beweggrund

Bekanntheit in der Öffentlichkeit

16	x	stärkster Beweggrund
21	x	starker Beweggrund
48	x	mittlerer Beweggrund
112	x	schwächerer Beweggrund
72	x	schwächster Beweggrund

Ausleben von Talent und Neigung

54	x	stärkster Beweggrund
100	x	starker Beweggrund
67	x	mittlerer Beweggrund
30	x	schwächerer Beweggrund
18	x	schwächster Beweggrund

Auswertung: Fragebogen Verein

17 der 18 Vereine der 1. Fußball-Bundesliga gaben einen ausgefüllten Fragebogen zurück.

Frage 1:

Ihre Lizenzspielerabteilung ist als Kapitalgesellschaft organisiert oder soll in nächster Zukunft als Kapitalgesellschaft organisiert werden?

8	x	ja
8	x	nein
1	x	möglicherweise

Frage 2:

Wie ist oder soll Ihr Nachwuchsleistungszentrum organisiert werden?

6	x	soll in die Kapitalgesellschaft eingegliedert werden bzw. verbleiben
7	x	soll im Verein verbleiben
1	x	soll im Verein verbleiben, aber noch nicht endgültig entschieden
1	x	nur die A-Juniorenmannschaft soll in die Kapitalgesellschaft eingegliedert werden
1	x	ohne Antwort

Bemerkung zu Frage1 und 2:

Von den acht Vereinen, die bei Frage 1 angaben, dass die Lizenzspielerabteilung als Kapitalgesellschaft organisiert ist oder in nächster Zukunft werden soll, gaben sechs Vereine bei der Frage 2 an, dass auch das NLZ in die Kapitalgesellschaft eingegliedert werden soll bzw. verbleiben soll. Der siebte Verein gab an, dass nur die A-Juniorenmannschaft in die Kapitalgesellschaft eingegliedert werden soll, die B-Juniorenmannschaft soll dem Verein zugeordnet bleiben. Bei dem achten Verein war noch keine endgültige Entscheidung getroffen.

Frage 3:

Die Entscheidungsträger Ihrer Lizenzspielerabteilung behalten sich in den wichtigsten Fragen das NLZ betreffend, die letztendliche Entscheidung vor?

15	x	ja
1	x	nein
1	x	nur äußerst selten

Frage 4:

Wie viele der Nachwuchsspieler Ihres NLZ spielen Fußball mit einem Fördervertrag?

2	x	0 – 10 %
8	x	10 – 25 %
1	x	10 - 25 % bezogen auf A- und B-Juniorenmannschaft
3	x	25 – 50 %
1	x	50 – 75 %
2	x	75 – 99 %
0	x	100 %

Frage 5:

Gibt es in der A- und B-Juniorenmannschaft Ihres NLZ Spieler, die keinen Fördervertrag unterschrieben haben?

1	x	ja (ohne Prozentangabe)
15	x	ja 4 x 10 %, 2 x 20%, 1 x 30 %, 1 x 35 %, 1 x 50 %, 1 x 60 %, 1 x 70 %, 1 x 75 %, 2 x 80 %, 1 x 100 %
1	x	nein

Frage 6:

Diejenigen Spieler, die keinen Fördervertrag abgeschlossen haben, spielen Fußball (mehrere Antworten möglich)

1	x	auf vertraglicher Basis gegen Entgelt
12	x	ohne Vertrag (allenfalls gegen eine Aufwandsentschädigung)
4	x	auf vertraglicher Basis gegen Entgelt und ohne Vertrag

Frage 7:

Gibt es unterhalb der B-Juniorenmannschaft Ihres NLZ Spieler, die einen Fördervertrag abgeschlossen haben?

1	x	ja (ohne Prozentangabe)
8	x	ja (mit Prozentangabe: 1 x 2 %, 1 x 5 %, 1 x 20 %)
1	x	ohne Antwort

Frage 8:

Wie hoch schätzen Sie die Zahl der Nachwuchsspieler mit einem Fördervertrag ein, die später Fußball als ihre hauptsächliche Erwerbsgrundlage nutzen werden?

0	x	alle
2	x	der größte Teil
3	x	die Hälfte
10	x	ein kleiner Teil
1	x	weiß nicht
1	x	ohne Antwort

Frage 9:

Wie hoch schätzen Sie die Zahl der Nachwuchsspieler mit einem Fördervertrag ein, die später Profi in Ihrer eigenen Lizenzspielerabteilung werden?

7	x	0 – 10 %
8	x	10 – 30 %
0	x	30 – 50 %
1	x	50 – 70 %
0	x	70 – 90 %
0	x	90 – 100 %
1	x	ohne Antwort

Frage 10:

Das Fußballspielen in einem NLZ eines Vereins der 1. oder 2. Bundesliga ist gegenüber dem Fußballspielen in einer Juniorenmannschaft eines Amateurvereins in Zukunft, Ihrer Meinung nach, für den Nachwuchsspieler für das Ziel Profi zu werden

4	x	unverzichtbar
9	x	sehr wichtig
4	x	vorteilhaft
0	x	egal
0	x	nachteilig

Frage 11:

Glauben Sie, dass der Nachwuchsspieler die fußballerischen Fertigkeiten, die er in Ihrem NLZ lernt, auch in einer A- oder B-Juniorenmannschaft eines Amateurvereins lernen kann?

1	x	ja
10	x	nur eingeschränkt
6	x	nein

Frage 12:

Wie würden Sie den Begriff „berufliche Ausbildung“ für die A- und B-Juniorenmannschaft in den NLZ bezeichnen?

5	x	zutreffend
12	x	teilweise zutreffend
0	x	unzutreffend
0	x	weiß nicht

Frage 13:

Sollen die Jugendlichen sich neben dem Fußballspielen in einem NLZ noch ein anderes berufliches Standbein, allgemeinbildende Schule oder Berufsausbildung, aufbauen?

11	x	unbedingt
5	x	es wäre besser
0	x	egal
0	x	besser nicht
0	x	auf keinen Fall
1	x	muss individuell von Fall zu Fall entschieden werden

Frage 14:

Führen Sie für die Spieler der A- und B-Juniorenmannschaft Ihres NLZ berufsbegleitende Kurse durch (z. B. Englisch- oder Computerkurde)?

9	x	ja
7	x	nein
1	x	nein (bisher)

Frage 15:

Setzen Sie A-Junioren Ihres NLZ auch in der Lizenzligamannschaft ein?

6	x	ja
10	x	nein
1	x	ist geplant

Frage 16:

Setzen Sie A-Junioren Ihres NLZ auch in der Amateurmannschaft ein?

16	x	ja
1	x	nein

Frage 17:

Wenn Sie Frage 15 und/oder 16 mit „ja" beantwortet haben, aus welchen Gründen werden die Nachwuchsspieler eingesetzt? (mehrere Antworten möglich)

16	x	aus Gründen der Talentförderung
0	x	weil in der Seniorenmannschaft Spieler fehlen
1	x	ohne Antwort

Frage 18:

Wie viel Prozent der Trainingsarbeit besteht aus theoretischem Unterricht, abgesehen von der konkreten Einstellung auf ein bevorstehendes Spiel?

0	x	0 %
16	x	0 – 25 %
1	x	25 – 50 %
0	x	mehr als 50 %

Frage 19:

Werden für die Nachwuchsspieler Ausbildungsziele festgelegt?

17	x	ja
0	x	nein

Frage 20:

Wie wichtig ist das Erreichen der Ausbildungsziele des einzelnen Spielers im Vergleich zum Erfolg der Juniorenmannschaft in der laufenden Meisterschaft?

12	x	Das Erreichen des Ausbildungszieles ist wichtiger
5	x	Ausbildungsziel und Erfolg der Mannschaft sind gleich wichtig
0	x	Der Erfolg der Mannschaft ist wichtiger

Frage 21:

Die systematische Ausbildung von Nachwuchsspielern ist für die Lizenzspielerabteilung

9	x	unverzichtbar
7	x	wichtig
0	x	nützlich
0	x	weniger nützlich
0	x	nur deshalb wichtig, weil es für die Lizenzerteilung nunmehr Voraussetzung ist
0	x	aus Imagegründen wichtig
1	x	ohne Antwort

Frage 22:

Die Fortschritte der einzelnen Spieler werden bewertet und schriftlich festgehalten?

15	x	ja
2	x	nein

Frage 23:

Die Leistungen der Spieler entscheiden darüber, ob die Spieler auch in der nächsten Saison in Ihrem NLZ spielen dürfen?

16	x	ja
1	x	nein

Frage 24:

Die Höhe der Vergütung der Nachwuchsspieler wird bestimmt durch (bitte mit Ziffern 1-3 versehen: 1 = spielt die größte Rolle, 3 = spielt die geringste Rolle)

den finanziellen Bedarf der Spieler

5	x	spielt die größte Rolle
5	x	mittlere Rolle
4	x	spielt die geringste Rolle
3	x	ohne Angabe

den Gesichtspunkt der Entlohnung von geleisteten Diensten der Spieler

5	x	spielt die größte Rolle
3	x	mittlere Rolle
7	x	spielt die geringste Rolle
2	x	ohne Angabe

die Konkurrenzsituation, dass gute Spieler von vielen Vereinen begehrt werden

2	x	spielt die größte Rolle
3	x	mittlere Rolle
10	x	spielt die geringste Rolle
2	x	ohne Angabe

Anlage: Musterfördervertrag-DFL

Zwischen dem Verein / der Gesellschaft [im folgenden „Club"]

....

gesetzlich vertreten durch

....

und Herrn .... geb. am .... in ....

Anschrift .... Nationalität ....

bei Minderjährigen gesetzlich vertreten durch

....

im folgenden ‚Spieler" genannt,

wird folgender Vertrag geschlossen:

§ 1

1. Der Spieler verpflichtet sich, für den Club den Fußballsport als Nicht-Amateur ohne Lizenz im Sinne der Vorschriften der §§ 22 bis 26a der DFB-Spielordnung, die er ausdrücklich anerkennt, auszuüben.

2. Die Satzungen und Ordnungen des DFB, des Landes- und des Regionalverbandes sowie des Die Liga - Fußballverband e.V. [Ligaverband), die in ihrer jeweils gültigen Fassung die allgemein anerkannten Grundsätze des deutschen Fußballsports darstellen, sind auch aufgrund dieses Vertrages maßgebend für die gesamte fußlballsportliche Betätigung. Der Spieler erkennt diese Bestimmungen in ihrer jeweils gültigen Fassung als für sich verbindlich an. Er unterwirft sich den Entscheidungen der Organe oder Beauftragten des DFB, des Landes- oder des Regionalverbandes oder des Ligaverbandes und insbesondere der Strafgewalt dieser Verbände.

   Der Spieler unterwirft sich außerdem der Satzung des Clubs in der jeweiligen Fassung und insbesondere der Vereinsstrafgewalt.

   Der Spieler der Regionalliga wird zusätzlich die Rechtsgrundlagen der Regionalliga als für sich verbindlich anerkennen und die geforderten

Erklärungen (Anlage zu § 5 (1) b) und (3) des Zulassungsvertrages zur Regionalliga zwischen dem Club und den Regionalverbänden) gegenüber den Regionalverbänden abgeben.

3. Der Spieler verpflichtet sich, allen schulischen und/oder beruflichen Ausbildungsmaßnahmen selbstständig und gewissenhaft nachzukommen.

4. Der Spieler ist verpflichtet, an allen Spielen und Lehrgängen des Clubs, am Training - sei es allgemein vorgesehen oder besonders angeordnet -, an allen Spielerbesprechungen und sonstigen der Spiel- und Wettkampfvorbereitung dienenden Veranstaltungen teilzunehmen. Dies gilt auch, wenn ein Mitwirken als Spieler oder Ersatzspieler nicht in Betracht kommt.

5. Der Spieler verpflichtet sich, seine sportliche Leistungsfähigkeit uneingeschränkt für den Club einzusetzen und alles zu tun, um sie zu erhalten und zu steigern. Er hat alles zu unterlassen, was seine Leistungsfähigkeit und/oder das Ansehen des Clubs, der Verbände und des Fußballsports allgemein beeinträchtigen könnte. Der Spieler wird die sportliche Fairness gegenüber allen am Wettkampf- und Trainingsbetrieb beteiligten Personen einhalten.

6. Der Spieler ist im Falle einer im Rahmen dar Tätigkeit als Nicht-Amateur ohne Lizenz erlittenen Verletzung oder Erkrankung verpflichtet, sich den sportmedizinischen und sporttherapeutischen Maßnahmen, die durch vom Club beauftragte Personen angeordnet werden, umfassend zu unterziehen.

7. Der Spieler verpflichtet sich, alle für die Dauer des Vertrages vom Club zur Verfügung gestellten Bekleidungs- und Ausrüstungsgegenstände pfleglich zu behandeln und bei Beendigung des Vertrages dem Club binnen 14 Tage zurückzugeben.

§ 2

1. Der Spieler gestattet dem Club die Verwertung seiner Persönlichkeitsrechte, soweit sein Arbeitsverhältnis als Spieler berührt wird, und erklärt, diese keinem anderen übertragen zu haben. Die Übertragung der Verwertungsrechte bezieht sich auch auf den Bereich aller gegenwärtigen und künftigen technischen Medien und Einrichtungen einschließlich der Multimedia - Anwendungen (Internet, Online-Dienste etc.). Dies gilt insbesondere für die vom Club veranlasste oder gestattete Verbreitung von

Bildnisssen des Spielers als Mannschafts- oder Einzelaufnahmen in jeder Abbildungsform, besonders auch hinsichtlich der Verbreitung solcher Bildnisse in Form von Spielszenen und/oder ganzer Spiele seiner Mannschaft, um somit durch öffentlich- und/oder privatrechtliche Fernsehanstalten und/oder andere audiovisuelle Medien die erforderlichen Nutzungen zu ermöglichen und sie dem DFB, den Regional- oder Landesverbänden und dem Ligaverband zur Erfüllung ihrer vertraglichen Verpflichtungen einzuräumen.

2. Der Spieler hat ebenfalls dem Club jederzeit seine Autogrammunterschrift im Originalschriftzug zur Verfügung zu stellen für Zwecke der Öffentlichkeitsarbeit und/oder zur Wiedergabe auf vom Club beschafften Souvenir- und Verkaufsartikeln - ggf. auch in Verbindung mit Werbung Dritter - im Original, als Faksimile oder in gedruckter Form

3. Die Verwertung der Rechte kann auch im Rahmen einer Gruppenvermarktung einer Spielklasse erfolgen.

4. Die aus diesen Maßnahmen der Öffentlichkeitsarbeit und Werbung erzielten Erlöse stehen ausschließlich dem Club zu, soweit nicht im Vertrag ausdrücklich Abweichendes geregelt ist.

5. Die Ausschöpfung anderer Verdienstmöglichkeiten, z. B. aus Interviews, schriftstellerischen Tätigkeiten und sonstigen Nebentätigkeiten, ist dem Spieler nur nach vorheriger Zustimmung des Clubs gestattet, die nur verweigert werden kann, wenn das Arbeitsverhältnis unmittelbar betroffen wird. Eine einmal gegebene Zustimmung kann jederzeit widerrufen werden.

§ 3

1. Der Club schafft die sachlichen, organisatorischen und personellen Voraussetzungen, um eine optimale fußballerische und altersgerechte Förderung das Spielers zu ermöglichen. Der Club unterhält hierfür ein Leistungszentrum und verpflichtet sich, die in Anhang V zur Lizenzierungsordnung - Richtlinien für die Errichtung und Unterhaltung von Leistungszentren der Teilnehmer der Lizenzligen" - genannten Voraussetzungen und Bedingungen zu erfüllen.
2. Der Club stellt insbesondere sicher, dass bei auswärtigen Spielern eine unter pädagogischen Gesichtspunkten sinnvolle Betreuung und Unterbringung (Internat, Gasteltern etc.) vorhanden ist. Zudem erklärt der Club, über

Einrichtungen zu verfügen, in denen eine schulische und pädagogische Betreuung möglich ist.

3. Der Club stellt des Weiteren eine funktionierende Kooperation von Schule und Club sicher, die zum einen zusätzliche Trainingseinheiten im Rahmen des Schulunterrichts vorsieht und zum anderen die sportliche Beanspruchung mit den schulischen Anforderungen koordiniert.

§4

1. Die trainingsfreie Zeit bestimmt der Trainer mit Rücksicht auf den Spielplan und auf die schulische Ausbildung des Spielers.

2. Der Club gewährt dem Spieler für jedes Kalenderjahr einen Urlaub nach folgender Staffelung:

   - Mindestens 30 Werktage, wenn der Spieler zu Beginn das Kalenderjahres noch nicht 16 Jahre alt ist
   - Mindestens 27 Werktage, wenn der Spieler zu Beginn des Kalenderjahres noch nicht 17 Jahre alt ist
   - Mindestens 25 Werktage, wann der Spieler zu Beginn des Kalenderjahres nach nicht 18 Jahre alt ist.

   Im Übrigen gelten die jeweiligen gesetzlichen Bestimmungen.

3. In diesem Fall ist in der gemäß § 5 vereinbarten monatlichen Zahlung eine Abschlagszahlung in Höhe von .... zur Anrechnung auf das zu zahlende Urlaubsentgelt enthalten. Sollte der Gesamtbetrag der gezahlten monatlichen Abschlagszahlungen höher sein, als der tatsächliche Urlaubsentgeltanspruch, so verzichtet der Verein bereits heute auf eine Rückforderung des zu viel geleisteten Betrags.

§ 5

1. Steuerpflichtiges Einkommen

   Der Club verpflichtet sich zur Zahlung folgenden einkommensteuerpflichtigen Bruttoentgelts (monatliche Garantiesumme mindestens 150 € brutto):

a) Monatliches Grundgehalt von € ....

b) Sonstige Leistungen:

Lizenzliga:

- Einsatzprämie Pflichtspiel (Meisterschaft o. Pokal)
- Anfangsformation € ....
- Einwechslung € ....
- im 18er-Kader ohne Einsatz € ....

Punktprämie Pflichtspiele € ....(pro Punkt)

Einsatzprämie sonstige Spiele € ....(bei Einsatz)
[einschl. 2. Mannschaft)

Regionalliga:

- Einsatzprämie Pflichtspiel (Meisterschaft o. Pokal)
- Anfangsformation € ....
- Einwechslung € ....
- im 18er-Kader ohne Einsatz € ....

Punktprämie Pflichtspiele € ....(pro Punkt)

Einsatzprämie sonstige Spiele € ....(bei Einsatz)
(einschl. 2. Mannschaft]

Oberliga:

Einsatzprämie Pflichtspiel (Meisterschaft o. Pokal)
- Anfangsformation € ....
- Einwechslung € ....
- im 18er-Kader ohne Einsatz € ....

Punktprämie Pflichtspiele € ....(pro Punkt)

Einsatzprämie sonstige Spiele € ....(bei Einsatz)
(einschl. 2. Mannschaft)

Sonstige Spielklassen: Einsatzprämie Pflichtspiel (Meisterschaft o. Pokal)
- Anfangsformation € ....
- Einwechslung € ....
- im 18er-Kader ohne Einsatz € ....

Punktprämie Pflichtspiele € .... (pro Punkt)
Einsatzprämie sonstige Spiele € .... (bei Einsatz)
(einschl. 2. Mannschaft)

(Der Aufsplittung liegt der Gedanke zugrunde, dass die Höhe der Vergütung leistungsabhängig sein sollte. Die aufgeführte Staffelung dient lediglich als Beispiel. Ggf. können auch weitere andere Faktoren (z.B. Laufzeit des Vertrages, vereinbarte Mannschaftsprämien etc.) berücksichtigt werden.)

Soweit weitere Vergütungen und andere geldwerte Leistungen vereinbart worden sind, sind diese in einer Anlage enthalten. Die Anlage ist Bestandteil dieses Fördervertrages.

Die Bezüge des Spielers sind Bruttobezüge.

2. Steuerfreier Auslagenersatz

Der Spieler erhält zusätzlich die folgenden nach Art und Höhe steuerfreien Leistungen (z.B. Aufwendungen, Sachmittel):

3. Für die Abführung der steuerlichen und sozialversicherungsrechtlichen Abgaben gelten die jeweiligen gesetzlichen Bestimmungen. Der Spieler verpflichtet sich, diese Abgaben abführen zu lassen.

   Club und Spieler werden die Abführung der Steuer- und Soziallasten mit dem Antrag auf Spielerlaubnis, spätestens jedoch binnen drei Monaten nach Vertragsbeginn gegenüber dem zuständigen DFB-Mitgliedsverband nachweisen oder zumindest glaubhaft machen; anderenfalls hat er nachzuweisen, dass diese Abführungspflicht nicht besteht. Die Nichterfüllung dieser Verpflichtung löst die Rechtsfolgen des § 25 der DFB-Spielordnung aus.

§ 6

1. Dieser Vertrag wird am .... wirksam.

2. Der Vertrag endet am ....(drei Jahre Vertragslaufzeit).

3. Club und Spieler verpflichten sich, den Vertrag für weitere (zwei) Jahre zu den seitherigen Bedingungen fortzusetzen, falls die jeweils andere Vertragspartei dies wünscht.

Club und Spieler müssen bis zu dem der Vertragsbeendigung vorausgehenden 30.04. erklärt haben, ob sie von der Option Gebrauch machen wollen.

Geben weder der Club noch der Spieler eine solche Erklärung fristgerecht ab, so endet der Vertrag am .... (siehe Nr. 2).

4. Der Vertrag endet vorzeitig mit dem Wirksamwerden eines von den Parteien geschlossenen Aufhebungsvertrages oder einer wirksamen fristlosen Kündigung aus wichtigem Grund (§ 626 BGB). Der Aufhebungsvertrag und die Kündigung bedürfen zu ihrer Wirksamkeit der Schriftform.

5. Für den Fall der Beendigung dieses Vertrages gelten die Vorschriften der DFB-Spielordnung sowie ggf. die Rechtsgrundlagen der Regionalliga (§ 1 Nr. 2 dieses Vertrages).

6. Bei Vertragsende erlischt das Spielrecht (vgl. §§ 22 Nr. 6, 23 Nr. 8 der DFB-Spielordnung).

§ 7

Die beiderseitigen Ansprüche aus diesem Vertrag sind von den Vertragsparteien innerhalb von sechs Monaten nach Fälligkeit, im Falle der Beendigung des Vertragsverhältnisses jedoch innerhalb von drei Monaten nach Beendigung schriftlich geltend zu machen, andernfalls sind sie erloschen.

§ 8

Der Club und der Spieler sind verpflichtet, den Vertragsabschluss, Änderungen sowie eine Verlängerung des Vertrages dem zuständigen DFB-Regional- bzw. Landesverband und der DFL Deutsche Fußball Liga GmbH unverzüglich nach Abschluss, Änderung bzw. Verlängerung durch Zusendung einer Ausfertigung anzuzeigen.

Die Vertragsparteien erklären sich damit einverstanden, dass Abschluss, Verlängerung oder Auflösung dieses Vertrages von dem zuständigen DFB-

Mitgliedsverband mit dem Datum des Vertragsbeginns und der Vertragsbeendigung in geeigneter Weise in den Offiziellen Mitteilungen des Verbandes oder im Internet veröffentlicht werden. Auch die übrigen Daten des Vertrages dürfen vom zuständigen DFB-Mitgliedsverband im Rahmen der Spielerverwaltung genutzt und Dritten gegenüber offengelegt werden. Dies gilt nicht für Angaben über Vergütungen oder andere geldwerte Leistungen.

Mündliche Nebenabreden bestehen nicht. Änderungen, Ergänzungen oder Aufhebungen dieses Vertrages werden erst mit ihrer schriftlichen Festlegung wirksam. Dies gilt auch für die Abweichung vom Schriftformerfordernis.

Die Unwirksamkeit einzelner Vertragsbestimmungen hat auf die Wirksamkeit des Vertrages im Übrigen keinen Einfluss. Der Club ist berechtigt, unklare Vertragsbestimmungen gem. § 315 BGB verbindlich auszulegen und Lücken des Vertrages zu ergänzen, und zwar auch dann, wenn die Lücke infolge der Nichtigkeit einer Vertragsbestimmung entsteht.

Es gilt deutsches Recht. Gerichtsstand und Erfüllungsort für alle mit dem Vertrag zusammenhängenden Ansprüche ist der Sitz des Clubs.

Am Vertragsabschluss haben als Spielervermittler / Rechtsanwalt mitgewirkt:
(Streichen, falls nicht zutreffend)

....

Name Spielervermittler Name Rechtsanwalt

Ort: .... Datum:
....

....

Unterschrift Spieler Unterschrift und Stempel des Clubs

....

Bei Minderjährigen Unterschrift der gesetzlichen Vertreter,
Genehmigung des Familiengerichts, falls die Laufzeit des
Vertrages über das 19. Lebensjahr des Spielers hinausgeht

Anlage:

Informationen zum

Juniorenkonzept von

Bayer 04 Leverkusen

Bayer 04 Leverkusen – Junioreninfo (Stand 2000)

1. Präambel und Ziele der Juniorenabteilung

In der Präambel der Juniorenabteilung sind vier Hauptziele definiert:

1. Optimale und individuell ausgerichtete Förderung der talentiertesten Juniorenspieler mit dem Ziel, Spieler für den Kader der Bayer 04 – Lizenzmannschaft auszubilden.
2. Durch gezieltes Training und interessante Vergleichsspiele sollen alle Juniorenspieler individuell optimal gefördert werden. Ziel ist es, die Spieler an ihr persönliches Leistungsoptimum zu führen.

   Alle Teams sollen spielerisch , konditionell und taktisch optimal gefördert und gefordert werden. Ziel ist es, Spiele immer offensiv zu gestalten.

3. Eine große Bedeutung hat die Persönlichkeitsausbildung der Juniorenspieler. Dazu zählen:

   - eine leistungsorientierte und eigenmotivierte Einstellung zum Spiel- und Trainingsbetrieb
   - Selbstkritisches Auseinandersetzen mit der eigenen Leistung und mit den Vorgaben des Trainers
   - eine positive und selbstbewußte Ausstrahlung
   - die Fähigkeit zum Teamgeist/Miteinander

4. Der Trainer- und Betreuerstab soll den „Teamgeist Bayer 04 Leverkusen“ vorleben. Dieser Teamgeist soll auch alle Nachwuchsteams auszeichnen.

Weitere wichtige Ziele sind:

- Die Juniorenspieler auf eine gute Einstellung zu einer sinnvollen schulischen und beruflichen Ausbildung anzuleiten.
- Mit den Nachbarvereinen, den Verbänden, allen Gästen und allen Gegnern ein partnerschaftliches Miteinander zu pflegen.
- Die Juniorenspieler, Trainer und Betreuer sollen durch freundliches und sportliches Auftreten zum guten Image von Bayer 04 beitragen.
- Durch internationale Turnierteilnahmen und Reisen sollen den Juniorenspielern interessante, sportliche und außersportliche Erfahrungen vermittelt werden.
- Durch gute sportliche Leistungen und freundliches Auftreten zum guten Gelingen aller Juniorenturniermaßnahmen in Deutschland. mit Bayer 04-Beteiligung beizutragen. Die Turniere bilden im Ausbildungsbereich von Bayer 04 einen wesentlichen Schwerpunkt.
- Talentierte Spieler sollen möglichst frühzeitig entdeckt und an Bayer 04 Leverkusen gebunden werden.
- Die Verantwortlichen sollen Ihre Arbeit und die Jugendarbeit allgemein kritisch hinterfragen, mit dem Ziel, sich stetig zu verbessern.
- Den Bayer 04 - Juniorpartnern und weiteren Förderern der Juniorenabteilung ein guter und verläßlicher Partner zu sein.
- Das partnerschaftliche Miteinander mit der Bayer AG zu pflegen und die enge wichtige Verbindung immer wieder hervorzuheben.
- Mit den U18- und U16-Junioren in der Regionalliga eine gute Rolle zu spielen.
- Bei aller gezielten Förderung, dürfen weder die Kinder noch die Trainer und Betreuer, den Spaß und die Freude am ‚Fußball spielen" nicht vergessen.

2. Interessante Infos aus der Jugendabteilung

Bei Bayer 04 Leverkusen besitzt die Juniorenabteilung traditionell einen hohen Stellenwert. Dokumentiert wird dies in erster Linie durch die Vielzahl von Profispielern im In- und Ausland, die als Juniorenspieler den Dress von Bayer 04 trugen. Siehe dazu auch Punkt 3 der Junioreninfo.

Dass wir international einen guten Ruf besitzen, beweisen die zahlreichen **Turniereinladungen,** die der Bayer-Nachvuchs Jahr für Jahr **aus der ganzen Welt** erhält. In den letzten Jahren waren wir unter anderem in folgenden

Ländern zu Gast: Belgien, Chile, England, Frankreich, Holland, Italien, Nord-Irland, Japan, Luxemburg, Mexiko, Österreich, Vereinte Arabische Emirate, Vereinigte Staaten.

Sportlich gab es dabei **zahlreiche Erfolge** zu vermelden. Turniersiege für die U18-und die U16-Junioren gab es beim Philips-Cup in Eindhoven (Finale gegen Ajax Amsterdam), beim President-Cup in Abu Dhabi (Finalsieg gegen FC Porto), beim Copa-Mondial in Nantes (Finalsieg gegen FC Nantes) beim Super-Cup in Mito (Japan, Finalsieg gegen PSV Eindhoven), bei Fortuna-Cup in Sittard (Finalsieg gegen Arsenal London) und beim Super-Cup in Madeira (Portugal).

Internationale und **nationale Turniere in Deutschland** besitzen natürlich einen ebenso großen Stellenwert. Von den Jüngsten (U6) bis zu den U18-Junioren zählen diese wertvollen sportlichen Maßnahmen zum festen Veranstaltungskalender der Juniorenabteilung. Jugendleiter Michael Reschke dazu: **‚Wir Profiklubs müssen den Amateurvereinen,** die diese Maßnahmen durchführen **einen Riesendank** zollen. Die Turniere bieten uns wichtige Vergleichsmöglichkeiten und sind für die Entwicklung unserer Talente ausgesprochen wichtig. Wir wissen, daß die Organisation und Durchführung nur durch engagierte ehrenamtliche Tätigkeit der Vereinsmitarbeiter, der Elternschaft und weiteren Helfern möglich ist. Ihnen gebührt große Anerkennung. Darüber hinaus muß man auch den Sponsoren, die diese Turniere unterstützen, danken. Wir wünschen allen unseren Turnierfreunden weiterhin viel Erfolg und Spaß bei Ihren Highlights."

Sehr intensiv sind seit Beginn der Saison 98/99 die **Kontakte** zu den Verantwortlichen der englischen **Premier League.** Insgesamt vier Juniorenteams von Bayer 04 waren in den vergangenen 12 Monaten auf Einladung der Premier League zu mehrtägigen Trainingslagermaßnahmen in Keele (Südengland) zu Gast. Bei diesen Maßnahmen trafen die Bayer 04-Junioren auf internationale Spitzenvereine wie Manchester United, Arsenal London, FC Liverpool, Ajax Amsterdam und zahlreiche weitere Klubs.

Zum festen Bestandteil des internationalen Austausches zählt zudem die **Kooperation mit Manchester United.** Die Nachwuchsverantwortlichen der beiden Vereine sind freundschaftlich miteinander verbunden. Gemeinsame Trainingslagermaßnahmen, der Austausch von Trainern und talentierten Juniorenspielern, sowie weitere Events sind Bestandteil dieser Zusammenarbeit.

Mit großer Begeisterung hat der Bayer-Nachwuchs den Jahresbeginn 2000 gefeiert. In der Nähe des Bayer-Werkes wurde das neue **Jugendfußball Zentrum Kurtekotten** der Bayer-Junioren in Betrieb genommen. Vier Rasenplätze und ein moderner Funktionsbereich bilden das Herzstück dieser Anlage, die Ihres Gleichen in Deutschland sucht. Möglich wurde dieses Jugendfußball Zentrum durch das vorbehaltlose Bekenntnis des Clubs und der Bayer AG zum Fußball-Nachwuchs von Bayer 04.

Bayer 04 Geschäftsführer Reiner Calmund: ‚Es wird viel über Nachwuchsarbeit gesprochen. Wir haben gehandelt. Unsere Jugendarbeit zählt schon seit Jahren zur Spitze in Deutschland. Dank **der großzügigen Unterstützung der Bayer AG haben wir unserem Nachwuchs nun auch optimale infrastrukturelle Bedingungen geschaffen.** Darauf sind wir sehr stolz.. Der Bayer AG und ihren verantwortlichen Mitarbeitern bei diesem Konzept gebührt ein Riesendank und ein großes Kompliment. Unsere Juniorenteams werden alles daransetzen, sich durch gute Leistungen und sportliches Auftreten als gute Bayer-Botschafter zu erweisen.

In den vergangenen Jahren waren die Bayer 04-Junioren regelmäßig Thema bei Berichterstattungen. Auch das Interesse anderer Medien hat deutlich zugenommen. Diese Berichterstattung, die Präsens und die Erfolge bei zahlreichen sportlichen Veranstaltungen im In- und Ausland sowie das gute Image der Bayer 04-Junioren haben dazu beigetragen, dass sich eine Vielzahl regionaler und überregionaler Firmen zur Werbung mit den Bayer 04 - Junioren entschlossen haben.

Als „Bayer 04-Juniorpartner" wird auf Banden im kleinen Ulrich-Haberland-Stadion und im Jugendfußball Zentrum Kurtekotten, im BayArena Spezial und bei unterschiedlichen Events die Verbundenheit zum Nachwuchs von Bayer 04 dokumentiert. Einige „Bayer 04 Juniorpartner“ haben unsere Teams darüber hinaus auf zahlreichen Turnierreisen ins Ausland begleitet. In Chile, Abu Dhabi, der USA, Japan und bei vielen weiteren Stationen waren diese ‚Partner" ein echter Gewinn. Dafür möchten wir an dieser Stelle noch einmal danken. Einen Überblick über die ‚Bayer 04-Juniorpartne“ finden Sie auf Seite 25.

Bayer 04 Teammanager Rudi Völler dazu: „Für unseren Klub ist Jugendarbeit Herzensangelegenheit. Wenn diese Arbeit auch im Umfeld des Vereins eine große Zustimmung und wichtige Unterstützung findet, ist dies mehr als erfreulich.“

Insgesamt fünf Mal erreichten die A-Junioren von Bayer 04 Leverkusen in den letzten vierzehn Jahren das Finale um die deutsche A-Junioren-Meisterschaft Dabei holte man sowohl 1986 den Titel durch einen 2:0 Sieg über den 1. FC Nürnberg, als auch im Jahr 2000 mit einem 4:2 Endspielerfolg über den SV Werder Brennen. Dies gelang auch den B-Junioren 1992 durch einen 2:1 Final-Sieg über den 1. FC Kaiserslautern. Bei allen drei Endspielen waren über 6000 Zuschauer in der BayArena (ehemaliges Ulrich-Haberland-Stadion). Der Zuschauerzuspruch, speziell bei den A-Junioren, ist traditionell in Leverkusen sehr erfreulich.

Gutes Abschneiden in den. Meisterschaftsrunden ist für die Bayer 04-Junioren schon fast selbstverständlich. So wurden die C-Junioren in den letzten zehn Jahren fünfmal westdeutscher Meister.

Bei allen Vergleichsspielen legt man bei Bayer 04 Leverkusen großen Wert auf ein freundliches Auftreten und echten Teamgeist der Juniorenteams. Sportlich steht natürlich die individuelle Entwicklung der talentiertesten Spieler im Vordergrund. In diesem Zusammenhang blickt man mit Stolz auf die große Zahl ehemaliger Bayer 04 Leverkusen Jugendspieler, die den Sprung in den bezahlten Fußball geschafft haben. Für positive Schlagzeilen während der U17-WM in Neuseeland sorgte Bayer 04 -Nachwuchsspieler .... Der ..., der mit seinem Team Rang 4 bei der WM belegte, wurde von der FIFA-Fachjury zum besten Spieler des Turniers gewählt.

Sehr erfreulich war das Abschneiden der Bayer 04 U18-Junioren in der Regionalliga West in der Saison 1999/2000. Die Schützlinge von Thomas Hörster sicherten sich souverän mit acht Punkten Vorsprung die Meisterschaft vor Schalke 04. Nach Siegen bei den Spielen um die deutsche Meisterschaft über den VfB Stuttgart (im Viertelfinale) und über Tennis-Borussia Berlin (im Halbfinale), besiegte die Mannschaft im Finale am 02. Juli 2000 in der BayArena vor 7500 begeisterten Zuschauern den SV Werder Bremen mit 4:2 und sicherte sich zum zweiten Mal den Titel des deutschen A-Junioren-Meisters. Zudem führt Bayer 04 in der A-Junioren Regionalliga-West die Mehres-Jahres-Wertung vor Borussia Dortmund und weit vor allen anderen Bundesligisten, an.

Sehr stolz ist man zudem auf die Entwicklung einzelner U18-Junioren. ... *(vom Abdruck wurde abgesehen)* und ... zählen zum festen Stamm der U18-Junioren-Nationalmannschaft. Zudem zählen ebenfalls ... sowie ... zum erweiterten Kreis und besitzen durchaus noch Chancen auf den EM-Zug zu springen. ..., ..., ... und auch weitere Spieler haben sich sehr gut entwickelt und lassen für die Zukunft hoffen.

3. Wo sind Sie gelandet

Talentierte Juniorenspieler an die eigene Lizenzmannschaft heranzuführen ist natürlich ein besonderes Ziel der Juniorenabteilung. Bei dem hohen Anspruch und dem Leistungsstand der Lizenzmannschaft, die in den vergangenen drei Spielzeiten in der Bundesliga zweimal Vizemeister und ein Mal Dritter wurde, ist dies allerdings schwer zu verwirklichen.

In den vergangenen Jahren gab es allerdings schon eine Vielzahl von Bayer 04-Junioren, denen der Sprung in das eigene Profiteam glückte. Wir möchten in diesem Zusammenhang an folgende Spieler erinnern:

.

.

.

Zudem stammt ein Großteil der Spieler der erfolgreichen, jungen Regionalliga-Mannschaft von Bayer 04 aus der eigenen Jugend. Einige dieser Spieler hoffen noch auf den Sprung in die Bundesliga. In den verschiedenen deutschen Regionalligen sind darüber hinaus zahlreiche weitere ehemalige Bayer 04-Junioren aktiv. Aus Sicht der Verantwortlichen der Juniorenabteilung ist es auch wichtig, Juniorenspieler, die nicht das Talent für den bezahlten Fußball haben, optimal auszubilden und den besten Amateurvereinen der Region zuzuführen.

Sehr Stolz ist man bei Bayer 04 über die zahlreichen Juniorenspieler, die sich in den vergangenen Jahren bei anderen Profiklubs im In- und Ausland etabliert haben. Nachfolgend ein Überblick der bekanntesten ehemaligen Bayer Juniorenspieler, die derzeit bei anderen Profi-Klubs aktiv sind:

(vom Abdruck wurde abgesehen).

Etlichen weiteren ehemaligen Bayer 04-Junioren gelang es ebenfalls, sich im In- und Ausland im bezahlten Fußball zu etablieren. Dazu zählen unter anderem:

(vom Abdruck wurde abgesehen).

.

.

Etlichen weiteren ehemaligen Bayer 04-Junioren gelang es ebenfalls, sich im In- und Ausland im bezahlten Fußball zu etablieren. Dazu zählen unter anderem:

.

.

Natürlich ist die Anzahl der Juniorenspieler der verschiedenen Jahrgänge, die dann den Sprung in den bezahlten Fußball schaffen, höchst unterschiedlich Den weiteren sportlichen Werdegang ehemaliger Bayer-Junioren wollen wir daher an drei Beispielen von erfolgreichen Teams darstellen.

Bayer 04 A1-Junioren 85/86
Deutscher A-Junioren-Meister mit:

(vom Abdruck wurde abgesehen)

.

.

Bayer 04 A1-Junioren 90/91
Mittelrhein-Meister mit:

.

.

.

Bayer 04 A1-Junioren 94/95
Deutscher Vize-Meister mit:

.

.

.

4. Sichtungssystem

Der intensiven Sichtung wird in der Juniorenabteilung von Bayer 04 Leverkusen ein großer Stellenwert eingeräumt. Der Sichtungsbereich ist der Lizenzabteilung angegliedert. Hauptverantwortlich ist Headscout Norbert Ziegler. Die Sichtungskoordination im Juniorenbereich wird von Peter Kunze geleitet. Neben den hauptamtlichen Kräften Michael Reschke (Jugendleiter), Thomas Hörster (U18-Junioren), Frank Schaefer (U16-Junioren) und Dirk Diekmann (U14-U8-

Junioren) sind vor allen Dingen Herrmann Meul und Rolf Krutwig im Juniorenbereich aktiv.

Der Sichtungskoordinator sorgt dafür, daß die wichtigsten Maßnahmen besetzt werden. Er teilt sowohl die Jugendtrainer und Betreuer von Bayer 04 Leverkusen, als auch die rund 20 ehrenamtlichen Helfer, die zumeist in ‚ihren" Regionen sichten, ein.

Im Bereich des Fußballverbandes Mittelrhein und in den Kreisen des Fußballverbandes Niederrhein, die dem Stadtgebiet Leverkusen angrenzen, sichtet Bayer 04 Leverkusen bereits Hallen- und Feldturniere ab dem Bereich der Altersklasse U7. Diese regionale Sichtung (50-60 km Umgebung von Leverkusen) wird bis zu den U15-Junioren sehr intensiv durchgeführt.

Die überregionale Sichtung auf Bundesgebiet beginnt ab den Altersklassen U14/U15. Einen besonderen Schwerpunkt bilden dabei die DFB-Schüler- und Juniorenlager. Darüber hinaus werden in der Regel die Spiele der DFB-Juniorenauswahlteams gezielt beobachtet.

Die internationale Sichtung beginnt im Alter ab 16 Jahren. In den vergangenen Jahren nutzten die Bayer 04-Scouts regelmäßig Junioren-EM und WM-Wettbewerbe, um sich frühzeitig einen Überblick über den internationalen Leistungsstand zu verschaffen. Verpflichtungen ausländischer Junioren-Nationalspieler werden dabei nur in Ausnahmefällen durchgeführt. In den vergangenen 22 Jahren wurden insgesamt zehn Juniorenspieler aus dem Ausland verpflichtet.

Hinsichtlich der Sichtungskriterien wird besonderer Wert auf die technischen Voraussetzungen, die Schnelligkeit (Bewegungs- und Spielschnelligkeit / Spielintelligenz) und auf die Einstellung (Persönlichkeit, Teamgeist, Kritikfähigkeit, Lernwille) gelegt. Natürlich sind diese Kriterien in den unterschiedlichen Altersklassen verschieden ausgeprägt. Die Sichtungsergebnisse werden vom Sichtungskoordinator gesammelt. Bayer 04 Leverkusen verfügt über einen entsprechenden Sichtungsbogen, auf dem die einzelnen Bewertungen vermerkt werden. In der Regel werden talentierte Spieler mehrfach beobachtet, ehe es zu einem Abschlussurteil kommt.

Fällt dieses positiv aus, wird mit dem Spieler und seinen Eltern sowie dem abgebendem Verein Kontakt aufgenommen. In der Regel werden die Spieler dann einige Male zum Probetraining eingeladen, um noch. einen besseren

Eindruck von der sportlichen Leistungsfähigkeit und der Persönlichkeit zu erhalten. Zudem haben Spieler und Eltern so die Chance, den Klub kennen zu lernen.

5. Förderung im Rahmen der Trainingsmaßnahmen

5.1. Allgemeine Ausbildungsziele

Angefangen von den Jüngsten (U7) bis hin zu den A-Junioren (UI8) gibt es hinsichtlich der Ausbildungsschwerpunkte Ziele, die für alle Spieler und Teams gelten. Dies sind:

- Persönlichkeitsausbildung mit
  - Verinnerlichung des ‚Bayer 04-Teamgeistes"
  - sinnvollem Umgang mit Kritik
  - guter Einstellung zum Training
  - sportlich-freundlichem Auftreten auf und außerhalb des Spielfeldes

- Koordinative Ausbildung mit altersspezifischen Schwerpunkten
- Schnelligkeitsausbildung mit altersspezifischen Schwerpunkten
- Spieltechnische Ausbildung, dabei

  - bis U 10 schwerpunktmäßig allgemeine technische Ausbildung
  - ab U 11 vermehrt positionsspezifische technische Ausbildung

  - ab U14 komplexere, technische Übungen, eingebunden in taktische Abläufe.

Darüber hinaus gelten in den einzelnen Altersstufen folgende Schwerpunkte:

5.2. Grundlagenbereich

Schon ab der Altersklasse U 7 verfügt Bayer 04 Leverkusen über ein sehr gutes Trainer- und Betreuerteam. Im Vordergrund der Trainingsarbeit steht bei den Jüngsten selbstverständlich der Spaß und die Freude am Fußballspiel. Es wird aber auch bereits in kindgerechter Form an Grundtechniken, Gewandtheit, Beweglichkeit und einfachen taktischen Grundzügen (ab U8) trainiert.

In der Regel trainieren die Kinder bis zur U8 zweimal wöchentlich, in den Altersklassen U9 und U10 wird bereits häufig dreimal wöchentlich trainiert, hinzu kommen Trainingssondermaßnahmen und Feriencamps. Folgende Trainingsschwerpunkte gelten für die einzelnen Altersstufen:

U7 bis U8:

- Ballgewöhnung (Ballannahme, Finten, Paßspiel)
- Freude am Spiel
- Erlebnis als Gruppe / Team

U9 bis U 10:

- Erlernen und Automatisieren der Basistechniken
- Koordinationstraining mit und ohne Ball
- Spezielles Gewandtheits- und Schnelligkeitstraining
- Schulung der Individualtechnik / Taktik im offensiven und defensiven Zweikampfverhalten
- Schulung der Gruppentaktik in Kleinfeldformen als Basis des Zusammenspiels

5.3. Aufbaubereich

Ab der Altersklasse U11 wird regelmäßig dreimal wöchentlich trainiert. Neben dem normten Mannschaftstraining wird großer Wert auf die individuelle Ausbildung der talentiertesten Kinder gelegt. Die Trainingsschwerpunkte richten sich dabei nach dem speziellen Veranlagungen dieser Kinder

.

Ferientrainingscamps, Sondertrainingseinheiten an spielfreien Wochenenden (zweimal tägliches Training), Trainingslager und ein Austauschprogramm mit Machester United sind weitere Förderungsmaßnahmen im Ausbildungsbereich. Dem Training wird insgesamt eine höhere Bedeutung beigemessen, wie dem Spielbetrieb.

Folgende Trainingsschwerpunkte gelten für die einzelnen Altersstufen:

U11 bis UI4:

- Kopfballspiel
- Torschussvarianten
- Technische Kabinettstückchen (Hüftdrehschlag, Fallrückzieher)
- Koordinationstraining mit und ohne Ball

- Automatisieren der Basistechniken unter verstärktem Gegnerdruck
- Anpassung an erhöhtes Spieltempo
- Verfeinerung der gruppentaktischen Angriffs- und Abwehrmittel
- Einführung in mannschaftstaktische Elemente: Schwerpunkt ist das Positionsspiel
- Differenziertes Spezialtraining in Kleingruppen unter Anleitung mehrerer Trainer

5.4. Leistungsbereich

Ab der Altersklasse U15 wird viermal wöchentlich trainiert. Mindestens einmal pro Woche findet ein positionsspezifisches Sondertraining statt. Trainingslagermaßnahmen, medizinische Untersuchungen und spezielle theoretische Fortbildungen zählen ebenso zum Ausbildungskonzept. In diesen Altersklassen absolvieren zudem einige Spieler eine Fußball-Lehre. Dieser Bereich wird unter Punkt 7 noch eingehender dargestellt.

Folgende Trainingsschwerpunkte gelten für die einzelnen Altersstufen:

U15 bis U 16:

- Mannschaftstaktisches Verhalten (Pressing)
- Grundlagenausdauer
- Automatisieren der Basistechniken unter stärkstem Gruppendruck
- Schulung der Handlungsschnelligkeit und des Spieltempos
- Differenziertes Spezialtraining in kleinen Gruppen mit dem Schwerpunkt, die Positionstechnik zu fördern
- Kräftigung mit Eigengewicht zur Unterstützung der natürlichen Kraftentwicklung, speziell Rumpfmuskulatur

U17 bis U18:

- Mannschaftstaktisches Verhalten (Pressing)
- Grundlagenausdauer
- Intensive Koordinations- und Schnelligkeitsschulung
- Umsetzung der zuvor erworbenen Fähigkeiten auf höchstem Spieltempo
- Taktische, technische und mentale Vorbereitung auf den Übergang zum Seniorenbereich

Die Trainingsschwerpunkte sind definiert. Klare Vorgaben hinsichtlich der einzelnen Trainingseinheiten gibt es aber nicht. Die Qualität des Trainerteams bei Bayer 04 Leverkusen ist so hoch, daß jede Trainingseinheit Sinn macht. Die Planung der einzelnen Trainingseinheiten und ihre Einbindung in den gesamten Jahreszyklus sind in der Verantwortung des jeweiligen Trainers.

Zusätzliche Sondermaßnahmen im Rahmen des „Förderungskonzeptes der talentiertesten 16-21 jährigen Nachwuchsspieler" werden noch gesondert erläutert.

5.5. Torhüter-Sondertraining

Einen besonderen Stellenwert nimmt traditionell das Sondertraining der Torhüter ein. Drei Trainer absolvieren in den verschiedenen Altersklassen ein- bis zweimaliges Sondertraining mit den Torhütern.

Ausbildungsschwerpunkte sind:

- gute spieltechnische Fähigkeit im Hinblick auf die Rückpassregel
- Ausbilden der speziellen Torhütertechniken
- lautstarke und sachliche Abwehrorganisation
- Umgang mit Misserfolgserlebnissen
- Ausbildung zur Torhüter-Persönlichkeit

6. Talentförderung im Rahmen des Spielbetriebes

6.1. Spielsysteme und taktische Schwerpunkte

Hinsichtlich der Spielsysteme gibt es keine klaren Vorgaben. Wichtig sind:

- Hinführung zur Raumdeckung im Abwehr- und Mittelfeldbereich
- Pressing
- Individuelle Gruppen- und mannschaftstaktische Verhaltensmuster
- Schulung eines flexiblen taktischen Verhaltens
- Vorbereitung der Torhüter auf die Rückpassregel
- Mittel gegen die Abseitsfalle

Großen Wert wird neben der Trainingsarbeit auf einen sinnvollen Spielrythmus gelegt. Der Gewöhnung an

- hohes Spieltempo
- Umschaltbewegungen (Defensiv-Offensiv, Offensiv-Defensiv)
- Zweikampfverhalten auf hohem Niveau
- Handlungsschnelligkeit auf engem Raum
- Schulung des Konterspiels gegen extrem spielstarke Gegner
- erhöhte Aufmerksamkeit in jeder Spielsituation

werden große Bedeutung beigemessen.

6.2. Wettkampfpraxis

Wettkampfspiele auf hohem Niveau sind wichtiger Bestandteil des Ausbildungskonzeptes von Bayer 04 Leverkusen. Besonderen Wert legt man auf:

- den Spielbetrieb in der A-Junioren-Regionalliga
  in der B-Junioren-Regionalliga (U 16)
  in der B-Junioren-Verbandsliga (U15)
- gut besetzte internationale und nationale Feld- und Hallenturniere
- Turnierreisen ins Ausland
- den Reviersport-Cup in den Altersklassen U8-U14 mit den Vereinen Borussia Dortmund, Schalke 04, VfL Bochum, Wattenscheid 09, KFC Uerdingen, MSV Duisburg, Fortuna Düsseldorf, Borussia Mönchengladbach, 1.FC Köln, Fortuna Köln, Rot-Weiss Oberhausen und Rot-Weiss Essen. Freundschaftsspiele gegen leistungsstarke Gegner

7. Auszüge aus dem Förderungskonzept der talentiertesten 16-21 jährigen Nachwuchsspieler:

Mit Beginn des Jahres 2000 startete bei Bayer 04 Leverkusen das Konzept für die talentiertesten 16-21 jährigen Nachwuchsspieler. Leiter dieses Projektes ist Fußball-Lehrer Ralf Minge, der in seiner aktiven Zeit als Fußball-Profi 36 Länderspiele für die DDR bestritt. Seine bisherigen Trainerstationen waren u. a. Dynamo Dresden (BL-Trainer und Co-Trainer) und Fortuna Köln (2. Bundesliga Co-Trainer).

Diese Lehre wird zunächst Juniorenspielern angeboten, die zum einen als fußballerisch sehr talentiert gelten und zum anderen noch keine klare berufliche Orientierung außerhalb des Fußballsportes besitzen. Zunächst sechs Monate lang wird neben dem reinen Trainingsbetrieb auf folgende Schwerpunkte besonders geachtet:

1.) Die fußball-theoretische Ausbildung mit:

- Ausarbeitung von Trainingsplänen
- Mitarbeit im U7-U 10-Trainingsbetrieb
- Spielanalysen
- Medienvorbereitung
- spezielle Theoriethemen

2.) Mitarbeit in verschiedenen Klubbereichen wie beispielsweise:

- Unterstützung in der Jugendgeschäftsstelle (Archiv, Computer, Tel., etc.)
- Unterstützung der Zeugwarte (Wäsche, Schuhe, etc.)
- Unterstützung der Platzwarte (Rasenpflege, mähen, kehren, etc.)
- Mitarbeit im Fanshop, Fanartikelversand
- Unterstützung im Fanartikellager
- Pflege der Trainingsutensilien und Kabinen

3.) Persönlichkeitsausbildung:

Zahlreiche persönliche Bereiche und Fragen, die direkt mit dem Sport zusammenhängen, stellen die Spieler oftmals vor große Probleme. Auch hier gilt es zu helfen.

Problemlösungen:

Oft wissen Spieler nicht,

- wie kann ich Trainer (Manager) auf Probleme ansprechen?
- wie agiere ich im Spielerkreis?
- wie relativiere ich mein Gehalt mit Persönlichkeit?
- wie finde ich richtige Freunde?
- wie reagiere ich auf Lauf/Antilauf
- was kann ich neben Fußball noch leisten?

Sicherlich sind die Probleme noch vielfältiger, aber wichtige Hilfen bei der

- Persönlichkeitsbildung
- dem Teamgeist
- der Einstellung
- der nötigen Disziplin

können mit Sicherheit nur positiv sein.

Es gilt

- Selbstbewußtsein
- Eigenverantwortlichkeit
- Leistungswille/Bereitschaft
- Vereinsidentifikation

zu fördern.

Optimal und somit Ziel sollte sein, die Persönlichkeit und die sportliche Leistung zu fördern.

Spielerberater:

Auf den Umgang mit Spielerberatern sind die Spieler oftmals überhaupt nicht vorbereitet. Dazu als Alternative das Sonderthema "Patenschaft".

Finanzberatung:

Die Spieler verdienen relativ frühzeitig viel Geld. Um damit vernünftig zu handeln, ist ein vertrauenswürdiger Finanzberater wichtig. Themen aus diesem Bereich wären sicherlich auch Vortragsthemen, zudem aber auch individuell wichtig:

- Girokonto (Zahlungsverkehr)
- Information zur Geldanlage (regelmäßiges Einzahlen; Festlegen einer Summe, Lebensversicherung, Aktien)
- Darlehen (Bsp. Startfinanzierung Einrichtung)
- Versicherungen Euro

Gemeinsam mit der Sparkasse Leverkusen wurde ein Finanzkonzept erarbeitet.

4.) Karrierebegleitende Qualifikation für Spitzensportler

Im Rahmen des gesamten Förderungskonzeptes nimmt die karrierebegleitende Qualifikation einen wesentlichen Schwerpunkt ein. In Absprache mit der Bayer AG wurde ein Konzept erstellt, dass

- PC-Schulungen
- Sprachunterricht in Englisch
- Angewandte Wirtschaftslehre

beinhaltet.

In kleinen Leistungsgruppen sollen die Spieler entsprechend Ihrer Fähigkeiten in diesen Bereichen gefördert werden.

Vorgesehen ist diese Förderung zweimal wöchentlich (Montag und Freitag jeweils von 08.30 Uhr bis 13.00 Uhr).
Sinn macht diese Förderung, weil:

- im Rahmen des Wochenplanes neben der fußballerischen Ausbildung noch deutlich Zeiten zur Verfügung stehen, die sinnvoll genutzt werden können.
- dieses Konzept eine sehr sinnvolle Ergänzung zur fußballerischen Ausbildung darstellt.
- diese Qualifikationen speziell den Spielern, denen der Sprung in den Profibereich nicht gelingt, eine wichtige Basis für einen späteren beruflichen Einstieg verschafft.

Wochenplan 16-21 jähriger Nachwuchsspieler:

Montag	08.30 - 12.30 Uhr	Sonderprogramm Bayer AG
	13.00 - 13.45 Uhr	Mittagessen
	14.00 - 16.00 Uhr	Vereinstätigkeit
	17.00 – 18.30 Uhr	Teamtraining
Dienstag	10.00 - 11.00 Uhr	Individualtraining
	13.00 - 13.45 Uhr	Mittagessen
	14.00 - 16.00 Uhr	Fußball-Theorie
	17.00 - 18.30 Uhr	Teamtraining

Mittwoch	09.00 - 10.00 Uhr	Krafttraining
	15.00 - 16.00 Uhr	Aerobic
Donnerstag	10.00 - 11.30 Uhr	Individualtraining
	13.00 - 13.45 Uhr	Mittagessen
	14.00 - 16.00 Uhr	Vereinstätigkeit
	17.00 - 18.30 Uhr	Teamtraining
Freitag	08.30 - 12.30 Uhr	Sonderprogramm Bayer AG

Der Wochenplan ist flexibel und die angegebenen Zeiten bilden nicht den kompletten Stundenplan, sondern sind Eckdaten, um die einzelnen Wochen-Stundenpläne festgelegt werden.

8. Das duale Ausbildungssystem

Bis zum Beginn der Saison 1999/2000 waren Juniorenspieler, die sich ausschließlich auf Fußball konzentriert haben die Ausnahme. Grundsätzlich galt und gilt das duale Ausbildungssystem mit dem Ziel

Schule und Fußball

oder

Ausbildung und Fußball

sinnvoll miteinander zu verknüpfen. In der Regel gilt dieses System bei über 90% der Bayer 04-Junioren.

Schule und Fußball:

Bei allen fußballerischen Interessen und Neigungen der Bayer 04-Junioren liegt es in der Verantwortung des Bayer 04 Trainer- und Betreuerteams herauszustellen, daß Schule grundsätzlich die „Nummer 1" ist.

Fußballerische und schulische Ausbildung, beides auf hohem Niveau, sind in jedem Fall sinnvoll miteinander zu verbinden. Es ist das Bestreben der Bayer 04-Juniorenverantwortlichen mit den Schulen, die von den Bayer 04-Junioren besucht werden, ein partnerschaftliches Miteinander zu pflegen. Im Interesse des

Jugendlichen gilt es dabei, ihn sowohl als Schüler als auch als Fußballer optimal zu fördern. Falls die schulischen Leistungen eines Bayer 04-Junioren deutlich zu wünschen lassen, kann in Absprache mit den Eltern auch ein zeitgleich begrenztes ‚Fußball-Verbot" ausgesprochen werden.

Im Rahmen des neuen Fußball-Leistungszentrums wird auch eine regelmäßige Hausaufgabenbetreuung/Nachhilfeunterricht eingeführt.

Bei Turnier- oder Trainingslagermaßnahmen zählen in der Regel täglich zwei Lernstunden zum Rahmenprogramm, in denen der Unterrichtsstoff der Schulen/der Ausbildung behandelt wird.

Sportlerklassen-Konzept für Schüler:

Der Gesamtverein TSV Bayer 04 Leverkusen unterstützt gemeinsam mit weiteren Leverkusener Sportvereinen das Landrat-Lukas-Gymnasium, dass ab dem Schuljahr 2000/2001 jeweils ab der 5. Klasse sogenannte Sportlerklassen einrichtet. Ziel dabei ist es, sportartenübergreifend interessierten, sportleistungswilligen Kindern die Möglichkeit zu geben im Rahmen des Sportunterrichtes in diesen Sportlerklassen:

- statt wöchentlich 3 Sportstunden, insgesamt 4 Sportstunden (2 Doppelstunden) zu erhalten.

- diesen Sportunterricht auf einem hohem Niveau, speziell im Hinblick auf die allgemeinen koordinativen Fähigkeiten auszurichten.

- die Klassen durch sportfreundliche Lehrer mit Verständnis für die Interessen der jungen Sportler zu besetzen,

Partner bei diesem Konzept sind neben dem Landrat-Lukas-Gymnasium und dem TSV Bayer 04 Leverkusen der

- Olympiastützpunkt Köln
- die Sparkasse Leverkusen
- der westdeutsche Fußball-Verband
- das Kultusministerium NRW
- die Stadt Leverkusen

Sportlerklassen-Konzept für kaufmännische Auszubildende:

Die Zusammenarbeit zwischen Bayer 04 und der Bayer AG verläuft im Interesse der Jugendlichen optimal und dürfte in Deutschland in dieser Art Vorbildcharakter besitzen. Die Verantwortlichen des Ausbildungsbereiches der Bayer AG und die Verantwortlichen von Bayer 04 stehen im ständigen Dialog miteinander.

Ca. zehn U 18- und U 16-Juniorenspieler von Bayer 04 Leverkusen absolvieren derzeit eine Ausbildung bei der Bayer AG im kaufmännischen Bereich. Diese Spieler sind mit anderen Sportlern in sogenannten ‚Sportlerklassen" zusammengefaßt Es besteht ein ständiger Dialog zwischen den beiden Ausbildungsleitungen (Beruf und Sport) zwecks sinnvoller Abstimmung. Freistellungen zu besonderen sportlichen Maßnahmen sind in der Regel kein Problem.

Einige Sportler absolvieren eine Lehre im technischen Bereich der Bayer AG. Auch hier wird Rücksicht auf die sportlichen Belange genommen.

9. Informationen zu den einzelnen Spielerkadern

Bayer 04 Leverkusen verfügt in der Saison 99 / 00 über insgesamt zwölf Jugendteams, beginnend von den U 6-Junioren bis hin zu den U 18-Junioren. Die Einteilung erfolgt nach dem Jahrgangssystem (U 7, U 8, bis zu U 16). Im A-Jugendbereich gibt es nur ein Team, d.h. die Jahrgänge U17 und U18 werden gemeinsam in einem Team erfaßt.

Die Spielerkader der Saison 99 / 2000

A1	U17/U18	21
B1	UI6	18
B2	UI5	17
C1	U14	18
C2	U13	16
D1	U12	15
D2	U11	15
E1	U10	11
E2	U9	11

F1	U8	9
F2	U7/U6	12
		Gesamt: 163

Die Bayer 04-Junioren werden pro Saison von den verantwortlichen Trainern zweimal nach einem speziellen Bewertungsbogen erfaßt. Dabei werden Stärken und Schwächen jedes einzelnen Spielers bewertet. Im April/Mai fällt jeweils die Entscheidung, welche Spieler den Sprung in die nächste Altersklasse schaffen. In der Regel sind dies rund 80% bis 90% der Juniorenspieler.

Eines der größten Probleme der Nachwuchsarbeit von Bayer 04 liegt in eben diesen Jahrgangswechseln, da es Jahr für Jahr einige Spieler gibt, denen der Sprung in die nächste Altersstufe nicht glückt. Man ist bei Bayer 04 bestrebt, diesen Spielern bei anderen Klubs sinnvolle Alternativen zu bieten. Die Verantwortlichen sind sich über die Problematik dieser Situation bewusst und versuchen fürsorglich damit umzugehen.

10. Mitarbeiterstab Bayer 04-Juniorenabteilung

Sehr stolz ist man bei Bayer 04 auf den Mitarbeiter-, Trainer- und Betreuerstab der Juniorenabteilung, der mit viel Wissen und Einsatz die Nachwuchstalente fördert.

Folgende Mitarbeiter sind in der Juniorenabteilung von Bayer 04 Leverkusen hauptamtlich angestellt. *(Vom Abdruck der Namen wurde abgesehen)*

Jugendleiter	Fußball-Lehrer
Geschäftsstellenleitung	
Leiter Förderungskonzept	Fußball-Lehrer
U 18-Juniorentrainer	Fußball-Lehrer
U16-Juniorentralner	Fußb.-Lehrer / Dipl. Sportlehrer
U 14-US-Juniorentrainer	A-Schein-Inhaber
U12-Juniorentrainer	Dipl. Sportlehrer
Physiotherapeut	
Hausinspektorehepaar	
Greenkeeper	
Greenkeeper	

Dieser Mitarbeiterstab hat klar definierte Stellenbeschreibungen, die teilweise auch Aufgabenbereiche im Lizenz- und Amateurbereich vorsehen.

Die weiteren Mitglieder des Trainer- und Betreuerteams sind ehrenamtlich tätig. Das gesamte Team wird auf der folgenden Seite vorgestellt.

Bayer 04-Geschäftsffihrer **Reiner Calmund,** der selbst lange Jahre Jugendleiter bei Bayer 04 war, über das Trainer- und Betreuerteam der Juniorenabteilung:

„Wir sind sehr stolz auf das Trainer- und Betreuerteam unserer Juniorenabteilung. Einsatzbereitschaft für Bayer 04 und speziell für unseren Nachwuchs paaren sich bei diesem Team mit Sachverstand und einem guten Einfühlungsvermögen für Kinder und Jugendliche. Wichtig ist dabei, daß wir gerade bei den Jüngsten eine hohe Qualität bei unseren Mitarbeitern haben."

(Es folgt die Übersicht des Trainer- und Betreuerstabes – vom Abdruck wurde abgesehen)

11. Jugendfußball Zentrum Kurtekotten

Die neue Anlage der Juniorenabteilung von Bayer 04 wurde Anfang 2000 in Betrieb genommnen. Sie besticht nicht nur durch die hohe Funktionalität, sondern auch durch die Liebe zum Detail. Besondere Highlights sind:

- Die außergewöhnliche hohe Qualität der Rasenplätze, wobei gleich zwei Plätze durch das ‚Grass-Master-System" noch eine ganz besondere Qualität und eine sehr hohe Betriebsstundenzahl ausweisen.
- Die Tatsache, daß jede Mannschaft über eine eigene Umkleidekabine verfügt. Zudem gibt es eine große Umkleidekabine für den Trainer- und Betreuerstab.

- Die gastliche Atmosphäre des Aufenthaltsbereiches für die Juniorenspieler, den Trainer- und Betreuerstab, die Familien der Bayer 04 - Juniorenspieler und natürlich die Gäste der Juniorenabteilung.

- Die modernen Büroräume des hauptamtlichen Mitarbeiterstabes.

- Die beiden funktional optimal ausgestatteten Mannschaftsbesprechungs- und Trainerbesprechungsräume mit TV und Video.

Für alle Mitglieder der Bayer 04 - Juniorenabteilung ist diese Anlage etwas ganz Besonderes. Der bewusste Umgang, die fürsorgliche Pflege und das Wissen, dass diese Anlage etwas Einzigartiges darstellt, wird von allen Mitgliedern der Juniorenabteilung „gelebt".

DFB-Präsident Egidius Braun war bei einer Besichtigung zum Beginn der Bauphase begeistert, dass er spontan sein Kommen zur offiziellen Eröffnung des Jugendfußball Zentrum Kurtekotten ankündigte.

Stellvertretend für die Juniorenspieler von Bayer 04 und dem verantwortlichen Trainer- und Betreuerstab erklärte der Abteilungsvorsitzende Kurt Vossen anläßlich des Richtfestes:

> „Für uns geht ein Traum in Erfüllung. Die Lage ist absolut top und hat europäisches Spitzenformat. Es ist uns allen ein großes Anliegen, der Bayer AG und den Verantwortlichen für diese Baumaßnahme für Ihr großes Engagement zu danken. Wir sind sehr stolz auf unser Jugendfußball Zentrum Kurtekotten !"

12. Zusammenarbeit mit der Profiabteilung

Die Zusammenarbeit zwischen Lizenz-, Amateur- und Juniorenabteilung ist harmonisch, praktisch und sinnvoll. Dies liegt zum einen im Konzept von Bayer 04 Leverkusen. Darüber hinaus ist die Tatsache, dass die Entscheidungsträger der einzelnen Abteilungen schon lange miteinander arbeiten, dabei fördernd.

Sondermaßnahmen der Juniorenabteilung (Adidas Cup, Auslandsreisen, etc.) werden ebenso unterstützt wie konzeptionelle Gedanken. Auch wenn bei der Verpflichtung eines besonders talentierten Nachvuchsspielers die Unterstützung der Lizenzabteilung hilfreich ist, gibt es einige Ansprechpartner [Managementbereich, Cheftrainer, Co-Trainer).

Manager Reiner Calmund, Cheftrainer Christoph Daum, Co-Trainer Roland Koch, und Manager-Assistent Ilja Kaenzig stammen allesamt selbst aus dem Nachwuchsbereich und werden regelmäßig über Leistungsstand und Konzeption der Jugendabteilung informiert. Dies gilt speziell für die talentiertesten Spieler im U18- und U16-Juniorenbereich.

Der Stellenwert der Jugendabteilung im Verein ist vereinspolitisch, wirtschaftlich und sportlich hoch.

13. Bosmann-Urteil

Die Jugendarbeit von Bayer 04 Leverkusen wurde durch das Bosmann-Urteil nicht tangiert.

14. Weitere Infos

Auswärtige Spieler:

In der Saison 99/2000 sind drei auswärtige Juniorenspieler bei Bayer 04 Leverkusen aktiv. . . . *(vom Abdruck der Namen wurde abgesehen)*, (U18-Nationaltorwart), . . .(U17-Nationalspieler) und . . . U 17-Nationalspieler wohnen in kleinen Wohnungen in Stadionnähe. Für Ihre Betreuung sind in erster Linie die hauptamtlichen Mitarbeiter verantwortlich.

15 Sponsoring und „Bayer 04 Junior-Partner“

Die Juniorenfußballabteilung von Bayer 04 Leverkusen wird finanziell sinnvoll und sehr gut gefördert. Dabei werden zwei Teilbereiche unterschieden. Die U18/U17 und U16-Junioren unterstehen etatmäßig dem Bereich der Bayer 04 Fußball GmbH. Der gemeinnützige Bereich der U7-U15-Junioren untersteht im Etatwesen dem TSV Bayer 04 Leverkusen.

Wichtigster Förderer der Juniorenabteilung ist die Bayer AG. Mit der Unterstützung beim Bau des neuen Fußball-Leistungszentrums hat die Bayer AG dabei nicht nur ein klares Bekenntnis zur Nachwuchsförderung geliefert, sondern Rahmenbedingungen geschaffen, die ihres Gleichen in Deutschland suchen. Bayer 04 Geschäftsführer Wolfgang Holzhäuser dazu: „Die Bayer AG und die Fußballabteilung Bayer 04 sind zwei starke Partner. Die Sponsoringaktivitäten der Bayer AG gehen dabei weit über das normale Maß des reinen Finanzsponsorings hinaus und sind für uns von großer Bedeutung“.

Dass die Bayer AG nicht nur den Spitzensport fördert, sondern dass auch dem Nachwuchs ein großer Stellenwert eingeräumt wird, ist durch die Schaffung des Nachwuchs-Leistungszentrums eindrucksvoll unter Beweis gestellt worden. Dieses Schmuckstück wäre ohne die Bayer AG nicht realisierbar gewesen.

Bei seinen zahlreichen Aktivitäten, wie z. B. den Turnierreisen im In- und Ausland, den verschiedenen Events und dem Juniorenmagazin ist die Juniorenabteilung von Bayer 04 darüber hinaus auch den zahlreichen Freunden und Förderern des Klubs sehr dankbar. Speziell die Bayer 04 Junior-Partner sind feste und wichtige Größen im Juniorenkonzept von Bayer 04 Leverkusen.

(Vorstellung der Förderer – von Abdruck wurde abgesehen)

_-Ende-

Anlage: Mustervertrag Lizenzspieler

Zwischen dem Verein ....
gesetzlich vertreten durch ....

im folgenden „Verein" genannt,

und Herrn ....geb. am .... in ....

Anschrift .... Nationalität ....

(bei Minderjährigen gesetzlich vertreten durch ....)

im folgenden ‚Spieler" genannt,

wird folgender Vertrag geschlossen:.

§ 1 Grundlagen des Arbeitsverhältnisses

Der Verein stellt den Spieler nach den Bestimmungen dieses Vertrages als Lizenzspieler im Sinne des Lizenzspielerstatuts (LSt.) des Deutschen Fußball-Bundes (DFB) an.

Die Satzung und die Ordnungen des DFB sowie der Regional- und Landesverbände, die in ihren jeweiligen Fassungen die allgemein anerkannten Grundsätze des deutschen Fußballsports darstellen, sind auch aufgrund dieses Vertrages maßgebend für die gesamte fußballsportliche Betätigung.

Der Spieler erkennt sie - insbesondere das DFB-Lizenzpielerstatut (LSt), die Spielordnung des DFB (SpO), die Rechts- und Verfahrensordnung des DFB (RuVO), die Durchführungsbestimmungen für die Bundesspiele und die darin enthaltenen Durchführungsbestimmungen Doping des DFB - in ihrer jeweils gültigen Fassung - ausdrücklich als für ihn verbindlich an und unterwirft sich dessen Bestimmungen. Dies gilt auch für Entscheidungen der DFB Organe und - Beauftragten bzw. der Organe und Beauftragten des Regionalverbandes gegenüber dem Spieler, insbesondere auch, soweit Vereinssanktionen gem. § 45 der DFB-Satzung verhängt werden.
Der Spieler unterwirft sich außerdem der Satzung seines Vereins in der jeweiligen Fassung und insbesondere der Vereinsstrafgewalt seines Vereins, sofern hierfür alte gesetzlichen Voraussetzungen vorliegen.

§ 2 Pflichten des Spielers

Der Spieler verpflichtet sich, seine ganze Kraft und seine sportliche Leistungsfähigkeit uneingeschränkt für den Verein einzusetzen, alles zu tun, um sie zu erhalten und zu steigern und alles zu unterlassen, was ihm im allgemeinen und im besonderen vor und bei Veranstaltungen des Vereins abträglich sein könnte. Gemäß diesen Grundsätzen ist der Spieler insbesondere verpflichtet

a) an allen Vereinsspielen und Lehrgängen, am Training, - sei es allgemein vorgesehen oder sei es besonders angeordnet-, an allen Spielerbesprechungen und sonstigen der Spiel- und Wettkampfvorbereitung dienenden Veranstaltungen teilzunehmen. Dies gilt auch, wenn ein Mitwirken als Spieler oder Ersatzspieler nicht in Betracht kommt;
b) sich im Falle einer berufsmäßigen Verletzung oder Erkrankung im Rahmen seiner Tätigkeit als Lizenzspieler bei dem vom Verein benannten Arzt für das berufsgenossenschaftliche Heilverfahren unverzüglich vorzustellen;

c) sich den sportmedizinischen und sporttherapeutischen Maßnahmen, die durch vom Verein beauftragte Personen angeordnet werden, umfassend zu unterziehen. Zu diesem Zweck entbindet der Spieler den jeweils behandelnden Arzt gegenüber dem Vorstand von seiner Schweigepflicht;

d) sich an Reisen im In- und Ausland, gegebenenfalls unter Nutzung der vom Verein bestimmten Verkehrsmittel zu beteiligen;

e) an allen Vereinsspielen und Lehrgängen sowie sonstigen Darstellungen und Publikationen des Vereins oder der Spieler zum Zwecke der Öffentlichkeitsarbeit für den Verein, insbesondere in Fernsehen, Hörfunk und Presse, sowie bei öffentlichen Anlässen, Ehrungen, Veranstaltungen, Autogrammstunden etc. teilzunehmen bzw. daran mitzuwirken. Bei diesen Veranstaltungen ist die vom Verein gestellte Sportkleidung (Clubanzüge, Reisekleidung, Spielkleidung, Trainings- und Spielschuhe sowie alle sonstigen Bekleidungen und Ausrüstungsgegenstände) entsprechend der jeweiligen Weisung des Vereins zu tragen. Andere Werbung des Spielers an und auf der Kleidung für Firmen, Einrichtungen, Erzeugnisse oder Leistungen sowie jede Werbung für Konkurrenzerzeugnisse der vom Verein bereitgestellten Kleidung ist unzulässig;

f) Werbung für andere Partner als die des Vereins nur mit vorheriger Zustimmung des Vereins zu betreiben;

g) alle für die Dauer des Vertrages vom Verein zur Verfügung gestellten einheitlichen Bekleidungs- und Ausrüstungsgegenstände pfleglich zu behandeln und bei Beendigung des Vertragsverhältnisses dem Verein zurückzugeben;

h) sich in der Öffentlichkeit und privat so zu verhalten, daß das Ansehen des Vereins, der Verbände und des Fußballsports allgemein nicht beeinträchtigt wird. Äußerungen in der Öffentlichkeit, insbesondere Interviews für Fernsehen, Hörfunk und Presse bedürfen der vorherigen Zustimmung des Vereins. Äußerungen gegenüber außenstehenden Personen über innere Vereinsangelegenheiten, insbesondere über den Spiel- und Trainingsbetrieb, sind zu unterlassen;

i) sich auf alle sportlichen Veranstaltungen des Vereins gewissenhaft vorzubereiten. Dazu gehört insbesondere, den Anweisungen des Trainers bezüglich der Lebensführung Folge zu leisten.

j) die sportliche Fairness gegenüber den am Spiel- oder Trainingsbetrieb beteiligten Personen einzuhalten, insbesondere die durch die Schiedsrichter und Schiedsrichterassistenten eines Spieles getroffenen Entscheidungen unwidersprochen hinzunehmen;

k) sich im Falle einer Vermittlung im Sinne des Arbeitsförderungsgesetzes ggf. nur der Dienste der amtlichen Arbeitsvermittlung oder eines privaten Arbeitsvermittlers, der sich im Besitz einer durch die Bundesanstalt für Arbeit erteilten Erlaubnis zur Arbeitsvermittlung sowie der FIFA-Lizenz befindet, zu bedienen. Ein Rechtsanwalt bedarf nicht der FIFA-Lizenz.

§ 3 Persönlichkeitsrechte im Arbeitsverhältnis

Der Spieler überträgt dem Verein die Verwertung seiner Persönlichkeitsrechte, soweit sein Arbeitsverhältnis. als Lizenzspieler berührt wird und erklärt, diese keinem anderen übertragen zu haben. Die Übertragung der Verwertungsrechte bezieht sich auch auf den Bereich aller gegenwärtigen und künftigen technischen Medien und Einrichtungen einschließlich der Multimedia - Anwendungen (Internet, Online-Dienste etc.) Dies gilt insbesondere für die vom Verein veranlasste oder gestaltete Verbreitung von Bildnissen des Spielers als Mannschafts- oder Einzelaufnahmen in jeder Abbildungsform, besonders auch hinsichtlich der Verbreitung solcher Bildnisse in Form von Spielszenen und/oder ganzer Spiele der Lizenzligamannschaft, um somit durch öffentlich-

und/oder privatrechtliche Fernsehanstalten und/oder andere audiovisuelle Medien die erforderlichen Nutzungen zu ermöglichen und sie dem DFB zur Erfüllung seiner vertraglichen Verpflichtungen einzuräumen.

Der Spieler hat ebenfalls dem Verein jederzeit seine Autogrammunterschrift im Originalschriftzug als Faksimile oder in gedruckter Form für Zwecke der Öffentlichkeitsarbeit und/oder zur Wiedergabe auf vom Verein beschafften Souvenir- und Verkaufsartikeln -ggf. auch in Verbindung mit Werbung Dritter- zu leisten bzw. verarbeiten zu lassen.

Die Verwertung der Rechte kann auch im Rahmen einer Gruppenvermarktung der Lizenzligen erfolgen.

Die aus diesen Maßnahmen der Öffentlichkeitsarbeit und Werbung erzielten Erlöse stehen ausschließlich dem Verein zu, soweit nicht in diesem Vertrag ausdrücklich Abweichendes geregelt ist

Die Ausschöpfung anderer Verdienstmöglichkeiten, z.B. aus Interviews, schriftstellerischen Tätigkeiten und sonstigen Nebentätigkeiten, ist dem Spieler nur nach vorheriger Zustimmung des Vereins gestattet, die nur verweigert werden kann, wenn das Arbeitsverhältnis unmittelbar betroffen wird. Eine einmal gegebene Zustimmung kann jederzeit widerrufen werden.

§ 4 Pflichten des Vereins

1) Vergütung und andere geldwerte Leistungen:

Der Spieler erhält

a) ein monatliches Grundgehalt von ....

b) Soweit weitere Vergütungen und andere geldwerte Leistungen vereinbart worden sind, sind diese in einer Anlage zum Arbeitsvertrag enthalten. Die Anlage ist Bestandteil dieses Arbeitsvertrages.

Die Bezüge des Spielers sind Bruttobezüge. Für die Abführung von Steuern und Soziallasten gelten die jeweiligen gesetzlichen Bestimmungen.

Auf die Bestimmung des § 12 Abs. 6 wird ausdrücklich verwiesen.

2) Weitere Pflichten des Vereins:

Der Verein verpflichtet sich neben der Bezahlung der vereinbarten Vergütung und anderer geldwerter Leistungen (§ 4 Ziffer 1) insbesondere zu folgendem:

a) qualifizierte Fachkräfte für einen geordneten Spiel- und Trainingsbetrieb zu stellen;

b) Spiel- und Trainingsstätten, Umkleide- und Sanitärräume nach den technischen Richtlinien des DFB bereitzustellen und zu unterhalten;

c) sportmedizinische und sporttherapeutische Betreuung in ausreichendem Maße zur Verfügung zu stellen;

d) Sportkleidung zu stellen;

e) den Spieler bei entsprechender Berufung für Länderspiele und Auswahlspiele des DFB und seiner Mitgliedsverbände, Vorbereitungslehrgänge und Trainingslager im Rahmen von § 12 Ziffer 1 SpO abzustellen. Entsprechendes gilt für die Abstellung ausländischer Spieler für die Auswahlmannschaften anderer der FIFA angehörenden Nationalverbände;

f) den Spieler als Lizenzspielerbeisitzer in Rechtsorganen des DFB auf Abruf freizustellen;

g) dem Spieler Beratung in wirtschaftlichen, schulischen und beruflichen Angelegenheiten zu vermitteln, soweit der Spieler dies ausdrücklich wünscht;

h) sich im Falle einer Vermittlung des Spielers im Sinne des Arbeitsförderungsgesetzes ggf. nur der Dienste der amtlichen Arbeitsvermittlung oder eines privaten Arbeitsvermittlers, der sich im Besitz einer durch die Bundesanstalt für Arbeit erteilten Erlaubnis zur Arbeitsvermittung sowie der FIFA-Lizenz befindet, zu bedienen. Ein Rechtsanwalt bedarf nicht der FIFA-Lizenz;

i) dem Spieler den Trainingsplan vorbehaltlich eventueller Änderungen auf Anforderung zur Kenntnis zu geben.

§ 5 Einsatz, Tätigkeit und Vertragsstrafen

Einsatz und Tätigkeit des Spielers werden nach Art und Umfang vom Vorstand oder von den von ihm Beauftragten bestimmt.

Der Spieler hat den Weisungen aller kraft Satzung oder vom Vorstand mit Weisungsbefugnis ausgestatteter Personen - insbesondere des Trainers - vor allem auch hinsichtlich seiner Teilnahme am Spiel, Training, Spielvorbereitungen, Behandlungen sowie aller sonstigen Vereinsveranstaltungen zuverlässig und genau Folge zu leisten.

Bei Verstößen des Spielers gegen Vertragspflichten ist der Verein - unbeschadet seines Rechts zur Kündigung des Vertrages aus wichtigem Grund - im Rahmen der gesetzlichen Bestimmungen in jedem Einzelfall berechtigt, Vertragsstrafen gemäß § 315 BGB gegen den Spieler festzusetzen. Als Vertragsstrafen werden vorgesehen Verweis, Ausschluß von Vereinsveranstaltungen sowie Geldbußen bis zur Höhe von ...

Diese Vertragsstrafen können auch nebeneinander verhängt werden.

Die Geltendmachung von Schadenersatzansprüchen gegen den Spieler wegen schuldhafter Vertragsverletzung wird durch die Festsetzung einer Vertragsstrafe nicht ausgeschlossen.

Auf die Bestimmung des § 12 Abs. 6 wird ausdrücklich verwiesen.

§ 6 Urlaub

Der Spieler hat Anspruch auf einen Jahresurlaub von 24 Werktagen. Als Werktage gelten die Kalenderlage, die nicht Sonn- oder gesetzliche Feiertage sind.

Der Urlaub ist in der pflichtspielfreien Zeit zu nehmen und zum Zwecke der Erholung zu nutzen. Pflichtspiele sind Vereinsmeisterschafts- und Vereinspokalspiele des DFB sowie europäische Vereinswettbewerbsspiele. Der Zeitpunkt des Urlaubs ist mit dem Verein abzustimmen.

Der Verein ist berechtigt, auch einen außerhalb einer Spielpause liegenden Zeitpunkt festzusetzen, wenn dringende Belange des Vereins dies erforderlich machen.

Soweit § 11 Abs. 1 BUrlG nicht zwingend ein anderes bestimmt, gilt für die Berechnung des Urlaubsentgeltes folgendes:

Das Urlaubsentgelt bemisst sich nach dem durchschnittlichen Arbeitsverdienst, den der Spieler in den letzten 13 Wochen vor Beginn des Urlaubs erhalten hat. Gegebenenfalls sind neben dem Grundgehalt in diesem Zeitraum gezahlte Prämien mit zu berücksichtigen, soweit sie Lohnbestandteil sind. Sollten dem Spieler mehr als 24 Urlaubstage gewährt werden, so berechnet sich ab dem 25. Urlaubstag das Urlaubsentgelt lediglich aus dem Grundgehalt.

Ein Anspruch auf Urlaubsgeld besteht nicht.

Auf die Bestimmung des § 12 Abs. 6 wird ausdrücklich verwiesen.

§ 7 Krankheit

a) Der Spieler versichert sich auf seine Kosten gegen Krankheit. Er erhält vom Verein einen Zuschuß zum Krankenversicherungsbeitrag nach den gesetzlichen Bestimmungen.

   Der Spieler hat jeden Fall der Arbeitsunfähigkeit unverzüglich dem Verein mitzuteilen und binnen drei Tagen eine ärztliche Bescheinigung vorzulegen.

b) Verletzt sich der Spieler oder erkrankt er anderweitig, ohne dass ihn hieran ein Verschulden trifft, so hat er Anspruch auf Fortzahlung seiner Vergütung nach den gesetzlichen Bestimmungen (§ 3 Entgeltfortzahlungsgesetz). Der Anspruch auf Lohnfortzahlung umfasst neben dem monatlichen Grundgehalt gegebenenfalls auch die für die jeweiligen Pflichtspiele im Zeitraum von sechs Wachen ab Arbeitsunfähigkeit gezahlten Prämien nach der Prämienordnung des Vereins für Lizenzspieler, soweit sie Lohnbestandteil sind. Nach Ablauf der gesetzlich vorgeschriebenen Frist von sechs Wochen entfallen für die weitere Dauer der Erkrankung die Ansprüche auf die vereinbarten Vergütungen.

   Hat der Spieler danach Anspruch auf Fortzahlung der Vergütung im Falle der Arbeitsunfähigkeit, so erhält er Prämienzahlungen nach Maßgabe der folgenden Regeln:

- bei einem Spieleinsatz in sämtlichen dem Beginn der Arbeitsunfähigkeit vorangegangenen fünf Pflichtspielen: 100% der Prämien, die ihm bei Spieleinsätzen während des Lohnfortzahlungszeitraumes zugestanden hätten;
- bei vier Spieleinsätzen in den der Arbeitsunfähigkeit vorausgegangenen fünf Pflichtspielen: 80% der Prämien
- bei drei Spieleinsätzen in den der Arbeitsunfähigkeit vorausgegangenen fünf Pflichtspielen: 60% der Prämien
- bei zwei Spieleinsätzen in den der Arbeitsunfähigkeit vorausgegangenen fünf Pflichtspielen: 40% der Prämien
- bei einem Spieleinsatz in den der Arbeitsunfähigkeit vorausgegangenen fünf Pflichtspielen: 20% der Prämien
- ohne Spieleinsatz in den letzten der Arbeitsunfähigkeit vorausgegangenen fünf Pflichtspielen: Keine Prämie.

Sind zum Beginn der Arbeitsunfähigkeit noch keine fünf Pflichtspiele ausgetragen worden, erhält der Spieler 100% der Prämien, wenn er in der Hälfte der bis dahin ausgetragenen Pflichtspiele eingesetzt worden ist, andernfalls 50%.

Als Spieleinsatz gilt eine Einsatzdauer von mindestens 45 Minuten.

c) Wird der Spieler ausnahmsweise und aus wichtigem Grund (z.B. wegen auswärtiger Erkrankung oder Verletzung) nicht vom Vereinsarzt selbst behandelt, so gestattet er dem Vereinsarzt oder einem vom Verein beauftragten Arzt die diesem notwendig erscheinende Untersuchung die Einholung von Auskünften und sonstige zweckmäßig erscheinende Rückfragen oder Maßnahmen. Insoweit befreit er schon jetzt die behandelnden Ärzte ausdrücklich von der ärztlichen Schweigepflicht.

Auf die Bestimmung des § 12 Abs. 6 wird ausdrücklich verwiesen.

§ 8 Dauernde Spielunfähigkeit

Der Verein ist berechtigt, den Spieler auf Kosten des Vereins für den Todesfall oder für den Fall der dauernden vollständigen Spielunfähigkeit durch Unfall oder Krankheit zu versichern. Soweit hieraus Ansprüche entstehen, tritt sie der Spieler hiermit an den Verein ab, der die Abtretung annimmt.

§ 9 Vertragsbeginn und- ende

a) Dieser Vertrag wird am ... wirksam. Bedingungen für die Wirksamkeit sind:
   1. Die Aufnahme des Spielers in die Transferliste des DFB, sofern dies nach § 27 LSt erforderlich ist;
   2. die Erteilung der Spielberechtigung durch den DFB.

b) Der Vertrag endet am ....
   Er verlängert sich jeweils um .... Jahr(e), es sei denn, eine der Vertragsparteien teilt der anderen bis zu dem jeweiligen Ablauf der Vertragszeit vorausgehenden 30. April mit, dass sie an der Beendigung des Vertragsverhältnisses zum Ablauf der jeweiligen Vertragszeit festhalte. Geht eine solche Erklärung nachweislich fristgerecht ein, so endet das Vertragsverhältnis bei Ablauf der jeweils laufenden Vertragsperiode, ohne dass es einer Kündigung bedarf.

Oder: (Nichtzutreffendes streichen)

c) Der Vertrag endet am ....
   Der Spieler verpflichtet sich, den Vertrag unter den seitherigen Bedingungen um .... Jahr(e) fortzusetzen, falls der Verein es wünscht.

Der Verein verpflichtet sich, den Vertrag für weitere Jahr(e) zu den seitherigen Bedingungen fortzusetzen, falls der Spieler es wünscht.

Verein und Spieler müssen bis zu dem der Vertragsbeendigung vorausgehenden 30.04. erklärt haben, ob sie von der Option Gebrauch machen wollen. Geben weder der Verein nach der Spieler eine solche Erklärung fristgerecht ab, so endet der Vertrag am ....

Dieser Vertrag endet vorzeitig, wenn eine Partei das Vertragsverhältnis aus wichtigem Grund kündigt (§ 626 BGB).

Insbesondere ist der Verein berechtigt, das Vertragsverhältnis aus wichtigem Grund zu kündigen, wenn die Lizenz des Spielers erlischt, entzogen, zurückgegeben oder versagt wird. Dies gilt auch für die Fälle des Erlöschens und Entzuges der Lizenz des Vereins oder des Verzichts auf sie, ihre Nichterteilung sowie im Falle des Abstiegs aus der 2. Bundesliga und die Versetzung des Vereins in eine Amateurspielklasse.

d) Der Vertrag besitzt nur Gültigkeit für: (Nichtzutreffendes streichen)
   1. die Bundesliga
   2. die 2. Bundesliga
   3. die Bundesliga und die 2. Bundesliga

   Steigt der Verein während der Laufzeit dieses Vertrages
   A) aus der Bundesliga in die 2. Bundesliga ab und hat der Vertrag nur Gültigkeit für die Bundesliga oder
   B) steigt er aus der 2. Bundesliga in die Bundesliga auf und gilt der Vertrag nur für die 2.Bundesliga,

   so können die Vertragsparteien bis zum 30.06. vor Beginn der Spielzeit in der neuen Spielklasse die Vergütungen des Spielers unter Berücksichtigung der dann gegebenen Möglichkeiten des Vereins neu vereinbaren.

   Führen die Verhandlungen zu keinem Ergebnis, so endet der Vertrag mit dem Ende der Zugehörigkeit des Vereins zur bisherigen Spielklasse, es sei denn
   im Falle A) optiere der Verein
   im Falle B) optiere der Spieler
   auf Fortsetzung des Vertrages zu den bisherigen Bedingungen bis zum vorgesehenen Vertragsende.

e) Verfügt der Spieler über einen Vertrag für die Lizenzligen bzw. die 2. Bundesliga und steigt der Verein während der Laufzeit des Vertrages aus der 2. Bundesliga in die nächstfolgende Spielklasse ab, so gilt die Regelung für den Fall des Abstiegs aus der Bundesliga in die 2. Bundesliga (Fall A) entsprechend. Übt der Verein die Option aus, so setzt sich der Vertrag zu den bisherigen Bedingungen fort mit Ausnahme der Regelungen, die den für die neue Spielklasse geltenden Bestimmungen widersprechen (Vertragsamateur-vertrag).

§ 10 Transferbestimmungen

Bei einem Transfer des Spielers gelten die Bestimmungen der DFB-Satzung, der DFB-Ordnungen - insbesondere des DFB-Lizenzspielerstatuts - in der jeweils gültigen Fassung. Für einen Transfer zu einem ausländischen Verein gelten zusätzlich die jeweils gültigen Bestimmungen der FIFA bzw. UEFA.

Vereinbarungen über Transferentschädigungszahlungen zwischen Verein und Spieler sind unzulässig. Sie können nur von Vereinen getroffen werden.

§ 11 Sonstige Vereinbarungen

.

.

.

§ 12 Schlussbestimmungen

Die Unwirksamkeit einzelner Vertragsbestimmungen hat auf die Wirksamkeit des Vertrages im übrigen keinen Einfluß. Der Verein ist berechtigt, unklare Vertragsbestimmungen gemäß § 315 BGB verbindlich auszulegen und Lücken des Vertrages zu ergänzen, und zwar auch dann, wenn die Lücke infolge Nichtigkeit einer Vertragsbestimmung entsteht. Dies gilt insbesondere auch dann, wenn durch die Mitbestimmungsbefugnisse eventueller Betriebsvertretungen eine Neufassung der Bestimmungen in diesem Vertrag über Betriebsordnung und Verhalten, Arbeitszeit, Urlaubsplan usw. erforderlich wird.

Änderungen, Ergänzungen oder Aufhebungen dieses Vertrages werden erst mit ihrer schriftlichen Festlegung wirksam. Mündliche Nebenabreden haben keine Gültigkeit. Abweichungen hiervon können nur schriftlich getroffen werden. Eine Offenlegung des Vertrages an Dritte ist nicht zulässig mit Ausnahme gegenüber dem DFB.

Ausschließlicher Gerichtsstand für den Fall, daß der Spieler keinen allgemeinen Gerichtsstand im Inland hat oder nach Vertragsschluss seinen Wohnsitz oder gewöhnlichen Aufenthaltsort in das Ausland verlegt oder sein Wohnsitz oder gewöhnlicher Aufenthaltsort im Zeitpunkt der Klageerhebung nicht bekannt ist, sowie der Erfüllungsort für alle mit dem Vertrag zusammenhängenden Ansprüche ist der Sitz des Vereins.
Der Vertrag ist in deutscher Sprache gefasst. Für ausländische Spieler kann auf Wunsch des Spielers eine englische oder französische oder spanische Übersetzung (FIFA-Sprachen) erstellt werden. Im Zweifel gilt die deutsche Fassung.

Die Daten dieses Vertrages dürfen an den DFB zum Zwecke der Speicherung und Verarbeitung in einer der Spielervermittlung dienenden Spielerdatenbank übermittelt werden. Der DFB darf die Daten im Rahmen der Zweckbestimmung der Spielerdatenbank nutzen, insbesondere speichern, verarbeiten, übertragen und Dritten gegenüber offenlegen. Dies gilt nicht für Angaben über Vergütungen und andere geldwerte Leistungen.

Die beiderseitigen Ansprüche aus dem Vertrag, insbesondere aus § 4a, 5, 6 und 7, sind von den Vertragsparteien innerhalb von sechs Monaten nach Fälligkeit, im Falle der Beendigung des Arbeitsverhältnisses jedoch innerhalb von drei Monaten nach Beendigung schriftlich geltend zu machen, anderenfalls sind sie erloschen, sofern ein solcher Verfall nicht durch zwingende gesetzliche Bestimmung ausgeschlossen ist.

Am Vertragsabschluss haben als Spielervermittler / Rechtsanwalt mitgewirkt:

(Streichen, falls nicht zutreffend)

....

Name Name

Als Dolmetscher in die .... Sprache hat vor Unterzeichnung des Vertrages mitgewirkt: (Streichen, falls nicht zutreffend)

(Unterschriften)

Bei Minderjährigen Unterschrift der gesetzlichen Vertreter

(Ende)

12. Nachwort: Änderung des Berufsbildungsgesetzes zum 01. April 2005

Die vorliegende Arbeit beruht auf der bis zum 31.03.2005 gültigen Fassung des Berufsbildungsgesetzes. Durch das Berufsbildungsreformgesetz[1] wurde das Berufsbildungsgesetz grundlegend überarbeitet. Die Neuregelungen traten am 01.04.2005 in Kraft.

Die ausbildungsvertraglichen Vorschriften, die bei der vorliegenden Arbeit den Schwerpunkt bildeten, haben nur geringe Änderungen erfahren[2]. Die Regelungen des ausbildungsvertraglichen Teils werden nun unter anderen Paragraphenziffern geführt. Aus diesem Grunde sollen im Folgenden kurz die Änderungen dargestellt werden.

In §§ 1 bis 3 BBiG des ersten Teils des Gesetzes werden unter den allgemeinen Vorschriften Grundbegriffe des Gesetzes definiert. Einen Zusatz hat § 1 Abs. 3 BBiG erfahren, in dem zu dem Begriffspaar „Fertigkeiten und Kenntnisse" der Begriff „Fähigkeiten" hinzugefügt wurde. Zusammen bilden diese Elemente jetzt die in der Klammerdefinition aufgeführte berufliche Handlungsfähigkeit, die in ihrer Gesamtheit das Ergebnis des Qualifizierungsprozesses umschreibt[3]. Berufsbildung soll sich nicht auf die Vermittlung von Fertigkeiten und Kenntnissen beschränken, sondern auch berufliche Fähigkeiten und soziale Kompetenzen vermitteln, womit z.B. auch Team- oder Kommunikationsfähigkeiten angesprochen sein sollen[4]. Durch das Hinzufügen des Begriffs „Fähigkeiten" und der Klammerdefinition „berufliche Handlungsfähigkeit" unterstreicht der Gesetzgeber noch einmal die umfassende Auslegung des Begriffes Berufsbildung im Sinne des Berufsbildungsgesetzes[5], wie es auch in der vorliegenden Arbeit vertreten wurde. Daneben erfolgt durch das Einführen des Begriffes „Fähigkeiten" auch eine Angleichung an die im SGB III (Arbeitsförderungsrecht) verwendeten Begrifflichkeiten[6].

---

[1] Amtl. Begr. RegE. BT-Dr. 15/3980; BT-Dr. 15/4752 und BR-Dr. 49/05.

[2] Vgl. zur Übersicht der Änderungen: Natzel, Ivo, Das neue Berufsbildungsgesetz, DB 2005, 610 ff.; Taubert, Thomas, Neuregelungen im Berufsbildungsrecht, NZA 2005, 503 ff., Opolony, Bernhard, Das Recht der Berufsausbildung nach dem Berufsausbildungsreformgesetz, BB 2005, 1050 ff., Wohlgemuth, Hans H., Reform des Berufsbildungsrechts, AuR 2005, 241 ff., Zedler, Reinhard, Bundesarbeitsblatt, 2005, Heft 7, 17 ff.

[3] Amtl. Begr. RegE. BT-Dr. 15/3980 zu § 1.

[4] Natzel, I., 610; Taubert, 506.

[5] Zedler, 20.

[6] Amtl. Begr. RegE. BT-Dr. 15/3980 zu § 1.

Die bisher in § 1 erwähnten Lernorte sind nunmehr im eigenständigen § 2 BBiG geregelt. In § 2 Abs. 2 wird jetzt die Kooperation der verschiedenen Lernorte geregelt. Auch dies unterstützt wieder den umfassend angelegten Begriff der Berufsbildung im Sinne des vorliegenden Gesetzes. Im neuen § 2 Abs. 3 BBiG wird nunmehr die Möglichkeit eröffnet, Teile der Berufsausbildung im Ausland durchzuführen.

In Ergänzung der bisherigen Rechtslage (§ 2 II BBiG a. F.) wird in § 3 II Nr. 1 BBiG n. F. klar gestellt, dass sich die Vorschriften des BBiG nicht auf die Berufsbildung beziehen, die in berufsqualifizierenden Studiengängen auf der Grundlage des HRG und der Hochschulgesetze der Länder durchgeführt wird[7]. Bei der Begründung zu dem in § 3 BBiG n. F. geregelten Anwendungsbereich des Gesetzes weist der Gesetzgeber noch einmal auf die verfassungsmäßigen Schranken hin. Die Gesetzgebungskompetenz des Bundes auf der Grundlage des Art. 74 Abs. 1 Nr. 11 und 12 GG beschränkt sich auf den Bereich der betrieblichen und unmittelbar im betrieblichen Zusammenhang stehender Berufsbildung[8]. Dies unterstreicht den Willen des Gesetzgebers, die durch das Grundgesetz vorgegebene Regelungsmöglichkeit voll ausschöpfen zu wollen.

In Teil 2 Kapitel 1 des BBiG n. F. wird nunmehr die Berufsausbildung geregelt. Obwohl der Gesetzgeber in § 1 Abs. 3 Satz 1 BBiG n. F. nicht mehr den Begriff der „breit angelegten beruflichen Grundbildung" verwendet, ist die Berufsausbildung weiter auf eine Grundbildung angelegt, die durch die Vermittlung von Spezialkenntnissen für den angestrebten Beruf ergänzt wird[9]. Damit bleibt es grundsätzlich bei der alten Definition der Berufsausbildung.

Das Vertragsverhältnis zwischen Ausbildenden und Auszubildenden wird nun in den §§ 10 bis 26 BBiG n. F. geregelt.

In § 10 Abs. 5 BBiG n. F. ist nunmehr die Verbundausbildung erwähnt. Dadurch wird die Möglichkeit geschaffen, dass mehrere natürliche oder juristische Personen in einem Ausbildungsverbund zusammenwirken und für die Ausbildung verantwortlich sind. Eine weitere Änderung hat die Probezeit gemäß § 20 BBiG n. F. erfahren. Anstatt wie bislang drei Monate muss sie nunmehr mindestens einen Monat und darf höchstens vier Monate betragen. § 21 Abs. 2 BBiG n. F. stellt aufgrund der bisherigen BAG-Rechtsprechung klar, dass das Berufsbil-

---

[7] Taubert, 504.
[8] Amtl. Begr. RegE BT-Dr. 15/3980 zu § 3.
[9] Amtl. Begr. RegE. BT-Dr. 15/3980 zu § 1; Natzel, I., 610; Taubert 504.

dungsverhältnis mit Bekanntgabe des Ergebnisses durch den Prüfungsausschuss endet, wenn der Auszubildende vor Ablauf der Ausbildungszeit die Abschlussprüfung besteht.

Zentraler Prüfungspunkt der vorliegenden Arbeit war § 19 BBiG a. F. Diese Regelung findet sich nunmehr in § 26 BBiG n. F. und ist weitgehend unverändert geblieben[10].

Der neue Gesetzestext des § 26 BBiG n. F. erweitert die Begriffe „Fertigkeiten", „Kenntnisse" und „berufliche Erfahrungen" um den Begriff „Fähigkeiten". Damit erfolgt eine Anpassung an die Begrifflichkeit des § 1 BBiG n. F., der in § 1 Abs. 3 BBiG n. F. ebenfalls den Begriff Fähigkeiten zusätzlich aufgenommen hat. Auch dies unterstreicht die in der vorliegenden Arbeit vertretenen Auffassung, dass auch § 19 BBiG a. F. (jetzt § 26 BBiG n. F.) umfassend und weit auszulegen ist. Aus diesem Grunde können die in der vorliegenden Arbeit aufgestellten Grundsätze gerade auch auf den neuen § 26 BBiG n. F. übertragen werden.

Trotz der in Rechtsprechung und Literatur bestehenden Unsicherheiten über den Geltungsbereich des § 19 BBiG a. F. (vgl. Kapitel 5) hat es der Gesetzgeber nunmehr allerdings versäumt, hier für eine Klarstellung zu sorgen. Wenn die Gesetzesbegründungen allerdings davon sprechen, dass § 26 BBiG n. F. durch die Aufnahme des Wortes „Fähigkeiten" an die Begrifflichkeiten des § 1 BBiG n. F. angepasst wird, wird nunmehr auch im § 26 BBiG n. F. klargestellt, dass es um den Erwerb beruflicher Handlungsfähigkeit im weiten Sinne geht. Entsprechend den Ergebnissen der vorliegenden Arbeit fallen daher auch die Vermittlung beruflicher Fähigkeiten aufgrund eines Vertragsverhältnisses in Hinblick auf die spätere berufliche Ausübung des Fußballsports unter den § 26 BBiG n. F.

Eine Neuerung hat sich dahingehend ergeben, dass § 26 BBiG n. F. nicht mehr den Weiterbeschäftigungsanspruch, der nunmehr in § 24 BBiG n. F. geregelt ist, umfasst. Nach den Gesetzesbegründungen sei dies in einem reinen Praktikanten- oder Volontärsverhältnis in Abwägung mit den Interessen des Vertragspartners nicht mehr angemessen sei[11]. Fraglich bleibt allerdings, ob nicht § 625 BGB in Verbindung mit § 10 II BBiG n. F. anzuwenden ist[12].

---

[10] Natzel, I., 612; Taubert, 507

[11] Amtl. Begr. RegE. BT-Dr. 15/3980 zu § 26.

[12] Wohlgemuth, 243.

Eine weitere Änderung hat das Gesetz dadurch erfahren, dass die Regelungen bezüglich der Ordnung der beruflichen Bildung seitens des Gesetzgebers nunmehr an den Anfang des Gesetzes (§§ 4 ff. BBiG n. F.) gestellt wurde. Die in der vorliegenden Arbeit im Kapitel 8 besprochene Regelung des § 28 Abs. 2 BBiG a. F. wurde mit gleichem Wortlauf in § 4 Abs. 3 BBiG n. F. überführt. In den Gesetzesbegründungen belässt es der Gesetzgeber bei dem bloßen Hinweis, dass die entsprechende Regelung nunmehr in § 4 Abs. 3 übernommen wurde. Auch hier hätte eine Klarstellung für Rechtssicherheit sorgen können.

Die systematische Auslegung führt nunmehr dazu, dass der § 4 Abs. 3 BBiG n. F. auf Grund seiner Voranstellung grundsätzlich auch für andere Vertragsverhältnisse gemäß § 26 BBiG n. F. gilt. Aufgrund seiner nach nachgeordneten Stellung in der alten Fassung des BBiG war dies nicht eindeutig. Allerdings bleiben die verfassungsrechtlichen Bedenken gegen diese Regelung weiter bestehen. Insoweit können die in Kapitel 8 getätigten Ausführungen weiter heran gezogen werden. In § 26 BBiG n. F. wird auch jetzt lediglich Bezug genommen auf die §§ 10 bis 23 und 25 BBiG n. F. Eine Bezugnahme auf § 4 BBiG n. F. wird nicht vorgenommen. Daher muss auch hier daran festgehalten werden, dass eine für den Eingriff in die Berufsfreiheit erforderliche ausdrückliche Bezugnahme fehlt. Im Übrigen bleiben die Ausführungen in Kapitel 8, insbesondere zu den verfassungsrechtlichen Bedenken, weiter aufrechterhalten.

Zusammenfassend ist zu sagen, dass die Ausführungen der vorliegenden Arbeit unter Geltung der neuen Fassung des BBiG unter Berücksichtigung der zuvor dargestellten Änderungen weiter Gültigkeit besitzen.

Zur besseren Übersichtlichkeit wird im Folgenden die Synopse der in der vorliegenden Arbeit maßgeblichen Vorschriften des BBiG dargestellt:

Regelungsinhalt	BBiG alte Fassung	BBiG neue Fassung
Begriffsdefinition	§ 1 I-IV	§ 1
Lernorte	§ 1 V	§ 2
Geltungsbereich	§ 2	§ 3
Vertrag	§ 3	§ 10
Vertragsniederschrift	§ 4	§ 11
Nichtige Vereinbarungen	§ 5	§ 12
Pflichten des Ausbildenden	§ 6	§ 14
Freistellung	§ 7	§ 15

Zeugnis	§ 8	§ 16
Pflichten des Auszubildenden	§ 9	§ 13
Vergütung	§§ 10-12	§§ 17-19
Probezeit	§ 13	§ 20
Beendigung	§ 14	§ 21
Kündigung	§ 15	§ 22
Schadenersatz bei vorzeitiger Beendigung	§ 16	§ 23
Weiterarbeit	§ 17	§ 24
Unabdingbarkeit	§ 18	§ 25
Andere Vertragsverhältnisse	§ 19	§ 26
Eignung des Ausbildenden	§§ 20,21	§§ 28-31
Eignung der Ausbildungsstät-te	§ 22	§ 27
Eignungsfeststellung	§ 23	§ 32
Untersagung	§ 24	§ 33
Ausbildungsordnung	§ 25	§§ 4-9
Stufenausbildung	§ 26	§§ 4-9
Berufsausbildung außerhalb der Ausbildungsstätte	§ 27	§§ 7-9
Ausschließlichkeitsgrundsatz	§ 28	§ 4

- Ende-

Peter Lang · Europäischer Verlag der Wissenschaften

Christian Quirling

Die Nach-Bosman-Ära

Ordnungsgemäße Umsetzung der gemeinschaftsrechtlichen Vorgaben im österreichischen und deutschen Verbandsrecht am Beispiel des Fußballsports

Frankfurt am Main, Berlin, Bern, Bruxelles, New York, Oxford, Wien, 2005.
XIV, 250 S.
Europäische Hochschulschriften: Reihe 2, Rechtswissenschaft. Bd. 4176
ISBN 3-631-53688-7 · br. € 45.50*

Gegenstand der Arbeit ist die Darstellung der Strukturen des österreichischen und deutschen Verbandsrechts in ihrer Einbettung in die FIFA und UEFA sowie der jeweiligen nationalen Verbandsregelungen bzgl. der Einsatzbeschränkungen von nichtheimischen Spielern und Zahlungspflichten bei Spielertransfers auf der Grundlage der Bosman-Entscheidung. Wie gezeigt werden wird, können auch scheinbar rein nationale Vorschriften in Konflikt mit dem Gemeinschaftsrecht geraten und daher gegebenenfalls auf grenzüberschreitende Sachverhalte nicht angewendet werden. Es wird dabei hauptsächlich dem Berufssport Bedeutung geschenkt, da v. a. dieser mit den Verbürgungen des Gemeinschaftsrechts in Einklang stehen muss. Hierbei sollen in einem ersten Schritt die Verbandsstrukturen in Österreich und Deutschland sowie die einschlägigen Verbandsvorschriften bis zur Bosman-Entscheidung dargestellt werden. Anschließend erfolgt eine Auseinandersetzung mit den Aussagen der Entscheidung und den Auswirkungen auf die beiden nationalen Verbände. Der Hauptteil der Arbeit ist der Frage gewidmet, ob die gemeinschaftsrechtlichen Vorgaben des EuGH in der Zwischenzeit im österreichischen und deutschen Verbandsrecht ordnungsgemäß umgesetzt worden sind als auch die Auseinandersetzung mit noch ungeklärten Fragen.

Aus dem Inhalt: Verbände und Verbandsrecht bis zur Bosman-Entscheidung · Inhalt der Entscheidung · Auswirkungen der Entscheidung auf das Verbandswesen · Ordnungsgemäße Umsetzung und offene Fragen

Frankfurt am Main · Berlin · Bern · Bruxelles · New York · Oxford · Wien
Auslieferung: Verlag Peter Lang AG
Moosstr. 1, CH-2542 Pieterlen
Telefax 00 41 (0) 32 / 376 17 27

*inklusive der in Deutschland gültigen Mehrwertsteuer
Preisänderungen vorbehalten

Homepage http://www.peterlang.de

FSC
www.fsc.org
MIX
Papier | Fördert
gute Waldnutzung
FSC® C083411

Kolibri 360 GmbH
Ferdinand-Jühlke-Straße 7
99095 Erfurt, Deutschland
produktsicherheit@kolibri360.de

Druck:
CPI Druckdienstleistungen GmbH
im Auftrag der
Kolibri 360 GmbH
Ferdinand-Jühlke-Str. 7
99095 Erfurt